21 世纪高等院校教材

现代项目管理学

（第三版）

孙裕君　宿慧爽　田　硕　编著

科学出版社
北京

内 容 简 介

本书以项目管理知识体系的核心内容为主题，结合国内外项目管理的发展动态，全面、系统地阐述现代项目管理理论、原则、方法及其应用，重点介绍项目从启动、计划、执行直至收尾全过程所涉及的项目论证与评估、项目经济评价、项目组织、项目范围管理、项目采购管理、项目进度管理、项目费用管理、项目质量管理、项目风险管理、项目融资管理与项目收尾管理等重要内容。本书重点章节配有现实应用的典型案例，介绍项目管理理论与方法在项目管理实践中的具体应用。

本书项目知识管理体系全面、系统，内容广度与深度相适，理论知识与实践应用结合紧密，既可作为高等院校管理类各专业本科生、研究生和MBA学员的教材，也可供有关部门项目管理工作者学习、参考。

图书在版编目(CIP)数据

现代项目管理学 / 孙裕君，宿慧爽，田硕编著. —3 版. —北京：科学出版社，2016

21 世纪高等院校教材

ISBN 978-7-03-047431-5

Ⅰ. ①现…　Ⅱ. ①孙…　②宿…　③田…　Ⅲ.①项目管理-高等学校-教材
Ⅳ. ①F224.5

中国版本图书馆 CIP 数据核字（2016）第 040207 号

责任编辑：陈　亮　王京苏 / 责任校对：李雪雪
责任印制：张　伟 / 封面设计：蓝正设计

科学出版社 出版
北京东黄城根北街 16 号
邮政编码：100717
http://www.sciencep.com
北京凌奇印刷有限责任公司 印刷
科学出版社发行各地新华书店经销

*

2005 年 3 月第　一　版　　开本：787×1092 1/16
2010 年 9 月第　二　版　　印张：20 1/2
2016 年 3 月第　三　版　　字数：487000
2023 年 8 月第二十次印刷

定价：52.00 元

(如有印装质量问题，我社负责调换)

第三版修订说明

《现代项目管理学》自2005年出版发行以来，得到学界广大读者的认可和好评，被国内几十所高等院校选为项目管理课程教材。十年来，本书已连续重印12次，累计发行3万多册，这既是广大读者对我们的勉励和支持，也是对我们的厚望和期待。

没有最好，只有更好。不断充实、不断完善、不断更新，以更完美的形式奉献给读者，是我们作者的不懈追求。2010年，我们在第一版的基础上进行修改、补充和完善，出版发行了第二版。几年来，我们密切关注国内外项目管理的发展动态，广泛征集读者的宝贵意见，学习研究同类教材的有益经验，认真总结我们的不足，为再次修改和完善第二版教材做了充分准备。

此次再版，本着“科学性、时效性、实践性”与“实用、管用、适用”原则，保持《现代项目管理学》原有的特色和优势，沿用第二版的组织结构和内容体系，修改一些不够准确、严谨的地方，补充完善欠缺和不足之处，更新陈旧过时的内容，删除烦琐赘述的文字。此次修改的内容如下。

（1）对个别章节中基本概念、基本原理的定义与表述进行修正，通过修订力求概念更加准确、简练，内容表述更加明确，条理更加清晰，更易于读者理解和掌握所学内容。

（2）根据国家发展和改革委员会《建设项目经济评价方法与参数》最新版本，重新修改第三章内容。“项目财务评价”与“项目国民经济评价”两节结合我国经济体制、财税体制改革实际，对项目经济评价方法部分名词、概念、指标及计算方法做了修改，提高了评价方法的科学性、实用性和可操作性。与此同时，为配合修改内容的讲解需要，重新编写了本章的案例。

（3）结合各章学习内容，针对学习重点和难点设计复习思考题，并提供了这些复习思考题的参考答案，以利于读者消化、巩固所学知识，启发读者深入思考，加深读者对所学知识的理解与运用。

（4）本书根据“实用、管用、适用”的编写原则，对部分章节的教材内容进行修改、调整与充实，力求教材内容广度与深度相适，理论知识与实践应用结合相适，文字、图表、计算公式运用表达相适。

（5）为配合本课程的教学需要，本书提供了与教材配套的多媒体教学课件，供任课教师参考。

在本书的修改编写过程中，我们参阅了多位国内外项目管理专家（expert）、学者的著作或译著，也参考了同行的相关教材和案例资料，在此，对他们一并表示衷心感谢。

对科学出版社编审人员给予本书的大力支持和帮助表示诚挚谢意。

参加此次修改工作的人员有孙裕君、宿慧爽、田硕、汤中彬、朱其鳌、刘玉国、李雪灵、顿秒。

此次修改我们做了最大努力，但书中无疑还有许多尚待改进之处，恳请各位专家、同行和读者对本书疏漏和不足之处给予批评指正。

作者

2016年1月2日

目　录

第一章　项目与项目管理

项目是人们在社会经济、文化、军事、生活等方面的实践活动中最常见的概念，应用领域十分广泛，如各类工程建设项目、科研项目、开发项目、环保项目、规划项目、社会项目、国防项目等。国民经济的发展、社会的进步、地区的繁荣、企业的兴旺均依赖于这些项目的实施和成功。在今天，项目已经成为人类发展与进步的基本活动和手段。项目管理是按照项目的特点和规律，对项目进行科学组织与管理的活动。国内外学者在实践中总结出一套系统的项目管理理论、原则、方法和技术，并将其发展成为一门独立的专业和学科。

本章重点介绍项目与项目管理的概念、项目生命周期理论及项目管理的发展。

第一节　项　　目

一、项目定义

现代社会离不开项目，成千上万个项目形成日益发展的各行各业。现代项目具有广泛的含义。

1. 从投资角度提出的定义

联合国工业发展组织《工业项目评估手册》对项目的定义是："一个项目是对一项投资的一个提案，用来创建、扩建或发展某些工厂企业，以便在一定周期时间内增加货物的生产或社会的服务。"世界银行认为："所谓项目，一般系指同一性质的投资，或同一部门内一系列有关或相同的投资，或不同部门内的一系列投资。"

2. 从建设角度提出的定义

所谓建设项目，就是按照一个总体设计进行施工的基本建设工程。例如，我国建筑业对建设项目的定义是：在批准的总体设计范围内进行施工，经济上进行统一核算，行政上有独立组织形式，实行统一管理的建设单位。

3. 从综合角度提出的定义

美国《项目管理概览》一书认为：项目是"为创立一种专门性的产品或服务而做出的一种短期努力"；"项目是要在一定时间里，在预算范围内，达到预定质量水平的一项一次性任务”。

ISO 10006 国际项目管理质量标准的项目定义是：“由一系列具有开始和结束日期、相互协调和控制的活动组成的，通过实施而达到满足时间、费用和资源等约束条件目标的独特的过程。”

美国项目管理协会《项目管理知识体系指南》（PMBOK®）第五版提出：项目是为创造独特的产品、服务或成果而进行的临时性工作。

作为项目学或项目管理学给“项目”以定义，应当从学术角度出发，而且应当给一个共同的定义。

为此，本书将项目定义为：“项目是完成某些特定指标的一次性任务”。考虑到一些特征的重要性，可将上述定义具体化为：“所有项目都是一项有待完成的专门任务，是在一定的组织机构内，在限定的资源条件下，在计划的时间里，按满足一定性能、质量与数量的要求去完成的一次性任务。”

二、项目特征

项目有许多特征，综合各方面的见解，其具有关键意义的特征如下。

1. 唯一性特征，或称专门性特征

它是指每个项目的内涵（如某个型号、某种产品、某项工程或某种服务）是唯一的或者说是专门的，即任何一个项目之所以能够成为项目，是由于它有区别于其他任务的特殊要求，或是名称相同但内容不同，或是内容基本相同但要求的对象不同。已立项的项目是一项独立的任务，具有排他性。如歼 8 飞机研制工程，只能是歼 8 飞机，而不允许其他型号飞机的研制内容介入和干扰。

2. 一次性特征，或称短期性特征

它是指项目不是正在进行的工作，而是有一个明确结束点的一次性任务，即从项目整体而言，任务完成，项目即告结束，没有重复。结束点一般以项目目标实现的时间来体现，故项目也可称为短期性的，但这并不意味着项目实施的时间很短。每天正常的生产任务，基本上是重复性的活动，可称为运营，而不能称为项目。在项目中，也存在重复性的工作，如产品研制项目有大量重复性的试验任务，工程建设项目有很多重复性劳动。

3. 整体性特征

它是指一个项目是一个整体。项目是为实现目标而开展的任务的集合，它不是一项项孤立的活动，而是一系列活动的有机组合，从而形成一个完整的过程，强调项目的整体性也就是强调项目的过程性和系统性。

4. 多目标性特征

项目的目标包括成果性目标和约束性目标。项目的成果性目标一般是由一系列技术指标来定义的，而项目的约束性指标是指项目受到多种条件的约束，如时间、成本、资源、环境等方面的约束。

项目的各项目标既可能是协调的，或者说是相辅相成的；也可能是不协调的，或者说是相互制约的。例如，一种新产品的研制可能是以功能要求为第一位的，不强调成本；有时以时间要求为主，不得不降低功能要求；有时更注重经济指标，要求在资金允许范围内完成任务。

5. 生命周期特征

任何项目都有其生命周期。项目是一次性的任务，因而它都有起点和终点。任何项目都会经历启动、规划、实施、监控、结束这样一个过程，人们常把这一过程称为“生命周期”。根据项目管理与实施的需要，项目整个生命周期可划分为若干阶段。尽管各类项目生命周期阶段的划分有所不同，但总体来说，可以划分为启动（概念）阶段、规划（开发）阶段、执行（实施）阶段、收尾（结束）阶段。

我国基本建设项目管理一般分可行性研究、设计、施工、交工四个阶段。银行贷款投资项目分为初选与立项、审查与评估、付款与执行、回收与考核四个阶段。

此外，项目还有许多其他特征，如项目有明确定义的最终结果，有既定目标和完成时间、预算与质量要求，有明确的起始点与完成点，有特定的组成要素，以及项目实施要动用一定数量的资源，等等。

三、项目分类

项目可以按照不同的原则从不同角度进行分类，如从层次上可分为宏观项目、中观项目和微观项目；从行业领域上可分为建筑项目、制造项目、农业项目和服务业项目；从投资规模可分为大型项目、中型项目和小型项目；等等。

当前国内对具有一定技术经济意义的建设项目提出的分类如下。

（1）按项目的目标，项目可分为经营性项目和非经营性项目。经营性项目通过投资以实现所有者权益的市场价值最大化为目标，以投资牟利为行为趋向。绝大多数生产或流通领域的投资项目都属于这类项目。非经营性项目不以追求营利为目标，城市道路、路灯、公共绿化、航道疏浚、水利灌溉渠道、植树造林等项目都属于非经营性项目。这类项目的投资一般由政府安排，营运资金也由政府支出。

（2）按项目的产品（或服务）属性，项目可分为公共项目与非公共项目。公共项目是指为满足社会公众需要，生产或提供公共物品（包括服务）的项目。非公共项目是指除公共项目以外的项目。

（3）按项目的投资管理形式，项目可分为政府投资项目和企业投资项目。政府投资项目是指使用政府性资金的建设项目及有关的投资活动。不使用政府性资金的投资项目统称企业投资项目。

（4）按项目与企业原有资产的关系，项目可分为改扩建项目与新建项目。改扩建项目与新建项目的区别在于改扩建项目是在原有项目基础上进行建设的，在不同程度上利用了原有企业的资源，以增量带动存量，以较小的新增投入取得较大的新增效益。

（5）按项目的融资主体，项目可分为新设法人项目和既有法人项目。新设法人项目由新组建的项目法人为项目进行融资，其特点是：项目投资由新设法人筹集的资本金和债务资金构成；由新设项目法人承担融资责任和风险。既有法人项目要依托现有法人为项目进行融资，由既有法人统一组织融资活动并承担融资责任和风险。

我国投资体制改革到今天，有关政府部门将固定资产项目划分三大类，即竞争性、公益性和基础性项目。不久的将来项目就会仅分为两大类，即公共项目（或称政府项目）和民间项目。

除上述几种分类外，项目还可以从其他角度进行分类。但是，没有一种分类方法可以涵盖各种属性的项目，为便于后面内容讲述，故列举了上述几种分类。

四、项目来源

1. 项目来源于社会各种需求和需要解决的问题

随着社会的发展，人们的需求日益增长和多样化。人民生活、社会发展和国防建设的种种需求常常要通过项目来满足。例如，在20世纪80年代初，当我国城镇越来越多的家庭开始使用彩电、电冰箱和洗衣机等电器时，国民经济的发展也就需要越来越多的电力，中央和一些地方政府就陆续提出和建成了许多电厂项目、电网建设改造项目，满足了人民的需求，从整体上消除了制约国民经济发展的这个“瓶颈”。

经济的快速增长、人口的急剧膨胀及城市化进程的加快，造成了居住和交通拥挤、水源短缺及大量的垃圾和污水等，往往使人们的居住和工作环境不断恶化。要改善城市环境，就要实施许多项目。例如，要有效地处理城市垃圾，就需要有焚烧、填埋城市垃圾或用城市垃圾发电、发热的项目。同样，要解决城市交通和运输的拥挤问题，也需要投入巨资建设许多项目。我国的一些大城市，为了使社会和经济的持续稳定发展有一个良好的环境，都制定了长远规划。这些规划的目标是避免水和土地资源恶化、拥有足够的安全水源和保护江河流域的水质等。要落实这些规划，就要实施一系列的项目，如城市环境基础设施、环境水质监测系统、环境基础设施信息数据库、城市环境基础设施信息管理系统等方面的项目。

许多时候，某个项目的实施或完成会产生对另外一些项目的需要，或者为这些项目创造条件。例如，京九铁路的建设和完成就带动了沿线许多项目的发展。

总之，社会经济各部门现在和将来的发展都需要各种各样大量的项目，如农业、水利、气象、能源、交通、运输、邮电通信、冶金、石油化工、建材、医药、机械制造、电子信息、轻工纺织、汽车船舶、环境保护、城市基础设施等项目。

2. 项目产生于改革与创新

各国的发展加剧了国际上的竞争。面对竞争，各国都在调整自己的经济、社会和政治结构，以适应新的形势。我国20世纪70年代末开始的经济体制改革，顺应了这个潮流。从某种意义上说，所有的改革措施都要通过一个又一个的项目来实现。政府经济体制改革、提出的新政策等更为许多于国于民有利的项目创造了条件。在计划经济时期无法想象的项目现在都可以提出来，都可以付诸实施。

创新是指现实生活中一切有创造性意义的研究和发明、见解和活动。创新是项目产生的源泉。

科学研究是项目的来源，而且是更重要的来源。由科学研究产生的项目常常使国民经济结构发生重大变化，甚至改变人类的历史。尽人皆知的例子是，20 世纪初物理学和化学发现的放射性、核裂变和相对论等，使美国提出了有名的“曼哈顿计划”所包括的许多项目，以及以后的许多核发电和其他原子能和平利用项目。

科学发明要变成生产力，中间要经过许多环节。正是这些中间环节，为社会带来了数不清的项目。半导体物理学的发现促成了无线电技术、通信技术和计算机科学技术方面的许许多多研究、制造和应用项目，这许许多多的项目构成了项目链。

科学发明和科学研究常常为以前人类无法利用的资源找到新用途，因而也就促成了许多新项目的提出。“所谓‘垃圾’，不过是放错地方的资源”，现在已经有许多利用城市垃圾的成功项目。

第二节　项 目 管 理

一、项目管理的概念

项目管理是伴随着社会的进步和项目的复杂化而逐渐形成的一门管理学科。随着项目及其管理实践的发展，项目管理的内涵得到了较大的充实和发展，当今的项目管理已是一种新的管理方式、一门新的管理学科的代名词。

项目管理一词有两种不同的含义，其一是指一种管理活动，即一种有意识地按照项目的特点和规律，对项目进行组织管理的活动；其二是指一种管理学科，即以项目管理活动为研究对象的一门学科，它是探求项目活动科学组织管理的理论与方法。前者是一种客观实践活动，后者是前者的理论总结；前者以后者为指导，后者以前者为基础。就其本质而言，两者是统一的。

基于以上观点，给项目管理定义如下。

项目管理就是以项目为对象的系统管理方法，通过一个临时性的、专门的柔性组织，对项目进行高效率的计划、组织、指导和控制，以实现项目全过程的动态管理和项目目标的综合协调与优化。

所谓实现项目全过程的动态管理，是指在项目的生命周期内，不断进行资源的配置和协调，不断做出科学决策，从而使项目执行的全过程处于最佳的运行状态，产生最佳的效果。所谓项目目标的综合协调与优化，是指项目管理应综合协调好时间、费用及功能等约束性目标，在相对较短的时期内成功地达到一个特定的成果性目标。

项目管理的日常活动通常围绕项目计划、项目组织、质量管理、费用控制、进度控制五项基本任务展开。

项目管理贯穿于项目的整个生命周期，它是一种运用既有规律又比较经济的方法对项目进行高效率的计划、组织、指导和控制的手段，并在时间、费用和技术效果上达到预定目标。项目的特点也表明它所需要的管理及其管理办法与一般运营管理不同，一般运营管理只需对效率和质量进行考核，并注重将当前的执行情况与前期进行比较。在典型的项目环境中，尽管一般的管理方法也适用，但管理结构必须以任务（活动）定义为基础来建立，以便进行时间、费用和人力的预算控制，并对技术、风险进行管理。

项目管理是以项目经理（project manager）负责制为基础的目标管理。一般来讲，项目管理是按任务（垂直结构）而不是按职能（平行结构）组织起来的。项目管理自诞生以来发展很快，当前已发展为三维管理：①时间维，即把整个项目的生命周期划分为若干个阶段，从而进行阶段管理；②知识维，即针对项目生命周期的各不同阶段，采用和研究不同的管理技术方法；③保障维，即对项目人、财、物、技术、信息等的后勤保障管理。

一般来说，可进行项目管理的一般是指技术上比较复杂、工作量比较繁重、不确定性因素较多的任务或项目，尤其是那些特别复杂的大规模项目。第二次世界大战期间美国的原子弹及后来的阿波罗计划等重大科学实验项目，就是最早采用项目管理的典型例子。项目管理的组织形式在20世纪50～60年代开始被广泛应用，尤其在电子、核工业、国防和航空航天等工业领域中应用更多。目前项目管理已经应用在社会几乎所有领域中。

二、项目管理的基本职能

项目管理最基本的职能有项目计划、项目组织、项目评价与控制。

1. 项目计划

项目计划就是根据项目目标的要求，对项目范围内的各项活动做出合理安排。它系统地确定项目的任务、进度和完成任务所需要的资源等，使项目在合理的工期内，用尽可能低的成本和以尽可能高的质量完成。任何项目的管理都要从制订项目计划开始，项目计划是确定项目协调、控制方法和程序的基础及依据，项目的成败首先取决于项目计划工作的质量。项目计划作为项目执行的基本依据，是项目中各项工作开展的基础，是项目经理和项目工作人员的工作依据和行动指南。项目计划作为规定和评价各级执行人的责、权、利的依据，对于任何范围的变化都是一个参照点，从而成为对项目进行评价与控制的标准。项目计划按其作用和服务对象可分为决策型计划、管理型计划、执行型计划和作业型计划四个层次；按其活动内容可分为项目主体计划、进度计划、费用计划和资源计划等。

2. 项目组织

组织有两重含义，一是指组织机构，二是指组织行为（活动）。项目管理的组织是指为进行项目管理、完成项目计划、实现组织职能而进行的项目组织机构的建立、组织运行与组织调整等组织活动。项目管理的组织职能包括五个方面，即组织设计、组织联系、组织运行、组织行为与组织调整。项目组织是实现项目计划、完成项目目标的基础条件，组织的好坏对于能否取得项目成功具有直接影响，只有在组织合理化的基础上才谈得上其他方面的管理。项目的组织方式根据其规模、类型、范围、合同等因素的不同而有所不同。

3. 项目评价与控制

项目计划只是根据预测对未来做出的安排，由于在编制计划时难以预见的问题很多，所以在项目的组织实施过程中往往会产生偏差。如何识别偏差、消除偏差或调整计划以保证项目目标的实现，是项目管理的评价与控制职能所要解决的问题。这里的项目评价不同于传统意义上的项目评价，这一点将在后面的章节中详细说明。项目评价是项目控制的基础和依据，项目控制则是项目评价的目的和归宿。从内容上看，项目评价与控制可以分为工作控制、费用控制与进度控制等。

三、项目管理知识体系

项目管理在发达国家已发展成一个新的专业和学科，当今全球经济一体化的趋势日益加强，科学更跨越国界，项目管理作为一个学科，国内外的管理人员、研究人员和学者都在探讨它的知识体系，以便在交流中有共同的语言，在发展中有共同的基础。

1987 年美国项目管理协会（Project Management Institute，PMI）提出了第一个项目管理知识体系（project management body of knowledge，PMBOK），1996～2013 年又分别进行了五次修订。在《项目管理知识体系指南》第五版中，其把项目生命周期的项目管理划分为启动过程、规划过程、执行过程、监控过程与收尾过程五大项目管理过程，以及整合管理、范围管理、时间管理、成本管理、质量管理、人力资源管理、采购管理、风险管理、沟通管理及项目干系人管理十大项目管理知识领域。

2001 年 7 月中国项目管理研究委员会（Project Management Research Committee，PMRC），首次推出了中国项目管理知识体系（Chinese-Project Management Body of Knowledge，C-PMBOK），2006 年 10 月推出其第 2 版。中国项目管理知识体系主要是以项目生命周期为基本线索展开的，从项目及项目管理的概念入手，按照项目开发的四个阶段（即概念阶段、规划阶段、实施阶段及收尾阶段），分别阐述了每一阶段的主要工作及其相应的知识内容，同时考虑到项目管理过程中所需要的共性知识及其所涉及的方法工具。

项目的生命周期反映了项目由始至终一步一步实现项目目标的过程，以项目生命周期为主线组织项目管理的相关知识有利于指导项目管理实践，体现了项目管理作为实际应用性学科的特点。

本书重点介绍以下九个知识领域。

（1）项目范围管理，是为达到项目目标对项目的工作内容范围保持控制所需要的一系列过程。它包括核准、范围规划、范围定义、范围变更管理和范围确认等。

（2）项目时间管理，是为确保项目各部分工作按时完成所需要的一系列过程。它包括活动定义、活动安排、时间估算、进度计划和时间控制等。

（3）项目费用管理，是为确保完成项目的总费用不超过批准的预算所需要的一系列过程。它包括资源规划、费用估算、费用预算和费用控制等。

（4）项目质量管理，是为确保项目达到其质量目标所需要实施的一系列过程。它包括质量规划、质量控制和质量保证等。

（5）项目人力资源管理，是为保证所有项目团队成员的能力和积极性得到最有效的利用而采取的一系列步骤。它包括组织规划、人员招聘和项目班子建设等。

（6）项目沟通管理，是为确保项目信息的合理收集和传输所需要实施的一系列措施。它包括沟通规划、信息传输、进度报告和行政收尾等。

（7）项目风险管理，涉及项目可能遇到的各种不确定因素，为了将它们的有利方面尽量扩大并加以利用，而将其不利方面带来的后果降到最低程度，需要采取一系列的风险管理措施。它包括风险识别、风险量化、制定对策和风险控制等。

（8）项目采购管理，是为从项目实施组织之外获得货物和服务所需要的一系列过程。它包括采购计划、采购方式、资源选择、合同管理及合同终止等。

（9）项目收尾管理，是为确保项目完成的结果达到预期目标而进行的验收、审查和评估等一系列过程。它包括项目验收、项目后评价和项目审计等。

第三节　项目生命周期理论

一、项目生命周期的阶段

由于项目是一次性工作，所以它具有生命周期。项目的生命周期可以分为四个主要阶段，即启动阶段、计划阶段、执行阶段及收尾阶段，在项目的不同阶段，项目管理的内容是不同的。项目管理的内容多以其生命周期过程为重点而展开，它使得人们能够对整个项目的实施有一个全面、系统而又完整的了解。

项目生命周期的阶段如表 1.1 所示。

表 1.1　项目生命周期的阶段

名称	主要内容
启动阶段	确定需求目标；估算投资；建立项目组织；确定项目经理；等等
计划阶段	项目基本预算和进度的确定；为项目的执行做准备
执行阶段	实施项目
收尾阶段	评价、总结项目目标的完成程度；项目交接

第一阶段是启动阶段。这个阶段主要的工作任务是项目识别、项目构思和项目选择，形成的文字资料主要有项目建议书或可行性研究报告。

第二个阶段是计划阶段。项目计划是项目执行的蓝本，它主要解决何时、如何、由谁来完成项目的目标等问题，即制定项目计划书，具体包括：确定项目工作范围，进行项目工作分解；估算各个活动所需的时间和费用；进度安排和人员安排；等等。

第三个阶段是执行阶段。这个阶段主要是具体实施项目计划，简单来说，就是项目从无到有的实现过程。这一阶段的管理重点是执行项目计划书、跟踪执行过程和进行过程控制，当项目在具体的执行过程中出现偏差时，必须确保项目按计划有序、协调地执行。同时，这一阶段也需要根据项目的执行情况，对项目计划进行必要的修改和补充，即项目的变更控制。由此可见，项目执行阶段是项目真正意义上的开始，是顺利实现项目目标的过程。

第四个阶段是收尾阶段。当项目的目标已经实现，或者项目的目标不可能实现时，项目就进入了收尾阶段。收尾阶段管理的重点是项目的交接、对项目结果进行检验、项目的评价和总结、吸收经验教训，为完善以后的项目积累经验。

项目生命周期的阶段划分并不是唯一的，有的划分很笼统，有的划分很详细。最为典型的就是如上的四阶段划分，但是也有些项目的生命周期可以分为六个、十个甚至更多阶段，如建设类项目生命周期与非建设类项目生命周期阶段的划分就相差很大。

二、项目生命周期的特征

在项目实现的过程中，项目生命周期的各个阶段的资源投入情况、项目风险程度、项目的可控性等均有所不同。一般而言，典型的项目生命周期具有如下特征。

（1）项目资源的投入具有波动性。在项目启动阶段，主要投入的资源是智力劳动，而物力和财力投入比较低，花费的时间也比较少。进入项目执行阶段后，项目的各种活动数量迅速增加，无论是人力、物力和财力的投入，还是时间的消耗都急剧增加，达到最高峰。项目生命周期中资源的投入与时间的关系如图 1.1 所示。

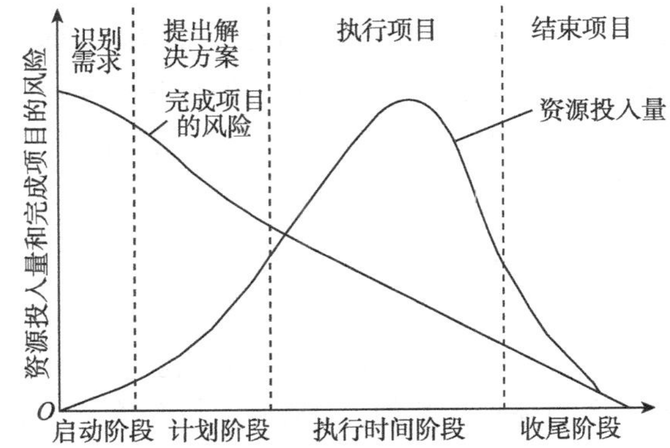

图 1.1　资源的投入、完成项目的风险与时间的关系图

（2）项目风险程度逐渐变小。项目开始时，由于存在着很多不确定性因素，成功完成项目的概率是最低的，风险和不确定性最高。随着项目的进行，不确定性因素逐渐减少，成功完成项目的概率通常会逐步增加，项目生命周期中完成项目的风险与时间的关系如图 1.1 所示。

（3）项目管理者对项目的可控性逐渐变弱。项目管理者对项目的成本费用和项目产品特征的影响力在项目开始时是最强的，随着项目的深入，影响力逐渐变弱，这主要是因为变更和纠错成本随着项目的实施是不断增加的。

这里需要注意的是，项目生命周期和产品生命周期的含义是不同的。例如，将一种新产品推向市场这一工作是一个项目，有它自己的生命周期（启动、计划、执行、收尾），而将新产品推向市场的工作只是新产品生命周期（设计、制作、销售、使用直至报废）中的一个阶段。

三、中国工程项目周期的阶段划分

（一）投资前期

投资前期是指从投资意向到项目的评估决策这一时期。这一时期的中心任务是对项目的科学论证研究和评估决策。因此，它是项目管理的关键时期。项目的成立与否、规模大小、产业类型、资金来源及其利用方式、技术与设备选择等重大项目问题都在决策时期完成。

投资前期由以下几个阶段构成。

1. 投资机会选择——项目选定

要对项目投资方向提出原则设想。机会选择是对项目内容的粗略描述和概括，目的是找准投资方向和领域。机会选择分为一般机会选择和特定机会选择。

一般机会选择主要包括地区研究、部门研究和资源研究。

特定机会选择是要确定项目的投资机会，将项目意向变为概括的投资项目建议。

2. 项目建议书——立项

项目建议书是投资机会的具体化，是项目得以成立的书面文件。应对申报的理由及其主要依据、项目的市场需求、生产建设条件、投资概算和简单的经济效益和社会效应情况做出概要叙述。项目建议书一般由提出项目的单位或部门编写，也可由它们委托有关设计院或咨询公司经调研后编写。

3. 可行性研究——项目决策的依据

可行性研究是投资前期工作的中心环节。在项目建议书审查通过后，就需组织各方面专家和实际工作者，对项目进行科学的、详细的研究论证，提出项目的可行性研究报告。可行性研究报告是整个项目建设的基础，它规定了投资项目的主要内容及标准，并充分论证了项目建设的必要性、技术先进性和经济上的合理性。可行性研究报告是项目投资决策的依据。

4. 项目评估与决策

项目评估是对可行性研究报告的评价，是项目决策的最后依据。

（二）投资时期

投资时期即项目决策后从项目选址到竣工验收、交付使用这一时期。这一时期的主要任务是实现投资前期的目标，把构思设计变为现实。投资时期包括以下几个阶段。

1. 投资项目选址

项目选址从宏观上看，首先要考虑国家的生产力布局和发展规划，同时注意相关产业的连接关系；其次要考虑环境影响，包括城市建设与改造迁移、环境保护等。从项目发展自身条件看，要求场址位于与自然资源和原料产地邻近的地区；地质、水文、自然气候适宜项目的生存与发展；交通运输、燃料动力、水源供给条件便捷经济；尽量节约用地、避免占用农田，同时要考虑自然景观和文物古迹保护等因素。选址正确与否对项目的建设和投产后的生产经营活动会产生重大影响。

2. 设计

主要包括初步设计和施工图。初步设计是项目可行性研究的继续和深化，是对项目各项技术经济指标进行全面规划的重要环节，一般包括设计概论、建设规模与产品方案、总体布局、工艺流程及设备选型、主要设备清单和材料、主要技术经济指标、主要建筑物、公用辅助设施、劳动定员、“三废”处理、占地面积及征地数量、建设工期计划、总投资概算等文字说明及图纸。特别重要或特别复杂的项目，还要进行技术设计，即对投资项目的技术问题作详细研究，使初步设计具体化。

施工图是在初步设计（或技术设计）的基础上，用图纸对投资项目进行形象化描述，具体指导施工建设。施工图一般包括施工总平面图、房屋建筑总平面图、安装施工图、其他工程的施工图、非标准设备加工详图，以及设备和各类材料明细表。施工图要绘制得形象、准确、详细，保证施工按照设计要求顺利实施。

3. 制订年度建设计划

一般来说，投资项目的建设时间均为跨年度的，因此，通常以年为单位制订建设计划，以保证投资项目有计划、按节奏地平衡进行，达到合理使用资金和资源、保时间、求效益的目的。制订年度计划的依据是项目设计，不得随意增减或更改设计内容。

4. 施工准备与施工

在制订年度建设计划后，即可着手施工前的准备工作，目的是保证施工建设顺利进行，防止疏忽和遗漏，避免施工建设期间停工带来损失。施工准备的主要内容有设备和原材料的订货和采购、根据施工图编制施工组织设计和施工图预算、建筑工程的招标，以及征地、拆迁、辅助性临时房屋的建设、“三通一平”等工作。

施工是把投资项目的设计变成现实的关键一环，是投资前期和生产回收期之间运转的重要连接点，施工质量如何直接影响到项目的建设。为了保证施工质量，在正式开工之前要组织力量认真审查施工条件，然后提出开工报告，再动工兴建。

5. 生产准备

在投资项目正式竣工投产以前，为了使项目尽快达到设计的理想状态，必须做好生产准备工作，它是竣工与正式生产之间不可忽视的环节。生产准备工作一般有：按计划要求培训管理人员和工人，组织生产人员参加主要设备和工程的安装、调试，在投产前熟悉工艺流程和操作技术，同时进一步落实开工生产必备的原材料和辅助产品。

6. 竣工验收、交付使用

竣工验收的目的是按照设计要求检查施工质量，及时发现问题并予以解决，以保证投资项目建成后达到设计要求的各项技术经济指标。生产性项目要经过负荷运转或试生产考核，保证产品的质量和生产能力。非生产性项目也要按设计标准验收。竣工验收一般采取先单项工程逐个验收，后整体工程验收的程序，验收合格后应及时办理固定资产交付使用的转账手续。

（三）生产和使用时期

项目经过生产和使用时期，可实现生产经营目标、归还贷款、回收投资。建成投产期的主要内容是实现项目的生产经营目标、收回投资。这一时期包括以下几个阶段。

1. 项目后评价

项目后评价是工程竣工验收及使用（生产、使用、营运）一段时间后，对项目的立项决策、设计、施工、竣工验收、生产营运全过程进行系统评价。通过后评价达到肯定成绩、总结经验、研究问题、吸取教训、提高项目决策水平和投资效果的目的。

2. 实现生产经营目标

实现生产经营目标，一是要尽快生产出合格产品并达到设计所规定的年生产能力，二是按计划逐年实现利润指标。要实现生产经营目标，首先要控制生产成本，保证产品具有较高的市场竞争力；其次要提高产品质量，建立严格的产品考核检查制度，保证产品优质品率；再次要保证原材料的正常供给和资金周转；最后是强化产品促销，准确、及时开发市场，搞好售前、售中、售后服务，树立产品的良好信誉和企业形象。

3. 资金回收

投资项目在建成投产转入正常生产经营后就要逐年从收入中收回投资，偿还贷款。资金回收的速度反映了项目的财务生命力，为了保证资金的正常回收，要建立一整套规章制度。在项目投资前，银行与企业签署贷款合同或协议，规定投资回收期、分年度回收量及防范风险的措施。投产经营中，企业则应加强对债务的管理，保证及时归还到期的借款和债务。

第四节　项目管理的发展

一、项目管理的发展历程

项目管理的发展是工程和工程管理实践的结果。传统的项目和项目管理概念主要起源于建筑行业，这是因为传统的实践中建筑项目相对其他项目来说，组织实施过程表现得更为复杂。随着社会进步和现代科技的发展，项目管理也不断地得以完善，同时项目管理的应用领域也不断扩充。

项目管理从经验走向科学应该说经历了漫长的历程，原始潜意识的项目管理萌芽经过大量的项目实践之后才逐渐形成了现代项目管理的理念，这一过程大致经历了如下四个阶段。

1. 潜意识的项目管理

这一阶段从远古时期延续到20世纪30年代以前,人们无意识地按照项目的形式运作。

在古代，我们祖先就开始了项目管理的实践，人类早期的项目可以追溯到数千年以前，如古埃及的金字塔、古罗马的尼姆水道、中国的都江堰和万里长城。这些前人的杰作至今仍向人们展示着人类智慧的光辉。

有项目就有项目管理问题，因此西方人提出，人类最早的项目管理是埃及的金字塔和中国的长城。但是应该看到，直到 21 世纪初，项目管理还没有形成行之有效的计划和方法，以及科学的管理手段和明确的操作技术标准。因而，对项目的管理还只是凭个人的经验、智慧和直觉，依靠个别人的才能和天赋，根本谈不上科学性。

2. 传统项目管理的形成

这一阶段从 20 世纪 30 年代初期延续到 50 年代初期。本阶段的特征是用横道图进行项目的规划和控制。

早在 20 世纪初，人们就开始探索管理项目的科学方法。第二次世界大战前夕，横道图已成为计划和控制军事工程与建设项目的重要工具。横道图又名条线图，由亨利·L.甘特（Henry L. Gantt）于 1900 年前后发明，故又称为甘特（Gantt）图。横道图直观而有效，便于监督和控制项目的进展情况，时至今日仍是管理项目尤其是建筑项目的常用方法。但是，由于横道图难以展示工作环节间的逻辑思维关系，不能满足大型项目的需要，因此在此基础上，卡洛尔·阿丹密基(Karol Adamiecki)于 1931 年研制出协调图以克服上述缺陷，但没有得到足够的重视和承认。与此同时，在规模较大的工程项目和军事项目中广泛采用了里程碑系统。里程碑系统的应用虽未从根本上解决复杂项目的计划和控制问题，但却为网络概念的产生充当了重要的媒介。应该指出的是，在这一阶段及这一阶段之前，虽然人们对如何管理项目进行了广泛的研究和实践，但还没有明确提出项目管理的概念。项目管理的概念是在第二次世界大战后期实施曼哈顿项目时提出的。

3. 项目管理的传播和现代化

这一阶段从 20 世纪 50 年代初期延续到 70 年代末期。本阶段的重要特征是开发和推广应用网络计划技术。

进入 20 世纪 50 年代，美国军界和个别大企业的管理人员纷纷为管理各类项目寻求更为有效的计划和控制技术。在各种方法中，最为有效和方便的技术莫过于网络计划技术。网络计划技术克服了横道图的种种缺陷，能够反应项目进展中各工作间的逻辑思维关系，能够描述各工作环节和工作单位之间的接口界面及项目的进展情况，并可以事先进行科学安排，因而为管理人员对项目实行有效的管理带来极大的方便。

网络计划技术的开端是关键线路法(critical path method, CPM)和计划评审技术(program evaluation & review techniques，PERT）的产生和推广应用。始创于 1956 年的关键线路法，在次年应用于杜邦公司的一个投资千万美元的化工项目，结果大大缩短了建设周期，节约了 10%左右的投资，取得了显著的经济效益。该方法由凯利（Kelly）和沃克（Walker）于 1959 年公之于世。计划评审技术出现于 1958 年，是美国海军在研究开发北极星（Polaris）号潜水舰艇所采用的远程导弹 F.B.M 的项目中开发出来的。这项工程涉及美国48个州的200多个主要承包商和11 000多个企业，计划工期为8年。计划评审技术的应用，使美国的海军部门顺利解决了组织、协调问题，节约了投资，缩短了约两年工期。此后，美国三军和航空航天局在各自的管辖范围内全面推广了这一技术。这一技术很快就在世界范围内得到重视，成为管理项目的一种先进手段。

4. 现代项目管理的发展

这一阶段从20世纪70年代末延续到现在。这一阶段的特点表现为项目管理范围的扩大，以及与其他学科的交叉渗透和相互促进。

进入20世纪70年代以后，项目管理应用范围由最初的航空、航天、国防、化工、建筑等领域，广泛普及到了医药、矿山、石油等领域。计算机技术、价值工程和行为科学在项目管理中的应用，极大地丰富和推动了项目管理的发展。在这一阶段，项目管理在理论和方法上得到了更加全面深入的探讨，逐步把最初的计划和控制技术与系统论、组织理论、经济学、管理学、行为科学、心理学、价值工程、计算机技术及项目管理的实际等结合起来，并吸收了控制论、信息论及其他学科的研究成果，发展成为一门较完整的独立学科体系。

当前，项目管理的发展有了新的突破，其特点是面向市场，迎接竞争；项目管理除了计划和协调外，对采购、进度、费用、质量、风险等给予了更多的重视，并形成了现代项目管理的框架。为了在迅猛变化、剧烈竞争的市场中迎接经济全球一体化的挑战，项目管理更加注重人的因素，注重顾客，注重柔性管理，力求在变革中求生存和发展。在这个阶段，项目管理应用领域进一步扩大，尤其在新兴产业（如电信、软件、信息、金融、医药等）中得到了迅速发展。

中国项目管理的发展最早起源于20世纪60年代华罗庚推广的统筹法，现代项目管理学科就是由于统筹法的应用而逐渐形成的，80年代现代化管理方法在中国的推广应用，进一步促进了统筹法在项目管理过程中的应用，90年代初成立了中国第一个跨学科的项目管理专业学术组织——中国项目管理研究委员会。为推进中国项目管理事业的发展，促进中国项目管理与国际项目管理专业领域的沟通与交流，中国项目管理研究委员会做了大量开创性工作，并发挥了积极的作用。

2000年美国项目管理协会的项目管理专业人员（Project Management Professional，PMP）认证进入中国。2001年下半年国际项目管理协会（International Project Management Association，IPMA）的国际项目经理资质认证（International Project Manager Professional，IPMP）进入中国，并于2001年11月在北京、上海、西安及深圳四城市开展了首次全国性国际项目管理专业资质认证考试，目前中国已经有二十多个省市启动了这一认证工作。国际项目管理专业资质认证的引入使中国具有了与国际同步的项目管理专业资质标准，为中国项目管理工作者提供了一个与世界接轨的平台，进一步促进了中国项目管理的发展。

二、学习项目管理的意义

在世纪之交，当我们专注于建立现代企业制度的时候，发达国家正努力强化项目管理。美国学者 David Cleland 称：在应付全球化的市场变动中，战略管理和项目管理将起到关键性的作用。美国著名杂志《财富》（*Fortune*）预测项目经理将成为 21 世纪年轻人首选的职业。这一动向提醒我们在高度重视企业管理现代化的同时，需要给予项目管理足够的关注。甚至可以说，项目管理是迎接知识经济时代的需要。

对于中国来说，建设和发展项目管理这一新兴学科具有特别重要的意义。

1. 大量投资要通过项目来实现

中国第一个五年计划时期有 156 个重点建设项目。如今中国在各种项目上的投资以万亿计，几乎覆盖了经济、文化、科教、国防等所有重要领域，如能源、交通、水利等基础设施项目，房地产项目，农业发展项目，工业企业技改项目，环保项目，扶贫项目，科研项目，教育项目，体制改革项目，以及体育、文化活动项目，等等。项目的数量、投资额度、资金来源和币种的多元化及管理上的复杂性都大大超过以往。尽管改革开放以来中国的项目管理工作有了很大改进，但拖期、超支及关、停、并、转的情况仍占一定比例，尤其是政府部门和国有企业主办的项目，经济效益亟待提高。

2. 任何创新和改革都是项目活动

当今，无论是企事业单位还是政府机构都面临着严峻的竞争压力，几乎都在不断推出新产品、新技术、新工艺和各种改革措施。实际上，任何创新和改革都是以项目形式进行的。由于这些任务具有一次性和独特性的共同特征，人们日益认识到采用常规的运行管理是难以应付这些任务的，必须组成专门的项目班子，采用项目管理方法。因此，除了项目单位外，在企事业管理和政府管理机构中也同样出现了项目管理的强烈需求。世界银行把每一笔贷款作为一个项目来管理；美国国防部（Department of Defense，DOD）有自己的“防卫系统管理学院”，主要为政府工作人员培训项目管理技术，如今广泛应用的项目管理技术不少是由国防部研究开发的；摩托罗拉是世界著名的通信设备和服务供应商（supplier），在 20 世纪 90 年代中期就启动了一个旨在改善其项目管理能力的计划；总部设在瑞士的国际 ABB 工程公司，在九十多个国家运营，要求公司的大部分工作实行项目管理。中国也不例外，项目管理的需求几乎渗透到了任何形式的组织机构中。长江三峡工程、香港新机场工程、国家 863 高科技计划、大学 211 工程、大江大河的防洪救灾任务、北京市大气污染治理任务等，都在实施项目。

3. 中国经济融入全球市场和项目管理的国际化

中国经济正日益深刻地融入全球市场。中国每年从世界银行获得数十亿美元的贷款，连续多年成为世界银行的最大借款国，再加上亚行贷款、国际经援、出口信贷等，利用外资和中国港、澳、台地区的资金数额每年都达几百亿美元，此外还有许多项目要通过国际招标、采购、咨询和建设—经营—转让（build-operate-transfer，BOT）方式运作。中国涉外项目的比例越来越高，这些涉外项目通常都要求采用项目管理的国际模式，需要大量有现代项目管理知识与经验的专业人才。

4. 引进、消化、发展，逐步形成具有中国特色的项目管理

近代项目管理学科起源于 20 世纪 50 年代末，当时美国出现了关键线路法和计划评

审技术，在阿波罗登月计划中取得巨大成功，这种技术由此风靡全球。60年代初，华罗庚教授在中国普及推广这种技术，并将其称为统筹方法，我们现在通常称其为网络计划技术。其实五十多年来这个学科的发展已远远超出上述范围，初步形成了一个内容十分丰富的知识体系。

应当承认，中国的项目管理与国际水平仍有相当差距。现阶段要做好引进、消化、培养人才的工作，同时研究一些中国国情下的特殊问题，发展项目管理学科，逐步形成具有中国特色的项目管理。

复习思考题

第二章　项目论证与评估

项目论证与评估是项目选定和投资决策的重要依据，也是现代项目管理的核心工作之一。项目论证是指对拟实施项目技术上的先进性、适用性，经济上的合理性、盈利性，实施上的可能性、风险性进行全面科学的综合分析，为项目决策提供客观依据的一种技术经济活动。项目评估是指在项目可行性研究的基础上，由第三方（国家、银行或有关机构）根据国家颁布的政策、法规、方法、参数和条例等，从项目、国民经济、社会角度出发，对拟建项目进行评价、分析和论证，为最后做出投资决策提供咨询意见。

本章重点介绍项目可行性研究的含义与阶段划分、作用和发展历史，可行性研究的内容、步骤、依据和原则，以及项目评估的概念、内容、程序和要求。

第一节　可行性研究概述

一、可行性研究的含义与阶段划分

可行性研究是专门为决定某一特定项目是否合理可行，而在实施前对该项目进行调查研究及全面的技术经济分析论证，由此考查项目经济上的合理性、盈利性，技术上的先进性、适用性，实施上的可能性、风险性，以便为项目决策提供科学依据的一种科学分析方法。

项目可行性研究是项目前期工作的重要内容。它要解决的主要问题主要包括：为什么要进行这个项目？项目的产品或劳务的市场需求情况如何？项目的规模以多大为宜？项目选址定在何处合适？各种资源的供应条件怎样？采用的工艺技术是否先进、可靠？项目筹资融资渠道、盈利水平及风险性如何。它从项目选择、立项、建设到生产经营的全过程来考察和分析项目的可行性。可行性研究从市场需求的预测开始，通过多方案比较，论证项目建设规模、工艺技术方案、场址选择的合理性，原材料、燃料、动力、运输、资金等建设条件的可靠性，然后对项目的建设方案进行详细规划，最后通过对生产经营成本、销售收入和一系列指标的计算，评价项目在财务上的盈利能力和经济上的合理性，得出项目可行或不可行的结论，从而最终回答项目是否有必要建设、是否可能建设和如何进行建设的问题，为投资者的最终决策提供直接的依据。

广义的可行性研究分为机会研究、初步可行性研究及可行性研究三个阶段。

（1）机会研究，也称投资机会鉴定，是指寻求投资的机会与鉴别投资的方向。它的主要任务是对项目投资进行初步鉴定。在一个指定的地区或部门内，对资源的情况、市场需求情况进行预测，以及对项目工艺技术路线和经济效益作一些粗略的分析研究，寻找最有利的投资机会。这种研究一般靠经验数据匡算得出，误差一般为 ± 30%，时间较短，为 1 ~ 2 个月，费用也较少。如果这一研究能引起投资者的兴趣，可以转到下一个步骤；如果觉得不行，就此停止。

（2）初步可行性研究。它是进一步分析和判断投资项目是否有生命力、是否有利可图、是否值得进行下一步的可行性研究，对投资项目的关键性问题，如市场情况、资源条件、产品方案、工艺路线、技术设备及经济效益的评价等，需要作专门的调查研究，需要取得较精确的数据。初步可行性研究一般要用半年左右的时间，投资估算误差一般为 ± 20%，而所需费用一般占投资总额的 1%左右。如果对项目的各个主要专题研究结果感到可行，就可转入下一个步骤，进行可行性研究。有些项目在有较大的把握时，就不再作初步可行性研究，而直接从机会研究进入可行性研究阶段。

（3）可行性研究。这是一个关键阶段，也是投资前最重要的阶段。一般的可行性研究是指这一阶段，它需要对研究项目进行深入详细的技术经济论证，提供项目所需的各种依据，并做出全面、详细、完整的经济评价，并且可列出不同的方案，从最优目标出发，对项目的原材料、工艺、品种、场址、投资情况及项目工期等进行比较论证，从中选择投资少、进度快、效益高的最优方案。这一阶段的建设投资和成本估算的误差应在 ± 10%以内，所需时间为一年左右，或更长时间，其费用一般占投资总额的 1% ~ 3%。

上述三个阶段是密切相关的。机会研究是对项目的设想进行鉴别，确定投资方向；初步可行性研究是为投资项目能否进行提供依据；可行性研究则是对项目的实施提供较详细的依据。一个项目的建设，一般都要经过这几个阶段，但有时也可省略机会研究或初步可行性研究。

我国的可行性研究与西方的可行性研究相比，在内容上是大同小异的。可以认为，我国的项目建议书相当于国外的初步可行性研究，而我国的可行性研究在工作深度和精度上却远比国外的可行性研究低得多。或者可以这样说，我国的可行性研究加上初步设计，才达到国外可行性研究的要求。

二、可行性研究的作用

投资一个项目，目的就在于最大限度地获得经济效益和社会效益。任何投资决策的盲目性或失误，都可能导致重大的损失，特别是重大项目的决策正确与否，其影响所及，会是整个国民经济的结构和规模。投资项目进行可行性研究的主要作用如下。

（1）可行性研究是科学的投资决策的依据。任何一个投资项目成立与否，投资效益如何，都要受到社会因素、技术因素、经济因素等的影响，对投资项目进行深入细致的可行性研究，正是从这三方面对项目分析、评价，从而积极主动地采取有效措施，避免因不确定因素造成的损失，提高项目经济效益，实现项目投资决策的科学化。

（2）可行性研究是编制计划、设计、施工实施的依据。一个项目的建设是十分复杂的，可行性研究的进行只是其中重要的一部分，今后的工作计划、设计，以及设备的选择、采购、安排等都将一一进行。在现行的规定中，虽然可行性研究是与项目设计文件的编制分别进行的，但项目的设计要严格按批准的可行性研究报告的内容进行，不得随意改变可行性研究报告中已确定的规模、方案、标准、场址及投资额等控制性指标。项目设计中的新技术、新设备也必须经过可行性研究才能被采用。因此，我国建设程序规定，可行性研究是建设程序中的一个重要阶段，要在设计前进行并作为项目设计的依据。

可行性研究是项目实施的依据。只有经过项目可行性研究论证，被确定为技术可行、经济合理、效益显著、建设与生产条件具备的投资项目，才能列入国家或地方的投资计划，项目单位才被允许着手组织原材料、燃料、动力、运输等供应条件和落实各项投资项目的实施条件，为投资项目顺利实施做出保证。

（3）可行性研究是项目评估、筹措资金的依据。在可行性研究报告中，具体地分析了项目建设的必要性和可行性，对最优方案选择做出了明确结论。项目评估是在可行性研究的基础上进行的，通过论证、分析，对可行性研究报告进行评价，提出项目是否可行、是否是最好的选择方案，为最后做出投资决策提供资咨询意见。可行性研究详细地计算项目的财务收益、经济效益、贷款清偿能力等数量指标以及筹资方案和投资风险等，银行在对可行性研究报告进行审查和评估后，决定对项目的贷款金额。

（4）可行性研究是提高投资效益的重要保证。进行可行性研究时，必须在多方案中进行反复论证，筛选掉那些投资效益差的方案，当然这种筛选必须建立在数据准确和完善的基础上，并且要进行综合分析。这样可以促进项目的最优化，同时为项目实施过程的顺利进行、防止重大方案的变动或返工奠定基础。

三、可行性研究的发展历史

可行性研究工作是在 20 世纪前叶随着技术、经济和管理科学的发展而产生的，至今已有六十多年的历史。早在 20 世纪 30 年代，美国在开发田纳西流域时就开始把可行性研究列入流域开发的程序，成为工程项目规划的重要阶段，使工程建设稳步发展，取得了明显的经济效益。以后这门学科又经过几十年的发展，不断充实和完善，特别是进入 60 年代以后，科学技术和经济管理等突飞猛进的发展，使可行性研究渗透到很多领域，使用范围十分广泛，不仅用于研究工程项目建设问题，还可用来研究工业、农业的生产管理，自然、社会的改造等问题。可行性研究所应用的知识十分广泛，涉及生产技术科学、经济科学和企业管理科学等各方面的知识。虽然国际上对可行性研究的方法不尽相同，但作为一门学科，它已为世界各国所公认，而且已被广泛采用。

我国建设项目投资决策前的可行性研究工作是在 20 世纪 70 年代末，随着改革开放方针的提出，在引进国外的先进技术和设备的同时逐渐开展起来的。在这之前，我国在投资项目决策前所做的技术经济论证工作的作用和目的，也是在投资前对拟建项目的必要性、建设条件、建成后的效果等进行分析论证，以提高投资效益。1981 年 1 月，国务院颁布了《技术引进和设备进口工作暂行条例》，明确规定“所有技术引进和设备进口项目，都要明确编制项目建议书和可行性研究报告”，并规定了可行性研究的内容及附件的目录，这是我国正式规定有关建设项目必须进行可行性研究工作、把编制可行性研究报告作为项目决策依据的开端。接着，1982 年 9 月国家计划委员会又在《关于编制建设前期工作计划》的通知中进一步扩大了需要进行可行性研究工作的范围，包括了所有列入“六五”计划的大中型项目，并规定所有建设项目的设计任务书都必须在批准的可行性研究的基础上进行编制，作为最终决策和初步设计的依据。1983 年 2 月国家计划委员会制定和颁发《关于建设项目进行可行性研究的试行管理办法》，将可行性研究正式纳入基本建设程序。

1987 年，国家计划委员会发布了《建设项目经济评价方法与参数》，对可行性研究中的经济评价部分做了更为详细的规定和具体要求。至此，我国有关建设项目可行性研究工作的管理已日趋完善。1993 年，国家计划委员会和建设部结合经济体制改革形势的发展和《建设项目经济评价方法和参数》试行中反映出来的问题，对《建设项目评价方法和参数》进行了补充和完善，推出《建设项目经济评价方法与参数（第二版）》。2006 年7月国家发展和改革委员会与建设部又颁布实施了《建设项目经济评价方法与参数(第三版）》，在评价指标、评价参数及计算方法等方面都做出了一定程度的调整。

为了适应我国各类投融资主体科学决策的需要，2002 年 1 月国家发展计划委员会委托中国国际工程咨询公司组织编写了《投资项目可行性研究指南》，用以规范可行性研究工作的内容和方法，指导可行性研究报告的编制。

第二节　项目可行性研究

一、可行性研究的内容

可行性研究的内容随行业不同而有所差别，不同行业各有侧重，但基本内容是相同的。一般说来，项目的可行性研究应包括以下几个方面的内容。

（一）总论

从总体上说明建设项目提出的背景、投资环境、项目建设投资的必要性和经济意义，项目投资对经济发展的作用和重要性；介绍拟建项目的轮廓和预期达到的目标；阐述对推荐方案的重要争论问题和不同意见与观点。

1. 项目提出的背景

拟建项目都有其特定的背景、依据和原因。可行性研究应对项目建设的依据和主要理由进行论述，一般应从财务和经济两个层次进行。财务层次分析，应侧重从项目产品和投资效益角度论述建设理由；经济层次分析，应从是否符合合理配置和有效利用资源，是否符合区域规划、行业发展规划、城市规划、水利流域开发规划、交通路网规划的要求，是否符合国家技术政策和产业政策的要求，是否符合保护环境、可持续发展的要求等角度论述建设理由。

2. 项目概况

项目概况包括项目建设内容、建设规模、产品性能和档次、技术装备水平、成本与效益等经济目标，以及项目建成后在国内外同行业中所处的位置或者在经济和社会发展中的作用。可对建设项目的主要技术经济指标列表说明。

3. 问题和建议

指出项目可能发生的问题和可能遇到的主要风险，并提出建议。

（二）市场预测

市场预测是对项目的产出品和所需的主要投入品的市场容量、价格、竞争力及市场风险进行分析预测。市场预测的结果可为确定项目建设规模与产品方案提供依据。

1. 市场现状调查

市场现状调查是进行市场预测的基础。市场现状调查主要是调查拟建项目同类产品的市场容量、价格及市场竞争力现状。

（1）市场容量现状调查，主要是调查项目产品在近期和预测时段的市场供需总量及其地区分布情况。

（2）价格现状调查，主要是调查项目产品的国内市场价格和国际市场价格、价格变化过程及变化规律，分析价格的合理性，调查价格形成机制，确定项目产品价格是市场形成价格还是政府调控价格。

（3）市场竞争力现状调查，主要是分析项目产品目前国内外市场竞争程度，以及市场竞争的主要对手的生产、营销及其竞争力情况等。

2. 产品供需预测

产品供需预测是指利用市场调查所获得的信息资料对项目产品未来市场供应和需求的数量、品种、质量、服务进行定性与定量分析。

（1）产品供需预测。预测拟建项目产品在生产运营期内全社会和目标市场的可供量和需求总量，包括国内外现有供应量和新增供应量，国内需求量和出口需求量。

（2）供需失衡分析。在产品供应和需求预测的基础上，分析项目产品在生产运营期内的供需平衡情况和满足程度，以及可能导致供需失衡的因素和波及范围。

（3）目标市场分析。根据市场结构、市场分布与区位特点、消费习惯、市场饱和度，以及项目产品的性能、质量和价格的适应性等因素，选择确定项目产品的目标市场，预测可能占有的市场份额。

3. 价格预测

项目产品价格是测算项目投产后的销售收入、生产成本和经济效益的基础，也是考察项目产品竞争力的重要方面。预测价格时，应对影响价格形成与导致价格变化的各种因素进行分析，初步设定项目产品的销售价格和投入品的采购价格。

4. 竞争力分析

竞争力分析是研究拟建项目在国内外市场竞争中获胜的可能性和获胜能力。进行竞争力分析，既要研究项目自身竞争力，也要研究竞争对手的竞争力，并进行对比。

（1）竞争力优势、劣势分析。分析项目在自然资源占有、工艺技术和装备、规模效益、新产品开发能力、产品质量性能、价格、商标、品牌、商誉、项目区位、人力资源等方面的优势、劣势。

（2）竞争力对比。可以选择项目目标市场范围内占市场份额较大、实力较强的几家竞争对手，将项目自身条件与竞争对手条件的优势、劣势对比并排序。

（3）营销策略研究。对市场竞争比较激烈的项目产品，应进行营销策略研究，研究项目产品进入市场和扩大销售份额在营销方面应采取的策略，包括销售方式、销售渠道、销售网点、价格定位、宣传手段、结算方式、售后服务等。

5. 市场风险分析

市场风险分析是在产品供需、价格变动趋势和竞争能力等常规分析已达到一定深度的情况下，对未来国内外市场某些重大不确定因素发生的可能性及其可能对项目造成的损失程度进行分析。市场风险分析可定性描述，估计风险程度；也可定量分析，计算风险发生概率，分析对项目的影响程度。

（三）资源条件评价

资源条件是资源开发项目的物质基础，直接关系到项目开发方案和建设规模的确定。资源开发项目包括金属矿、煤矿、石油天然气矿、建材矿、化学矿、水利水电和森林采伐等项目。资源评价主要是对拟开发利用资源的合理性、可利用量、自然品质、储存条件、开发价值进行评价。

1. 资源开发的合理性

对于不可再生的资源，特别是某些稀缺的矿产资源，分析研究这些资源近期与远期开发量的关系，资源保护、储备与可持续发展的关系。

2. 资源可利用量

根据拟建项目性质，研究矿产资源的可采储量或水利水能资源的蕴藏量或森林资源的蓄积量，提出合理的开发（开采）规模和开发（开采）年限。例如，矿产开采项目应根据国家矿产资源储量委员会批准的储量报告，在进一步勘探核查的基础上，提出项目的矿产可采储量。

3. 资源品质情况

根据拟建项目特点研究资源品质，为制订项目技术方案提供依据。例如，金属矿和非金属矿开采项目应分析研究矿石品位、物理性能和化学组分、洗选难易程度。

4. 资源赋存条件

研究分析资源的地质构造和开采难易程度，以便确定开采方式和设备方案。例如，矿产开采项目应分析地质构造、岩体性质、矿体结构、矿层厚度、倾斜度、埋藏深度、灾害因素、涌水量等。

5. 资源开发价值

分析研究资源的开发利用价值，预测项目的经济效益。例如，矿产开采项目，应分析计算每吨矿产品生产能力投资、每吨矿产品的开采成本等指标。

（四）建设规模与产品方案

建设规模与产品方案研究是在市场预测和资源评价（指资源开发项目）的基础上，论证比选拟建项目的建设规模和产品方案（包括主要产品和辅助产品及其组合），作为确定项目技术方案、设备方案、工程方案、原材料及燃料供应方案与投资估算的依据。

1. 建设规模方案选择

建设规模也称生产规模，是指项目设定的正常生产运营年份可能达到的生产能力或者使用效益。确定建设规模一般应考虑经济规模、市场容量、环境容量及主要外部协作条件等因素。技术改造项目还应充分研究拟建生产规模与企业现有生产规模的关系，拟建生产规模属于外延型还是外延内涵复合型，以及利用现有场地、公用工程和辅助设施的可能性等因素，确定建设规模。

2. 产品方案的选择

产品方案是研究拟建项目生产的产品品种及其组合的方案。生产多种产品的拟建项目，应研究其主要产品、辅助产品、副产品的种类及其生产能力的合理组合，以便为下一步研究技术、设备、原材料及燃料供应等方案提供依据。确定产品方案一般应研究以下内容。

（1）市场需求。项目产品方案应根据市场需求确定产品的品种、数量、质量。

（2）产业政策。项目产品方案应符合政府发布的鼓励发展的产业和产品方向以及技术政策和技术标准要求。

（3）专业化协作。项目产品方案应有利于专业化协作及上、下游产品链的衔接。

（4）资源综合利用。共生型资源开发项目或者在生产过程中有副产品的项目，在确定产品方案时，应考虑资源的综合利用，提出主要产品和副产品的组合方案。

（5）环境条件。确定项目产品方案，应考虑环境保护要求和可能获得的环境容量，以及环保治理设施投资等因素。

（6）原材料、燃料供应。项目产品方案应考虑项目所采用的原材料、燃料的可得性，以及数量、品质、来源的稳定性。

（7）技术设备条件。项目产品方案应与可能获得的技术装备水平相适应。

（8）生产储运条件。项目产品的生产、包装、运输、储存有特殊要求的，确定项目产品方案时应考虑满足这些要求的可能性。

3. 建设规模与产品方案比选

经过对建设规模与产品方案的论证，提出两个或两个以上方案进行比选，分别说明各方案的优缺点，并提出推荐方案。比选内容主要有：单位产品生产能力（或者使用效益）投资；投资效益（即投入产出比、劳动生产率等）；多产品项目资源综合利用方案与效益；等等。建设规模与产品方案的经济比选方法如下。

（1）效益比选方法，包括净现值比较法、净年值比较法、净现值率比较法、差额投资财务内部收益率（financial internal rate of return，FIRR）法等。

（2）费用比选方法，包括费用现值比较法、等额年费用比较法等。

（五）场址选择

可行性研究阶段的场址选择，是在初步可行性研究（或者项目建议书）规划选址已确定的建设地区和地点范围内，进行具体坐落位置选择，习惯上称为工程选址。

不同行业项目选择场址需要研究的具体内容、方法和遵循的规程规范不同，其称谓也不同。例如，工业项目称厂址选择，水利水电及服务业项目称场址选择，铁路、公路、城市轨道交通项目称线路选择，输油气管道、输电和通信线路项目称路径选择。

1. 场址现状

场址现状研究的主要内容如下。

（1）场址位置：拟选场址的坐落位置，与周边环境协调情况。

（2）占地面积：根据项目建设规模、主要建筑物、构筑物组成，参照同类项目，计算拟建项目需要占用的土地面积。

（3）地形地貌气象条件：拟选场址的地形、地貌、气象条件，如标高、坡度、降水量、日照、风向等，能否满足项目建设规模和建设条件的要求。

（4）地震活动情况：拟选场址所在地区及其周围的地震活动情况。

（5）工程地质和水文地质条件：拟选场址的工程地质和水文地质条件能否满足项目建设的要求。

（6）征地拆迁移民安置条件：拟选场址征地拆迁移民安置方案，包括移民数量、安置途径、补偿标准，以及安置工作量和所需投资。

（7）交通运输条件：场址的交通运输条件，如港口、铁路、公路、机场、通信等能否满足项目的需要。

（8）水电等供应条件：拟选场址所在地的水、电的供应（数量、质量、价格）现状及发展规划及其对项目的满足程度。

（9）环境保护条件：拟选场址的位置能否被当地环境容量接受，是否符合国家环境保护法规的要求。

（10）法律支持条件：拟选场址所在地有关法规对项目建设和运营的支持程度及约束条件。

（11）生活设施依托条件：拟选场址所在地的生活福利设施（住宅、学校、医院、文化、娱乐、体育等）满足项目需要的程度。

（12）施工条件：拟选场址的施工场地、施工用电、用水等条件，能否满足工程施工的需要。

2. 场址方案比选

通过上述研究，对多个场址方案进行工程条件和经济性条件的比较。

工程条件比选的内容，主要有占用土地种类及面积、地形地貌气候条件、地质条件、地震情况、征地拆迁移民安置条件、社会依托条件、环境条件、交通运输条件、施工条件等。

经济性条件比选的内容，一是建设投资比较，主要有土地购置费、场地平整费、基础工程费、场外运输投资、场外共用工程投资、防洪工程投资、环境保护投资，以及施工临时设施费用等，应编制场址方案建设投资费用比较表；二是运输费用比较，包括原材料及燃料运输费、产品运输费、动力费、排污费和其他费用等，应编制场址方案运营费用比较表。

3. 推荐的场址方案

经过工程条件和经济性条件的比选，提出推荐场址方案，并绘制场址地理位置图。在地形图上标明场址的四周界址、场址内生产区、办公区、场外工程、取水点、排污点、堆场、运输线等位置，以及与周边建筑物、设施的相互位置。

技术改造项目应研究利用企业现有场地、公用设施和辅助设施的可能性，在此基础上再进行拟建项目场址方案研究。

（六）技术方案、设备方案和工程方案

项目的建设规模与产品方案确定后，应进行技术方案、设备方案和工程方案的具体研究讨论工作。技术、设备与工程方案构成项目的主体，体现项目的技术和工艺水平，也是决定项目是否经济合理的重要基础。

1. 技术方案选择

技术方案主要是指生产方法、工艺流程（工艺过程）等。技术方案选择是在确定项目产品生产方法和工艺流程方案的基础上，对技术的先进程度、技术的可靠程度、技术对产品质量性能的保证程度、技术对原材料的适应性、工艺流程的合理性、自动控制水平、技术获得的难易程度、对环境的影响程度，以及购买技术或者专利费用等技术经济指标进行比选论证，提出推荐方案。在进行技术方案选择时，应绘制主要工艺流程图，编制主要物料平衡表，车间（或者装置）组成表，主要原材料、辅助材料及水、电、气等消耗定额表。

2. 主要设备方案选择

设备方案选择是在研究技术方案的基础上，对所需主要设备的规格、型号、数量、来源、价格，以及运营成本、寿命周期费用和差额投资回收期等指标进行研究比选，然后提出推荐方案并编制主要设备表。

3. 工程方案选择

工程方案选择是在已选定项目建设规模、技术方案和设备方案的基础上，研究论证主要建筑物、构筑物的建造方案。工程方案经比选后，应编制推荐方案的建筑物、构筑物工程一览表。

4. 节能措施

在研究技术方案、设备方案和工程方案时，能源消耗量大的项目，应提出节约能源措

施，并对能耗指标进行分析。能耗指标一般应达到国内外同行业先进水平。技术改造项目，应详细说明企业能源利用现状，以及改造后合理利用能源、降低能耗的效果。

5. 节水措施

在研究技术方案、设备方案、工程方案时，水资源消耗量大的项目，应提出节水措施，并对水耗指标进行分析。水耗指标一般应达到国内外同行业先进水平，水的重复利用率应达到当地政府规定的标准。技术改造项目，应详细说明企业水资源利用现状，以及改造后提高水资源利用率的效果。

（七）原材料、燃料供应

在研究确定项目建设规模、产品方案、技术方案和设备方案的同时，还应对项目所需的原材料、辅助材料和燃料的品种、规格、成分、数量、价格、来源及供应方式，进行研究论证，以确保项目建成后正常生产运营，并为计算生产运营成本提供依据。

1. 主要原材料供应方案

主要原材料是项目建成后生产运营所需的主要投入物。在建设规模、产品方案，技术方案确定后，应对所需主要原材料的品种、规格、成分、质量、数量、价格、来源、供应方式和运输方式进行研究，确定品种、质量和数量、供应来源与方式、运输方式，选取原材料价格。

2. 燃料供应方案

项目所需燃料包括生产工艺用燃料、公用和辅助设施用燃料、其他设施用燃料。根据拟建项目生产能力和燃料消耗定额，计算分析所需燃料的品种、数量和质量；确定燃料运输方式和来源；在市场预测的基础上，对燃料价格（包括运输费用）进行进一步测算。

经过比选提出推荐方案，并分别编制主要原材料年需要量表和主要燃料年需要量表。

（八）总图运输与公用辅助工程

总图运输与公用辅助工程是在已选定的场址范围内，研究生产系统、公用工程、辅助工程及运输设施的平面和竖向布置及工程方案。

1. 总图布置方案

项目总图布置应根据项目的生产工艺流程或者使用功能及其相互关系，结合场地和外部环境条件，对项目各个组成部分的位置进行合成，使整个项目形成布置紧凑、流程顺畅、经济合理、使用方便的格局。为此，要研究确定各个单项工程建筑物、构筑物的平面尺寸和占地面积；功能区（包括生产系统、辅助生产系统和非生产系统）的合理划分；各功能区和各单项工程的总图布置（平面布置和竖向布置）；布置场内外运输、消防道路；合理确定土地利用系数、建筑系数和绿化系数。

总图布置方案应从技术经济指标和功能方面进行比选，择优确定推荐方案，并绘制总平面图，标明总平面边界、建筑物构筑物平面位置、风玫瑰图、场内外道路（铁路）

的衔接关系，并说明主要技术经济指标等。

技术改造项目总平面布置图，应注明新建建筑物构筑物、原有建筑结构构筑物，以及拆除建筑结构构筑物的平面位置。

2. 场内外运输方案

根据建设规模、产品方案、技术方案确定主要投入品和产出品的品种、数量、特性、流向，研究提出项目内外部运输方案，主要是计算运输量，选择运输方式，合理布置运输线路，选择运输设备和建设运输设施。

3. 公用工程与辅助工程方案

公用工程与辅助工程是为项目主体工程正常运转服务的配套工程。公用工程主要有给水、排水、供电、通信、供热、通风等工程；辅助工程包括维修、化验、检验、仓储等工程。在可行性研究阶段，公用工程与辅助工程研究应与主体工程研究同时进行。公用工程与辅助工程的设置，应尽可能依托社会进行专业化协作。技术改造项目应充分利用企业现有的公用和辅助设施。

（1）给水。主要是确定用水量和水质要求，研究水源、取水、输水、净水、场内给水方案等。确定用水参数，应按照生产用水、循环用水、消防用水和生活用水，分别计算年用水量和日用水量并提出水质要求，编制项目的日用水量表。

（2）排水。主要是确定排水量，研究排水方案，计算生产、生活污水和自然降水的年均排水量和日最大排水量，分析排水污染物成分，并列出排水的主要设施和设备。

（3）供电。主要研究确定电源方案、用电负荷、负荷等级、供电方式以及是否需要建设自备电厂。技术改造项目，应根据企业现有电源、用电负荷等，提出增加供电方案。项目供电方案经比选后，提出推荐方案，并绘制供电系统图和编制主要供电设施和设备表。

（4）通信设施。研究项目生产运营所需的各种通信设施，提出通信设施采用租用、建造或购置的方案。

（5）供热设施。主要是研究计算项目的热负荷，选择热源和供热方案。需要自建供热设施的，研究提出建设方案和主要设备方案。供热方案经比选后，提出推荐方案，并绘制全厂热平衡图。

（6）空分空压制冷设施。主要研究计算项目生产所需的氧气、氮气、压缩空气用量及制冷负荷，分别提出供应参数，并提出依托社会的供应方案或自建方案。

（7）仓储设施。要根据生产需要和合理周转次数，计算主要原材料、燃料、中间产品和最终产品的仓储量和仓储面积。

（九）环境影响评价

环境影响评价是在研究确定场址方案和技术方案中，调查研究环境条件，识别和分析拟建项目影响环境的因素，研究提出治理和保护环境的措施，比选和优化环境保护方案。

1. 环境条件调查

环境条件主要调查以下几方面的状况：①项目所在地的大气、水体、地貌、土壤等自然环境状况。②项目所在地的森林、草地、湿地、动物栖息、水土保持等生态环境状况。③项目所在地居民生活与文化、教育、卫生、风俗习惯等社会环境状况。④项目周围地区名胜古迹、风景区、自然保护区等环境状况。

2. 环境影响因素分析

环境影响因素分析，主要是分析项目建设过程中破坏环境、生产运营过程中污染环境，导致环境质量恶化的废气、废水、固体废弃物、噪声和粉尘等主要因素。

（1）废气。分析气体排放点，计算污染物产生量和排放量、有害成分和浓度，研究其排放特征及对环境的危害程度。

（2）废水。分析工业废水（废液）和生活污水的排放点，计算污染物产生量与排放量、有害成分和浓度，研究其排放特征、排放去向及对环境的危害程度。

（3）固体废弃物。分析计算固体废弃物产生量与排放量、有害成分及其对环境的污染程度。

（4）噪声。分析噪声源位置，计算声压等级，研究噪声特征及其对环境的危害程度。

（5）粉尘。分析粉尘排放点，计算产生量与排放量，研究组分与特征、排放方式及对环境的危害程度。

（6）其他污染物。分析生产过程中产生的电磁波、放射性物质等污染物发生的位置、特征，计算其强度值及对周围环境的危害程度。

3. 环境保护措施

在分析环境影响因素及其影响程度的基础上，按照国家有关环境保护法律、法规的要求，研究提出治理方案，列出所需的设施、设备和投资，对环境治理的各局部方案和总体方案进行技术经济比较，并做出综合评价。比选治理方案后，提出推荐方案，并编制环境保护治理设施和设备表。

（十）劳动安全卫生与消防

拟建项目劳动安全卫生与消防研究是在已确定的技术方案和工程方案的基础上，分析论证在建设和生产过程中存在的对劳动者和财产可能产生的不安全因素（如工伤和职业病、火灾隐患），并提出相应的防范措施。

1. 危险因素和危害程度分析

分析在生产或者作业过程中可能对劳动者身体健康和生产安全造成危害的物品、部位、场所及其危害范围和程度。

2. 安全防范措施

针对不同危害和危险性因素的场所、范围及危害程度，研究提出相应的安全措施方案。

3. 卫生保健措施

对易产生职业病的场所，应提出防护和卫生保健措施方案。

4. 消防措施

消防设施研究，主要分析项目在生产运营过程中可能存在的火灾隐患和重点消防部位，根据消防安全规范确定消防等级，并结合当地公安消防设施状况，提出消防监控报警系统和消防设施配置方案。

（十一）组织机构与人力资源配置

合理、科学地确定项目组织机构和配置人力资源是保证项目建设和生产运营顺利进行，提高劳动效率的重要条件。在可行性研究阶段，应对项目的组织机构设置、人力资源配置、员工培训等内容进行研究，比选和优化方案。

1. 组织机构设置及其适应性分析

根据拟建项目出资者的特点，研究确定与其相适应的组织机构模式；根据拟建项目的规模大小，研究确定项目的管理层次；根据建设和生产运营的特点和需要，设置相应的管理职能部门。

经过比选提出推荐方案，并应进行适应性分析，主要分析项目法人的组建方案是否符合《中华人民共和国公司法》和国家有关规定的要求；项目执行机构是否具备指挥能力、管理能力和组织协调能力；组织机构的层次和运作方式能否满足建设和生产运营管理的要求；项目法人代表及主要经营管理人员的素质能否适应项目建设和生产运营管理的要求，能否承担项目筹资建设、生产运营、偿还债务等责任。

2. 人力资源配置

在组织机构设置方案确定后，应研究确定各类人员（包括生产人员、管理人员和其他人员）的数量和配置方案，满足项目建设和生产运营的需要，为提高劳动生产率等创造条件。

3. 员工培训

应研究提出员工培训计划，包括培训岗位、人数、培训内容、目标、方法、地点和培训费用等。为保证项目建成后顺利投入生产运营，应重点培训生产线关键岗位的操作运行人员和管理人员。

（十二）项目实施进度

项目工程建设方案确定后，应研究提出项目的建设工期和实施进度方案，科学组织建设过程中各阶段的工作，按工程进度安排建设资金，保证项目按期建成投产，发挥投资效益。

1. 建设工期

建设工期主要包括土建施工、设备采购与安装、生产准备、设备调试、联合试运转、交付使用等阶段。可参考有关部门或专门机构制定的建设项目工期定额和单位工程工期定额，结合项目建设内容、工程量大小、建设难易程度及施工条件等具体情况综合研究确定。

2. 实施进度安排

项目建设工期确定后，应根据工程实施各阶段工作量和所需时间，对时序做出大体安排，并使各阶段工作相互衔接。应编制项目实施进度表（横线图），具体内容如表 2.1 所示。

表 2.1　项目实施进度表

序号	工作阶段	第一年				第二年				第×年			
		一	二	三	四	一	二	三	四	一	二	三	四
1	土建施工	—	—	—									
2	设备采购与安装			—	—	—	—						
3	生产准备						—	—	—				
4	设备测试									—			
5	联合试车运转										—		
6	交付使用											—	

注：表中一、二、三、四表示季度

（十三）投资估算

投资估算是在对项目的建设规模、技术方案、设备方案、工程方案及项目实施进度等进行研究并基本确定的基础上，估算项目投入总资金（包括建设投资和流动资金），并测算建设期内分年资金需要量。投资估算是制订融资方案、进行经济评价及编制初步设计概算的依据。

1. 建设投资估算

建设投资可分为静态投资和动态投资两部分。静态投资部分由建筑工程费、设备及工器具购置费、安装工程费、工程建设其他费用、基本预备费构成；动态投资部分由涨价预备费和建设期利息构成。

第一，工程费用估算。

（1）建筑工程费估算。建筑工程费估算一般采用单位建筑工程投资估算法、单位实物工程量投资估算法、概算指标投资估算法等方法。建筑工程费用估算表如表 2.2 所示。

表 2.2　建筑工程费用估算表

序号	建、构筑物名称	单位	工程量	单价/元	费用合计/万元

（2）设备及工器具购置费估算。设备购置费估算应根据项目主要设备表及价格、费用资料编制，工器具购置费一般按占设备费的一定比例计取。国内设备购置费估算表和国外设备购置费估算表分别如表 2.3 和表 2.4 所示。

表 2.3　国内设备购置费估算表

序号	设备名称	型号规格	单位	数量	设备购置费		
					出厂价/元	运杂费/元	总价/万元
合计							

表 2.4　国外设备购置费估算表　单位：万美元

序号	设备名称	台套数	离岸价	国外运费	国外运输保险费	到岸价	进口关税	消费税	增值税	外贸手续费	银行财务费	海关监管手续费	国内运杂费	设备购置费总价
1	设备 A													
2	设备 B													
3	设备 C													
4	设备 D													
5	设备 E													
	…													
合计														

（3）安装工程费估算。安装工程费通常按行业或专门机构发布的安装工程定额、取费标准和指标估算投资。安装工程费估算表如表 2.5 所示。

表 2.5　安装工程费估算表

序号	安装工程名称	单位	数量	指标（费率）	安装费用/万元
1	设备				
	A				
	B				
	…				
2	管线工程				
	A				
	B				
…	…				
合计					

第二，工程建设其他费用估算。

工程建设其他费用按各项费用科目的费率或者取费标准估算。工程建设其他费用估算表如表 2.6 所示。

表 2.6　工程建设其他费用估算表　　单位：万元

序号	费用名称	计算依据	费率或标准	总价
1	土地使用费			
2	建设单位管理费			
3	勘察设计费			
4	研究试验费			
5	建设单位临时设施费			
6	工程建设监理费			
7	工程保险费			
8	施工机构迁移费			
9	引进技术和进口设备其他费用			
10	联合试运转费			
11	生产职工培训费			
12	办公及生活家具购置费			
…	…			

第三，预备费估算。

预备费包括基本预备费和涨价预备费两部分。

（1）基本预备费估算。基本预备费以建筑工程费、设备及工器具购置费、安装工程费及工程建设其他费用之和为计算基数，乘以基本预备费率计算得到。

（2）涨价预备费估算。涨价预备费以建筑工程费、设备及工器具购置费、安装工程费之和为计算基数。

2. 建设期利息估算

计算建设期利息时，为了简化计算，通常假定借款均在每年的年中支用，借款第一年按半年计息，其余各年份按全年计息。

3. 流动资金估算

流动资金是指生产经营性项目投产后，为进行正常生产运营，用于购买原材料及燃料、支付工资及其他经营费用等所需的周转资金。流动资金估算一般采用分项详细估算法，个别情况或者小型项目可采用扩大指标估算法。

（1）分项详细估算法。对构成流动资金的各项流动资产和流动负债分别进行估算，需要采用下列公式：

$$流动资金=流动资产-流动负债$$

$$流动资产=应收账款+存货+现金$$

$$流动负债=应付账款$$

$$流动资金本年增加额=本年流动资金-上年流动资金$$

流动资产和流动负债各项的计算公式如下：

$$周转次数=\frac{360}{最低周转天数}$$

最低周转天数按实际情况并考虑保险系数分项确定。

$$应收账款=\frac{年经营成本}{周转次数}$$

存货=外购原材料、燃料+在产品+产成品

外购原材料、燃料应分项计算，其计算公式为

$$外购原材料、燃料=\frac{年外购原材料、燃料}{周转次数}$$

$$在产品=\frac{外购原材料、燃料及动力费+年工资及福利费+年修理费+年其他制造费用}{周转次数}$$

$$产成本=\frac{年经营成本}{周转次数}$$

$$现金=\frac{年工资及福利费+年其他费用}{周转次数}$$

年其他费用=制造费用+管理费用+财务费用+营业费用

–（工资及福利费+折旧费+维简费+摊销费+修理费+利息支出）

上式中括号内的项目是指制造费用、管理费用、财务费用及营业费用中的有关项目。

$$应付账款=\frac{年外购原材料、燃料及动力费用}{周转次数}$$

根据上述各项估算的结果编制流动资金估算表（表2.7）。

表2.7　流动资金估算表　单位：万元

序号	项目	最低周转天数/天	周转次数/次	投产期			达产期		
				3	4	5	6	…	*n*
1	流动资产								
1.1	应收账款								
1.2	存货								
1.2.1	原材料								
1.2.2	燃料								
1.2.3	在产品								
1.2.4	产成品								
1.3	现金								
2	流动负债								
2.1	应付账款								
3	流动资金（1–2）								
4	流动资金本年增加额								

（2）扩大指标估算法。一般可参照同类生产企业流动资金占销售收入、经营成本、固定资产投资的比率，以及单位产量占用流动资金的比率来确定。

4. 投资估算表

按投资估算内容和估算方法估算各项投资并进行汇总，分别编制项目投入总资金估算汇总表（表 2.8），并对项目投入总资金构成和各单项工程投资比例的合理性，单位生产能力（使用效益）投资指标的先进性进行分析。

表 2.8　项目投入总资金估算汇总表

序号	费用名称	投资额		占项目投入总资金的比例/%	估算说明
		合计/万元	其中：外汇/万元		
1	建设投资				
1.1	工程费用				
1.1.1	建筑工程费				
1.1.2	设备及工器具购置费				
1.1.3	安装工程费				
1.2	工程建设其他费用				
1.3	预备费				
1.3.1	基本预备费				
1.3.2	涨价预备费				
2	建设期利息				
3	流动资金				
4	项目投入总资金（1+2）				

（十四）融资方案

融资方案是在投资估算的基础上，研究拟建项目的资金渠道、融资形式、融资结构、融资成本、融资风险，比选推荐项目的融资方案，并以此研究资金筹措方案和进行财务评价。

1. 融资组织形式

项目融资主体的组织形式主要有既有项目法人融资和新设项目法人融资两种形式。既有项目法人融资形式，是指依托现有法人进行的融资活动，一般是在既有法人资产和信用的基础上进行的，并形成增量资产；新设项目法人融资形式，是指新组建项目法人进行的融资活动，项目投资由新设项目法人筹集的资本金和债务资金构成。

2. 资本金筹措

资本金是指项目投资中由投资者提供的资金，对项目来说是非债务资金，也是获得债务资金的基础。在可行性研究阶段，应根据新设项目法人融资或是既有法人融资组织形式的特点，研究资本金筹措方案。可行性研究中应说明资本金的出资人、出资方式、资本金来源及数额、资本金认缴进度等。

3. 债务资金筹措

债务资金是项目投资中除资本金外，需要从金融市场借入的资金。债务资金来源有以下几种。

（1）信贷融资。信贷融资方案应说明拟提供贷款的机构及其贷款条件，包括支付方式、贷款期限、贷款利率、还本付息方式及其他附加条件等。

（2）债券融资。债券融资方案是指项目法人以自身的财务状况和信用条件为基础，通过发行企业债券筹集资金用于项目建设的融资方式。可行性研究阶段应对拟采用的债券融资方式进行分析、论证。

（3）融资租赁。融资租赁是指通过支付租赁费取得资产使用权的形式达到融资的目的。采用该方案应说明租赁物的名称、规格、数量、质量、租赁期限、租金支付方式等。

4. 融资方案分析

在初步确定项目的资金筹措方式和资金来源后，应进一步对融资方案进行分析，比选并推荐资金来源可靠、资金结构合理、融资成本低、融资风险小的方案。

（十五）财务评价

财务评价是指根据国家现行财税制度和价格体系，分析、计算项目直接发生的财务效益和费用，编制财务报表，计算评价指标，考察项目的盈利能力、偿债能力和财务生存能力等财务状况，据以判别项目的财务可接受性，明确项目对财务主体及投资者的价值贡献，以便为项目的投资决策提供科学依据。财务评价内容详见第三章第二节。

（十六）国民经济评价

国民经济评价是按照资源合理配置的原则，从国家整体角度考察项目的费用和效益，用货物影子价格、影子工资、影子汇率和社会折现率等经济参数分析、计算项目对国民经济的净贡献，从而在宏观上评价项目的经济合理性。国民经济评价内容详见第三章第三节。

（十七）社会评价

社会评价是指分析拟建项目对当地社会的影响和当地社会条件对项目的适应性和可接受程度，评价项目的社会可行性。社会评价适用于那些社会因素较为复杂、社会影响较为久远、社会效益较为显著、社会矛盾较为突出、社会风险较大的投资项目，如需要大量移民搬迁或者占用农田较多的水利枢纽项目、交通运输项目、矿产和油气田开发项目、扶贫项目、农村区域开发项目，以及文化、教育、卫生等公益性项目。

1. 项目对社会的影响分析

分析预测项目对所在地区居民收入、生活水平、生活质量、就业的影响；对不同利益群体、弱势群体的影响；对所在地区教育、文化、卫生、基础设施、社会服务容量和城市化进程的影响；对所在地区少数民族风俗习惯和宗教的影响。

2. 项目与所在地互适性分析

分析预测与项目直接相关的不同利益群体对项目建设和运营的态度及参与程度；项目所在地各类组织对项目建设和运营的态度；项目所在地现有技术、文化状况能否适应项目建设与发展。

3. 社会风险分析

对可能影响项目的各种社会因素进行识别和排序，选择影响面大、持续时间长，并容易导致较大矛盾的社会因素进行预测，分析可能出现这种风险的社会环境和条件。

4. 社会评价结论

将上述各项分析的结果进行归纳、比选，推荐合理方案。

（十八）风险分析

项目风险分析是在市场预测、技术方案、融资方案和社会评价论证中已进行的初步分析的基础上，进一步综合分析和识别拟建项目在建设和运营中潜在的主要风险因素，揭示风险来源，判别风险程度，提出规避风险的对策，降低风险损失。

1. 项目主要风险识别

项目风险分析贯穿于项目建设和生产运行的全过程。在可行性研究阶段应着重识别以下风险。

（1）市场风险。其是指市场供需实际情况与预测值发生偏离、产品市场竞争力发生重大变化、产品和主要原材料的实际价格与预测价格发生较大偏离。

（2）资源风险。其是指金属矿、非金属矿、石油、天然气等资源开发项目的资源储量、品位、可采储量、工程量等与预测发生较大偏离。

（3）技术风险。其是指项目采用技术（包括引进技术）的先进性、可靠性、使用性和可得性与预测方案发生重大变化。

（4）工程风险。其是指项目所在地工程地质条件、水文地质条件与预测发生重大变化。

（5）资金风险。其是指资金供应不足或者来源中断，利率、汇率变化。

（6）政策风险。其是指国内外政治经济条件发生重大变化，政府政策做出重大调整。

（7）外部协助条件风险。其是指交通运输、供水、供电等外部协作配套条件发生重大变化。

（8）社会风险。其是指预测的社会条件、社会环境发生变化。

（9）其他风险。

2. 风险程度分析

上述风险因素按其对项目影响程度和风险发生的可能性大小，可划分为一般风险、较大风险、严重风险和灾难性风险。其中，一般风险是指发生的可能性不大，或者损失较小的风险，其不影响项目的可行性。较大风险是指发生的可能性较大，或者损失较大的风险，但项目还可以接受。严重风险有两种情况：一是指风险发生的可能性大，造成的损失大，使项目由可行变成不可行；二是风险发生后造成的损失严重，但风险发生的概率很小，如采取有效的防范措施，项目仍可以正常实施。灾难性风险是指风险发生的可能性很大，一旦发生将产生灾难性后果，项目无法接受。

3. 防范风险对策

在预测主要风险因素及其风险程度后，应根据不同风险因素提出相应的规避和防范对策，以减少可能的损失。防范风险对策主要有风险回避、风险控制、风险转移和风险自担。

（十九）研究结论与建议

在前述各项研究论证的基础上，归纳总结，择优提出推荐方案，并对推荐方案进行总体论证。在肯定拟推荐方案优点的同时，还应指出可能存在的问题和可能遇到的主要风险，并做出项目和方案是否可行的明确结论，为决策者提供清晰的建议。

推荐方案的主要内容和论证结果包括：市场预测；资源条件评价；建设规模与产品方案；场址选择方案；技术设备工程方案；原材料、燃料供应方案；环境影响评价；项目投入总资金及资金筹措；经济效益和社会效益；方案实施的基本条件；主要风险分析结论。

对于推荐方案，应充分地、实事求是地反映出方案论证过程中提出的不同意见，阐述推荐方案存在的优缺点、有待解决的主要问题。

从可行性研究上述十九项内容来看，可行性研究可以概括为三大方面。

第一是市场研究。这是建设项目能否存在的依据，如果产品没有市场，项目也就没有必要存在了，而且建设规模还要根据市场供需情况和销售预测来确定，所以市场研究是可行性研究的前提和基础，其主要任务是解决建设项目的“必要性”问题。

第二是工艺技术研究，包括投入物、场址、技术、设备、生产组织等方面的研究，这些内容主要是解决技术上的“可能性”问题。

第三是研究建设项目的经济效益和社会效益，这是可行性研究的核心和重点，是解决建设项目的“合理性”问题。

综上所述，可行性研究就是对建设项目的优化研究，其主要任务是研究建设项目的“必要性”、“可能性”和“合理性”问题。但它仅为如何进行建设项目提供科学依据，只是一种科学方法和手段，而不是目的。

为适应编制各类项目可行性研究报告的需要，中国国际工程咨询公司组织编写的《投资项目可行性研究指南》提供了一般工业项目、水利水电项目、铁路项目、公路项目、港口项目、民航机场项目、城市轨道交通项目、城市基础设施项目、公共建设项目、农业综合项目、种植业项目和畜牧项目等可行性研究报告编制大纲。

二、可行性研究的步骤

可行性研究的内容涉及面很广，既有工程技术问题，又有经济财务问题。在进行这项工作时，一般应有工业经济、市场分析、工业管理、工艺、机械、土建和财会等方面的人员参加。此外，还可以根据需要请一些其他专业人员（如地质人员、土壤人员、实验室人员等）短期协助工作。可行性研究可分为以下六个步骤。

（一）开始筹划

这个时期要了解项目提出的背景和开展可行性研究的主要依据，摸清委托者的目标和意图，讨论研究项目的范围、界限，明确研究的内容，制订工作计划。

（二）调查研究

这个步骤主要进行实地调查和技术经济研究工作，包括：市场研究，经济规模研究，原材料、能源、场址、工艺技术、设备选型、运输条件、外围工程、环境保护和管理、人员培训等各种技术经济的调查研究。每项调查研究都要分别做出评价。这一步的工作量很大，需要投入较多的人力和较长的时间。

（三）优化和选择方案

这是可行性研究的一个主要步骤，它要把前阶段项目调查研究的各个不同方面的内容进行组合，设计出各种可供选择的方案，决定选择方案的重大原则问题和选择标准，并经过多方案的分析和比较，推荐最佳方案。对推荐的方案进行评价；对放弃的方案说明理由。这当中对一些方案选择的重大原则问题，都要与委托者进行深入的讨论。

（四）详细研究

本阶段是对上阶段研究工作的验证和继续，要对选出的最佳方案进行更详细的分析研究工作，复查和核定各项分析材料，明确建设项目的范围、投资费用、经营费用和收入等数据，并对建设项目的经济和财务特性做出评价。经过分析研究，应能说明所选方案在设计和施工方面是可以顺利实现的，在财务、经济上是有利的，是令人满意的。为了检验建设项目的效果和风险，还要进行敏感性分析，表明成本、价格、销售量、建设工期等不确定因素变化时，对企业收益率所产生的影响。

（五）编写报告书

在这个步骤中，要提出可行性研究报告书，其形式、结构和内容有一些特殊的要求。

（六）资金筹措

对于资金筹措的可能性，在可行性研究之前就应有一个初步的估计，这也是财务、经济分析的基本条件，如果资金来源得不到保证，可行性研究也就没有多大意义。在这一步骤中，应对建设项目资金来源的不同方案进行分析比较，最后对拟建项目的实施计划做出决定。

三、可行性研究的依据

可行性研究的成果是根据各种调查研究材料进行分析、比较而得出的，它的论证以大量数据为基础，这是可行性研究的一大特点。因此，在进行可行性研究时，必须将搜集各种有关资料数据作为开展工作的前提和条件。可行性研究的主要依据如下。

（1）国家经济建设的方针、政策和长远规划。国家的经济建设方针、政策和长远规划就是对整个国民经济和社会发展的策略和部署。可行性研究如果离开这些宏观经济的指导，就不可能很好地评价建设项目的实际价值。所以，在可行性研究中，对于产品的要求、协作配套、综合平衡等问题，都需要从国家建设长远规划的设想来考虑。

（2）项目建议书和委托单位的设想说明。项目建议书是投资决策前对建设项目的轮廓设想，主要是从项目建设的必要性方面来考虑，同时也初步分析项目建设的可行性。项目建议书是进行各项准备工作的依据，经国家计划部门批准后，就可以开展可行性研究。委托部门在委托可行性研究时，还要就建设项目向承担可行性研究的单位提出文字设想说明，包括目标、要求、工作范围等。

（3）经过国家正式批准的资源报告、国土开发整治规划、河流流域规划、工业基地规划等。不同项目各有侧重，如采矿项目对资源报告要求很严格，其必须是经国家各级储量委员会正式批准的资源报告；水利、水电工程必须具有河流流域开发规划等。

（4）可靠的自然、地理、气象、地质、经济、社会等基础资料。这些资料是可行性研究中进行场址选择、项目设计和经济技术评价必不可少的资料。

（5）有关的工程技术方面的标准、规范、指标等。国家正式颁发的各种工程技术标准、规范、指标等，都是国家的技术法规，在可行性研究考虑技术方案时，都要以它们作为基本根据。

（6）国家公布的用于进行项目评价的有关参数、指标等。可行性研究在进行财务、经济分析时，需要有一套参数、数据和指标，如基准收益率、折现率、折旧率、社会折现率 i_s、调整外汇汇率等。所采用的这些参数应是国家公布实行的。

四、可行性研究的原则

1. 可行性研究应具有科学性和独立性

在编制可行性研究报告时，必须坚持实事求是的原则，在调查研究的基础上，做多方案比较，按客观实际情况进行论证和评价。不能把可行性研究当成一种目的，为了“可行”而“研究”，作为争投资、争项目、列计划的“通行证”。可行性研究是一种科学的方法，必须保持编制单位的客观立场和公正性，只有这样，才能保证可行性研究的科学性和严肃性。国外许多工程咨询公司在承担可行性研究时，特别强调独立和公正的原则，以及不受其他方面的干预，以保证咨询服务的质量，维持咨询单位的地位和荣誉。世界银行等国际金融组织，在审批申请贷款项目时，也非常重视这个问题。今后我们必须纠正利用行政办法先定调子后向编制单位画框框的错误做法。否则，可行性研究就会流于形式，不可能为正确的投资决策提供科学的依据。

2. 可行性研究的深度需满足要求

对于可行性研究的内容和深度，虽然不同行业和不同项目各有侧重，但其基本内容必须完整，文件必须齐全，深度应能满足确定项目投资决策和以上所述的各项要求。内容和深度是否达到国家规定的标准，直接关系到可行性研究的质量，那种内容简单、材料不充分、缺乏分析和论证的“报告”，不能称为可行性研究。

3. 承担可行性研究工作的单位应具备的条件

可行性研究工作，目前可以委托国家正式批准颁发证书的设计单位或工程咨询公司承担。委托单位向承担单位提交项目建议书，说明对拟建项目的基本设想，资金来源的初步打算，并提供基础资料。为了保证可行性研究成果的质量，应保证必要的工作周期，不能采取突击方式，草率拿出成果。进行可行性研究一般是由主管部门下达计划，也可采取有关部门或建设单位向承担单位进行委托的方式，由双方签订合同，明确规定研究工作的范围、前提条件、进度安排、费用支付办法及协作方式等内容，如果发生问题，可按合同追究责任。

4. 可行性研究报告的审批办法

可行性研究报告编制完成以后，由委托单位上报进行审批。根据国家规定，大中型建设项目的可行性研究报告，由各主管部门及各省、市、自治区或全国性专业公司负责预审，报国家发展和改革委员会审批，或由国家发展和改革委员会委托有关单位审批。重大项目和特殊项目的可行性研究报告，由国家发展和改革委员会会同有关部门预审，报国务院审批。小型项目的可行性研究报告，按隶属关系由各主管部门及各省、市、自治区或全国性专业公司审批。

第三节　项 目 评 估

一、项目评估概述

项目评估是在项目可行性研究的基础上，由投资决策部门组织和授权给第三方（国家、银行或有关机构），由其代表国家或投资方根据国家颁布的政策、法规、方法、参数和条例等，从拟建项目建设的必要性、建设条件、生产条件、产品市场需求、工程技术、经济效益和社会效益等方面对上报的建设项目可行性研究报告进行全面审核和再评价，进而判断其是否可行的一个评估过程。

抓好建设项目评估工作，对参与投资决策、干预投资包干、干预招标、搞好重点项目投资包干、促进提高投资效益、推动社会技术进步等都具有重要的意义。

首先，搞好建设项目评估是参与项目投资决策的基础。参与项目决策，如果对项目的前期工作不进行周密的调查研究，就不能做出正确的判断，在项目决策中就没有发言权。开展项目评估工作，需要调查掌握大量可靠的数据和资料，并进行周密的科学分析，从而弄清项目建设的必要性、技术可行性和经济合理性；预测市场的供求趋势；确定合理的建设规模和产品方案，评价项目的生产建设条件；从企业角度进行项目财务效益分析（包括静态分析和动态分析）；从国民经济角度分析建设项目对整个社会和国民经济的利弊得失（即进行项目的国民经济评价）；同时还要分析各种不确定性因素对项目的影响，以避免或减少投资的风险。这些内容既是投资银行进行项目评估的重点，又是参与投资决策的依据。

其次，搞好项目评估是干预投资包干和招标、投标的重要手段。随着社会主义现代化建设事业的发展和投资管理体制的改革，投资银行对投资管理的责任由过去项目实施阶段的贷款监督，正在逐步向两头延伸。一头是向建设前期延伸，参与项目的可行性研究，参与项目建议书和设计任务书的审批，即参与项目决策工作；另一头是向生产领域延伸，管理属于基建性质的重大技术改造项目。简言之，就是对建设项目的投资实行全过程管理。投资银行通过项目评估可以掌握以下情况和依据：①建设项目提出立项的依据。②确定建设规模、产品方案的依据。③经济、技术和市场调查及预测资料。④工艺技术、主要设备选型、建设标准和主要技术经济指标等资料。⑤自然资源、原材料及燃料供应条件和运输、供电、供水等协作配套情况。⑥建设工期和实际进度设想。⑦投资估算、资金筹措方式和贷款偿还能力。⑧投资效益分析等。这些情况和资料，既是参与项目决策的重要依据，又是干预投资包干、干预项目招标的基本依据，从这个意义上讲，投资银行开展项目评估工作，是国家改革投资管理体制对投资银行提出的新要求，是改革的需要。

最后，搞好项目评估是保证重点建设的一项重要准备工作。抓好重点规划项目决策前的评估工作，是关系到建设项目成败的关键，也是投资银行做好重点项目投资管理工作的基础。各级投资银行，尤其是项目投资的经办行，主动参与重点规划项目的前期工作，参与可行性研究，对项目建设的必要性、可能性和合理性做周密的分析研究，建立重点项目的“项目档案库”，可以为重点项目建设的投资管理提供一系列有利条件和依据；通过分析投资估算的准确程度、资金的筹措方式和预测贷款偿还能力，可以预测今后工程会不会发生概算超支和工程还款的可靠性，为进行投资包干和招标承包提供依据；分析项目的建设条件和难易程度，可以预测工程的建设进度，为控制工程实施进度提出对策；分析配套项目是否同步建设，可以预测项目建成后能否正常生产并发挥投资效益。投资银行参与项目可行性研究，抓好重点项目的前期分析预测工作，就可以取得工作上的主动权。

二、项目评估的内容

项目评估分为项目建议书评估和可行性研究评估两种。由于项目建议书评估可参照可行性研究评估的要求适当简化，这里主要讲可行性研究评估的内容。

目前，投资银行对可行性研究评估的基本内容包括以下几项。

1. 项目建设必要性评估

项目建设必要性评估的内容包括：①项目是否符合国家的产业政策、行业发展规划和地区发展规划；②市场调查和预测，对产品市场供求情况及产品竞争能力进行分析比较；③对建设项目在国民经济和社会发展中的作用进行评估；④拟建规模经济性分析。

2. 项目建设条件评估

项目建设条件评估的内容包括：①资源是否落实，以矿产资源为原料的项目，是否具备矿产储量委员会批准的有关资源储量、品位、开采价值的报告；②工程地质、水文地质是否清楚；③原材料、燃料、动力等供应是否有可靠来源，是否有供货协议；④交通运输是否有保证，运距是否经济合理；⑤场址选择是否合理；⑥环境保护是否有同步建设方案。

3. 项目技术评估

项目技术评估的内容包括：①产品方案和资源利用是否合理；②建设项目采用的工艺、技术、设备是否先进、适用，是否符合国家的技术发展政策，是否有利于节约能源和原材料；③引进的技术和设备是否符合我国国情，是否经过多方案比较，是否配套，对引进技术是否具有消化吸收能力；④建设项目所采用的新工艺、新技术、新设备是否安全可靠，是否经过工业试验和鉴定；检验原材料和测试产品质量的各种手段是否完备；⑤技术方案的综合评价。

4. 基本经济数据评估

基本经济数据评估的内容包括：①固定资产投资估算是否正确；②流动资金估算是否正确合理；③生产规模及产品方案数据是否正确可靠；④各项技术经济指标计算是否正确可靠；⑤产品生产成本估算是否正确；⑥销售收入及税金估算是否正确；⑦利润预测是否正确可靠；⑧贷款利率和条件是否清楚、合理。

5. 财务效益评估

财务效益评估的内容包括：①计算财务内部收益率；②计算财务净现值（financial net present value，FNPV）；③计算投资利税率；④计算投资回收期；⑤计算固定资产投资借款偿还期；⑥涉外项目要考虑外汇平衡情况，重点评估外汇净现值、财务换汇成本、财务节汇成本。

6. 国民经济效益评估

国民经济效益评估的内容包括：①计算经济内部收益率（economic internal rate of return，EIRR）；②计算经济净现值（economic net present value，ENPV）；③计算投资净效益率；④涉外项目要评估经济外汇净现值、经济换汇成本和经济节汇成本。

7. 社会效益评估

社会效益评估，应评估项目给地区或部门经济发展带来的效果，如对环境保护和生态平衡的影响，对提高地区或部门科技水平的影响，对提高就业机会的影响，对提高产品质量和对产品用户的影响，对资源利用和远景发展的影响，对提高人民物质文化生活及社会福利的影响，等等。

8. 不确定性分析评估

不确定性分析评估，应分别从企业财务效益和国民经济效益两个方面进行，主要有：①盈亏平衡分析；②敏感性分析；③概率分析。

9. 对有关政策和管理体制的建议

在项目评估中，可就影响项目投资效益的政策，如材料及燃料供应政策、价格政策、补贴政策、财政税收政策、利率政策、资源开发政策等，进行分析并提出建议。同时，对直接影响投资效益的现行管理体制（如不同隶属关系的跨省市项目的联合、专业化协作、横向经济联系等管理体制）进行分析并提出改革建议。

10. 评估结论

评估结论的内容包括：①建设项目是否必要，应建多大规模；②建设条件和生产条件是否具备；③经济上是否合理；④技术上是否先进、适用、安全可靠；⑤相关项目是否同步建设；⑥对投资来源和筹措方式的建议；⑦对方案选择、项目决策的建议。

三、项目评估的程序

投资银行进行项目评估的程序，大致如图 2.1 所示。

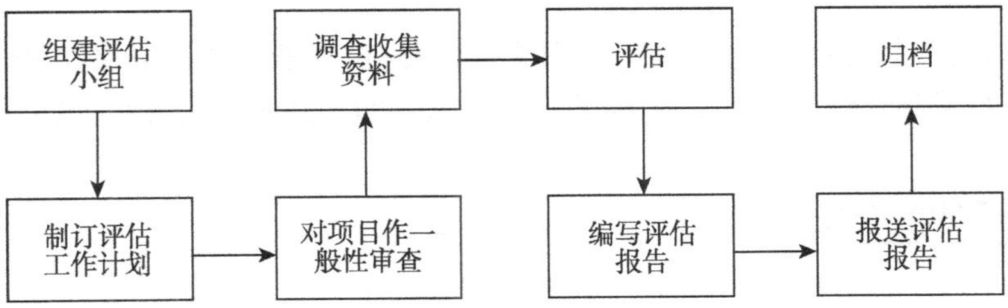

图 2.1　项目评估的程序

1. 组建评估小组

重点项目评估小组一般由省、自治市、直辖市分行领导，由经济师、工程师和会计师等有关专业技术人员组成。评估小组一般以 5 ~ 7 人为宜。

2. 制订评估工作计划

评估工作计划的内容应包括：①评估目的。根据项目的性质、特点，提出需要重点解决的问题和要达到的目的。②评估内容。根据评估目的和要求，确定进行调查和审查分析的具体内容和要求。③时间进度。按照审查、调查、评估的具体内容和要求，定出各个步骤的时间进度及完成编写评估报告的时间。

3. 对项目作一般性审查

银行接到项目建议书或可行性研究报告后，首先进行一般性审查，即对评估文件进行粗略的审查和核实，以判断项目建议书或可行性研究报告的编写程序是否符合要求，资料数据是否齐全，编写人是否具备资格，项目建议书或可行性研究报告的质量能否客观地、科学地、公正地反映项目的本来面目。

4. 调查收集资料

在项目评估阶段，主要是对可行性研究报告的基本资料数据作进一步查证核实和分析研究，并且根据项目评估内容和分析要求，通过企业调查和项目调查，进一步搜集必要的补充数据和资料。

5. 对项目建议书或可行性研究报告进行评估

在搜集必要的评估资料以后，根据评估要求对项目建议书或可行性研究报告进行评估。

6. 编写评估报告

根据调查和审查评估的结果，编写项目评估报告。报告中应对项目能不能上、上多大规模、采用哪种方案提出明确意见。

7. 报送评估报告

重大建设和改造项目的评估报告，首先由分行评审，定稿后报送总行，总行签署意见，分送有关领导机关和项目主管部门供决策时参考。一般项目直接由所在地分行组织审查签署意见。

8. 归档

评估报告送出后，还必须把评估中使用的有关资料、数据、各种争议和争论性意见、评估报告和工作总结经过整理，建立档案，连同以后的正式审批文件编号归入档案库。

四、项目评估的要求

项目评估工作必须站在国家和全局的角度客观地、科学地、公正地进行。项目评估人员要对项目评估的可靠性、准确性负责。因此，在进行项目评估时，评估人员必须坚持客观性、科学性和公正性原则，按原则办事。

（1）客观性。要求评估人员对项目可行性研究报告进行客观的分析，讲究实事求是，搞好调查研究，不能主观地、仓促地下结论。

（2）科学性。评估人员要采用科学的评估方法和计算公式来评估每一项内容，计算每一个数据，以使评估结论准确可靠。

（3）公正性。要求评估人员站在国家和全局的角度对项目进行评估，真实地反应项目的本来面目，不能不顾建设有无必要、技术上是否可行、经济上是否合理，盲目地偏袒建设单位，为它们争项目、争投资。否则，就会导致错误的判断，给国家造成不应有的损失。

复习思考题

第三章　项目经济评价

建设项目经济评价是项目可行性研究的有机组成部分和重要内容，是项目决策科学化的重要手段。经济评价的目的是对拟建项目的财务可行性和经济合理性进行分析论证，做出全面的经济评价，为项目的科学决策提供经济方面的依据。

建设项目经济评价包括财务评价（也称财务分析）和国民经济评价（也称经济分析）。财务评价是在国家现行财税制度和价格体系的前提下，从项目的角度出发，计算项目范围内的财务效益和费用，分析项目的盈利能力和清偿能力，评价项目在财务上的可行性。国民经济评价是在合理配置社会资源的前提下，从国家经济整体利益的角度出发，计算项目对国民经济的贡献，分析项目的经济效益、效果和对社会的影响，评价项目在宏观经济上的合理性。

对于财务评价结论和国民经济评价结论都可行的建设项目，可予以通过；反之应予以否定。对于国民经济评价结论不可行的项目，一般应予以否定；对于关系公共利益、国家安全和市场不能有效配置资源的经济和社会发展的项目，如果国民经济评价结论可行，但财务评价结论不可行，应重新考虑方案，必要时可提出经济优惠措施的建议，使项目具有财务生存能力。

本章重点介绍项目经济评价基础数据、项目财务评价的评价指标和评价方法；项目国民经济评价的范围、影子价格、评价指标与评价方法；项目不确定性分析。最后，以“某油田开发项目财务评价”案例，说明项目经济评价的实际应用。

第一节　项目经济评价基础数据

一、项目财务评价的基本数据

进行项目财务评价所需要的基本数据，主要涉及以下几个方面。

第一，项目建设期和投产后各年总的资金流量情况，包括：①建设投资估算、投资构成及分年度使用计划。②流动资金估算及分年度使用计划。

第二，项目资金来源、贷款条件（如贷款利率、宽限期、偿还条件等）、投资贷款还本付息情况。

第三，项目投产后各年的产量、销售量、单价预测。

第四，总成本费用估算及其构成预测。

第五，投产以后各年的营业收入与企业利润。

第六，项目实施进度，包括寿命周期、建设期、投产达产进度。

第七，税种、税率及其他有关的财务规定。

项目财务评价根据上述基本数据编制的辅助报表有：建设投资估算表，建设期利息估算表，流动资金估算表，项目总投资（total investment，TI）使用计划与资金筹措表，营业收入、营运税金和增值税估算表，总成本费用估算表。

这些基本数据预测的准确性，将直接影响项目财务评价，以至于项目投资决策的准确性。为此，财务评价人员不仅应当熟悉与项目有直接关系的资料和数据，还应当通过各种渠道，了解国内外资金市场、产品市场的财务信息和变化趋势，使财务评价的结论具有更加可靠的基础。

二、项目总投资

项目总投资包括建设投资、建设期利息和流动资金之和。项目总投资的具体构成如图 3.1 所示。

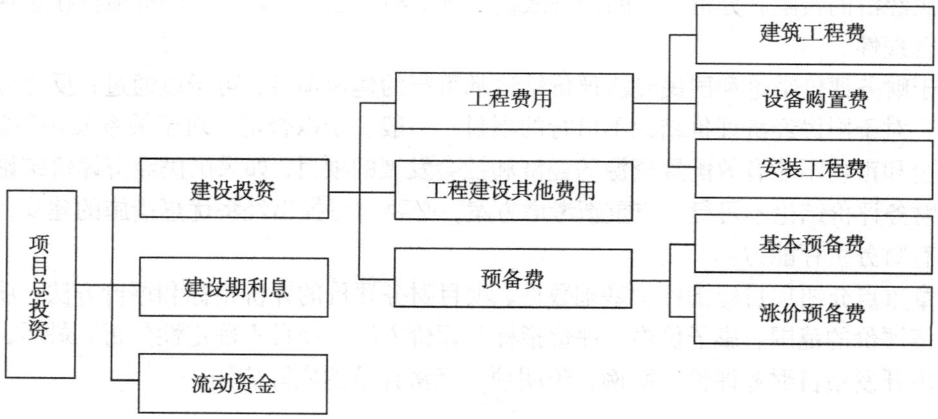

图 3.1　项目总投资的具体构成

关于项目的建筑工程费、设备购置费、安装工程费、工程建设其他费用、基本预备费、涨价预备费和建设期利息的估算方法已在第二章第二节介绍，此处不再赘述。

根据资本保全原则，当项目建成投入经营时，建设投资和建设期利息形成固定资产、无形资产及其他资产三部分。

固定资产是指使用期限超过一年，单位价值在规定标准以上，并且在使用过程中保持原有物质形态的资产，包括房屋及建筑物、机器设备、运输设备、工具、器具等。

无形资产是指能长期使用但是没有实物形态的资产，包括专利权、非专利技术、商标权、土地使用权、商誉等。

其他资产是指不能全部计入当年损益，应当在以后年度内分期摊销的各项费用，如生产准备费、开办费等。

为简化计算，可将预备费用和建设期利息全部计入固定资产原值。

三、流动资金

流动资金是指项目营运期内长期占有并周转使用的营运资金。关于流动资金的估算方法已在第二章第二节介绍，此处不再赘述。

流动资金一般应在投产前开始筹措。为简化计算，《基本建设项目经济评价方法与参数》规定，流动资金在投产第一年开始按生产负荷进行安排，其借款部分按全年计算利息。流动资金利息应计入财务费用；项目计算期末回收全部流动资金。

四、总成本费用与经营成本

1. 总成本费用

总成本费用是指在运营期内为生产产品或提供服务所发生的全部费用，等于经营成本与折旧费、摊销费和财务费用之和。

总成本费用可按下列方法估算。

（1）生产成本加期间费用估算法。

总成本费用=生产成本+期间费用

式中，生产成本=直接材料费+直接燃料和动力费+直接工资及福利费+其他直接支出+制造费用；期间费用=管理费用+财务费用+营业费用。

制造费用是指为组织和管理生产所发生的各项费用，包括生产单位（分厂、车间）管理人员工资、职工福利费、折旧费、维简费、修理费及其他制造费用（办工费、差旅费、劳动保护费）；管理费用是指企业行政管理部门为管理和组织经营活动发生的各项费用，包括管理人员工资和福利费、折旧费、修理费、无形及递延资产摊销费及其他管理费用（办公费、差旅费、劳动保护费、技术转让费、土地使用税）。

财务费用是指为筹集资金而发生的各种费用，包括生产经营期间发生的利息净支出及其他财务费用。

营业费用是指为销售产品和提供劳务而发生的各种费用，包括销售部门人员工资、职工福利费、折旧费、修理费及其他销售费用（广告费、办公费、差旅费等）。

总成本费用估算表（生产成本加期间费用法）如表3.1所示。

表3.1　总成本费用估算表（生产成本加期间费用法）　　单位：万元

序号	项目	合计	计算期					
			1	2	3	4	…	n
1	生产成本							
1.1	直接材料费							
1.2	直接燃料和动力费							

续表

序号	项目	合计	计算期					
			1	2	3	4	…	n
1.3	直接工资及福利费							
1.4	其他直接支出							
1.5	制造费用							
1.5.1	折旧费							
1.5.2	修理费							
1.5.3	其他制造费							
2	管理费用							
2.1	无形资产摊销费							
2.2	其他资产摊销费							
2.3	其他管理费用							
3	财务费用							
3.1	利息支出							
3.1.1	长期借款利息							
3.1.2	流动资金借款利息							
3.1.3	短期借款利息							
4	营业费用							
5	总成本费用合计（1+2+3+4）							
	其中：可变成本							
	固定成本							
6	经营成本（5–1.4.1–2.1–2.2–3.1）							

（2）生产要素估算法。

总成本费用=外购原材料、燃料和动力费+工资及福利费+折旧费+摊销费+修理费+财务费用（利息支出）+其他费用

式中，其他费用是指从制造费用、管理费用和营业费用中扣除了折旧费、摊销费、修理费、工资及福利费以后的其余部分。

总成本费用估算表（生产要素法）如表 3.2 所示。

表 3.2　总成本费用估算表（生产要素法）　单位：万元

序号	项目	合计	计算期					
			1	2	3	4	…	n
1	外购原材料费							
2	外购燃料及动力费							
3	工资及福利费							
4	修理费							
5	其他费用							
6	经营成本（1+2+3+4+5）							
7	折旧费							
8	摊销费							
9	利息支出							
10	总成本费用合计（6+7+8+9）							
	其中：可变成本							
	固定成本							

2. 经营成本

经营成本是项目经济评价中使用的特定概念，作为项目运营期的主要现金流出，其构成和估算可采用下式表达：

经营成本=外购原材料、燃料和动力费+工资及福利费
+修理费+其他费用

式中，其他费用是指从制造费用、管理费用和营业费用中扣除了折旧费、摊销费、修理费、工资及福利费以后的其余部分。

3. 可变成本与固定成本

总成本费用可分解为固定成本和可变成本。固定成本一般包括折旧费、摊销费、修理费、工资及福利费（计件工资除外）和其他费用等，通常把运营期发生的全部利息也作为固定成本。可变成本主要包括外购原材料、燃料及动力费等。若工资是以计件形式发放，则应视为可变成本。有些成本费用属于半固定半可变成本，必要时可进一步分解为固定成本和可变成本。项目评价中可根据行业特点进行简化处理。

五、营业收入

营业收入是指拟建项目建成投产后，销售产品或提供服务所获得的收入。其计算公式为

营业收入=产品（或服务）销售量×产品（或服务）销售价格

在公式中，产品销售量的估算可假设生产出来的产品全部都能销售掉，即销售量等于生产量，也可以根据需要采用送达用户的价格或离岸价格来估算。

为了使估算值更加接近于实际的可能情况，应该注意以下几点。

第一，结合市场预测情况，分析销售量能否达到生产量，是否会有因不能售出而造成积压的多余产品。

第二，产品销售单价是否高于主管部门和物价部门规定的价格或实际价格，防止人为的故意增加单价，以虚报销售收入。

第三，根据项目的具体情况，正确估算产品达到设计生产能力的时间。

所以，营业收入的估算公式也可以表达如下：

营业收入 = 项目设计生产能力 × 生产能力利用率 × 产品销售单价 × 产品销售率

六、税金及附加

项目评价涉及的税费主要包括增值税、营业税、消费税、所得税、资源税、关税、城市维护建设税和教育费附加等，有些行业还包括土地增值税。税种和税率的选择，应根据相关税法和项目的具体情况确定。如有减免税优惠，应说明依据及减免方式并按相关规定估算。

营业收入、营业税金及附加和增值税估算表如表 3.3 所示。

表 3.3 营业收入、营业税金及附加和增值税估算表 单位：万元

序号	项目	合计	计算期					
			1	2	3	4	…	*n*
1	营业收入							
1.1	产品 A 营业收入							
	单价							
	销售量							
	销项税额							
1.2	产品 B 营业收入							
	单价							
	销售量							
	销项税额							
	…							
2	销售（营业）税金及附加							
2.1	营业税							
2.2	消费税							

续表

序号	项目	合计	计算期					
			1	2	3	4		*n*
2.3	城市维护建设费							
2.4	教育费附加							
3	增值税							
	销项税额							
	进项税额							

七、利润

项目利润是项目财务经济目标的集中表现，通过利润的预测，可以估算拟建项目投产后，每年可以实现的利润和企业每年可以留存的利润额。

利润的计算公式为

利润总额=营业收入−总成本费用−营业税金及附加

税后利润=利润总额−所得税

以上公式中的各变量都已经在上面的预测中得到，代入即可以得到所求的利润估算值。

八、营业收入、成本和税金的关系

营业收入、成本和税金之间的关系如图3.2所示。

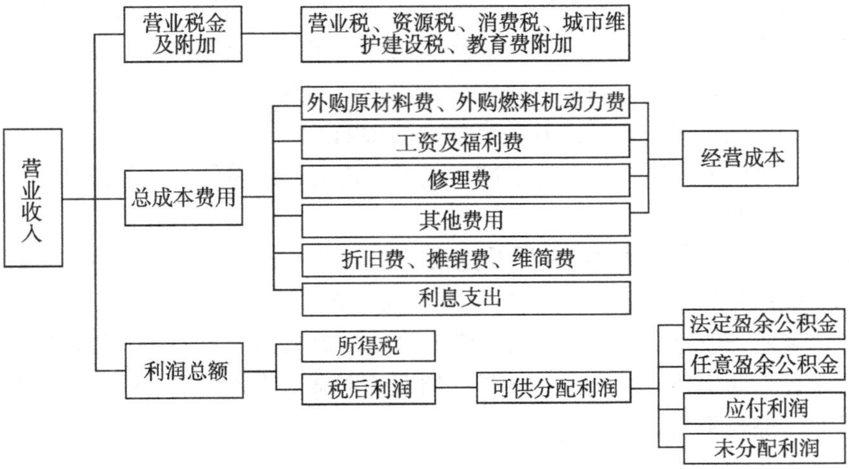

图3.2　营业收入、成本和税金的关系

九、借款利息

（1）在财务评价中，对国外借款，无论实际按年、季、月计息，均可转化为按年计息，即将名义年利率按计息时间折算成有效年利率。计算公式为

$$有效年利率=\left(1+\frac{r}{m}\right)^m-1$$

式中，r 为名义年利率；m 为每年计息次数。

（2）利息计算方法。

为简化计算，假定借款发生当年均在年中支用，按半年计息，其后年份按全年计息；还款当年按年末偿还，按全年计息。每年应计利息的近似计算公式如下：

$$每年应计利息=\left(年初借款本息累计+\frac{本年借款额}{2}\right)\times年利率$$

财务评价中，可以根据贷款方的要求选择不同的计息方法，计算出生产期的每年应计利息，计入财务费用中的利息支出项目。

十、项目计算期、建设期、生产期

（一）项目计算期

项目计算期，也称项目寿命期，是投资项目经济评估的重要基础数据之一。投资项目计算期包括拟建项目的建设期和生产期（有些项目是经营期和使用期）。其中生产期按是否达到设计生产能力分为投产期和达产期两个阶段。投资项目计算期确定得合理与否，将直接关系到其他基本经济数据和经济效益的可靠性。

（二）项目建设期

项目建设期是指项目从开始建设到建成投产或交付使用所经历的时间。为了提高建设的经济效益，在建项目实行分期建设、分期生产，这样建设期与生产期平行交叉。但是为了有所区分，通常规定项目从开始建设到投产之前这段时间是建设期。

建设期的长短对投资项目经济效益有很大的影响。缩短建设期，一是可以提前投入生产，早日为国家创造财富；二是可以减少建设期内的开支费用，节省投资；三是可以减少各种资金占用费。

建设期的长短同项目的大小、性质及建设方式有很大的关系。有的项目建设期很短，几个月就能建成；有的比较长，需要 1～5 年，最长的在 5 年以上。

合理的建设期一般是同设计、建设、施工等单位根据国家有关部门和各地区制定的建设项目的建设工期定额，结合项目的具体情况（资金、物资供应、配套项目等）及工程的缓急程度，综合平衡而确定的工期。

（三）项目生产期

《基本建设项目经济评价方法与参数》规定，除某些采掘工业受资源储量限制需要确定合理开采年限外，一般工业项目的生产期是指综合折旧寿命期。应参照类似企业固定资产折旧率，来确定项目的综合折旧寿命期。

应该指出，确定项目生产期的长短还应考虑以下几个因素。

1. 国民经济需要的项目服务年限

有些项目的服务年限较长，如水电站建成后，可以运行几十年甚至一二百年；铁路建成后，可以服务几十年甚至一百多年；输电线建成后，可以用好几十年。这类项目建成投产后，能长期稳定地发挥作用，而且国民经济对项目的服务有长久的需要。这些项目不一定受项目固定资产使用寿命的限制。

2. 科学技术进步的影响

由于现代科学技术的飞跃发展，有可能出现在经济上十分优越、在技术上十分先进的方案，而使原有项目提前报废。此时，项目生产期可能比项目主要设备的使用寿命要短。因此，应充分考虑科学技术进步的影响作用，以便合理确定项目的生产期限。

在项目经济评价中，项目计算期不宜定得太长。除建设期应根据需要确定外，一般来说，计算生产期有二十年就足够了，因为二十年后将发生什么情况很难预测，时间越长，误差越大。此外，按折现法计算，二十年后的收益金额折现为现值，为数甚微，对评价结论不会产生举足轻重的影响。

生产期中投产期和达产期也是项目评价的基本经济数据，项目建成投产后，有的在投产当年就可达到设计生产能力，有些项目则需要几年的时间才能达到设计产量，有些项目投产后，由于种种原因不能达到设计生产能力。因此，应对生产期中的投产期和达产期的长短进行评估。

第二节　项目财务评价

财务评价是项目经济评价的首要内容之一，它是从项目或企业的微观角度，在国家现行财税制度和价格体系的条件下，从财务角度分析、计算项目的财务盈利能力和清偿能力等财务指标，据以判断项目或不同方案在财务上的可行性。

一、项目财务评价的作用

财务评价对企业的投资决策、金融机构提供贷款和上级主管部门审批都起着重要的作用。

（1）财务评价是企业进行项目评估与决策的重要依据。企业进行项目投资的目标主要是取得利润，通过对项目的财务评价，可以科学地分析项目的盈利能力，据以做出正确的投资决策。

（2）财务评价是金融机构确定是否贷款的重要依据。项目贷款具有数额大、周期长、风险大等特点，通过财务评价，金融机构可以科学地分析项目贷款的偿还能力，并据以决定是否贷款。

（3）财务评价是有关部门审批拟建项目的重要依据。企业的财务效益的好坏，不但会对企业的生存与发展造成影响，还会对国家财政收入状况产生影响，企业所投资项目发生的损失最终可能会通过补贴、核销等形式转嫁给国家，特别是对国有企业更是如此。所以，财务评价也是有关部门在进行审批时要重点考虑的因素之一。

二、项目财务评价的内容与步骤

（一）项目财务评价的内容

财务评价应在项目财务效益与费用估算的基础上进行。财务评价的内容应根据项目的性质和目标确定。

对于经营性项目，财务评价应通过编制财务分析报表，计算财务指标，分析项目的盈利能力、偿债能力和财务生存能力，判断项目的财务可接受性，明确项目对财务主体及投资者的价值贡献，为项目决策提供依据。

对于非经营性项目，财务评价应主要分析项目的财务生存能力。

财务评价可分为融资前分析和融资后分析，一般宜先进行融资前分析，在融资前分析结论满足要求的情况下，初步设定融资方案，再进行融资后分析。在项目建议书阶段可只进行融资前分析，在可行性研究阶段必须进行融资后分析

1. 融资前分析

融资前分析应以动态分析为主，静态分析为辅。

融资前动态分析应以营业收入、建设投资、经营成本和流动资金的估算为基础，考察整个计算期内的现金流入和现金流出，编制项目投资现金流量表，利用资金时间价值的原理进行折现，计算项目投资内部收益率和净现值等指标，也可计算静态投资回收期（P_t）指标，用以反映收回项目投资所需要的时间。

融资前分析排除了融资方案变化的影响，从项目投资总获利能力的角度，考察项目方案设计的合理性。融资前分析计算的相关指标，应作为初步投资决策的依据。

2. 融资后分析

在融资前分析结果可以接受的前提下，进行融资后分析。融资后分析包括项目的盈利能力分析、偿债能力分析及财务生存能力分析，通过这些分析进而判断项目方案在融资条件下的合理性。融资后分析是比选融资方案，进行融资决策和投资者最终出资的依据。

融资后分析包括动态分析和静态分析。

动态分析是通过编制项目资本金（EC）财务现金流量表，根据资金时间价值原理，计算财务内部收益率、财务净现值等指标，从项目权益投资者整体的角度，考察项目给项目权益投资者带来的收益水平。

静态分析是依据利润和利润分配表，并借助现金流量表计算相关盈利能力指标，包括项目资本金净利润率（ROE）、总投资收益率（ROI）等。

（二）项目财务评价的步骤

（1）估算和分析项目的基本财务数据，编制财务评价辅助报表，包括：建设投资估算表，建设期利息估算表，流动资金估算表，项目总投资使用计划与资金筹措表，营业收入、营业税金及附加和增值税估算表，总成本费用估算表，等等。

（2）编制财务评价基本报表。根据上一步所得数据编制项目投资现金流量表、项目资本金现金流量表、利润与利润分配表、财务计划现金流量表、借款还本付息计划表等。

（3）计算财务评价指标。根据已编制好的财务报表中的数据来计算各种财务评价指标，包括反映项目盈利能力和清偿能力的指标。

（4）进行不确定性分析。可进行项目的盈亏平衡分析和敏感分析，以评价项目的市场适应能力和抗风险能力。

（5）得出财务结论。将计算出的财务评价指标和国家有关部门公布的基准值（或经验的、历史的、期望的）加以比较，并结合不确定性分析的结果进行综合分析，最终从财务的角度提出项目是否可行的结论。

财务评价的内容和步骤见财务分析图（图3.3）。

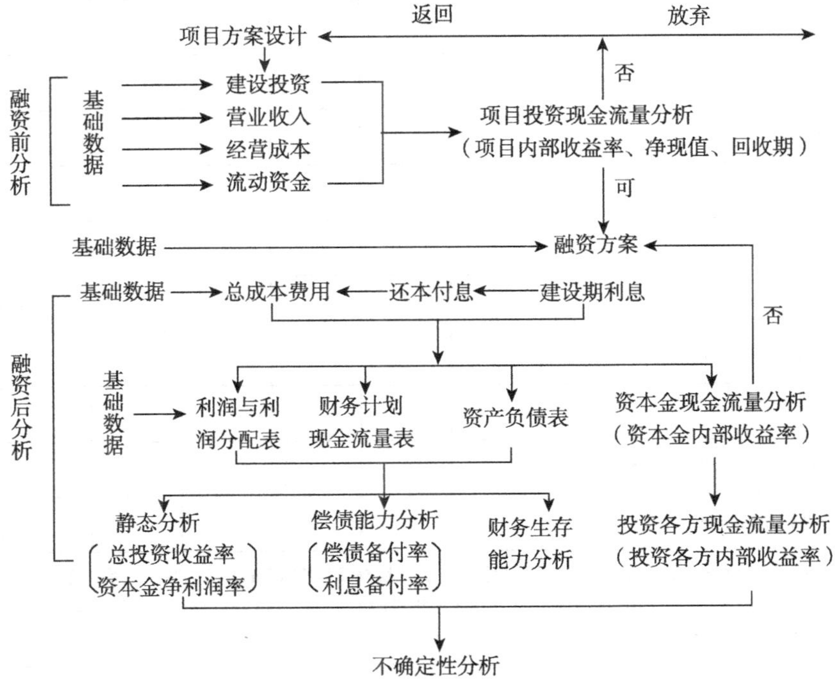

图3.3　财务分析图

三、项目财务评价基本报表

财务评价基本报表包括下列各类现金流量表、利润与利润分配表、财务计划现金流量表、资产负债表和借款还本付息估算表。

第一，现金流量表应正确反映计算期内的现金流入和流出，具体可分为以下两种类型。

（1）项目投资现金流量表（表3.4）。表3.4以全部投资作为计算基础，不分投资资金来源，用以计算全部投资所得税前及所得税后财务内部收益率、财务净现值及投资回收期等评价指标，考察项目全部投资的盈利能力。

表3.4　项目投资现金流量表　　单位：万元

序号	项目	合计	计算期					
			1	2	3	4	…	*n*
1	现金流入							
1.1	营业收入							
1.2	补贴收入							
1.3	回收固定资产余值							
1.4	回收流动资金							
2	现金流出							
2.1	建设投资							
2.2	流动资金							
2.3	经营成本							
2.4	营业税金及附加							
2.5	维持运营投资							
3	所得税前净现金流量（1–2）							
4	累计所得税前净现金流量							
5	调整所得税							
6	所得税后净现金流量（3–5）							
7	累计所得税后净现金流量							

计算指标：项目投资财务内部收益率（%）（所得税前）；项目投资财务内部收益率（%）（所得税后）；基准收益率净现值（所得税前）（i_c=　%）；项目投资财务净现值（所得税后）（i_c=　%）；项目投资回收期/年（所得税前）；项目投资回收期（年）（所得税后）

（2）项目资本金现金流量表（表 3.5）。表 3.5 从投资者的角度出发，以投资者的资本金为计算基础，将各年投入项目的项目资本金作为现金流出，各年缴付的所得税和还本付息也作为现金流出，用以计算资本金财务内部收益率、财务净现值等评价指标，考察项目资本金的盈利能力。

表 3.5　项目资本金现金流量表　　单位：万元

序号	项目	合计	计算期					
			1	2	3	4	…	*n*
1	现金流入							
1.1	营业收入							
1.2	补贴收入							
1.3	回收固定资产余值							
1.4	回收流动资金							
2	现金流出							
2.1	项目资本金							
2.2	借款本金偿还							
2.3	借款利息支付							
2.4	经营成本							
2.5	营业税金及附加							
2.6	所得税							
2.7	维持运营投资							
3	净现金流量（1–2）							
计算指标；资本金财务内部收益率/%								

第二，利润与利润分配表（表 3.6），反映项目计算期内各年营业收入、总成本费用、利润总额等情况及所得税后利润的分配，用于计算总投资收益率、项目资本金净利润率等指标。

表 3.6　利润与利润分配表　　单位：万元

序号	项目	合计	计算期					
			1	2	3	4	…	*n*
1	营业收入							
2	营业税金及附加							
3	总成本费用							
4	补贴收入							
5	利润总额（1–2–3+4）							
6	弥补以前年度亏损							
7	应纳税所得额（5–6）							
8	所得税							

续表

序号	项目	合计	计算期					
			1	2	3	4	…	*n*
9	净利润（5-8）							
10	期初未分配利润							
11	可供分配的利润（9+10）							
12	提取法定盈余公积金							
13	可供投资者分配的利润（11-12）							
14	应付优先股股利							
15	提取任意盈余公积金							
16	应付普通股股利（13-14-15）							
17	各投资方利润分配							
	其中：× ×方							
	× ×方							
18	未分配利润（13-14-15-17）							
19	息税前利润（利润总额+利息支出）							
20	息税折旧摊销前利润（息税前利润+折旧费+摊销费）							

第三，财务计划现金流量表（表 3.7），反映项目计算期各年的投资、融资及经营活动的现金流入和流出，资金盈余或短缺情况，用于计算累计盈余资金，分析项目的财务生存能力。为选择资金筹措方案制订适宜的借款及偿还计划，为编制资产负债表提供依据。

表 3.7　财务计划现金流量表　　单位：万元

序号	项目	合计	计算期					
			1	2	3	4	…	*n*
1	经营活动净现金流量（1.1–1.2）							
1.1	现金流入							
1.1.1	营业收入							
1.1.2	增值税销项税额							
1.1.3	补贴收入							
1.1.4	其他流入							
1.2	现金流出							
1.2.1	经营成本							
1.2.2	增值税进项税额							

续表

序号	项目	合计	计算期					
			1	2	3	4	…	*n*
1.2.3	营业税金及附加							
1.2.4	增值税							
1.2.5	所得税							
1.2.6	其他流出							
2	投资活动净现金流量（2.1–2.2）							
2.1	现金流入							
2.2	现金流出							
2.2.1	建设投资							
2.2.2	维持运营投资							
2.2.3	流动资金							
2.2.4	其他流出							
3	筹资活动净现金流量（3.1–3.2）							
3.1	现金流入							
3.1.1	项目资本金投入							
3.1.2	建设投资借款							
3.1.3	流动资金借款							
3.1.4	债券							
3.1.5	短期借款							
3.1.6	其他流入							
3.2	现金流出							
3.2.1	各种利息支出							
3.2.2	偿还债务本金							
3.2.3	应付利润（股利分配）							
3.2.4	其他流出							
4	净现金流量（1+2+3）							
5	累计盈余资金							

第四，资产负债表（表 3.8），用于综合反映项目计算期内各年年末资产、负债和所有者权益的增减变化及对应关系，计算资产负债率（LOAR）。

表 3.8　资产负债表　　单位：万元

序号	项目	计算期					
		1	2	3	4	…	*n*
1	资产						
1.1	流动资产总额						
1.1.1	货币资金						
1.1.2	应收账款						
1.1.3	预付账款						
1.1.4	存货						
1.1.5	其他						
1.2	在建工程						
1.3	固定资产净值						
1.4	无形及其他资产净值						
2	负债及所有者权益（2.4+2.5）						
2.1	流动负债总额						
2.1.1	短期借款						
2.1.2	应付账款						
2.1.3	预收账款						
2.1.4	其他						
2.2	建设投资借款						
2.3	流动资金借款						
2.4	负值小计（2.1+2.2+2.3）						
2.5	所有者权益						
2.5.1	资本金						
2.5.2	资本公积						
2.5.3	累计盈余公积金						
2.5.4	累计未分配利润						
计算指标：资产负债率/%							

第五，借款还本付息计划表（表 3.9），反映项目计算期内各年借款本金偿还和利息支付情况，用于计算偿债备付率（debt service coverage ratio，DSCR）和利息备付率（interest coverage ratio，ICR）指标。

表 3.9　借款还本付息计划表　单位：万元

序号	项目	合计	计算期					
			1	2	3	4	…	n
1	借款 1							
1.1	期初借款余额							
1.2	当期还本付息							
	其中：还本							
	付息							
1.3	期末借款余额							
2	借款 2							
2.1	期初借款余额							
2.2	当期还本付息							
	其中：还本							
	付息							
2.3	期末借款余额							
3	债券							
3.1	期初债务余额							
3.2	当期还本付息							
	其中：还本							
	付息							
3.3	期末债务余额							
4	借款和债券合计							
4.1	期初余额							
4.2	当期还本付息							
	其中：还本							
	付息							
4.3	期末余额							
计算指标：利息备付率/%；偿债备付率/%								

四、项目财务评价指标

（一）项目的盈利能力

项目的盈利能力分析的主要指标包括项目投资财务内部收益率、财务净现值、投资回收期、总投资收益率、项目资本金净利润率等。

1. 项目投资财务内部收益率

项目投资财务内部收益率是指项目在整个计算期内各年净现金流量现值累计等于

零时的折现率，它反映项目所占用资金的盈利率，是考察项目盈利能力的主要动态评价指标，其表达式为

$$\sum_{t=1}^{n}(\mathrm{CI}-\mathrm{CO})_t(1+\mathrm{FIRR})^{-t}=0$$

式中，CI 为现金流入量；CO 为现金流出量；（CI–CO）$_t$为第 t 年的净现金流量；n 为计算期。

项目投资财务内部收益率和项目资本金财务内部收益率都依据上式计算，但所用的现金流入和现金流出不同。财务内部收益率可根据财务现金流量表中净现金流量用试差法计算求得。在财务评价中，将求出的财务内部收益率与行业的基准收益率或设定的基准收益率（i_c）比较，当 FIRR≥i_c时即认为其盈利能力已满足最低要求，在财务上是可以考虑接受的。

作为项目投资判别基准的财务基准收益率或计算项目投资净现值的折现率，是项目投资者整体对投资获利的最低期望值，亦即最低可接受收益率。应主要依据“资金机会成本”和“资金成本”确定，并充分考虑项目可能面临的风险。实际工作中，应根据项目的性质使用有关部门发布的行业财务基准收益率，或参考使用有关主管部门发布的财务基准收益率。

2. 财务净现值

财务净现值是指按设定的折现率(一般采用基准收益率 i_c)，将项目计算期内各年净现金流量折现到建设期初的现值之和。它是考察项目在计算期内盈利能力的动态评价指标，其表达式为

$$\mathrm{FNPV}\sum_{t=1}^{n}(\mathrm{CI}-\mathrm{CO})_t(1+i_c)^{-t}$$

财务净现值可根据财务现金流量表计算求得，财务净现值大于或等于零的项目是可以考虑接受的。

3. 投资回收期

投资回收期是指项目的净收益回收项目投资（固定资产投资、投资方向调节税和流动资金）所需要的时间，一般以年为单位。它是考察项目在财务上的投资回收能力的主要静态评价指标。投资回收期一般从项目建设开始年算起，如果从投产年算起，应予以注明。投资回收期可采用下式计算：

$$\sum_{t=1}^{P_t}(\mathrm{CI}-\mathrm{CO})_t=0$$

投资回收期可根据项目投资现金流量表计算，项目投资现金流量表中累计净现金流量由负值变为零的时点，即为项目的投资回收期。投资回收期的计算公式为

$$P_t=T-1+\frac{\left|\sum(\mathrm{CI}-\mathrm{CO})_i\right|}{(\mathrm{CI}-\mathrm{CO})_t}$$

式中，T 为各年累计净现金流量首次为正值或零的年数。

投资回收期短，表明项目投资回收快、抗风险能力强。与行业的基准投资回收期

P_c比较，当$P_t<P_c$时，表明项目投资能在规定的时间内收回。

4. 总投资收益率

总投资收益率表示总投资的盈利水平，是指项目达到设计能力后正常年份的年息税前利润（earnings before interest and tax，EBIT）或运营期内年平均息税前利润与项目总投资的比率，总投资收益率应按下式计算：

$$\mathrm{ROI}=\frac{\mathrm{EBIT}}{\mathrm{TI}}\times 100\%$$

式中，EBIT为项目正常年份的年息税前利润或运营期内年平均息税前利润；TI为项目总投资。

总投资收益率高于同行业的收益率参考值，表明用总投资收益率表示的盈利能力满足要求。

5. 项目资本金净利润率

项目资本金净利润率表示项目资本金的盈利水平，是指项目达到设计能力后正常年份的年净利润（net profit，NP）或运营期内年平均净利润与项目资本金的比率，项目资本金净利润率应按下式计算：

$$\mathrm{ROE}=\frac{\mathrm{NP}}{\mathrm{EC}}\times 100\%$$

式中，NP为项目正常年份的年净利润或运营期内年平均净利润；EC为项目资本金。

项目资本金净利润率高于同行业的净利润率参考值，表示用项目资本金净利润率表示的盈利能力满足要求。

（二）项目的偿债能力

偿债能力分析应通过计算利息备付率、偿债备付率和资产负债率等指标，分析判断财务主体的偿债能力。上述指标应按下列公式计算。

（1）利息备付率是指在借款偿还期内的息税前利润与应付利息（payable interests，PI）的比值，它从付息资金来源的充裕性角度反映项目偿付债务利息的保障程度，应按下式计算：

$$\mathrm{ICR}=\frac{\mathrm{EBIT}}{\mathrm{PI}}$$

式中，EBIT为息税前利润；PI为计入总成本费用的应付利息。

利息备付率应分年计算。利息备付率高，表明利息偿付的保障程度高。利息备付率应当大于1，并结合债权人的要求确定。

（2）偿债备付率是指在借款偿还期内，用于计算还本付息的资金（EBITDA−T_{AX}）与应还本付息金额（payable debt，PD）的比值，它表示可用于还本付息的资金偿还借款本息的保障程度，应按下式计算：

$$\mathrm{DSCR}=\frac{\mathrm{EBITDA}-T_{\mathrm{AX}}}{\mathrm{PD}}$$

式中，EBITDA 为息税前利润加折旧和摊销费；T_{AX}为企业所得税；PD 为应还本付息金额，包括还本金额和计入总成本费用的全部利息。

偿债备付率应分年计算，偿债备付率高，表明可用于还本付息的资金保障程度高。偿债备付率应大于 1，并结合债权人的要求确定。

（3）资产负债率是指各期末负债总额同资产总额的比率，应按下式计算：

$$LOAR = \frac{TL}{TA} \times 100\%$$

式中，TL 为期末负债总额；TA 为期末资产总额。

适度的资产负债率，表明企业经营安全、稳健，具有较强的筹资能力，也表明企业和债权人的风险较小。对该指标的分析，应结合国家宏观经济状况、行业发展趋势、企业所处竞争环境等具体条件判定。项目财务分析中，在长期债务还清后，可不再计算资产负债率。

（三）财务的生存能力

财务的生存能力分析，应在财务分析辅助表和利润与利润分配表的基础上编制财务计划现金流量表，通过考察项目计算期内的投资、融资和经营活动所产生的各项现金流入和流出，计算净现金流量和累计盈余资金，分析项目是否有足够的净现金流量维持正常运营，以实现财务可持续性。

财务可持续性应首先体现在有足够大的经营活动净现金流量，其次各年累计盈余资金不应出现负值。若出现负值，应进行短期借款，同时分析该短期借款的年份长短和数额大小，进一步判断项目的财务生存能力。短期借款应体现在财务计划现金流量表中，其利息应计入财务费用。为维持项目正常运营，还应分析短期贷款的可靠性。

按以上内容完成财务分析后，还应对各项财务指标进行汇总，并结合不确定性分析的结果，做出项目财务分析的结论。

第三节　项目国民经济评价

国民经济评价是按合理配置资源的原则，采用影子价格等国民经济评价参数，从国民经济的角度考察投资项目所耗费的社会资源和对社会的贡献，评价投资项目在宏观经济上的合理性。

一、国民经济评价范围和内容

在现实经济中，市场本身的原因及政府的不恰当干预，都可能导致市场配置资源的失灵。以市场价格为基础进行的财务评价不能全面、真实地反映项目的经济价值，客观上需要通过国民经济评价来反映项目的真实经济价值，判断投资的经济合理性，为投资决策提供依据。

建设项目经济评价的选择，应根据项目性质、项目目标、项目投资者、项目财务主体以及项目对经济与社会的影响程度等具体情况确定。对于费用效益计算比较简单、建设期和运营期比较短、不涉及进出口平衡等的一般项目，如果财务评价的结论能够满足投资决策需要，可不进行国民经济评价；对于关系公共利益、国家安全和市场不能有效配置资源的经济和社会发展的项目，除应进行财务评价外，还应进行国民经济评价；对于特别重大的建设项目，尚应辅以区域经济与宏观经济影响分析方法进行国民经济评价。

下列类型项目应做国民经济评价：①具有垄断特征的项目；②产出具有公共产品特征的项目；③外部效果显著的项目；④资源开发项目；⑤涉及国家经济安全的项目；⑥受过度行政干预的项目。

国民经济评价的内容主要是全面识别建设项目的效益与费用，采用影子价格计算项目的经济效益和经济费用，编制经济费用效益分析报表及辅助报表，计算经济费用效益分析指标并进行方案比选。

二、项目经济效益与费用识别

项目的经济效益是指项目对国民经济所作的贡献，分为直接效益和间接效益（外部效益）。项目的经济费用是指国民经济为项目付出的代价，分为直接费用和间接费用（外部费用）。

1. 直接效益与直接费用

直接效益是指由项目产出物直接生成，并在项目范围内计算的经济效益，一般表现为增加项目产出物或者服务的数量以满足国内需求的效益；替代效益较低的相同或类似企业的产出物或者服务，使被替代企业减产（停产）从而减少国家有用资源耗费或者损失的效益；增加出口或者减少进口从而增加或者节支的外汇等。

直接费用是指项目使用投入物所形成的，并在项目范围内计算的费用，一般表现为其他部门为项目提供投入物，需要扩大生产规模所耗用的资源费用；减少对其他项目或者最终消费投入物的供应而放弃的效益；增加进口或者减少出口从而耗用或者减少的外汇等。

2. 间接效益与间接费用

间接效益与间接费用是指项目对国民经济做出的贡献与国民经济为项目付出的代价中，在直接效益与直接费用中未得到反映的那部分效益与费用。通常把与项目相关的间接效益和间接费用统称为外部效果。

外部效果的计算范围应考虑环境及生态影响效果，技术扩散效果和产业关联效果。为防止外部效果计算扩大化，项目的外部效果一般只计算一次相关效果，不应连续计算。

3. 转移支付

项目的某些财务收益和支出，从国民经济角度看，并没有造成资源的实际增加或者减少，而是国民经济内部的转移支付，不计作项目的国民经济效益与费用。转移支付的主要内容如下：①国家和地方政府的税收；②国内银行借款利息；③国家和地方政府给予项目的补贴。

以项目的财务评价为基础进行国民经济评价时，应从财务效益与费用中剔除在国民经济评价中计作转移支付的部分。

三、影子价格的选取与计算

影子价格是进行项目国民经济评价、计算国民经济效益与费用时的计算价格，是指依据一定原则确定的，能够反映投入物和产出物真实经济价值，反映市场供求状况，反映资源稀缺程度，使资源得到合理配置的价格。进行国民经济评价时，项目的主要投入物和产出物价格，原则上都应采用影子价格。

我国是一个发展中国家，国内市场与国际市场完全融合仍然需要一定时间，在国民经济评价时，应将项目的投入物和产出物区分为外贸货物与非外贸货物，并采用不同的思路分别确定其影子价格。

1. 市场定价的非外贸货物影子价格

我国市场经济的发展和贸易范围不断扩大，大部分货物的价格由市场形成，市场价格可以近似反映其真实价值。进行国民经济评价时可将这些货物的市场价格加上或者减去国内运杂费等，作为投入物或者产出物的影子价格。

2. 不完全市场定价的非外贸货物影子价格

有些项目货物或者服务不完全由市场机制形成价格，而是由政府调控价格，如由政府发布指导价、最高限价和最低限价等。这些货物或者服务的价格不能完全反映其真实价值。在进行国民经济评价时，应对这些货物或者服务的影子价格采用特殊方法确定。投入物影子价格按机会成本分解定价，产出物影子价格按消费者支付意愿定价。

3. 外贸货物影子价格

如果项目的投入物与产出物属于外贸货物，其影子价格是以口岸价为基础的，乘以影子汇率加上或者减去进出口费用：

进口投入物的影子价格（项目投入物的到厂价格）=到岸价×影子汇率
+进口费用

出口产出物的影子价格（项目产出物的出厂价格 =离岸价×影子汇率
−出口费用

到岸价（cost，insurance and freight，CIF）是指进口货物运抵我国进口口岸的价格，包括货物进口的货价、运抵我国口岸之前所发生的境外运费和保险费。离岸价（free on board，FOB）是指出口货物运抵我国出口口岸交货的价格。

进口或出口费用是指货物进出口环境在国内所发生的所有相关费用，包括：运输费用，储运、装卸保险等各种费用支出，以及物流环境的各种损失、损耗，等等。进口或出口费用一般用货物的口岸价乘以一定费率计算。

4. 特殊投入物的影子价格

项目的特殊投入物是指项目在建设、生产运营中使用的劳动力、土地和自然资源等。项目使用这些特殊投入物所发生的国民经济费用，应分别采用下列方法确定其影子价格。

第一，影子工资。影子工资反映国民经济为项目使用劳动力所付出的真实代价，由劳动力机会成本和劳动力转移引起的新增资源耗费两部分构成。劳动力机会成本是指劳动力如果不就业于拟建项目而从事其他生产经营活动所创造的最大效益。它与劳动力的技术熟练程度和供求状况（过剩与稀缺）有关，技术越熟练，稀缺程度越高，其机会成本越高，反之越低。新增资源耗费是指项目使用劳动力时，由于劳动者就业或者迁移而增加的城市管理费用和城市交通等基础设施投资费用。

第二，土地影子价格。土地影子价格是指建设项目因使用土地资源而使社会付出的代价，包括土地因不能再用于其他目的而放弃的国民经济效益，以及国民经济为其增加的资源消耗。

土地影子价格应按下式计算：

$$土地影子价格=土地机会成本+新增资源消耗$$

式中，土地机会成本按拟建项目占用土地而使国民经济为此放弃的该土地最佳可替代用途的净效益计算；土地改变用途而发生的新增资源消耗主要包括拆迁补偿费、农民安置补助费等。

项目占有的土地位于城镇或农村，具有不同的机会成本和新增资源消耗。土地影子价格按农用土地和城镇土地分别计算。

（1）农用土地影子价格是指项目占用农用土地后国家放弃的收益，由土地的机会成本和占用该土地引起的新增资源消耗两部分构成。土地机会成本按项目占用土地后国家放弃的该土地最佳可替代用途的净效益计算。土地影子价格中新增资源消耗一般包括拆迁费用和劳动力安置费用。

农用土地影子价格也可在财务评价中土地费用的基础上调整计算。其具体做法是，属于机会成本性质的费用，按机会成本调整计算；属于新增资源消耗的费用，按影子价格调整计算；属于转移支付的，应予以剔除。

（2）城镇土地影子价格通常按市场价格计算，主要包括土地出让金、征地费、拆迁安置补偿费等。

第三，自然资源影子价格，各种自然资源是一种特殊的投入物，项目使用的矿产资源、水资源、森林资源等都是对国家资源的占用和消耗。矿产等不可再生自然资源的影子价格按资源的机会成本计算，水和森林等可再生自然资源的影子价格按资源再生费用计算。

四、国民经济评价报表编制

国民经济评价报表一般是在项目财务评价基础上进行调整编制。有些项目也可以直接编制。在财务评价基础上调整编制国民经济效益费用流量表步骤如下。

（1）剔除转移支付，将财务现金流量表中列支的销售税金及附加、增值税、国内借款利息作为转移支付剔除。

（2）计算间接效益与间接费用，根据项目的具体情况，确定可以量化的项目间接效益和间接费用，并保持效益费用的计算口径一致。编制项目间接效益估算表与项目间接费用估算表。

（3）调整建设投资，用影子价格、影子汇率逐项调整构成投资的各项费用，剔除涨价预备费、税金、国内借款建设期利息等转移支付项目。

进口设备价格调整通常要剔除进口关税、增值税等转移支付。建筑工程费和安装工程费按材料费、劳动力的影子价格进行调整。

（4）调整流动资金，财务账目中的应收、应付款项及现金并没有实际耗用国民经济资源，在国民经济评价中应将其从流动资金中剔除。如果财务评价中的流动资金是采用扩大指标估算法估算的，国民经济评价仍应按扩大指标估算法，以调整后的销售收入、经营费用等乘以相应的流动资金指标系数进行估算；如果财务评价中的流动资金是采用分项详细估算法进行估算的，则应用影子价格重新分项估算。

根据建设投资和流动资金调整结果，编制经济费用效益分析投资费用估算调整表（表 3.10）。

表 3.10　经济费用效益分析投资费用估算调整表

序号	项目	财务分析			经济费用效益分析			经济费用效益分析比财务分析增减
		外币/万美元	人民币/万元	合计/万元	外币/万美元	人民币/万元	合计/万元	
1	建设投资							
1.1	建筑工程费							
1.2	设备购置费							
1.3	安装工程费							
1.4	其他费用							
1.4.1	其中：土地费用							
1.4.2	专利及专有技术费							
1.5	基本预备费							
1.6	降价预备费							

续表

序号	项目	财务分析			经济费用效益分析			经济费用效益分析比财务分析增减
		外币/万美元	人民币/万元	合计/万元	外币/万美元	人民币/万元	合计/万元	
2	流动资金							
合计（1+2）								

注：若投资费用是通过直接估算得知的，本表应略去财务分析的相关栏目

（5）调整经营费用，用影子价格调整各项经营费用，对主要原材料、燃料及动力费用用影子价格进行调整；对劳动工资及福利费，用影子工资进行调整。编制经济费用效益分析经营费用调整表（表 3.11）。

表 3.11　经济费用效益分析经营费用估算调整表

序号	项目	单位	投入量	财务分析		经济费用效益分析	
				单价/元	成本/万元	单价/元	费用/万元
1	外购原材料						
1.1	原材料 A						
1.2	原材料 B						
1.3	原材料 C						
1.4	…						
2	外购燃料及动力						
2.1	煤						
2.2	水						
2.3	电						
2.4	重油						
2.5	…						
3	工资及福利费						
4	修理费						
5	其他费用						
合计							

注：若经营费用是通过直接估算得到的，本表应略去财务分析的相关栏目

（6）调整营业收入，用影子价格调整计算项目产出物的营业收入。编制项目直接效益估算调整表（表 3.12）。

表 3.12　项目直接效益估算调整表

产出物名称			投产第一期负荷/%				投产第二期负荷/%				…	正常生产年份/%			
			A 产品	B 产品	…	小计	A 产品	B 产品	…	小计		A 产品	B 产品	…	小计
年产出量	计算单位														
	国内														
	国际														
	合计														
财务分析	国内市场	单价/元													
		现金收入/万元													
	国际市场	单价/美元													
		现金收入/万元													
经济费用效应分析	国内市场	单价/元													
		直接效益/万元													
	国际市场	单价/美元													
		直接效益/万元													
合计/万元															

（7）编制项目投资经济费用效益流量表（表 3.13）。

表 3.13 项目投资经济费用效益流量表 单位：万元

序号	项目	合计	计算期					
			1	2	3	4	…	*n*
1	效益流量							
1.1	项目直接效益							
1.2	资产余值回收							
1.3	项目间接效益							
2	费用流量							
2.1	建设投资							
2.2	维持运营投资							
2.3	流动资金							
2.4	经营费用							
2.5	项目间接费用							
3	净效益流量（1–2）							
计算指标：经济内部收益率/%；经济净现值（i_c= %）								

五、国民经济评价指标计算

根据项目投资经济费用效益流量表（表 3.13）计算经济净现值、经济内部收益率、效益费用比（R_{BC}）等评价指标，分析项目投资的经济效率。

1. 经济净现值

经济净现值是指用社会折现率将项目计算期内各年的净效益流量折算到建设期初的现值之和，是项目国民经济评价的主要指标。它是反映项目对国民经济净贡献的绝对指标，当经济净现值大于零时，表示国民经济为项目付出代价后，除了获得社会折现率的效益外，还可以得到剩余的社会收益；当经济净现值等于零时，表示项目对国民经济的贡献刚好可以达到社会折现率的要求，一般来说，这两种情况都是可以接受的，而当经济净现值小于零时，项目应予以拒绝。

经济净现值的计算表达式为

$$\mathrm{ENPV}=\sum_{t=1}^{n}(B-C)_t(1+i_s)^{-t}$$

式中，i_s为社会折现率。

2. 经济内部收益率

经济内部收益率是指项目在计算期内各年经济净效益流量的现值累计等于零时的折现率，是项目国民经济评价的辅助评价指标。它是反映投资项目对国民经济的净贡献能力的相对指标。一般当经济内部收益率大于或等于社会折现率时，说明项目所占用的投资对国民经济净贡献能力可达到要求，即项目从国民经济的角度来看是可以接受的；反之，应予以否定。

经济内部收益率的计算表达式为

$$\sum_{t=1}^{n}(B-C)_t(1+\mathrm{EIRR})^{-t}=0$$

式中，B 为效益流入量；C 为费用流出量；N 为计算期。

3. 效益费用比

效益费用比是项目在计算期内效益流量的现值与费用流量的现值的比率，是项目国民经济评价的辅助评价指标。

效益费用比的计算表达式为

$$R_{BC}=\frac{\sum_{t=1}^{n}B_t(1+i_s)^{-t}}{\sum_{t=1}^{n}C_t(1+i_s)^{-t}}$$

式中，R_{BC} 为效益费用比；R_t 为第 t 期的经济效益；C_t 为第 t 期的经济费用。

如果效益费用比大于 1，表明项目资源配置的经济效率达到了可以被接受的水平。

六、国民经济评价参数

国民经济评价参数是国民经济评价的基础。正确理解和使用评价参数，对正确计算费用、效益和评价指标，以及比选优化方案具有重要作用。国民经济评价参数体系有两类，一类是通用参数，如社会折现率、影子汇率和影子工资等，这些通用参数由有关专门机构组织测算和发布；另一类是货物影子价格等一般参数，由行业或者项目评价人员测定。

1. 社会折现率

社会折现率是用以衡量资金时间价值的重要参数，代表社会资金被占用应获得的最低收益率，被用做不同年份资金价值换算的折现率。社会折现率可根据影响国民经济发展的多种因素综合测定。各类投资项目的国民经济评价都应采用有关专门机构统一发布的社会折现率作为计算经济净现值的折现率。社会折现率可作为经济内部收益率的判别标准。根据对我国国民经济运行的实际情况、投资收益水平、资金供求状况、资金机会成本及国家宏观调控等因素的综合分析，目前社会折现率取值为 8%。

2. 影子汇率

影子汇率是指能正确反映外汇真实价值的汇率。在国民经济评价中，影子汇率通过影子汇率换算系数计算，影子汇率换算系数是影子汇率与国家外汇牌价的比值。投资项目投入物和产出物涉及进出口的，应采用影子汇率换算系数调整计算影子汇率。根据对目前我国外汇收支状况、主要进出口商品的国内价格与国外价格的比较、出口换汇成本及进出口关税等因素的综合分析，目前我国的影子汇率换算系数取值为1.04。

3. 影子工资

影子工资是指因项目使用劳动力，社会为其付出的代价。影子工资由劳动力的边际产出和劳动就业或者转移引起的社会资源耗费两部分构成。在国民经济评价中影子工资作为国民经济费用计入经营费用。

影子工资一般是通过影子工资换算系数计算得到的。影子工资换算系数是影子工资与项目财务评价中劳动力的工资和福利费的比值。根据目前我国劳动力市场状况，技术性工种劳动力的影子工资换算系数取值为1，非技术性工种劳动力的影子工资换算系数取值为0.2～0.8。

第四节 项目不确定性分析

项目评价所采用的数据，大部分来自预测和估算，有一定程度的不确定性。为了分析不确定性因素对经济评价指标的影响，需进行不确定性分析，以估计项目可能承担的风险，确定项目在经济上的可靠性。

不确定性分析包括盈亏平衡分析和敏感性分析。盈亏平衡分析只用于财务评价，敏感性分析可同时用于财务评价和国民经济评价。

一、盈亏平衡分析

盈亏平衡分析是指通过计算项目达产年的盈亏平衡点（break even point，BEP），分析项目成本与收入的平衡关系，判断项目对产品数量变化的适应能力和抗风险能力。盈亏平衡点是项目盈利与亏损的转折点，即在这一点上，营业（销售、服务）收入等于总成本费用，此时正好盈亏平衡。盈亏平衡点越低，表明项目适应产量变化能力越大，抗风险能力越强。

1. 项目盈亏平衡分析的假定条件

盈亏平衡分析分线性盈亏平衡分析与非线性盈亏平衡分析两种。项目评价中仅进行线性盈亏平衡分析。线性盈亏平衡分析有以下四个假定条件：①产量等于销售量，即当年生产的产品（或服务）当年全部销售出去；②产量变化，单位产品可变成本不变，从而总成本费用是产量的线性函数；③产量变化，产品售价不变，从而营业收入是销售（或服务）量的线性函数；④按单一产品计算，当生产多种产品时，应换算为单一产品，不同产品的生产负荷率的变化应保持一致。

2. 盈亏平衡点的计算

盈亏平衡点通常根据正常生产年份（达产年）的产品产量或销售量、可变成本、固定成本、产品（服务）价格和销售税金及附加等数据计算。可变成本主要包括原材料、燃料、动力消耗、包装费和计件工资等；固定成本主要包括工资（计件工资除外）折旧、摊销费、修理费和其他费用等。

盈亏平衡点一般采用公式计算，也可以利用盈亏平衡分析图（图 3.4）求取。

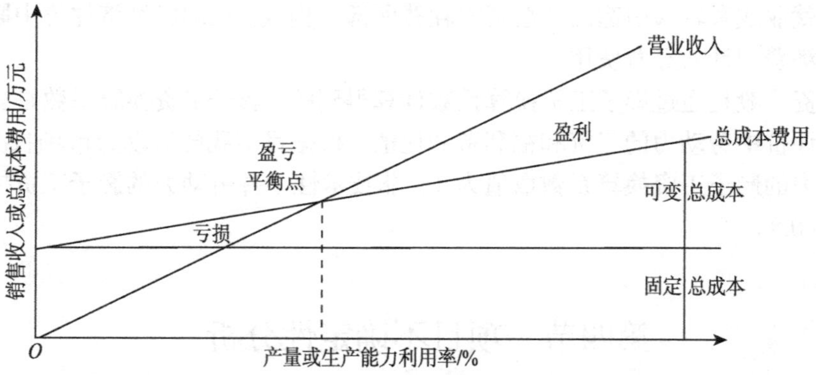

图 3.4　盈亏平衡分析图

（1）公式计算法。

$$\text{BEP生产能力利用率} = \frac{\text{年固定成本}}{\text{年营业收入} - \text{年可变成本} - \text{年营业税金及附加}} \times 100\%$$

$$\text{BEP 产量} = \frac{\text{年固定成本}}{\text{单位产品售价} - \text{单位产品可变成本} - \text{单位产品营业税金及附加}}$$

$$\text{BEP 产量} = \text{设计生产能力} \times \text{BEP 生产能力利用率}$$

（2）图解法。

绘制盈亏平衡分析图（图 3.4），图中以产量（销售量）或生产能力利用率为横坐标，以销售收入或总成本费用（包括固定总成本和可变总成本）为纵坐标，绘制营业收入线或总成本费用线。两条线的交点即为盈亏平衡点。与盈亏平衡点对应的横坐标，即为以产量或生产能力利用率表示的盈亏平衡点。

二、敏感性分析

第一，敏感性分析是投资建设项目评价中应用十分广泛的一种技术，用以考察项目涉及的各种不确定因素对项目基本方案经济评价指标的影响，找出敏感因素，估计项目效益对它们的敏感程度，粗略预测项目可能承担的风险，为进一步的风险分析打下基础。

第二，敏感性分析包括单因素敏感性分析和多因素敏感性分析。单因素敏感性分析是指每次只改变一个因素的数值来进行分析，估算单个因素的变化对项目效益产生的影响；多因素分析则是同时改变两个或两个以上因素进行分析，估算多因素同时发生变化的影响。为了找出关键的敏感性因素，通常进行单因素敏感性分析。

第三，敏感性分析方法。

（1）选定项目不确定因素。根据项目特点，结合经验，判断和选择对项目效益影响较大且重要的不确定因素。经验表明，主要对产出物价格、建设投资、主要投入物价格或可变成本、生产负荷、建设工期及汇率等不确定因素进行敏感性分析即可。

（2）选定项目不确定因素变化幅度。敏感性分析一般是选择不确定因素变化的百分率（如 ± 5%、 ± 10%、 ± 15%、 ± 20%等）；对于不便用百分数表示的因素，如建设工期，可采用延长一段时间（如延长一年）的方法表示。

（3）选定项目经济评价指标。从项目经济评价指标中选定其中一个或几个主要指标进行敏感性分析。最基本的分析指标是内部收益率，根据项目的实际情况也可选择净现值或投资回收期评价指标，必要时可同时针对两个或两个以上的指标进行敏感性分析。

（4）计算敏感度系数。敏感度系数是指项目评价指标变化的百分率与不确定因素变化的百分率之比。敏感度系数高，表示项目效益对该不确定因素敏感程度高。计算公式为

$$S_{AF}=\frac{\Delta A/A}{\Delta F/F}$$

式中，S_{AF}为评价指标 A 对于不确定因素 F 的敏感系数；$\Delta F/F$ 为不确定因素 F 的变化率；$\Delta A/A$ 为不确定因素 F 发生ΔF 变化率时，评价指标 A 的相应变化率。

$S_{AF}>0$，表示评价指标与不确定因素同方向变化；$S_{AF}<0$，表示评价指标与不确定因素反方向变化。$|S_{AF}|$较大者，敏感度系数高。

（5）确定临界点。临界点是指不确定性因素的变化使项目由可行变为不可行的临界数值，可采用不确定性因素相对基本方案的变化率或其对应的具体数值表示。当该不确定因素为费用科目时，即为其增加的百分率；当其为效益科目时，为降低的百分率。当不确定因素的变化超过了临界点所表示的不确定因素的极限变化时，项目将由可行变为不可行。

在一定的基准收益率下，临界点越低，说明该因素对项目评价指标影响越大，项目对该因素就越敏感。临界点一般通过试差法或图解法求得。

（6）编制敏感性分析表（表 3.14）和敏感度系数与临界点分析表（表 3.15），绘制敏感性分析图（图 3.5）。

表 3.14 敏感性分析表

变化因素 \ 变化率/%	−30	−20	0	10	20	30
基准收益率 i_c						
建设投资						
销售价格						
原材料成本						
汇率						
…						

表 3.15　敏感度系数与临界点分析表

序号	不确定因素	变化率/%	内部收益率/%	敏感度系数	临界点/%	临界值
	基本方案					
1	产品产量（生产负荷）					
2	产品价格					
3	主要原材料价格					
4	建设投资					
5	汇率					
	…					

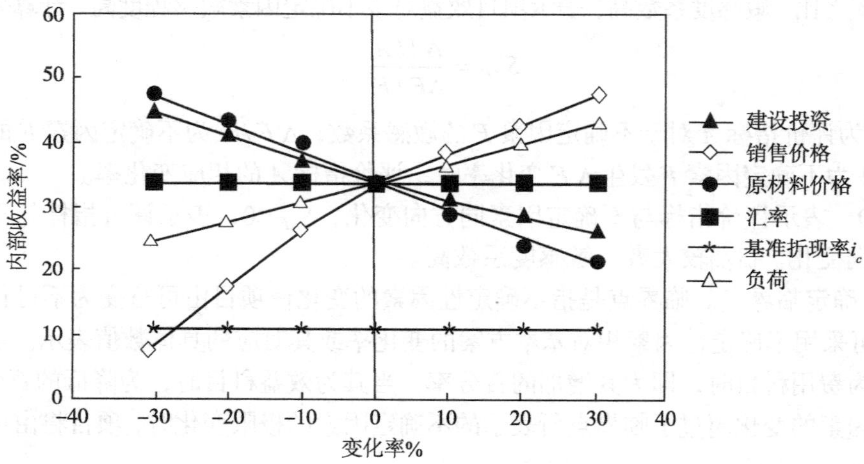

图 3.5　敏感性分析图

（7）确定项目最敏感因素。将不确定因素变化后计算的经济评价指标与基本方案评价指标进行对比分析，结合敏感度系数及临界点的计算结果，按不确定性因素的敏感程度进行排序，找出最敏感的因素，分析敏感因素可能造成的风险，并提出应对措施。

第五节　案例：某油田开发项目财务评价

本节以某油田开发项目为例，说明项目财务评价的一般过程。案例按照国家发展和改革委员会《建设项目经济评价方法与参数（第三版）》财务评价的规定，结合项目的性质、特点及实际情况，具体介绍项目总投资估算、总成本费用估算、营业收入及税金估算、财务评价报表编制、财务评价指标计算、不确定性分析及评价结论等内容的实际应用。

一、项目概况

本项目是某石油集团公司国内陆上的一个新开发油田建设项目，位于某盆地的中部。经过5年的勘探在这一地区已发现石油地质探明储量3 850万吨，本开发方案计划动用油田含油面积76平方千米，动用探明石油地质储量2 580万吨，动用可采储量520万吨，建成产能48万吨。根据油田开发的特点和行业规定，本项目是边建设边生产，项目的计算期确定为12年（包括两年的建设期）。

本项目的财务评价范围为油田的开发井及相应的地面工程，针对本油田建设和生产的财务效益与费用进行评价。

根据开发方案，本油田的设计产能是48万吨，共部署开发井558口，其中，油井427口，水井131口（为提高原油采收率，多产油气，需打水井对地下采油层注水）。开发方案的主要开发指标预测详见表3.16。

表3.16 主要开发指标预测

时间	总井数/口	油井数/口	水井数/口	年产油/万吨	年产液/万吨	年注水/万吨
1	310	237	73	13.3	19.0	43.6
2	558	427	131	37.3	57.4	81.4
3	558	427	131	42.7	68.9	93.5
4	558	427	131	34.2	59.9	84.5
5	558	427	131	29.0	59.3	83.9
6	558	427	131	25.3	60.1	85.3
7	558	427	131	22.5	62.5	88.9
8	558	427	131	20.0	64.5	91.5
9	558	427	131	17.8	66.0	93.6
10	558	427	131	15.8	68.9	98.9
11	558	427	131	14.1	70.5	99.3
12	558	427	131	12.6	73.8	102.6

二、费用效益估算

（一）投资估算

油田开发是在勘探的基础上进行的，在勘探阶段发生的投资属于已发生投资。将成功探井、评价井的9 500万元投资予以资本化，计入项目建设投资。

1. 建设投资估算

本项目的投资估算包括：558口开发井（其中利用成功探井两口、评价井23口，新钻开发井533口）、处理能力为50万吨/年的集中处理站、原油集输系统、注水系统、供电系统、通信系统、道路工程，等等。

第一，固定资产费用。

（1）工程费用：①利用成功探井、评价井费用。本项目开发方案利用成功探井 2 口，评价井 23 口，投资金额为 9 500 万元。因为是勘探阶段已发生的费用，所以这部分费用不再计取固定资产其他费用、预备费等。②新钻开发井费用。新钻开发井 533 口，平均井深 2 020 米，本项目单位钻井综合成本为 980 元/米，新钻开发井费用为 105 513 万元。这部分费用采用综合指标估算，不再计取固定资产其他费用、预备费等。③地面工程投资。根据地面设计方案，估算地面工程投资为 35 000 万元。

（2）固定资产其他费用。这里的固定资产其他费用是与工程费用中的地面工程相对应的费用，包括建设单位管理费、可行性研究费用、安全环保评价费、勘察设计费、联合试运转费等，经估算为 3 200 万元。

第二，无形资产费用。无形资产费用主要为土地征用及迁移补偿费，估算值为 1 600 万元。

第三，其他资产费用。其他资产费用主要包括生产准备费、开办费、办公及生活家具购置费等，估算值为 700 万元。

第四，预备费。预备费包括基本预备费和价差预务费。基本预备费率为 10%，估算值为 4 050 万元。本项目因建设期短，物价变化小，不考虑价差预备费。建设投资包括固定资产费用、无形资产费用、其他资产费用、预备费，总计 159 563 万元，建设投资估算表见表 3.17。

表 3.17　建设投资估算表

序号	工程或费用名称	估算值/万元	其中：外币/万美元	比例/%
1	固定资产费用	153 213		96
1.1	工程费用	150 013		94
1.1.1	利用成功探井、评价井费用	9 500		6
1.1.2	新钻开发井费用	105 513		66
1.1.3	地面工程费用	35 000		22
1.2	固定资产其他费用	3 200		2
2	无形资产费用	1 600		1
3	其他资产费用	700		0
4	预备费	4 050		3
4.1	基本预备费	4 050		3
4.2	涨价预备费			
5	建设投资合计	159 563		100

2. 建设期利息估算

本项目建设投资的 55%为自有资金，45%为银行借款，借款有效年利率为 6.26%。由于本项目是边建设边生产，建设期发生的利息直接计入当期财务费用，所以在建设投资中建设期利息为零。

3. 流动资金估算

本项目的流动资金采用扩大指标估算法，按经营成本的20%估算流动资金，共需要流动资金1 618万元，第一年投入992万元，第二年投入626万元。

4. 项目总投资

本项目总投资包括建设投资、建设期利息和流动资金三部分，共计161 181万元。

（二）总成本费用与经营成本估算

根据目前油田开发项目的实际情况，本项目的成本估算采用生产成本法。

1. 生产成本估算

第一，操作成本估算。根据类似油田近三年实际发生的操作成本，并结合本项目的实际情况估算操作成本。

（1）材料费：采油过程中直接消耗于油气井、计量站、集输站、集输管线及其他生产设施的各种材料的费用。这项费用主要与生产井数有关，按单井所需材料费进行估算，单井材料费为1.5万元/（井·年）。

（2）燃料费：采油过程中直接消耗的各种燃料的费用。其主要与产液量（含水油）相关，按产液量所需燃料费进行估算，吨液燃料费为0.2元/吨液。

（3）动力费：采油过程中直接消耗的电力等的费用。其主要与产液量相关，按产液量估算动力费，吨液动力费为16元/吨液。

（4）生产工人工资：直接从事生产的采油队、集输站等生产人员的工资、奖金、津贴和补贴。按定员和工资标准进行计算。本项目新增生产工人200人，年工资为3万元/人，生产工人工资为每年600万元。

（5）职工福利费：按工资总额的14%提取，每年84万元。

（6）驱油注入费：为提高采收率，多产油气，对地层进行注水所发生的费用。其主要与注水量相关，按注水量进行估算，单位注水费为6.3元/吨水。

（7）井下作业费：井下作业费包含维护性井下作业费和增产井下作业费两部分，按单井井下作业费进行估算，单井井下作业费为3.3万元/（井·年）。

（8）测井、试井费：原油生产过程中为掌握油田地下油水分布动态所发生的测井、试井费用，主要与生产井数有关，按生产井数进行估算，单井测井、试井费为0.5万元/（井·年）。

（9）维护修理费：为了维持油气生产的正常运行，保证油田地面设施原有的生产能力，对油田地面设施进行维护、修理所发生的费用，主要与地面工程的建设规模有关，按单井所需维护费用估算，单井维护修理费为0.8万元/（井·年）。

（10）油气处理费：指原油脱水、脱气、脱硫，含油污水脱油，回收过程中所发生的费用。其主要与产液量有关，按产液量估算油气处理费，吨液处理费为6元/吨液。

（11）运输费：为油气生产提供运输服务及按规定交纳的车辆养路费等，按产油量进行估算，吨油运输费用为3元/吨油。

（12）其他直接费用：除上述费用以外直接用于油气生产的其他费用，主要与生产井数有关，按生产井数进行估算，单井其他直接费用为 0.6 万元/（井 · 年）。

（13）厂矿管理费：油气生产单位包括采油（气）厂、矿两级生产管理部门为组织和管理生产所发生的各项费用。按每个生产工人每年 9 000 元的管理费定额计算厂矿管理费，每年的厂矿管理费为 180 万元。

第二，折旧、折耗费：固定资产折旧、折耗采用直线法，按有关规定油气资产的综合折旧年限为 10 年，固定资产残值率为 0%。

2. 管理费用

管理费用是上级行政管理部门为管理和组织生产经营所发生的各项费用。为简化计算，除摊销费和矿产资源补偿费以外的其他费用称为其他管理费用。

（1）摊销费：包括无形资产和其他资产的摊销费，无形资产的摊销期为 10 年，其他资产的摊销期为 5 年。

（2）矿产资源补偿费：按营业收入的 1%计算。

（3）其他管理费：按每人每年 3 万元计算，年其他管理费为 600 万元。

3. 财务费用

其主要为生产经营期间发生的建设投资借款和流动资金借款利息净支出，根据融资方案确定。

4. 营业费用

营业费用是指在原油销售过程中所发生的费用，根据本项目所属油田公司近三年实际发生的营业费用，本项目的吨油营业费用为 10 元/吨。

5. 经营成本

经营成本是指总成本费用扣除折旧费、摊销费和借款利息之后的成本费用，用于财务现金流量分析表。

经估算，本项目生产期内年均总成费用 22 122 万元，年均经营成本 7 617 万元。

总成本费用估算表见附表 3.1。

（三）收入和税金估算

1. 收入估算

根据有关部门的规定，生产期原油价格以国际油价和美元与人民币的汇率为基础进行计算，折算到本油田的出厂价为 1 550 元/吨（不含增值税），原油商品率为 96%。经计算，评价期内的年均营业收入为 35 290 万元。

2. 税金估算

本项目所需交纳的税金包括营业税金及附加（城市维护建设税、教育费附加、资源税）及增值税。

第一，增值税的计算。原油生产的增值税率为 17%，应纳增值税税额计算公式为

应纳增值税税额=当期销项税额–当期进项税额

（1）销项税：

$$销项税额=营业收入（不含税）\times 税率$$

（2）进项税：①材料费、燃料费、动力费按 100%的比例计算增值税进项税额。②维护及修理费按 50%的比例计算增值税进项税额。③井下作业费，驱油物注入费，测井、试井费，油气处理费按 30%的比例计算增值税进项税额。生产期年均增值税额为 5 507 万元。

第二，营业税金及附加。城市维护建设税按增值税的 7%估算，教育费附加按增值税的 3%估算，原油资源税的课税对象为原油商品量，税率为 22 元/吨。生产期的年均营业税金及附加为 1 052 万元。

营业收入、营业税金和增值税估算详见附表 3.2。

三、资金筹措

本项目新增建设投资 155 063 万元（不含成功探井、评价井投资 9 500 万元），其中，55%为资本金，剩余 45%为银行借款。所需流动资金的 30%为铺底流动资金，70%为银行借款。

本项目所需的资本金和债务资金由某集团公司财务部门统一筹措，资金来源是有保障的。

建设投资的借款利率为 6.26%，借款偿还期为 6 年，根据油田开发项目在开采初期净现金流量较大而后期逐年减小的特点，在油田开采初期尽量多还款，从借款的第 2 年开始还款，每年的还款比例分别为 25%、25%、20%、15%、10%、5%。流动资金借款利率为 5.7%。

四、财务分析

（一）盈利能力分析

1. 项目投资财务现金流量表分析

根据项目投资财务现金流量表（附表 3.3），所得税后项目投资财务内部收益率是 15.2%，大于 12%（12%是按照加权平均资金成本法测算的行业基准收益率）的行业最低要求；财务净现值为 12 737 万元，大于零；投资回收期为 5.63 年，小于行业基准回收期 8 年。因此，本项目的财务盈利能力可满足要求。

2. 资本金财务现金流量表分析

根据资本金财务现金流量表（附表 3.4），项目的资本金财务内部收益率是 20.4%，满足投资者的要求。

3. 利润与利润分配表分析

油田开发项目的特点是原油产量逐年递减，营业收入不断下降，而生产成本基本保持稳定，还可能略有上升，所以在生产期利润逐年减少，本项目第 10 年和第 11 年发生经营亏损。

根据利润与利润分配表（附表 3.5）计算的年均净利润为 8 114 万元。

$$总投资收益率=EBIT/TI×100\%=8.3\%$$

$$资本金净利润率=NP/EC=8.8\%$$

项目总投资收益率高于 7%的行业标准，资本金净利润率可满足投资者的要求。

（二）偿债能力分析

项目的还本付息见借款还本付息计划表（附表 3.6）。由于项目的还款方案是针对油田开发项目的特点设计的，在生产初期偿还了较多债务，所以利息备付率和偿债备付率指标基本都是上升的，每年的利息备付率基本在 10 以上，偿债备付率在 2 以上。因此，本项目具有良好的财务状况和足够的偿债能力。

（三）生存能力分析

由财务计划现金流量表（附表 3.7）可看出，尽管本项目每年的经营活动净现金流量逐年减少，但都在 1 亿元以上，并且累计盈余资金最低为 1 788 万元，且逐年增加，到生产期末已达到 10.34 亿元，所以本项目具有较强的财务生存能力。

五、不确定性分析

由于油田开发项目的年产量逐年递减，其年营业收入也随之变化，每年的盈亏平衡点都不一样，正常生产年份的盈亏平衡点不具有代表性，还可能引起误解，所以本项目不再进行盈亏平衡分析，只进行敏感性分析。

影响项目效益的主要因素为原油产量、原油价格、经营成本、建设投资、汇率等。对各敏感因素的分析结果见表 3.18 和图 3.6。

表 3.18　敏感性分析表

序号	不确定因素	变化率/%	内部收益率/%	敏感度系数	临界点/%	临界值
	基本方案		15.2			
1	原油产量	−20	7.4	2.61	91	
		−10	11.5	2.55		
		10	19.3	2.51		
		20	23.2	2.52		
2	原油价格	−20	7.2	2.67	92	1 426 元/吨
		−10	11.4	2.61		
		10	19.4	2.57		
		20	23.4	2.59		

续表

序号	不确定因素	变化率/%	内部收益率/%	敏感度系数	临界点/%	临界值
3	经营成本	−20	16.7	−0.43	148	
		−10	16.1	−0.44		
		10	14.7	−0.44		
		20	14.0	−0.45		
4	建设投资	−20	24.9	−3.1	110	177 299 万元
		−10	19.6	−2.72		
		10	12.0	−2.2		
		20	9.2	−2.02		
5	汇率	−20	7.2	2.67	92	7.46
		−10	11.4	2.61		
		10	19.4	2.57		
		20	23.4	2.59		

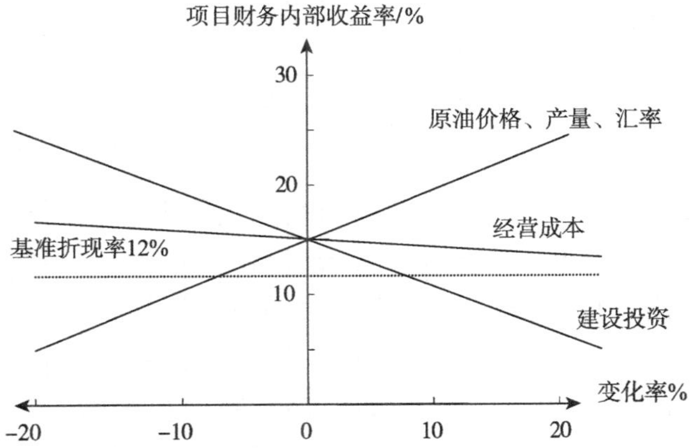

图 3.6　敏感性分析图（项目财务内部收益率）

从表 3.18 可知，对项目效率影响最大的因素，从大到小分别为原油价格、汇率、原油产量、建设投资、经营成本。当原油价格下降 8%，为 1 426 元/吨时，达到效益临界点；当美元与人民币的汇率下降 8%，为 1：7.46 时，达到效益临界点；当原油产量下降 9%时，达到收益临界点；当经营成本增加 48%时，达到效益临界点；当建设投资增加 10%，为 177 299 万元时，达到效益临界点。

六、财务评价结论

税后项目投资财务内部收益率为 15.2%，大于 12%的行业标准，资本金财务内部收益率为 20.4%，可满足投资者的要求。项目财务净现值 12 737 万元（$i_c = 12\%$），大于零；投资回收期为 5.63 年，满足投资回收期小于 8 年的行业标准。本项目具有较强的财务盈利能力、足够的偿债能力和财务生存能力，因此本项目在财务上是可行的。

附表 3.1　总成本费用估算表

单位：万元

序号	项目名称	合计	计算期											
			1	2	3	4	5	6	7	8	9	10	11	12
1	生产成本	234 506	4 627	15 135	22 576	22 294	22 261	22 276	22 344	22 397	22 437	22 529	21 612	14 018
1.1	操作成本	77 243	3 677	6 502	6 849	6 567	6 535	6 550	6 618	6 671	6 711	6 803	6 836	6 925
1.1.1	原材料	9 672	465	837	837	837	837	837	837	837	837	837	837	837
1.1.2	燃料	146	4	11	14	12	12	12	13	13	13	14	14	15
1.1.3	动力	11 693	304	918	1 102	958	949	9 625	1 000	1 032	1 056	1 102	1 128	1 181
1.1.4	生产工人工资及福利	8 208	684	684	684	684	684	684	684	684	684	684	684	684
1.1.5	驱油物注入费	6 596	275	513	589	532	529	537	560	576	590	623	626	646
1.1.6	井下作业费	21 278	1 023	1 841	1 841	1 841	1 841	1 841	1 841	1 841	1 841	1 841	1 841	1 841
1.1.7	测井试井费	3 224	155	279	279	279	279	279	279	279	279	279	279	279
1.1.8	维护及修理费	5 158	248	446	446	446	446	446	446	446	446	446	446	446
1.1.9	稠油热采费													
1.1.10	轻烃回收费													
1.1.11	油气处理费	4 385	114	344	413	359	356	361	375	387	396	413	423	443
1.1.12	运输费	854	40	112	128	103	87	76	68	60	53	47	42	38
1.1.13	其他直接费	3 869	186	335	335	335	335	335	335	335	335	335	335	335
1.1.14	厂矿管理费	2 160	180	180	180	180	180	180	180	180	180	180	180	180
1.2	折旧折耗	157 263	950	8 634	15 726	15 726	15 726	15 726	15 726	15 726	15 726	15 726	14 776	7 093
2	管理费用	13 735	798	1 311	1 535	1 409	1 332	1 276	1 162	1 058	1 025	995	970	864
2.1	无形资产及其他资产摊销	2 300		156	300	300	300	300	227	160	160	160	160	77
2.2	矿产资源补偿费	4 235	198	555	635	509	432	376	335	298	265	235	210	187
2.3	其他管理费	7 200	600	600	600	600	600	600	600	600	600	600	600	600
3	财务费用	14 489	1 139	3 277	3 742	2 686	1 739	1 003	479	166	65	65	65	65
3.1	长期借款利息	13 739	1 099	3 213	3 678	2 621	1 674	938	414	101	0	0		
3.2	流动资金借款利息	750	40	65	65	65	65	65	65	65	65	65	65	65
3.3	短期借款利息													
4	营业费用	2 732	128	358	410	328	278	243	216	192	171	152	135	121
5	总成本费用（1+2+3+4）	265 462	6 692	20 082	28 263	26 716	25 609	24 799	24 201	23 813	23 698	23 740	22 782	15 068
6	经营成本费用（5–1.2–2.1–3）	91 410	4 603	8 015	8 495	8 005	7 845	7 769	7 768	7 761	7 747	7 789	7 781	7 834

注：表内数字是对实际数字四舍五入取整而得，因此表内数字与实际数字存在误差，导致表内个别合计数与其构成数之和不等的情况

附表 3.2 营业收入、营业税金和增值税估算表

序号	项目名称	合计	计算期											
			1	2	3	4	5	6	7	8	9	10	11	12
1	营业收入/万元	423 485	19 790	55 502	63 538	50 890	43 152	37 646	33 480	29 760	26 486	23 510	20 981	18 749
	单价/（元/吨）		1 550	1 550	1 550	1 550	1 550	1 550	1 550	1 550	1 550	1 550	1 550	1 550
	数量/万吨	273	12.8	35.8	41.0	32.8	27.8	24.3	21.6	19.2	17.1	15.2	13.5	12.1
2	营业税金及附加/万元	12 619	594	1 682	1 929	1 538	1 296	1 124	994	877	774	680	601	530
2.1	城市维护建设税/万元	4 626	219	626	719	571	479	413	363	318	279	243	212	185
2.2	教育费附加/万元	1 983	94	268	308	245	205	177	156	136	119	104	91	79
2.3	资源税/万元	60 611	281	788	902	722	612	53.4	475	422	376	334	298	266
3	增值税/万元	66 087	3 132	8 945	10 272	8 152	6 839	5 900	5 183	4 544	3 982	3 466	3 031	2 640
	销项税/万元	71 992	3 364	9 435	10 801	8 651	7 336	6 400	5 692	5 059	4 503	3 997	3 567	3 187
	进项税/万元	5 905	232	490	529	499	497	500	508	515	520	531	536	547

注：表内数字是对实际数字四舍五入取整而得，因此表内数字与实际数字存在误差，导致表内个别合计数与其构成数之和不等的情况

附表 3.3　项目投资财务现金流量表

单位：万元

序号	项目名称	合计	计算期											
			1	2	3	4	5	6	7	8	9	10	11	12
1	现金流入	425 104	19 790	55 502	63 538	50 890	43 152	37 646	33 480	29 760	26 486	23 510	20 981	20 368
1.1	营业收入	423 485	19 790	55 502	63 538	50 890	43 152	37 646	33 480	29 760	26 486	23 510	20 981	18 749
1.2	补贴收入													
1.3	回收固定资产余值													
1.4	回收流动资金	1 619												1 619
2	现金流出	265 212	93 722	82 354	10 424	9 542	9 141	8 894	8 762	8 637	8 521	8 470	8 382	8 364
2.1	建设投资	159 563	87 533	72 030										
2.2	流动资金	1 619	992	627										
2.3	经营成本	91 410	4 603	8 015	8 495	8 005	7 845	7 769	7 768	7 761	7 747	7 789	7 781	7 834
2.4	营业税金及附加	12 619	594	1 682	1 929	1 538	1 296	1 124	994	877	774	680	601	530
2.5	维持运营投资													
3	所得税前净现金流量（1–2）	159 892	–73 931	–26 852	53 114	41 348	34 011	28 753	24 718	21 123	17 966	15 041	12 599	12 004
4	累计所得税前净现金流量		–73 931	–100 783	–47 669	–6 322	27 689	56 442	81 160	102 282	120 248	135 289	147 888	159 892
5	融资前所得税	52 764	4 502	12 215	12 239	8 356	5 935	4 200	2 892	1 728	686			11
6	所得税后净现金流量（3–5）	107 128	–78 434	–39 067	40 875	32 992	28 076	24 553	21 826	19 395	17 279	15 041	12 599	11 993
7	累计所得税后净现金流量		–78 434	–117 501	–76 626	–43 634	–15 558	8 995	30 820	50 215	67 495	82 535	95 134	107 128

计算指标：项目财务内部收益率（所得税前）(25.5%)；项目财务内部收益率（所得税后）(15.2%)；项目财务净现值（所得税前）(i_c=12%)(48 269 万元)；项目财务净现值（所得税后）(i_c=12%)(12 737 万元)；项目投资回收期（年）(5.63)

注：表内数字是对实际数字四舍五入取整而得，因此表内数字与实际数字存在误差，导致表内个别合计数与其构成数之和不等的情况

附表 3.4　资本金财务现金流量表

单位：万元

序号	项目名称	合计	计算期											
			1	2	3	4	5	6	7	8	9	10	11	12
1	现金流入	425 104	19 790	55 502	63 538	50 890	43 152	37 646	33 480	29 760	26 486	23 510	20 981	20 368
1.1	营业收入	423 485	19 790	55 502	63 538	50 890	43 152	37 646	33 480	29 760	26 486	23 510	20 981	18 749
1.2	补贴收入													
1.3	回收固定资产余值													
1.4	回收流动资金	1 619												1 619
2	现金流出	327 737	63 178	72 691	42 052	34 824	27 991	22 139	16 972	12 097	9 250	8 534	8 446	9 562
2.1	资本金	92 520	52 716	39 805										
2.2	借款本金偿还	68 662	0	8 779	16 882	15 126	11 750	8 374	4 997	1 621	0	0	0	1 133
2.3	借款利息支付	14 489	1 139	3 277	3 742	2 686	1 739	1 003	479	166	65	65	65	65
2.4	经营成本	91 410	4 603	8 015	8 495	8 005	7 845	7 769	7 768	7 761	7 747	7 789	7 781	7 834
2.5	营业税金及附加	12 619	594	1 682	1 929	1 538	1 296	1 124	994	877	774	680	601	530
2.6	所得税	48 036	4 127	11 134	11 004	7 470	5 361	3 869	2 734	1 673	665	0	0	0
2.7	维持运营投资中的资本金													
3	净现金流量（1–2）	97 367	–43 387	–17 189	21 486	16 066	15 161	15 507	16 508	17 663	17 236	14 976	12 535	10 806

计算指标：资本金财务内部收益率（20.4%）

注：表内数字是对实际数字四舍五入取整而得，因此表内数字与实际数字存在误差，导致表内个别合计数与其构成数之和不等的情况

附表 3.5　利润与利润分配表

货币单位：万元

序号	项目名称	合计	计算期											
			1	2	3	4	5	6	7	8	9	10	11	12
1	营业收入	423 485	19 790	55 502	63 538	50 890	43 152	37 646	33 480	29 760	26 486	23 510	20 981	18 749
2	营业税金及附加	12 619	594	1 682	1 929	1 538	1 296	1 124	994	877	774	680	601	530
3	总成本费用	265 462	6 692	20 082	28 263	26 716	25 609	24 799	24 201	23 813	23 698	23 740	22 782	15 068
4	补贴收入													
5	利润总额（1–2–3+4）	145 403	12 505	33 738	33 345	22 636	16 246	11 723	8 286	5 070	2 015	–910	–2 402	3 151
6	弥补以前年度亏损额	3 151												
7	应纳税所得额（5–6）	142 252	12 505	33 738	33 345	22 636	16 246	11 723	8 286	5 070	2 015	–910	–2 402	
8	所得税	48 036	4 127	11 134	11 004	7 470	5 361	3 869	2 734	1 673	665			
9	净利润（5–8）	97 367	8 378	22 605	22 341	15 166	10 885	7 855	5 551	3 397	1 350	–910	–2 402	3 151
10	期初未分配利润													
11	可供分配利润（9+10）	97 367	8 378	22 605	22 341	15 166	10 885	7 855	5 551	3 397	1 350	–910	–2 402	3151
12	提取法定盈余公积金	10 068	838	2 260	2 234	1 517	1 088	785	555	340	135			315
13	可供投资者分配的利润（11–12）	87 299	7 540	20 344	2 107	13 649	9 796	7 069	4 996	3 057	1 215	–910	–2 402	2 836
14	投资方利润分配	86 443	7 540	20 344	2 107	13 649	9 796	7 069	4 996	3 057	1 215	–910	–2 402	2 836
15	未分配利润（13–14）													
16	息税前利润（利润总额+利息支出）		13 643	37 016	37 088	25 321	17 985	12 726	8 764	5 236	2 079	–846	–2 337	3 216
17	息税折旧摊销前利润（息税前利润+折旧+摊销费）		14 593	45 805	53 114	41 348	34 011	28 753	24 718	21 123	17 966	15 041	12 599	10 385

注：表内数字是对实际数字四舍五入取整而得，因此表内数字与实际数字存在误差，导致表内个别合计数与其构成数之和不等的情况

附表 3.6 借款还本付息计划表

单位：万元

序号	项目名称	合计	计算期											
			1	2	3	4	5	6	7	8	9	10	11	12
1	借款													
1.1	期初借款余额		0	35 115	58 750	41 868	26 741	14 991	6 618	1 621				
1.2	当期还本付息	81 267	1 099	11 991	20 560	17 747	13 424	9 312	5 411	1 722				
	其中：还本	67 528	0	8 779	16 882	15 126	11 750	8 374	4 997	1 621				
	付息	13 739	1 099	3 213	3 678	2 621	1 674	938	414	101				
1.3	期末借款余额		35 115	58 750	41 868	26 741	1 4991	6 618	1 621	0				
2	借款和债券合计													
2.1	期初余额		0	35 115	58 750	41 868	26 741	14 991	6 618	1 621				
2.2	当期还本付息	81 267	1 099	11 991	20 560	17 747	13 424	9 312	5 411	1 722				
	其中：还本	67 528	0	8 779	16 882	15 126	11 750	8 374	4 997	1 621				
	付息	13 739	1 099	3 213	3 678	2 621	1 674	938	414	101				
2.3	期末余额		35 115	58 750	41 868	26 741	14 991	6 618	1 621	0				
	计算指标：利息备付率		12.0	11.3	9.9	9.4	10.3	12.7	18.3	31.5				
	偿债备付率		12.8	3.8	2.6	2.3	2.5	3.1	4.5	11.8				

注：表内数字是对实际数字四舍五入取整而得，因此表内数字与实际数字存在误差，导致表内个别合计数与其构成数之和不等的情况

附表 3.7　财务计划现金流量表

单位：万元

序号	项目名称	合计	计算期											
			1	2	3	4	5	6	7	8	9	10	11	12
1	经营活动净现金流量（1.1–1.2）	273 038	10 467	34 672	42 110	33 878	28 650	24 884	21 984	19 449	17 301	15 041	12 599	12 004
1.1	现金流入	497 096	23 155	64 938	74 339	59 541	50 488	44 046	39 172	34 819	30 989	27 507	24 548	23 555
1.1.1	增值税销项税额	71 992	3 364	9 435	10 801	8 651	7 336	6 400	5 692	5 059	4 503	3 997	3 567	3 187
1.1.2	营业收入	423 485	19 790	55 502	63 538	50 890	43 152	37 646	33 480	29 760	26 486	23 510	20 981	18 749
1.1.3	补贴收入													
1.1.4	其他流入	1 619												1 619
1.2	现金流出	224 058	12 688	30 266	32 229	25 663	21 838	19 162	17 188	15 370	13 688	12 466	11 948	11 551
1.2.1	经营成本	91 410	4 603	8 015	8 495	8 005	7 845	7 769	7 768	7 761	7 747	7 789	7 781	7 834
1.2.2	增值税进项税额	5 905	232	490	529	499	497	500	508	515	520	531	536	547
1.2.3	营业税金及附加	12 619	594	1 682	1 929	1 538	1 296	1 124	994	877	774	680	601	530
1.2.4	增值税													
1.2.5	所得税	48 036	4 127	11 134	11 004	7 470	5 361	3 869	2 734	1 673	665			
1.2.6	其他流出													
2	投资活动净现金流量（2.1–2.2）	−161 182	−88 525	−72 657										
2.1	现金流入													
2.2	现金流出	161 182	88 525	72 657										
2.2.1	建设投资	159 563	87 533	72 030										
2.2.2	维持生产投资													
2.2.3	流动资金	1 619	992	627										

续表

序号	项目名称	合计	计算期											
			1	2	3	4	5	6	7	8	9	10	11	12
2.2.4	其他流出													
3	筹资活动净现金流量（3.1–3.2）	−8 412	79 846	40 257	−39 876	−31 461	−23 285	−16 446	−10 472	−48 44	−1 279	846	2337	−4 034
3.1	现金流入	161 182	88 525	72 657										
3.1.1	资本金	92 520	52 716	39 805										
3.1.2	建设投资借款	67 528	35 115	32 414										
3.1.3	流动资金借款	1 133	694	439										
3.1.4	债券													
3.1.5	短期债券													
3.1.6	其他流入													
3.2	现金流出	169 594	8 679	32 400	39 876	31 461	23 285	16 446	10 472	4 844	1 279	−846	−2 337	4 034
3.2.1	各种利息支出	14 489	1 139	3 277	3 742	2 686	1 739	1 003	479	166	65	65	65	65
3.2.2	偿还债务本金	68 662		8 779	16 882	15 126	11 750	8 374	4 997	1 621				1 133
3.2.3	投资方利润分配	86 443	7 540	20 344	19 251	13 649	9 796	7 069	4 996	3 057	1 215	−910	−2 402	2 836
3.2.4	其他流出													
4	净现金流量（1+2+3）	103 444	1 788	2 271	2 234	2 417	5 365	8 438	11 512	14 605	16 021	15 886	14 936	7 970
5	累计盈余资金		1 788	4 059	6 293	8 710	14 075	22 513	34 025	48 630	64 651	80 538	95 474	103 444

注：表内数字是对实际数字四舍五入取整而得，因此表内数字与实际数字存在误差，导致表内个别合计数与其构成数之和不等的情况

✍复习思考题

第四章　项 目 组 织

组织是一切管理活动取得成功的基础。项目管理作为一种新型的管理方法，其组织结构与传统的组织观念有相同之处，但项目本身的特性决定了项目实施过程中其组织管理又有特殊之处。项目组织管理与传统组织管理的最大区别在于，项目组织管理更强调项目经理的作用，强调团队的协作精神，其组织形式具有更大的灵活性和柔性。

本章重点介绍项目组织形式、项目经理、项目团队和项目沟通。最后，以“一位软件项目经理的工作纪实”案例，说明项目组织管理的实际应用。

第一节　项目组织形式

由于项目的一次性与独特性特点，在决定一个项目以后就需根据这一项目的具体情况，建立项目的管理班子，负责项目的实施、费用控制、时间控制和质量控制，按项目的目标去完成项目。项目结束之后，项目的管理组织完成自己的任务，管理组织也就不复存在。

按照组织形式的基本原理和模式，项目的组织形式可分为职能型项目组织形式、直线型项目组织形式和矩阵型项目组织形式等若干种。项目管理组织的形式实质上是决定了项目管理班子实施项目获取所需资源的可能方法与相应的权力，不同的项目组织形式对项目的实施会产生不同的影响。

一、项目的一般组织形式

1. 职能型项目组织形式

职能型项目组织形式是指按照职能型组织形式设立的系统组织，当采用职能型组织形式进行项目管理时，项目的管理班子并不作明确的组织界定，因此有关项目的事务在职能部门的负责人这一层次上进行协调，其结构如图 4.1 所示。

职能型组织形式是由按管理职能划分的工作部门所组成的层次性管理组织。很多企业按照管理职能设立了生产、营销、财务、人事和研发等若干职能部门，职能部门在自己职能范围内独立于其他职能部门进行工作。在这种组织系统中，项目的实施一般需要多个职能部门相互配合，共同完成。项目管理实施班子的组织并不十分明确，各职能部门均承担项目的部分工作，而涉及职能部门之间的项目事务和问题由部门负责人处理和解决，在职

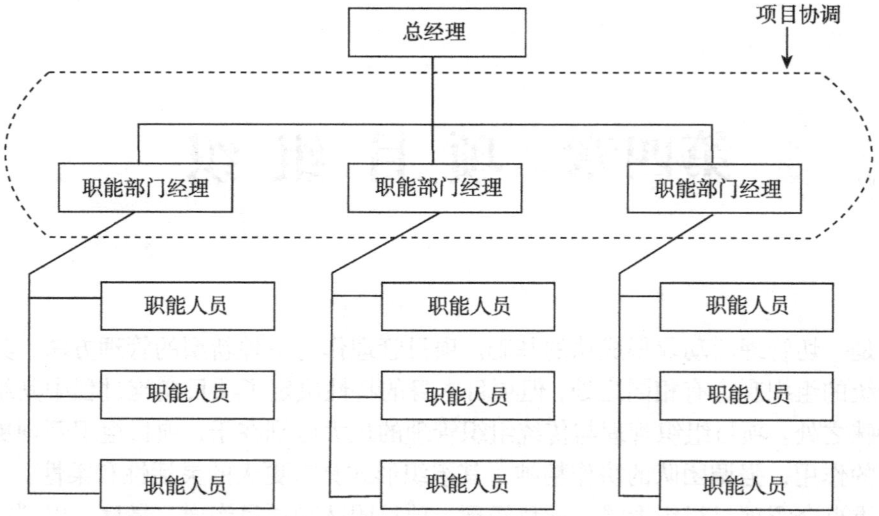

图 4.1　职能型项目组织形式

虚框内为参与项目活动的成员

能部门经理层进行协调。例如，某汽车制造公司是按职能型组织形式设立的，职能工作部门有设计部、市场部、生产部、财务部等。公司有新车型研制开发项目，但公司并无对新车型开发总体负责的部门或人员，设计部进行设计，生产部进行制造，如果设计与生产之间产生矛盾，则由设计部经理与生产部经理进行协调解决。这种项目组织形式对项目管理不利，不利于对项目目标进行控制。所有问题在职能经理层协调，将难以充分调动系统的资源以实现项目的目标。又因各职能部门经理往往总是从本部门的利益考虑，项目协调一般比较困难。严格来讲，这不能算做项目的组织形式，它是将项目支解置于各职能部门中，而后由职能部门负责人来处理需要协调的问题，仍是在原有职能型组织形式中进行项目的组织和实施。

2. *直线型项目组织形式*

直线型项目组织形式又称项目化组织形式，其结构如图 4.2 所示。直线型项目组织形式与职能型组织形式完全相反，其系统中的部门全部是按项目进行设置的，每一项目部门均有项目经理，负责整个项目的实施。系统中的成员是以项目进行分配与组合的，接受项目经理的领导。在直线型项目组织形式中，项目可以直接获得系统中大部分的组织资源，项目经理具有较大的独立性和对项目的绝对权力，项目经理对项目的总体负全责。在项目的直线型组织形式中也常设置若干部门，但是这些部门一般直接向项目经理报告工作或为不同的项目提供支持服务。

如前述汽车公司若以项目化组织形式设立，则工作部门可能是以小轿车、大客车或特种车等设置。当要研制开发某轿车新车种时，项目经理全权负责项目的实施工作。在小轿车项目部中，新车型的市场分析、设计、工艺、材料采购、生产制造及新车型整车下线等一系列工作均独立于其他部门，由本项目部负责实施。如此，项目部对新产品项目的开发与实施可以从总体进行考虑，对项目实施统一的目标规划与目标控制，这将有利于项目目标的实现。项目的直线型组织形式也存在不足之处，在系统中，各部门之间

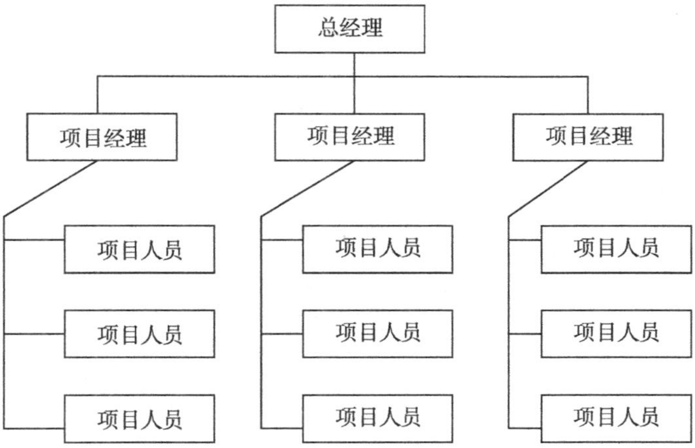

图 4.2　直线型项目组织形式

的横向联系少，实现系统内的专业化、标准化和通用化比较困难。由于有关项目的所有工作都由项目部管理和负责，项目经理的责任就较重大。

3. 矩阵型项目组织形式

矩阵型项目组织形式是取职能型项目组织形式和直线型项目组织形式的特征，将其各自的特点混合而成的一种项目组织形式。按从两种组织形式中取自一种组织特征的大与小，矩阵型项目组织形式又可分为弱矩阵型、中矩阵型和强矩阵型三种形式。

弱矩阵型项目组织形式基本保留职能型项目组织形式的大部分主要特征（图 4.3），但在组织系统中为更好地实施项目，建立了相应明确的项目管理班子。项目班子由相关职能部门属下的职能人员或职能组组成，这样针对某一项目就有对项目总体负责的项目管理班子。然而，在弱矩阵型项目组织形式中并未明确确定对项目目标负责的项目经理，即使有项目负责人，他的角色也只不过是一个项目协调者或项目监督者，而不是一个管理者。对项目管理而言，弱矩阵型项目组织形式优于职能型项目组织形式，但由于其项目化特征较弱，当项目涉及相关职能部门且产生矛盾时，因没有具有一定权利的项目经理，来自职能部门的项目人员很可能就从自己本部门的利益考虑来处理问题。职能部门的负责人也必然会按本部门的利益对本部门参加项目的人员施加影响力，而项目人员的唯一直接领导仍是各自职能部门的负责人，所以，弱矩阵型项目组织形式的项目协调还是比较困难，对项目的实施并不十分有利。

中矩阵型项目组织形式是对弱矩阵型项目组织形式的改进，为强化对项目的管理，在项目管理班子内，从职能部门参与本项目活动的成员中任命一名项目经理。项目经理被赋予一定的权力，对项目总体与项目目标负责，其结构如图 4.4 所示。中矩阵型项目组织形式较弱矩阵型项目组织形式对项目管理有利，项目经理可以调动和指挥相关职能部门的资源来完成项目，在项目上有相应的权力。但中矩阵型项目组织形式中的项目经理是某一职能部门的下属成员，他必须接受本职能部门经理的直接领导，因而必然会受本职能部门利益的影响。同时，项目经理又是其他职能部门经理的间接下级，项目经理的权力和工作也必然受到限制和影响，项目协调不能充分和完全顺利地进行。

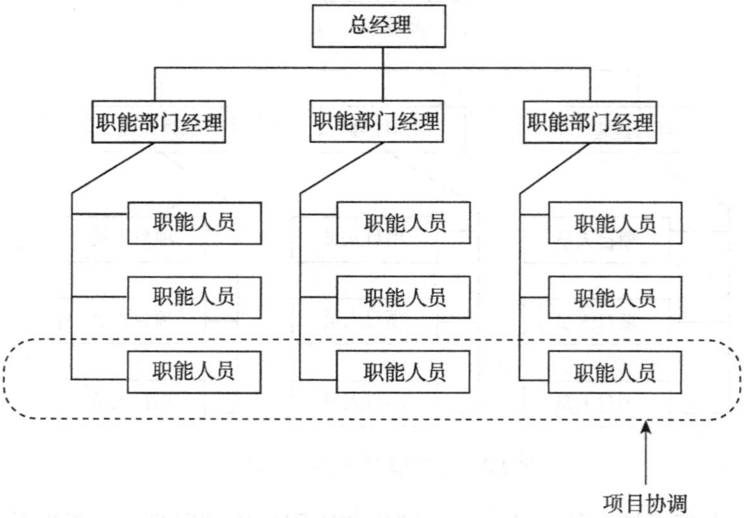

图 4.3　弱矩阵型项目组织形式

虚框内为参与项目活动的成员

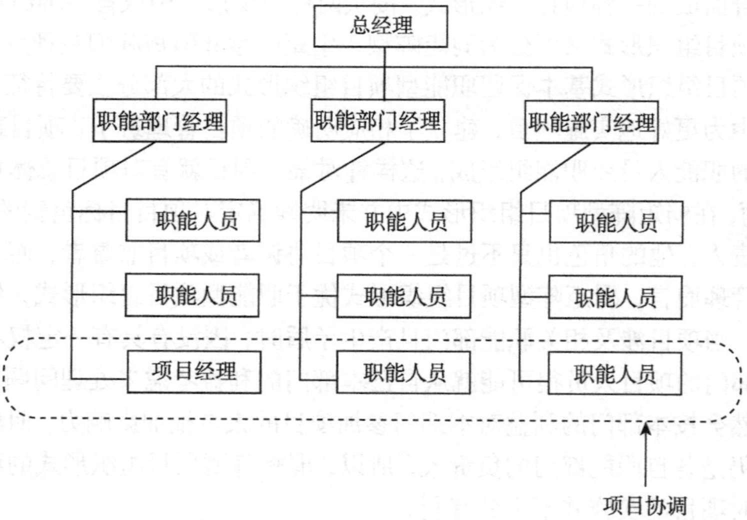

图 4.4　中矩阵型项目组织形式

虚框内为参与项目活动的成员

强矩阵型项目组织形式具有直线型项目组织形式的主要特征（图 4.5 和图 4.6）。强矩阵型项目组织形式是在系统原有的职能型项目组织形式基础上，由系统的最高领导任命对项目全权负责的项目经理，项目经理直接向最高领导负责。或者，在系统中增设与职能部门同一层次的项目管理部门，直接接受系统最高领导的指令。项目管理部门再按不同的项目，委任相应的项目经理。项目管理部门的负责人因此也被称为项目经理的经理。

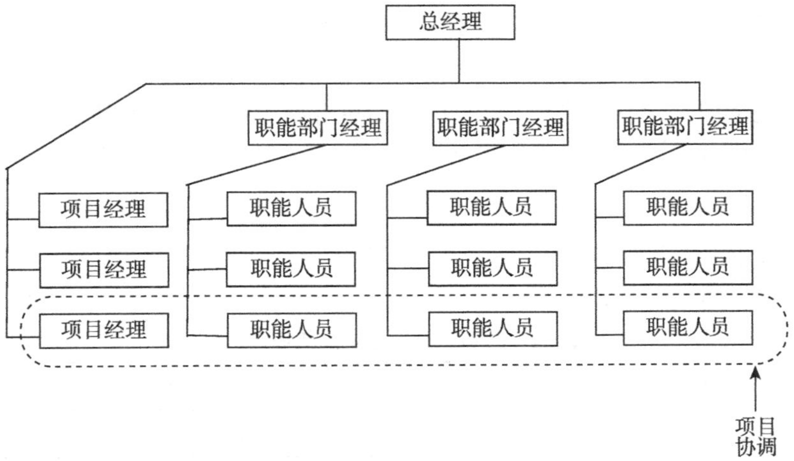

图 4.5　强矩阵型项目组织形式Ⅰ（无项目管理部门）

虚框内为参与项目活动的成员

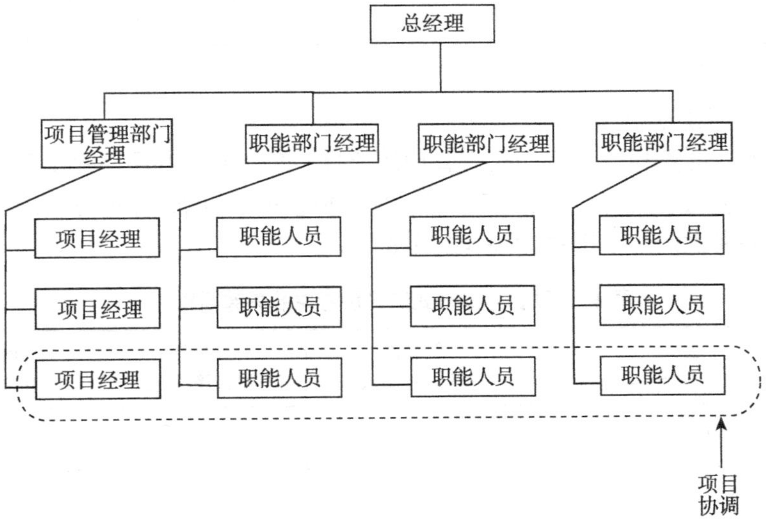

图 4.6　强矩阵型项目组织形式Ⅱ（有项目管理部门）

虚框内为参与项目活动的成员

在强矩阵型项目组织形式中，项目经理是被任命专门完成一项集成型任务的负责人，他被赋予一定的权力，通过一个专门组织起来的机构（即项目管理班子）有效地完成他所负责的项目。由于传统的职能部门只注重本部门的责任，对整个项目的总体或项目的目标关心很不够，上层管理人员对管理的各个具体方面，不可能都了解得非常仔细，也不可能都直接地参与进去。因此，为更好地实施项目，有必要任命一名被赋予了调动和指挥各种力量的权力的经理，他可能超越各个职能部门的界限，集中精力为实现项目的目标而努力工作。强矩阵型项目组织形式中的项目经理正是被赋予了这样的权力，项目经理也正是为了实现项目的目标而设置的，他有权联合各个职能部门的力量协调各部门之间的关系，有效地支配和控制系统的资源，去实施一个项目，以达到项目的整体目标。所以，强矩阵型项目组织形式对大型复杂的系统实施项目较为有利。一方面，它有对项目总体负责且具有相当权力的项目经理；另一方面，项目管理班子实际上又是加在传统职能部门之上的一个管理机构，其目的是能更有利于依靠整个系统的力量去完成项目规划中规定的任务。这类项目组织形式在特大工程中被广为应用。

4. 项目组织形式的特征与选择

（1）项目组织形式的特征。

各种项目组织形式的特征如表 4.1 所示。

表 4.1　各种项目组织形式的特征

组织形式／特征	职能型项目组织形式	直线型项目组织形式	矩阵型项目组织形式		
			弱矩阵型	中矩阵型	强矩阵型
项目经理的权限	很少或没有	很高或全权	有限	小到中等	中等到大
全职人员比例/%	几乎没有	85 ~ 100	0 ~ 25	15 ~ 60	50 ~ 95
项目经理的投入	兼职	全职	兼职	全职	全职
项目经理的角色	项目协调员	项目经理	项目协调员	项目经理	项目经理
项目管理行政人员	兼职	全职	兼职	兼职	全职

（2）项目组织形式的选择。

项目组织形式的选择应该运用权变管理的原理，充分考虑项目及所在组织的具体情况、不同类项目组织形式的优缺点、项目所处的环境和项目的目标等方面的因素。项目组织形式选择需考虑的关键因素如表 4.2 所示。

表 4.2　项目组织形式选择需考虑的关键因素

组织形式／因素	职能型项目组织形式	直线型项目组织形式	矩阵型项目组织形式
项目风险程度	小	大	大
项目采用的技术	标准	创新性强	复杂
项目复杂程度	小	大	适中
项目持续时间	短	长	适中
项目投资规模	小	大	适中
客户的类型	多	单一	一般
对公司内部的依赖性	弱	强	适中
对公司外部的依赖性	强	弱	适中

一般来说，职能型项目组织形式适用于不确定性程度较低、所用技术标准规范、持续时间较短的小型项目，而不适用于环境变化较大、技术创新性很强的大型项目。因为，

环境的快速变化需要各职能部门的紧密配合，职能型项目组织形式不能满足这一要求。这时应该采用直线型项目组织形式，因为每个项目都下设了很多职能部门，可以进行有效的协调和配合，来适应环境的变化。同职能型和直线型项目组织形式相比，矩阵型项目组织形式融合了上述两种组织形式的优点，在充分利用组织的资源上具有更大的优越性，适用于技术复杂、风险程度较大的大型项目。

二、工程项目实施的组织形式

工程项目是项目的一种类别，它比一般项目更具特殊性。工程项目投资大、建设周期长、参与项目的单位众多、社会性强。因此，工程项目实施的组织方式更具复杂性，它是通过研究工程项目的承发包形式来确定工程的合同结构的；合同结构的确立也就进而决定了工程项目的管理组织，决定了参与工程项目各方项目管理的工作内容和任务。

建筑市场的市场体系主要由三方面构成：①以业主为主体的发包体系；②以设计、施工、供货方为主体的承建体系；③以工程咨询、评估、监理为主体的咨询体系。工程项目由于复杂且各异，市场主体三方的不同关系就会形成不同的工程项目组织系统，构成不同的项目实施组织形式，对工程管理的方式和内容产生不同的影响。工程项目承发包的基本形式主要有平行承发包形式、设计/施工总承包形式、项目总承包形式等。

（一）平行承发包形式

平行承发包形式是业主将工程项目分解后，分别委托多个承建单位进行建造的方式。采用平行承发包形式，对业主而言，其将直接面对多个施工单位、多个材料设备供应单位和多个设计单位，而这些单位之间的关系是平行的，各自对业主负责。

1. 平行承发包形式的合同结构

平行承发包形式是业主将工程项目分解发包后，分别与各承建单位签订工程合同，其合同结构如图 4.7 所示。因为工程是采取切块平行发包，将工程设计切为几项，业主就将签订几个设计合同；将工程施工切成几块，同样，业主也将签订几个施工合同，工程任务切块分解越多，业主的合同数量也就越多。

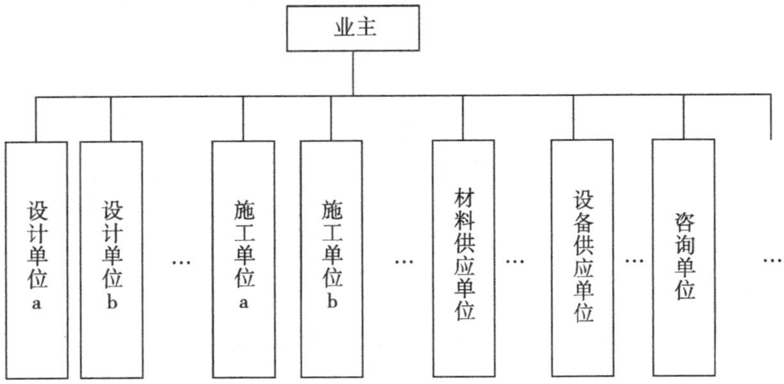

图 4.7　平行承发包形式的合同结构

2. 平行承发包形式对业主方项目管理的影响

（1）采用平行承发包形式，合同乙方的数量多，业主对合同各方的协调与组织工作量大，管理比较困难。业主需管理协调设计与设计、施工与施工、设计与施工等各方相互之间出现的矛盾和问题。因此，业主需建立一个强有力的项目管理班子，对工程实施管理，协调各参与单位的关系。

（2）采用平行承发包形式，由于业主是直接与各专业承建方签约，层层分包的情况少，一般可以得到较有竞争力的报价，合同价相对较低，因此对投资控制有利；但整个工程总的合同价款必须在所有合同全部签订以后才能得知，总合同价不易在短期内确定，在某种程度上会影响投资控制的实施。

（3）采用平行承发包形式，如果项目经过合理的切块分解，设计与施工就可以搭接进行，从而缩短整个项目的工期，有利于实现进度控制的目标。

（4）采用平行承发包形式有利于工程的质量控制。由于工程分别发包给各承建单位，合同间的相互制约可使各发包的工程内容的质量要求得到保证，各承包单位间也能形成相互检查与监督的约束力。如果当前一工序工程质量有缺陷的话，则后一工程的承建单位不会同意在不合格的工程上继续进行施工。

（5）采用平行承发包形式，合同管理和工程招标的组织管理工作量大，且平行切块的发包数越多，业主的合同数也越多，管理工作量也越大。

采用平行承发包形式的关键是要合理确定每一发包合同的合同标的物的界面，合同交接面不清，业主方合同管理的工作量、对各承建单位的协调组织工作量将大大增加，从而造成管理难度增加。

在平行承发包形式的管理组织形式（图 4.8）中，业主法人任命项目经理或委托工程咨询单位担任项目经理，组建项目管理班子。项目经理接受业主的工作指令，对工程项目实施规划和控制负责，并代表业主的利益对项目各承建单位进行管理。

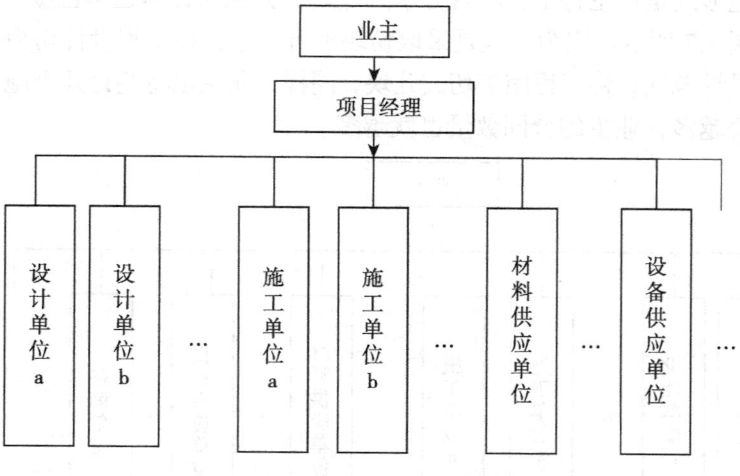

图 4.8　平行承发包形式的管理组织形式

（二）设计/施工总承包形式

设计/施工总承包形式是业主将工程的设计任务委托一家设计单位、将工程的施工任务委托一家施工单位进行承建的方式。这一设计单位就成为设计总承包单位，施工单位就成为施工总承包单位。采用设计/施工总承包形式，业主直接面对的是两个承建单位，即一个设计总承包单位和一个施工总承包单位。设计总承包单位和施工总承包单位之间的关系是平行的，它们各自对业主负责。

1. 设计/施工总承包形式的合同结构

采用设计/施工总承包形式，业主仅与设计总承包单位签订设计总承包合同，与施工总承包单位签订施工总承包合同，合同结构如图 4.9 所示。总承包单位与业主签订总承包合同后，可以将其总承包任务的一部分再分包给其他承包单位，形成工程总承包与分包的关系。总承包单位与分包单位分别签订工程分包合同，分包单位对总承包单位负责，业主与分包单位之间没有直接的承发包关系。

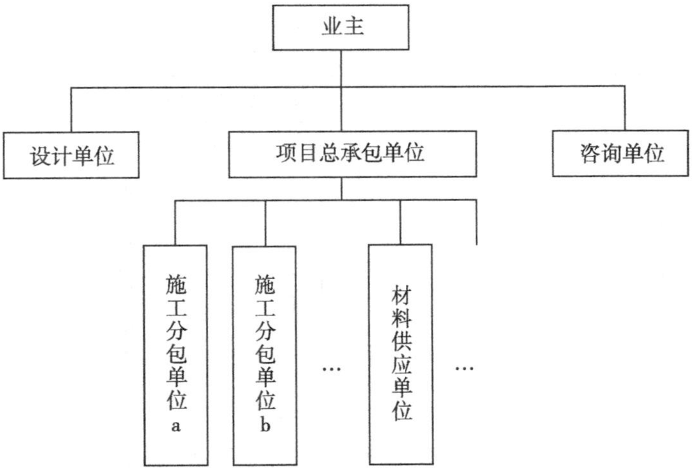

图 4.9　设计/施工总承包形式的合同结构

2. 设计/施工总承包形式对业主方项目管理的影响

第一，业主方对承建单位的协调管理工作量较小。从合同关系来看，业主只需处理设计总承包和施工总承包之间出现的矛盾和问题，总承包单位协调与管理分包单位的工作。总承包单位向业主负责，分包单位的责任将被业主看做总承包单位的责任。因此，设计/施工总承包形式有利于项目的组织管理，可以充分发挥总承包单位的专业协调能力，减少业主方的协调工作量，使其能专注于项目的总体控制与管理。

第二，设计/施工总承包形式的总承包合同价格可以较早地确定，易于对投资进行控制。但由于总承包单位需对分承包单位实施管理，并需承担包括分包单位在内的工程总承包风险，所以，总承包合同价款相对平行承发包要高，业主方的工程款支出会大一些。

第三，在工程质量控制方面，总承包单位能以自己的专业能力和经验对分包单位的质量进行管理，可以得知工程问题出在何处，监督分包工程的质量，对质量控制有利。但如果总承包单位出于切身利益或不负责任，则有可能隐瞒质量问题，对业主方的质量控制造成不利影响。

第四，采用设计/施工总承包形式，一般需在工程设计全部完成以后进行工程的施工招标，设计与施工不能搭接进行，但总承包单位需对工程总进度负责，需协调各分包工程的进度，因而有利于总体进度的协调控制。

设计/施工总承包形式的管理组织形式如图 4.10 所示。在项目的实施过程中，项目经理接受业主的指令，设计总承包单位和施工总承包单位分别对设计分包单位和施工分包单位的工作进行管理。

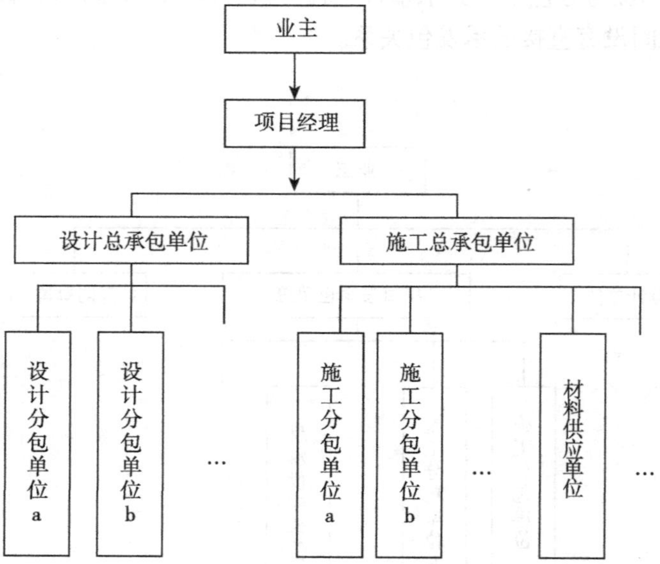

图 4.10　设计/施工总承包形式的管理组织形式

（三）项目总承包形式

项目总承包形式是业主将工程的设计和施工任务一起委托给一个承建单位实施的方式。这一承建单位就称为项目总承包单位。由其进行从工程设计、材料设备订购、工程施工、设备安装调试，至试车生产、交付使用等一系列实质性工程工作。

1. 项目总承包形式的合同结构

采用项目总承包形式，业主与项目总承包单位签订总承包合同，只与其发生合同关系。项目总承包单位拥有设计和施工力量，具备较强的综合管理能力。项目总承包单位也可以是由设计单位和施工单位组成的项目总承包联合体，两家单位就某一项目联合与业主签订项目总承包合同，在这个项目上共同对业主负责。对于总承包的工程，项目总承包单位可以将部分的工程任务分包给分包单位完成，总承包单位负责对分包单位的协调和管理，业主与分包单位不存在直接的承发包关系。项目总承包形式的合同结构如图 4.11 所示。

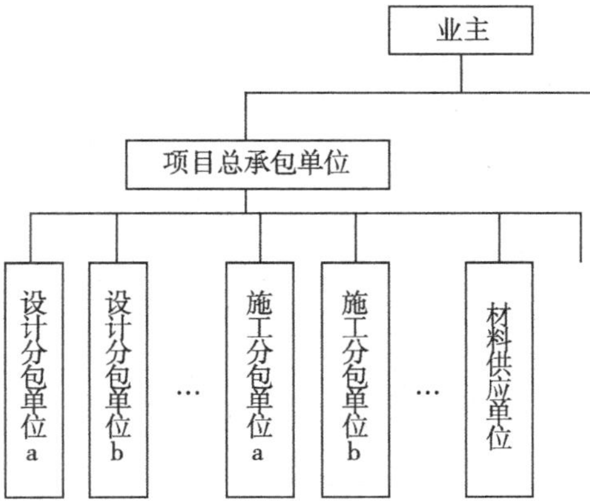

图 4.11　项目总承包形式的合同结构

2. 项目总承包形式对业主方项目管理的影响

（1）项目总承包形式对业主而言，只需签订一份项目总承包合同，合同结构简单。由于业主只有一个主合同，相应的协调组织工作量较小，项目总承包单位内部及设计、施工、供货单位等方面的关系由总承包单位进行协调与管理，相当于业主将项目总体的协调工作转移给了项目总承包单位。

（2）对控制总投资有利，总承包合同一经签订，项目总造价也就确定。但项目总承包的合同总价会因总承包单位的总承包管理费及项目总承包的风险费而较高。

（3）项目总工期明确，项目总承包单位对总进度负责，并需协调控制各分包单位的分进度。实行项目总承包，一般能做到设计阶段与施工阶段的相互搭接，对进度目标控制有利。

（4）项目总承包的时间范围一般是从初步设计开始至形成交付使用，项目总承包合同的签订在设计之前。因此，项目总承包需按功能招标，招标发包工作及合同谈判与合同管理的难度比较大。

（5）对工程实体质量的控制，由项目总承包单位实施，并可以对各分包单位进行专业化的质量管理。但业主对项目的质量标准、功能和使用要求的控制比较困难，主要是因为在招标时难以对项目的功能与标准等质量要求进行明确、全面、具体的描述，因而质量控制的难度大。所以，采用项目总承包形式，质量控制的关键是做好设计准备阶段的项目管理工作。

项目总承包形式的管理组织结构如图 4.12 所示。项目总承包形式的管理组织中，项目经理及其项目管理班子代表业主的利益实施工程项目管理。项目总承包单位接受项目经理发出的工作指令，并对各分包单位的工作进行管理和协调。

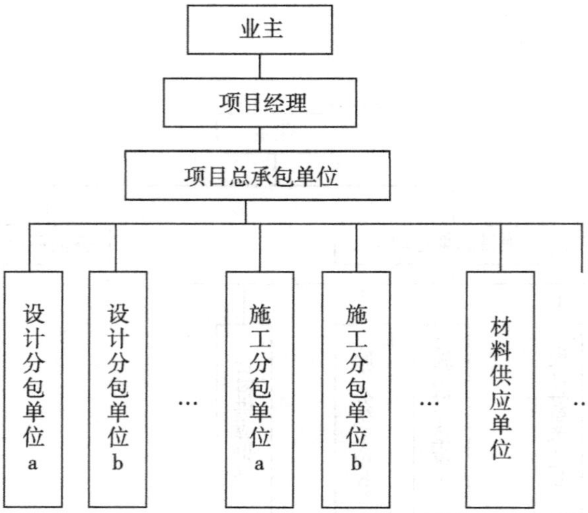

图 4.12　项目总承包形式的管理组织结构

总承包的另一种类型是项目总承包管理。项目总承包管理是指项目总承包管理单位在与业主签订项目总承包合同后，将工程设计与施工任务全部分包给分包单位，自己不直接进行设计与施工，而是对项目总体实施项目管理，对各分包单位进行协调、组织与控制。项目总承包管理单位一般没有自己的设计队伍和施工队伍，但具有较高水平和能力的管理人员和技术人员，具备一定的施工机械和一定的经济力量。

（四）施工联合体与施工合作体

1. 施工联合体

施工联合体是多个承建单位为承包某项工程而成立的一种联合机构，它以施工联合体的名义与业主签订一份工程承包合同，共同对业主负责。因此，施工联合体的承包方式是多个承建单位联合共同承包一个工程的方式。多个承建单位只是针对某一个工程而联合，各单位仍是各自独立的企业，这一工程完成以后，联合体就不复存在。

施工联合体统一与业主签约，联合体成员单位以投入联合体的资金、机械设备及人员等对承包工程共同承担义务，并按各自投入的比例与风险分享收益。

采用施工联合体的工程承包方式，联合体成员单位在资金、技术、管理等方面可以集中各自的优势，各取所长，使联合体有能力承包大型工程，同时也可以增强其抗风险的能力。施工联合体的工程承包方式在合同关系上是以业主为一方、施工联合体为另一方的施工总承包关系。对业主而言，项目的组织、管理与协调都比较简单。在工程进展过程中，若联合体中某一成员单位破产，则其他成员仍需负责对工程的实施，业主不会因此而遭受损失。

2. 施工合作体

施工合作体也是多个承建单位为承建某项工程而采取的合作施工形式。一般情况下，参加合作体的各方都没有足够的力量，不具备与所承包工程相当的总承包能力，各方都希望通过组成合作伙伴来增强总体实力。但是，合作体各方又出于各自的目的和要求，成员之间互不信任，不愿采用施工联合体的模式。因此，建立的施工合作体形式上类似施工联合体，但实质上却完全不同。施工合作体与业主签订基本合同，由合作体统一组织、管理与协调整个工程的实施。合作体成员单位各自均有包括人员、施工机械和资金等完整的施工力量，它们在合作体的统一规划和协调下，各自独立完成整个项目中某一部分的工程任务，各自独立核算、自负盈亏、自担风险。施工合作体中某一成员单位如果倒闭破产，其他成员则不予承担相应的经济责任，这一风险由业主承担。对业主而言，采用施工合作体的形式，组织协调的工作量可以减少，但项目实施的风险要大于施工联合体。

三、业主方工程项目管理班子的组织形式

工程项目的承发包形式决定了工程项目的合同结构，也决定了工程项目的管理组织。业主方工程项目的管理班子应根据工程项目的具体情况、工程项目的承发包形式以及业主方自身的管理能力等建立。确定工程项目管理班子的组织形式应考虑工程项目管理的目标、工作内容、业主方工程技术人员与管理人员的构成等因素。业主方工程项目管理班子的组织形式有多种可能性，其基本形式如图 4.13 所示。工程项目管理的任务是进行项目的规划和控制，即进行投资的规划和控制、进度的规划和控制、质量的规划和控制、合同的管理、信息的管理和组织协调。按工程项目管理的任务，项目管理班子的组织应包括对各项任务负责的机构，即应设置相应的投资控制组或人员、进度控制组或人员、质量控制组或人员、合同管理组或人员、信息管理组或人员、组织协调组或人员。以基本形式为基础，根据工程项目的复杂程度，工程项目管理班子的组织形式可以按直线型项目组织形式、职能型项目组织形式和矩阵型项目组织形式等来建立。

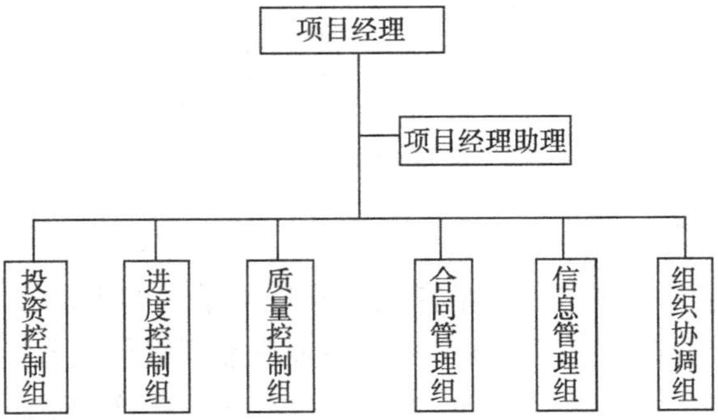

图 4.13　工程项目管理班子组织形式的基本形式

1. 直线型项目管理班子的组织形式

这种组织形式的组织领导关系是线性的，组织中各专业工作组按垂直系统直线排列。它的主要特点是结构简单、权力集中、责权明确。直线型项目管理班子的组织形式还可以按项目构成建立（图 4.14）或是按项目实施阶段建立（图 4.15）。

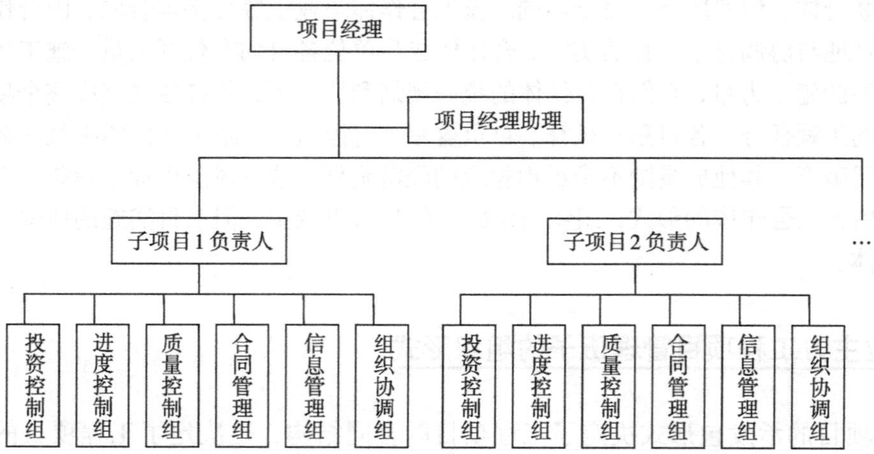

图 4.14　按项目构成建立的直线型项目管理班子的组织形式

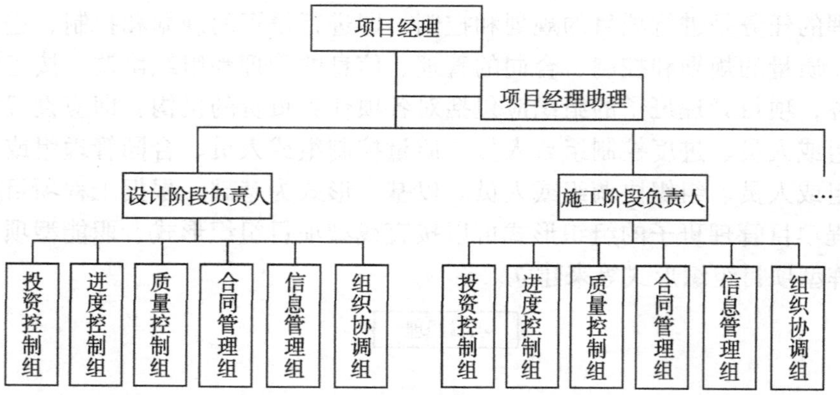

图 4.15　按项目实施阶段建立的直线型项目管理班子的组织形式

2. 职能型项目管理班子的组织形式

职能型项目管理班子的组织形式是在项目管理班子内的上层设立项目管理的职能部门，职能部门在相应的职能范围内对基层的专业职能组进行业务指导和管理，职能部门对其主管的业务有向下的指挥权和命令权（图 4.16）。在这种组织形式的基层，可以按子项目建立工程管理班子，也可以按项目实施阶段建立工程管理班子。职能型项目管理班子的组织形式特点是项目管理的职能分工明确，能够充分发挥职能部门的专业管理职能，专业管理领导关系清楚；缺点是在项目管理班子中存在多头领导，在出现矛盾的指令且发生问题后，职责不易分清。

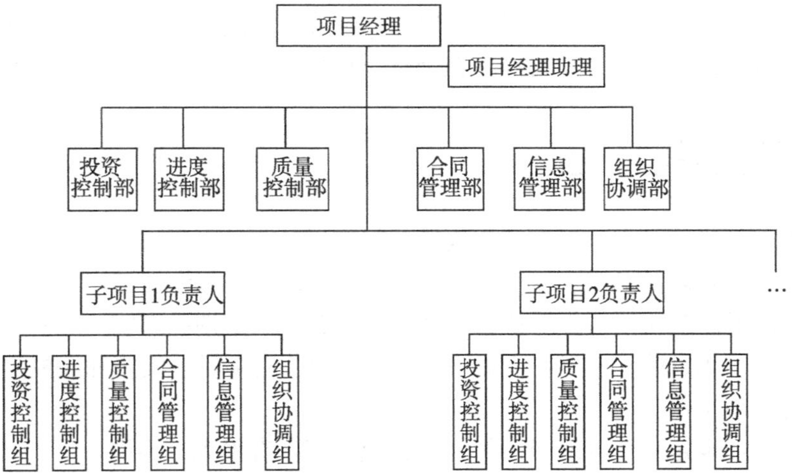

图 4.16 职能型项目管理班子的组织形式

3. 矩阵型项目管理班子的组织形式

矩阵型项目管理班子的组织形式是按项目管理职能和按子项目分别设立工作部门而构成的纵横矩阵结构（图 4.17）。图 4.17 中横向是按子项目设置的，纵向是按项目管理职能设置的。一般由横向子项目负责人对子项目的总体实施负责，纵向管理职能部门负责专业指导与管理，这样有利于对子项目的综合管理，又可加强各管理职能部门的横向联系与协调。因此，该组织形式适用于大型项目的项目管理。

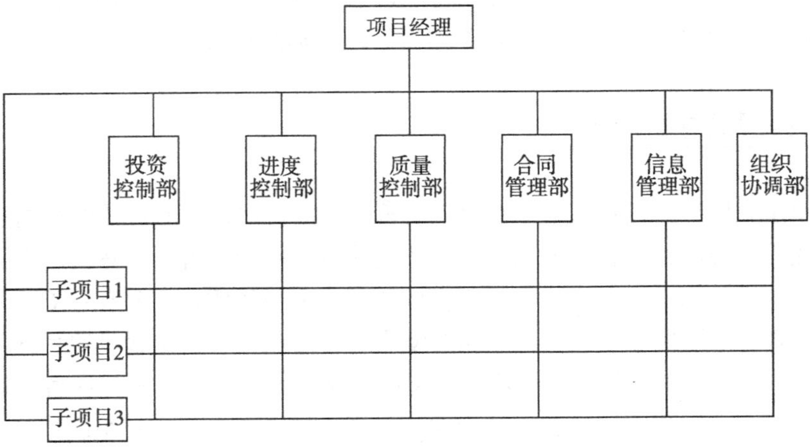

图 4.17 矩阵型项目管理班子的组织形式

第二节 项 目 经 理

项目经理就是项目的负责人，是项目组织的核心，有时人们也称其为项目管理者或项目领导者，项目经理主要负责项目的组织、计划及实施全过程，以保证项目目标的成功实现。成功的项目无一不反映了项目经理的卓越管理才能，而失败的项目同样也说明了项目经理的重要性。因此，项目经理在项目及项目管理过程中起着关键的作用。

一、项目经理的角色特点

项目经理对项目的计划、组织、实施负全权责任，对项目目标的实现负终极责任。项目经理作为项目管理的基石，他的管理、组织、协调能力，他的知识素质、经验水平和领导艺术，甚至是个人性情都对项目管理的成败有着决定性的影响。在一个项目立项之后，进行各项工作以前，首先要任命项目经理，他要对项目的实施和完成负责，并开展将要进行的各项工作。

尽管项目经理也是一个管理者，但他与其他管理者有很大的不同。

首先，项目经理与部门经理的职责不同，在矩阵型项目组织形式中可以明显看到项目经理与部门经理的差异。部门经理只能对项目涉及本部门的工作施加影响，如技术部门经理对项目技术方案的选择、设备部门经理对设备选择的影响等。因此，项目经理对项目的管理比部门经理更加系统全面，要求具有系统思维的观点。

其次，项目经理与项目经理的经理或公司总经理职责不同，项目经理是项目的直接管理者，是一线的管理者，而项目经理的经理或公司总经理是通过项目经理的选拔、使用、考核等来间接管理一个项目的。在一个实施项目管理的公司中，项目经理的经理或公司总经理往往也是从项目经理做起来的。

为了选择合适的项目经理，应明确项目经理在项目管理中的主要职责，规定项目经理的基本素质和能力要求，同时还应培养项目经理，提高项目经理的水平。

二、项目经理的主要职责

项目经理作为项目的负责人，他有相应的责任，简言之，他的责任就是通过一系列的领导及管理活动使项目的目标成功实现，并使项目利益相关者都满意。这里的项目利益相关者包括一切参加或可能影响项目工作的所有个人或组织，主要有：①顾客——项目产品的接受者；②消费者——项目产品的使用者；③业主——发起该项目的人；④合伙人——项目的合作者；⑤提供资金者——金融机构；⑥承包商——为项目实施提供产品的组织；⑦社会——司法、执法、社会大众；⑧内部人员——项目组织成员。

项目经理的主要职责有：①利用可用资源，在规定时间内、在规定的成本和技术条件下完成一定的任务；②完成预定收益目标；③制定所有决策；④传递和沟通外部（如顾客、业主）与公司内部之间的信息；⑤处理所有可能出现的冲突和矛盾。

如果将这些职责具体说明，就可能形成项目经理的工作范围描述。为了能成功地履行职责，还要求项目经理在界面管理、资源管理计划和控制管理等方面表现突出。项目经理潜在的职责还有：①界面管理。界面包括产品界面、项目界面、顾客、公司职能部门、信息流和材料界面等。②资源管理。资源管理的内容包括时间（进度）、人力、资金、工具、设备、材料和信息/技术等的管理。③计划和控制管理。计划和控制管理包括对设备利用率和生产效率提高、风险降低、问题识别、冲突解决等的管理。

以某工程项目为例，项目经理必须具备的基本知识和责任如图 4.18 所示。

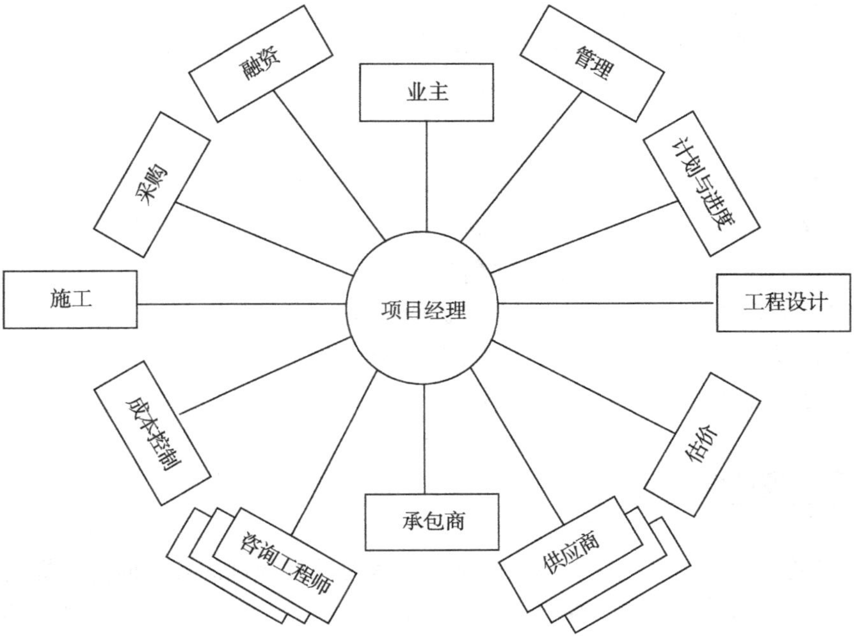

图 4.18 某工程管理中项目经理必须具备的基本知识和责任

以建筑业为例，项目经理的主要职责如下。

1. 规划

（1）熟悉所有合同文件。

（2）提出执行和控制项目的基本计划。

（3）指导准备项目管理流程。

（4）指导准备项目预算。

（5）指导准备项目进度计划。

（6）指导准备现场施工活动的组织、实施和控制计划。

（7）定期检查规划，及时修改变化内容。

2. 组织

（1）提出项目组织结构图。

（2）检查项目责任和分工。

（3）参与选择项目关键人员。

（4）提供项目人力资源需求。

（5）检查项目组织，改进组织结构和调整人员安排。

3. 指挥

（1）安排所有项目工作，使之满足合同要求。

（2）提出项目决策系统，以便在不同程度和管理水平上均有人决策。
（3）加速培养项目关键人才。
（4）培养和发扬项目集体精神。
（5）解决职能部门和项目之间出现的问题。
（6）对所有重大问题制定明确的处理原则。

4. 控制

（1）监督项目活动，使之符合公司的目标、原则和制度。
（2）解释和交流，保证项目符合合同、设计等要求。
（3）保证个人行为符合合同规定和相关要求。
（4）建立变更通知流程，评估和交流变更内容。
（5）检查成本、进度和质量报告，保证计划的有效性。
（6）保持与各项目参与方的有效交流。

三、项目经理的能力要求

由于项目的复杂性和多样性，成功的项目管理对项目经理的各方面能力提出考验，这些能力包括班子组建、领导、冲突处理、技术、计划、组织、商业、管理、资源分配等方面的能力。项目经理在项目管理时还应具备的一项关键能力是人事协调能力，项目班子的高效运作与之密切相关。

1. 班子组建能力

组建项目班子是项目经理的主要责任之一。班子组建内容包括选择不同的工作班子，将其纳入项目管理班子之中。为了保证项目班子高效运作，项目经理要在项目班子内部培养一种良好的合作氛围、良好的人事关系和集体荣誉感。此外，项目经理还应注意影响项目班子效率的三个主要因素，即有效的沟通、项目成员的才能培养和项目的执行情况。

2. 领导能力

项目经理的领导能力是项目成功的重要前提条件之一，与项目经理的项目管理经验和组织结构形式等有关，一般应满足下列要求：①对项目的明确领导和指导；②解决问题和处理问题；③善于起用新人，使新人与项目班子融洽相处；④解决人事纠纷；⑤集体决策与个人决策相结合；⑥准确无误地沟通交流信息；⑦代表项目班子与外界或公司打交道；⑧平衡经济与人力间的矛盾。

3. 冲突处理能力

纠纷、冲突和矛盾在项目管理中会不可避免地出现。理解冲突产生的原因和冲突可能造成的危害，对处理冲突非常有利。当项目班子的纠纷和冲突对项目管理功能产生危害时，会导致项目决策失误，进度延缓，而且会影响到项目质量。某些冲突如果处理得当，可能对项目管理有益，甚至还可以提高项目管理班子的竞争意识。

项目经理处理冲突的主要方法如下：①运用组织行为相关理论建立项目班子积极竞

争的环境，提高项目参与意识，减少纠纷和冲突的发生。②通过与项目各级人员的有效交流、沟通，及时了解他们的思想动态。各种会议制度是交流沟通的重要手段之一。③了解冲突起因，总结项目管理易产生冲突的阶段和时间。有效的项目规划、实施计划等均能有效避免和减少冲突。

项目经理应尽量利用对项目管理有利的冲突，同时降低和消除对项目产生严重危害的冲突。项目经理应对冲突保持敏锐观察，区分冲突可能产生的不同后果。

4. 技术能力

项目经理不可能为项目管理班子配备好所有必需的技术、管理和销售等人才，并且也没有必要。因此，项目经理理解和掌握相关技术知识显得非常重要，特别是项目所涉及的技术、工程机具及其技术、产品应用、技术发展趋势及相关支持技术等。在解决一些复杂项目时，一般还会要求项目经理具有工程专业知识。

5. 计划能力

任何项目开始前必须做计划，项目的任何任务开始前也必须做计划，计划对项目管理绝对重要，项目计划表示项目开始到结束的全过程安排。项目计划一般包括进度计划、预算安排、人员配备计划、关键员工安排、资源使用计划和信息流程处理等。由于项目管理范围和深度时常变更，所以，为了能及时反映变化的情况，应对计划进行不断修订。此外，项目经理不能让计划执行过于苛刻。如果不对其加以控制，计划执行结束后就会自动终止，计划上没有标明的工作改进可能就得不到有效执行。因此，项目经理应防止滥用计划与制度。

6. 组织能力

项目经理应了解项目组织如何运作，以及如何运用项目组织工作。组织能力在项目开始阶段尤为重要，它有助于将不同人员团结起来，组成一个高效的集体。这比设计组织形式图要复杂得多，至少需要确定项目的报告关系、责任分配、信息流程等。

7. 商业能力

项目经理应时刻关注项目的商业问题，以及项目的前景、市场竞争等问题。项目经理还应对项目的经济管理有一个长远的考虑。项目经理通过实际工程锻炼可以培养有关商业能力，参与专题讨论和相关培训等也有助于提高自身的商业能力。

8. 管理能力

项目经理在熟悉计划、人员配备、预算和进度等的同时，也必须认识到管理的重要性。在与技术人员打交道时必须明白成本控制和进度控制等管理手段与技术一样重要。项目经理必须运用管理手段，避免管理任务过细，将一些管理任务分派给项目班子其他成员。因此，项目经理应熟练运用会议、报告、检查、预算和进度控制等管理工具。

9. 资源分配能力

项目组织的领导者一般较多，除项目经理自身外，还有公司部门经理、高层主管等。项目经理在资源分配时应与相关领导协商。例如，项目的资金管理和人事调动可能分别由公司的部分职能部门分别负责。项目经理应根据项目规划制订资源需求计划，合理分配可用资源，保证项目建设成本和进度。

四、项目经理负责制

项目经理负责制是目前国际上项目管理的主要形式之一。承约商通过竞争获得项目的承建权和管理权以后，便在内部组成项目团队专门负责，并以契约的形式委托项目经理全权负责和管理。许多西方国家从 20 世纪 60 年代起便开始实行项目经理负责制，由于项目经理负责制在实践中效果较好，目前，其已发展成为主流的项目管理制度。

1. 项目经理负责制在我国的发展

我国的项目经理负责制首先是从建筑施工单位开始的，这种管理组织形式在管理的实践中取得了较好的效果，因此其在其他行业中逐渐得到推广。改革开放以来，我国的建筑施工业一直在探索科学的组织管理形式，广大的建筑工作者们在汲取国外管理经验的基础上，逐步提出并试行了项目经理负责制。

国家计划委员会早在 1983 年就提出要设立项目前期工作经理，并对其权力和职责做出了明确的规定。但实际上直到 1986 年，在学习并推广鲁布革水电站项目建设经验时，项目经理负责制才正式提出。鲁布革水电站的项目经理有两位：一位是代表建设单位的项目经理，即相当于我们所说的客户（或委托人）所委任的负责此项目的经理；一位是代表施工单位的项目经理，即承约商（被委托人）一方的项目经理。推广项目经理负责制，主要是推广施工单位的项目经理负责制，这里所讨论的项目经理也主要是从承约商（即施工单位）来讨论，原因主要如下。

（1）承约商的项目经理负责制，推行的难度和潜在效益都要大于客户方的项目经理负责制。这主要是因为承约商是项目的实施单位，该项目经理在整个项目管理组织中处于核心地位，是项目实施进度和项目目标的实际控制者，是沟通和协调项目当事人和关系人的核心人物，同时承约商方项目经理（施工项目经理）负责制涉及企业内部、企业间及企业和国家间一系列关系的改革，这需要经济体制这个大前提的改革。

（2）承约商的项目经理负责制，是施工单位内部的一种组织形式。鲁布革水电站项目的经理负责制，当时主要是学习日本大成株式会社的经验，项目管理的重点在于施工单位，而非建筑单位，项目经理负责制这种制度建设主要在于施工单位内部的组织管理形式的设计。有关组织形式的设计问题，我们在前面的章节中已经讨论过，施工单位内部究竟是采用哪种结构，主要取决于施工单位传统的管理经验、工程项目的复杂程度等实际情况。

1987 年，国家计划委员会、国家经济体制改革委员会、劳动人事部、国家工商行政管理局等部门联合发文决定推广鲁布革水电工程项目的管理经验，即正式开始推行项目经理负责制，首批确定了 18 个施工单位为试点单位。实践证明，推行项目经理负责制，不仅可以降低成本、加快项目实施进度，还可以提高企业的经济效益，尤为重要的是，这种先进管理经验的推行，能有效地控制项目的外部环境和内部环境，从而极大地提高企业的适应能力。正因为如此，项目经理负责制开始逐渐被其他一些行业采纳，其中不少行业还总结出一些适合本行业的经验。所有这些表明，推行项目经理负责制，对于加快我国企业改革、促进企业逐渐参与国际竞争起着有力的推动作用。

2. 实施项目经理负责制的条件

实施项目经理负责制，必须具备如下一些基本条件。

（1）管理方式的转变。在项目的实施单位内部，项目经理和主管单位之间的关系不再是行政指令的性质，而是以一种契约形式规定项目经理的职责、权力和利益，项目经理对项目的管理有最高的权力，主管单位不得随意干预正常的管理工作；在外部关系上，项目经理同客户、供应商等各方面的项目当事人和项目关系人一般也是以契约的形式加以规定。

（2）组织形式的转变。传统的项目组织形式一般是直线职能制，这种组织形式在项目管理中存在多头领导、职责不易分清的问题。目前大多采用以项目为中心的矩阵型项目组织形式，这类组织形式比较灵活，有利于有效地进行资源配置，便于充分发挥项目团队的整体力量和个人的创造性。

（3）工作重心的转变。实行项目经理负责制以后，工作重心已转向管理，主要关注项目的实施或对分包商的组织管理和监督。为此，需要精简项目团队中的一般队员，相应增加项目团队中管理人才和科技人才的比重。

（4）项目团队的建设。项目经理负责制的推行能否取得应有的成效，不仅取决于项目经理个人，还取决于是否有一个强有力的项目团队。项目经理固然是项目团队中的核心人物，但他的工作还需要整个项目团队的紧密配合。国际上目前较为普遍的做法是：项目经理确定后，一般由项目经理亲自选拔和配置项目团队的队员，这样才能保证项目团队内部的沟通和协调，使项目团队向高效率发展。

第三节 项目团队

一、项目团队的含义

团队是指在工作中紧密协作并相互负责的一小群人，他们拥有共同的目的、绩效目标及工作方法，且以此自我约束。或者说，团队就是指为了达到某一确定目标，由分工与合作及不同层次的权力和责任构成的群体。团队的概念包含以下含义：①团队必须具有明确的目标。任何团队都是为目标而建立和存在的，目标是团队存在的前提。②没有分工与合作也不能称为团队。分工与合作的关系是由团队目标确定的。③团队要有不同层次的权力与责任。这是因为，分工之后就要赋予每个人相应的权力和责任，以便实现团队目标。

团队理论和实践是现代管理组织学的创新和发展，团队在组织中的出现，根本上是组织适应快速变化环境要求的结果。为了适应环境变化，企业必须简化组织结构层级和提供客户服务的程序，将不同层级中提供同一服务的人员或服务于同一顾客的不同部门、不同工序的人员结合在一起，从而在组织内形成各类跨部门的团队。

项目团队是为适应项目有效实施而建立的团队，项目团队的具体职责、组织结构、人员构成和人数配备等，因项目性质、复杂程度、规模大小和持续时间的不同而异。项目团队的一般职责是项目计划、组织、指挥、协调和控制。项目组织要对项目的范围、费用、时间、质量、风险、人力资源和沟通等进行多方面管理。

项目团队不仅仅是指被分配到某个项目中工作的一组人员，它更是指一组互相联系的人员同心协力地进行工作，以实现项目目标，满足客户需求。而要使这些人员发展成为一个有效协作的团队，一方面需要项目经理做出努力，另一方面也需要项目团队中每位成员积极地投入团队中去。

二、项目团队的特征

项目团队的特征主要体现在以下五个方面。

（1）共同的目标。对于一个项目，为使项目团队工作有成效，就必须明确目的和目标，并且每个团队成员必须对要实现的项目目标及其带来的收益有共同的思考。因为成员在项目里扮演多种角色，做多种工作，还要完成多项任务，而任务的确定要以明确目标和了解相互关系为基础。

（2）合理分工与协作。每个成员都应明确自己的角色、权力、任务和职责，在目标明确之后，必须明确各个成员之间的相互关系。团队成员都需要了解为实现项目目标而必须做的工作及其相互间的关系。项目团队建立初期，在团队成员的参与下花一定的时间明确项目目标和成员间的相互关系，可以在以后项目执行过程中少花许多时间和精力去处理各种误解。

（3）高度的凝聚力。凝聚力是指成员在项目内的团结与吸引力、向心力，其也是维持项目团队正常运转的所有成员之间的相互吸引力。一个有成效的项目团队，必定是一个有高度凝聚力的团队，它能使团队成员积极热情地为项目成功付出必要的时间和努力。

（4）团队成员相互信任。成功团队另一个重要的特征就是信任，一个团队的能力大小受到团队内部成员相互信任程度的影响。在一个有成效的团队里，成员会相互关心，承认彼此存在的差异，信任其他人所做和所要做的事情。

（5）有效的沟通。项目团队还需具有高效沟通的能力，项目团队必须装备有先进的信息技术系统与通信网络，以实现团队的高效沟通。团队拥有全方位的、各种各样的、正式的和非正式的信息沟通渠道，能保证沟通直接、高效、层次少、无官僚习气、基本无滞延。

三、项目团队的建设

根据项目管理学家 B. W. Tuckman 1965 年发表的《团队建设四阶段模型》一文，项目团队的建设一般要经过四个阶段，即形成阶段、磨合阶段、正规阶段和表现阶段。1970 年 B.W.Tuckman 在四阶段的基础上增加了一个新阶段，即解体阶段。

（1）形成阶段是团队发展进程中的起始步骤，即项目团队的筹建阶段，它促使个体成员转变为团队成员。在这个阶段中，项目经理一般要做以下工作：①根据项目的需要选择有关的成员组成团队，在选择成员时尽量使成员们具备所需的专业知识和技能，并且不同成员之间可以做到能力互补，这样能够减少培训费用和适应时间；②对项目团队进行指导，明确方向，即说明项目目标、工作范围、质量标准、预算及进度计划的标准和限制等，以及完成项目能取得的成果和收益，同时明确每个人为协助完成项目目标所充当的角色；③组织并构建项目团队，包括确立团队的初始操作规程，规范诸如沟通渠道、审批及文件记录等工作，为了调动项目成员的积极性与主动性，最好让团队成员参与制订项目计划。

（2）磨合阶段是团队成员熟悉各自职责，彼此相互磨合的阶段，此阶段中团队的工作效率不高，项目经理的主要职责是使成员们进一步明确责任和角色，解决好成员之间的矛盾，做好导向工作。

（3）正规阶段中团队成员关系已经确立，主要矛盾基本解决，凝聚力逐渐形成，工作进展加快，效率提高，此时项目经理应尽量减少指导性工作，而给予更多的支持工作，并对项目团队所取得的成绩予以表扬。

（4）表现阶段中项目团队积极工作，绩效很高，信心十足，急于实现项目目标，该阶段中项目经理主要是帮助团队执行项目计划，并对团队成员的工作进程和成绩给予表扬，应集中注意控制项目的预算、进度、工作范围及质量等，同时要帮助项目成员获得职业上的成长和发展。

（5）解体阶段是指在成功实现目标和完成各项工作之后，团队解散。

为了搞好项目团队的建设，从而更有效地实现项目目标，项目经理可以从以下几个方面着手。

（1）开展团队活动。例如，定期举行团队会议，讨论团队工作的障碍、遇到的问题及解决的办法等；举办社交活动庆祝项目工作中的事件，如系统通过测试、评审成功等。团队活动的目的是加强团队成员的交流与合作，增强成员的团队意识与凝聚力，从而提高团队的绩效。

（2）建立奖励与表彰等激励制度。如果团队中某个成员表现突出，应及时并适当地给予奖励或表彰，以激发团队成员的工作热情，形成一个积极的团队气氛。但奖励与表彰制度要做到公平、公正、透明。

（3）充分应用领导、沟通、谈判等通用的管理技能。项目经理应很好地了解团队成员的特长与爱好，加强与他们的交流和沟通，针对不同的人实施不同的领导方法，发现团队成员的问题并加以解决，同时也提高自身的领导才能。

（4）合理搭配人员，适时进行人员培训。工作的安排和人员的搭配应有利于发挥团队成员的潜能，以及团队成员之间的交流沟通与互助合作，必要时还要针对项目团队技能、知识与能力进行各种培训活动，一方面提高团队成员的个人水平，另一方面也提高项目团队的总体实力。

总之，建设一个富有成效的项目团队，能使项目业绩得到改进，项目的成功也就是每个团队成员的成功。

第四节　项 目 沟 通

一、项目沟通的定义

沟通就是信息的传递和理解，可以是通信工具（如电报、电话、传真等）之间的信息沟通和交流，也可以是人与机器之间、人与人之间的信息沟通和交流，还可以是组织与组织之间的信息沟通和交流。

项目组织是由人员、职位、职责、关系和信息等组织结构要素构成的。人员和职位是两个最基本的要素，是构成组织的“硬件”；职责、关系和信息也是项目组织不可缺少的重要要素，是构成组织的“软件”。信息流是组织机体中的神经，如果失去信息交流，组织也将瘫痪。

项目沟通主要是项目团队与其他组织、项目团队成员之间信息的传递和理解。项目沟通贯穿于项目的整个生命周期。例如，在项目的启动阶段，识别客户需求、明确项目目标等需要沟通；在项目的计划阶段，制订进度计划、质量计划等需要沟通；在项目的执行阶段，检查、协调等需要沟通；在项目的收尾阶段，评审、验收等也需要沟通。

二、项目沟通的重要性

要科学组织、指挥、协调和控制项目的运行过程，就必须进行有效的信息沟通，有效的信息沟通对项目的成功具有重要的作用。

（1）项目沟通是正确决策和计划的基础。项目班子要想做出正确的决策，必须以准确、完整、及时的信息为基础。通过项目内外部环境之间的信息沟通，就可以获得众多变化的信息，从而为决策提供依据。

（2）项目沟通是科学组织和控制管理过程的依据和手段。在项目班子内部，没有好的信息沟通，情况不明，就无法实施科学的管理。只有通过信息沟通，掌握项目班子内各方面情况，才能为科学管理提供依据，才能有效地提高项目班子的组织效能。

（3）项目沟通是建立和改善人际关系必不可少的条件。信息沟通、意见交流，将许多独立的个人、团体、组织贯通起来，使其成为一个整体。信息沟通是人的一种重要的心理需要，是人们用以表达思想、感情与态度，寻求同情与友谊的重要手段。畅通的信息沟通，可以减少人与人的冲突，改善人与人、人与组织之间的关系。

（4）项目沟通是项目经理成功领导的重要手段。项目成功的前提是项目经理能够将其意图准确地传递给下级人员，并要下级人员正确理解和执行。如果沟通不畅，下级人员就不能正确理解和执行领导意图，项目就不能按经理的意图进行，最终导致项目混乱甚至项目失败。因此，提高项目经理的沟通能力，与领导过程的成功性关系极大。

三、项目沟通的内容

项目沟通需求是整个项目所有利益相关者在项目实现过程中对信息需求的总和，涉及项目业主或客户、项目经理、项目供应商、项目实施组织、项目所在社区等各方面所需了解的项目工期、进度、成本造价、资源需求、环境影响、预算控制等方面的信息。

项目沟通的内容就是项目沟通中项目利益相关者所需信息的内容，主要包括以下几个方面。

（1）有关项目团队组织、项目团队的上级组织及其他项目利益相关者方面的组织信息，具体涉及这些组织的组织结构、组织之间的相互关系、组织的主要责任与权利、组织的主要管理规章制度、组织的主要人力资源情况等方面的信息。

（2）有关项目团队内部管理各方面的信息，具体涉及项目团队内部的各种管理职能、各种资源的管理（如人员、物资、信息等资源的管理）、各种工作过程的管理（如技术开发过程、生产实施过程等的管理）等方面的信息。

（3）有关信息技术工作及其产品方面的信息，具体涉及整个项目产出物的技术信息（如设计说明书）、项目工作的技术信息（如工艺技术）。

（4）有关项目实施方面的信息，具体涉及整个项目的工期进度计划和完成情况方面的信息、整个项目的资金与预算控制方面的信息等。

（5）项目组织所需的各种公众信息（如当地社区风俗文化方面的信息）及社会公众需要了解的项目信息（如项目给社区带来的好处）。

四、项目沟通的方式

选择适当的沟通方式是进行良好沟通的前提。常用的项目沟通方式包括报告、会议、电话、网络、传真、个人交谈与现场管理等。表 4.3 列出了常用沟通方式的优缺点。

表 4.3　常用沟通方式的优缺点

沟通方式	优点	缺点
报告	1. 为项目提供连续的记录 2. 为项目交流提供连续的、最新的资料	1. 信息一经发布就难以收回或取消 2. 当传递的信息是消极的时，容易引起团队成员的误解和猜疑

续表

沟通方式		优点	缺点
会议		1. 便于团队成员提出问题，各抒己见 2. 便于详细讨论和解决项目中的各种问题 3. 便于项目信息的发布	1. 信息一经发布就难以收回或取消，当项目会议发布的是错误信息时，需要付出较大的努力才能纠正 2. 当传递的信息是消极的时，容易引起团队成员的误解和猜疑 3. 当参加会议的人数较多时，有时可能在某些项目问题上很难形成统一的意见，从而造成大量时间和费用的耗费
电子媒介	电话	1. 有利于人员间单一具体问题的交流，可节省时间，交流者距离越远，节省的时间越多 2. 有利于联络感情	1. 成功解决问题的概率很小，这种交流经常陷于客套话或陈词滥调中 2. 由于交流双方不能看到对方的非言语信息，双方有可能不能正确地理解交流者的意思
电子媒介	网络	1.降低了沟通成本，尤其是当沟通双方距离较远时 2. 使原先一对一的单调的语音沟通立体直观化 3. 使工作便利化 4. 安全性好	1. 沟通信息呈超负荷状态 2. 口头沟通受到极大的限制 3. 纵向沟通弱化，横向沟通扩张
电子媒介	传真	1. 有利于在远程的项目成员之间传递报告和信息 2. 能把重要的项目报告及时传递给需要的成员	1. 保密性较差，不利于传输敏感及重要的信息
个人交谈与现场管理		1. 可以详细讨论项目问题 2. 可以直接了解现场的工作活动 3. 能保持与团队成员的密切关系	1. 频繁的个人交谈及现场管理会使团队成员感到厌烦或打扰团队正常的工作活动 2. 有时项目成员有可能心理压力比较大而不敢表达自己的真实想法，或者从自身利益出发，传递一些歪曲的信息 3. 这种交流和沟通不一定能引起项目成员的重视

1. 项目报告

项目报告是描述项目的进展情况、传达项目有关信息的报告。项目报告是项目沟通中传递项目信息使用最多的方式，任何项目管理人员都应当了解、熟悉和掌握项目报告最基本的方法。项目报告按大类可以分为口头报告和书面报告两种。

（1）项目口头报告。

根据用途，项目口头报告可分为汇报性口头报告、说服性口头报告和决策性口头报告。其中，汇报性口头报告是项目沟通中使用最多的一种口头报告，该种报告的主要目的是汇报项目的实际情况，因此只要把事情说清楚即可。汇报性口头报告通常需要随后报送一份辅助的书面报告作为补充或备忘。说服性口头报告的主要目的是说服对方接受报告者的观点或计划等，因此需要更多的解释性和论证性的叙述，而对事实的叙述不多。决策性口头报告的主要目的是通过请示或商量去决策一件事该如何做，而不需要说服对方接受什么观点或计划。

（2）项目书面报告。

项目书面报告按其用途划分，通常包括项目进展报告、工作总结报告和项目总结报告。

其中，项目进展报告是描述项目各项工作的进展情况和取得的主要成果的报告。工作总结报告是指一个项目或者项目某个阶段结束时，或者由于其他原因项目或项目阶段终止时项目小组成员对其在项目中的工作任务和表现进行的工作总结。项目总结报告是在项目结束后对项目进行全面系统总结的报告。

2. 项目会议

通过项目会议，项目经理可以将有关政策和指示传达给项目团队成员，使与会者了解项目的共同目标，并明确自己的目标。同时项目经理可以及时地获得反馈信息；通过项目会议发现问题，进而认真地加以研究和解决；给与会者提供共同参与和共同讨论的机会，最终做出良好的决策。

项目沟通中常用的项目会议有项目启动会议、项目情况评审会议、项目技术终审会议、项目问题解决会议等。

（1）项目启动会议。

项目启动会议是项目成立以后第一次召开的全体会议，由项目经理负责筹备和主持，要求所有的项目利益相关者都参加会议。其目的是为以后的项目会议树立榜样；为项目成员之间的相互了解和熟悉提供机会，为以后的合作打下基础；使项目成员全面深入地理解项目目标、意义；明确项目经理的权力、职责范围；明确项目成员的工作任务、工作岗位和职责范围；统一项目团队及利益相关者对项目的组织结构、工作方式、管理方式等的认识；讨论项目工作的实施规则和项目实施中的管理控制方法；处理团队成员对现阶段工作的意见，并尽可能将其解决。

（2）项目情况评审会议。

项目情况评审会议是项目经理获得信息、解决问题及了解项目进展情况的一种方式。召开项目情况评审会议的基本目的是通报项目进展情况、找出问题和明确下一步的行动计划。这种会议通常由项目经理主持召开，会议成员一般包括项目团队的全部或部分成员及项目业主/客户或项目的上级管理人员。

（3）项目技术终审会议。

项目技术终审会议是为了在项目承担者开始建设、装配和生产项目交付物之前获得项目业主/客户对技术方案的批准，在项目承担者已经完成详细设计和说明、各种图形和报告格式准备妥当之前，由项目业主/客户对最终技术设计方案进行审批而召开的会议。

（4）项目问题解决会议。

项目问题解决会议是当项目团队成员发现项目进展中存在问题时召开的会议。

3. 电子媒介

随着信息技术的发展，电子媒介已经成为人们越来越普遍使用的联系方式。最为常见的电子媒介沟通方法有计算机网络、管理信息系统、拷贝、电话及电话会议等。另外，沟通者可以利用计算机网络传递和交流技术文件，通过信息网络就可以在异地对项目图纸等文件进行讨论、修改，实现异地多用户的管理信息分享等。

第五节　案例：一位软件开发项目经理的工作纪实

本案例是一位软件项目经理的工作纪实，讲述的是一位临危受命的项目经理，在面对项目工作进展困难、项目团队人心涣散、客户关系紧张的情况下，如何站在项目经理的角度，从整体上、战略上统筹规划项目，进行项目内外部沟通协调，解决矛盾与冲突，最终圆满地完成一个濒临夭折的项目任务。

案例说明，在实际项目管理中，项目始终处于一个不确定的环境下，一些不确定因素随时可能出现而使项目废弃或失败，项目经理始终处于矛盾、冲突之中，其理念、经验和能力对项目成败有着决定性的影响。

一、项目基本情况

（1）项目业主方。本项目的业主方为××电信公司。该公司是由集团公司领导，负责全区域公用电信固定网、移动网等的建设、运营和经营服务工作的电信运营企业。固定资产总额累计××亿元，职工人数×万人。××电信公司所属电信企业主要经营国内、国际各类固定、移动电信网络与设施（含本地无线环路）；基于固定和移动电信网络的话音、数据、图像及多媒体通信与信息服务；与通信及信息业务相关的系统集成、技术开发等业务；国家批准经营的其他电信业务。

（2）项目承包方。本项目总承包方为××计算机技术开发公司。该公司是一家以应用软件系统开发为核心，集软硬件产品开发、生产、销售及系统集成、技术服务于一体的高新技术企业。公司从初创时的 35 人，发展到现在的近 300 人。其中，具有大专以上学历的占 90%，具有本科以上学历的占 80%，30 岁以下的员工占 90%，形成了一支由通信网络专家和富有创新意识的管理者组成的高素质队伍。

（3）项目名称。××电信公司综合营业管理系统。

（4）项目目标。完成系统八个模块的开发、上线、数据转换、试运行，并经系统测试，完成项目初验和项目终验。

（5）项目启动与完工时间。项目启动时间：合同签订日，即 2001 年 10 月 30 日。项目完工时间：合同没有规定。

（6）合同金额。合同总金额：××万元，其中应用系统软件××万元，硬件及系统平台××万元。

二、项目实施以来的基本情况

本项目于 2001 年 11 月正式到现场开发。当时项目组对程序和需求都不了解，对××电信公司的状况和要求也不了解（主要指总体计划安排）。业主方开发此系统的目的主要是，用一套综合财务系统替换掉原来使用了好几年的一套计费财务系统［固网、全球移动通信系统（global system for mobile communication，GSM）、码分多址（code division multiple access，CDMA）、寻呼、193、165 等]。

项目组从 2001 年 11 月开始，直到 2002 年春节前，将固网部分完成上线，由于时间上先于综合财务割接，所以，在系统上线时必须与老系统接口，在综合财务固网部分上线后，项目组再次调整接口，与新系统衔接。再次改动花了很长时间。

原计划 2002 年 5 月开通 CDMA 系统，当时项目组自身出现一些问题，如项目负责人调离，同时，项目组上级公司原负责 ××电信公司工作和总部工作的销售人员也纷纷撤离，给项目组人员造成公司要从项目中退出的感觉，项目组内部产生了极大的动荡。一段时间内，项目组思想混乱，工作效率低下。而且 ××电信公司方面对 CDMA 系统上线也准备不足，调研准备不充分，项目组按对方要求在 2002 年 5 月开发了 CDMA 系统的主要模块，但在 6 月，对方又提出先开发 GSM，并要求 7 月底开通。业务需求发生多次更改。

项目双方在 2001 年 11 月曾有一份协议，协议第 1 条是一个前提性限制条款，内容是，××电信公司同意实施项目开发工作，但接受该系统的条件是：项目必须在集团总部相应的入围测试中通过，并正式进入集团总部的入围厂家名单，双方再签订正式合同。否则，××电信公司可以不接受该系统，简单地说，就是做了也白做。但是，2002 年 7 月承包方擅自放弃了参加集团总部的入围测试。据说是当时的项目组负责人个人认为，对方集团总部的规范不合理，是不可能实现的，所以采取了不予理睬的态度。但是，全国有近 30 家公司声称其符合集团总部规范并送测，有 15 家公司获得了入围认可。

GSM 刚开通，××电信公司就要求项目组在 9 月 1 日开通 CDMA 系统。同时，对刚刚开通的 GSM 也提出了改进意见。项目组面临开通 CDMA 和改造 GSM 双重任务，工作量较大。当时由于没有经验，新的项目负责人又刚接手，项目一度遇到很大困难。就在这个关键时刻，新上任三个月的第二任项目负责人提出离职，项目组再次陷入巨大的波动之中。

在项目进行的 10 个月里（2001 年 11 月至 2002 年 9 月），项目始终处于一个不确定的环境中，暴露出许多问题，归纳起来主要有以下几个方面。

1. 项目目标和项目范围不明确

从项目前期实施的情况看，项目双方都没有认真地对项目需求、范围、目标和计划进行确有成效的沟通，并达成共识。2001 年 11 月双方签署的协议只有三页纸（A4 纸），对合作项目的目标、需求和计划安排等内容，规定得十分简单和草率，协议仅提出了要实现的功能模块名称，甚至没有规定项目完成及验收的时间，简直不能称为合同。其后果是，项目实施过程中工作任务频繁变更，实施计划不定，以及双方工作争执不断。

2. 项目组织管理不善

在项目仅仅进行的 10 个月里，项目经理两度换人，而且是由技术负责人代行项目经理工作。事实证明，大部分以技术经理身份兼任项目经理的人，并不能很好地，甚至并不愿意承担项目经理特有的责任，他们没有项目经理特有的那份责任心。从技术经理自身的能力来说，要他们去协调用户、平衡关系，确实是难为他们。安排专职的项目经理是改善项目管理最根本的措施，我们从随后项目经理的作用可以看到，以目标、计划管理为核心，重点放在与用户协调的项目经理，是技术经理兼任所做不到的。

项目经理频繁换人，也给项目团队的士气和稳定造成很大的冲击和影响。由于项目经理缺位，项目团队在工作上不能与用户进行及时有效沟通，当双方出现矛盾、冲突时，项目团队成员要面对来自对方的不信任和责难，关键时刻又得不到上级公司领导的关心、理解和支持。这对项目团队成员完成项目任务的热情和信心产生了重大的负面影响。

3. 项目内外沟通不够

项目不仅在立项时没有明确的目标和范围，在项目实施后，双方也没有很好地进行沟通与协商，用户的任务要求一变再变，项目组被牵着鼻子走，头痛医头脚痛医脚，尽管如此，也是不能取得用户的满意。2002 年 7 月，项目组擅自放弃参加集体总部的入围测试，是项目负责人的个人意见，如此重要的决定竟然没有汇报，没有研究协商，这给后来项目的顺利进行造成很大麻烦，项目组为此也付出了相当大的代价。由于双方沟通不够，出现了相互信任和配合问题，这也是造成项目困难的重要原因之一。

三、新任项目经理的工作纪实

1. 新任项目经理的背景

新任项目经理是计算机软件本科毕业，软件工程硕士，从软件工程师、研究室主任、副所长等岗位做起，长期从事软件开发，特别是从事大型行业应用软件开发和技术管理工作近二十年，曾赴日本进修软件工程两年，最近几年，主要从事项目管理，特别是软件项目管理工作，2002 年任公司研发中心副总经理，分管项目管理。从工作分工上讲，新任项目经理不负责具体项目。但由于该项目情况特殊，是公司一个非常困难的项目，公司领导责成他来处理。

2. 新任项目经理接手后的主要工作

（1）三点措施。

“针对当前项目的紧急情况，2002 年 9 月 20 日，我给公司写了一个情况汇报，提出三点措施：①尽快与用户协商，明确确认项目阶段目标（当时还不敢提总体目标和计划，只能先把眼前的工作任务和目标明确下来）；②公司明确对项目组按目标完成考核及安排休假和必要的奖励；③立即派专职项目经理协调用户和项目组按计划实施。这三项措施的目的，一是想让用户放心，二是能稳定项目团队，保证工程顺利完成。公司原则上同意此建议。”

（2）明确目标、任务与责任。

“随后几天与用户就目前阶段的工作内容、需求范围和计划，进行讨论，提出我们的项目计划，定义项目主要活动，主要包括以下四项具体工作：项目描述——制订一份项目的里程碑计划；任务工作分解——建立任务的工作分解结构（work breakdown structure，WBS）；工作描述——详细描述被分解后的工作产品；明确责任——明确项目任务的责任矩阵。”

（3）面对危机。

2002 年 11 月初，用户方再次就项目通过集团总部测试、入围等问题，要求公司做出明确答复，否则，将终止该项目。此后，项目经理与公司、用户三者之间，就入围集团总部及付款等问题，进行了四个月的来回拉锯战。在此期间，项目双方曾就几个核心问题起草过两个协议，其结果是，你签我不签，我签你不签。

2002 年 12 月 26 日，公司副总通知项目经理，公司决定：要求用户立即支付××万元，否则，公司马上撤回项目组。用户方项目主任听到这一消息后给出的答复是："我可以答应你们撤，但想让我们现在就付钱，绝对不可能，我们从来不怕讹诈，一年前，×××（一家著名的欧洲公司），也曾经提出过类似的要求，我们局长一句话——限你一个星期，把你的设备全部撤走！"

项目经理认为，公司领导的这种"最后通牒"的做法不可取，原因是"我们双方经过一番艰苦的谈判，已经就要完成的内容、合同金额、时间等达成初步协议，入围标准已经放宽。双方一步一步走到现在，都付出了很多努力"。

项目经理的态度是，"我从事计算机行业二十多年，还从来没有遇到过这样的局面，无论如何，我都没有办法张开这个口"，"从人心惶惶的项目组、用户与公司互不信任的关系、摇摇欲坠的系统，到今天已经看到希望的曙光，就这么撤走，我多不甘心"，"我不停地打电话，希望能与其他领导沟通，看有没有什么回旋余地"。

（4）积极沟通，化解危机。

"我跟主任（用户方）说，作为公司的决定，我只有执行，从我个人来讲，我完全能够理解和体会你现在可能面临的局面。现在我能做的，就是保证项目组配合接手厂家做好交接，不会一甩手就走。……我不知是出于什么考虑，跟他特别谈道，现在的系统状态，要找一个愿意中途接手的厂家，几乎不可能。"

"可能我与对方项目经理的一番话起了作用，也可能用户方确实仔细考虑了中途更换的问题，要在这么短的时间内，找到愿意接、能够接的厂家确实是非常困难的。"

"当天中午，他们开了会，主任也向局长做了汇报。主任通过他的同学，私下了解我们新来副总的背景，还与公司有关方面通了电话，进行私下沟通。"

"经过几天与公司、对方主任来回的电话沟通，项目双方终于就项目的总内容、初终验时间、入围操作、项目总金额、付款时间和付款比例、正式合同签订最迟时间等，达成折中方案，草拟了协议。协议中规定，如果不能在集团总部列支，同意采取从第三方转包（转账）的形式实现工程开发款的支付。"

（5）终于签订合同。

因项目组未参加集团总部入围测试，没有取得入围资格，项目需转包给有入围资格的厂家。项目经理本着为用户负责的态度，提出一个让公司、用户、接手厂家三方都能接受的转包方案。

"我把这个想法与主任一说，他非常同意，甚至有点意外，因为除我以外，公司方面除了钱，并不会做出为用户着想的任何问题。"

从谈定方案，到正式签订合同，又经历了近两个月，在这两个月中，公司怀疑对方不守信用，多次要求马上撤回项目组。

“我自己知道，对方实际并没有不守信用的意思，确实是由于牵涉到几方面的情况，需要一点时间，并多次向公司解释。”

一场危机终于以有利于双方的结果获得化解。

（6）最顺利的三个月。

在最后的三个月里，项目进行得异常顺利。用户与项目组配合得非常好，他们的员工经常与项目组一起加班加点，进行测试。2003年项目通过用户的终验测试，获得了用户签字的终验报告。

“在项目组离开的前一天晚上，用户方系统部主任与系统部全体员工，宴请了项目组，并送给项目组每人一份当地特产，那一晚，大家都喝醉了。”

上面是一位项目经理工作的真实写照。因篇幅所限，略去了中间许多内容与细节，仅摘录其主要工作事项加以介绍。

✍复习思考题

第五章　项目范围管理

项目范围是指为了成功达到项目目标所要求完成的全部工作，这是项目实施者必须首先弄清楚的一个关键性问题。项目范围清楚了，项目的具体工作内容才能明确，从而为项目实施所需费用、时间、资源的计划与控制提供依据。项目范围管理就是依据项目目标，确定项目范围、项目分解与定义、项目范围确认及项目范围变更控制的过程和活动。

本章重点介绍项目目标、项目范围、项目结构分析和项目范围确认。最后，以“某市绕城高速公路工程项目范围管理”案例，说明项目范围管理的实际应用。

第一节　项 目 目 标

项目成功最关键的因素是目标和工作范围明确。不明确的目标和不完善的工作范围定义是项目计划失误、失控、混乱、成本超支、工期拖延和质量事故的主要原因之一，也是争执的起因。

一、项目目标的含义及特点

项目目标，简单地说就是实施项目所要达到的期望结果。

项目与常规活动的主要区别在于，项目通常是具有一定期望结果的一次性活动，任何项目都是要解决一定的问题，达到合理的目标。项目的实施实际上就是一种追求目标的过程。因此，项目目标应该是定义清楚的、可以最终实现的。

项目目标具有如下三个特点。

1. 多目标性

一个项目，其目标往往不是单一的，而是一个多目标的系统，而且不同目标之间彼此相互冲突。要确定项目目标，就需要对项目的多个目标进行权衡。实施项目的过程就是多个目标协调的过程，这种协调包括项目在同一层次的多个目标之间的协调、项目总体目标与其子项目目标之间的协调、项目本身与组织总体目标的协调。

项目无论大小、无论何种类型，其基本目标可以表现为三个方面，即时间、成本和技术性能。所以，实施项目的目标就是，充分利用可获得的资源，使项目在一定的时间内，在一定的预算下，获得所期望的技术结果。然而，这三个基本目标之间往往存在一定的冲突。通常时间的缩短，要以成本的提高为代价，而时间及成本投入的不足又会影响技术性能的实现，因此，三者之间需要权衡。

2. 优先性

由于项目是一个多目标的系统，所以，不同层次的目标，其重要性必不相同，往往被赋予不同的权重。这种优先权重对项目经理的管理工作有一定的指导作用。此外，不同的目标在项目生命周期的不同阶段，其权重也往往不同。例如，技术性能、成本、时间作为项目的三个基本目标，是项目在其寿命周期过程中始终追求的目标，但其权重在其项目生命周期的不同阶段却不相同。技术性能是项目初始阶段主要考虑的目标，成本是项目实施阶段主要考虑的目标，而时间往往在项目终止阶段显示出迫切性。另外，不同类型的项目，对这三个基本目标追求的努力程度也有所不同。例如，R & D 项目可能会更加注重项目技术性能的实现，宁愿以时间或成本为代价。

3. 层次性

目标的描述需要由抽象到具体，即要有一定的层次性。通常我们把一组意义明确的目标按其意义和内容表示为一个递阶层次结构。因此，目标是一个有层次的体系。它的最高层是总体目标，指明要解决问题的总的依据和原动力；最下层目标是具体目标，指出解决问题的具体方针。上层目标是下层目标的目的，下层目标是上层目标的手段。上层目标一般表现为模糊的、不可控的，而下层目标则表现为具体的、明确的、可测的。层次越低，目标越具体而可控。这里需要注意的是，各个层次的目标需要具有一致性，不能自相矛盾。

二、项目目标系统

项目目标系统至少有如下三个层次。

1. 系统目标

它是对项目总体概念上的确定，由项目的上层系统决定，具有普遍的适用性。系统目标通常可以分为以下几种：①功能目标，即项目建成后所达到的总体功能，如通过一个高速公路建设项目使其地段的交通达到日通行量 4 万辆，通行速度每小时 120 千米。②技术目标，即对工程总体技术标准的要求或限定，如该高速公路符合中国公路建设标准。③经济目标，如总投资、投资回报率等。④社会目标，如对国家或地区发展的影响等。⑤生态目标，如环境目标、对污染的治理程度等。

2. 子目标

系统目标需要由子目标来支持。子目标通常由系统目标导出或通过分解得到，或是自我成立的目标因素，或是对系统目标的补充，或是边界条件对系统目标的约束。它仅适用于项目某一方面对某一个子系统的限制。例如，生态目标可以分解为废水、废气、废渣的排放标准，环境的绿化标准，生态保护标准。

有些子目标可用于确定子项目的范围。例如，生态目标（标准）常常决定了“三废”处理装置、配套环境绿化工程（子项目）的要求。

3. 可执行目标

子目标可再分解为可执行的目标，它们决定了项目的详细构成。可执行目标及更细的目标因素的分解，一般在可行性研究及技术设计和计划中形成、扩展、解释、量化，逐渐转变为与设计、实施相关的任务。例如，为达到废水排放标准所应具备的废水处理装置规模、标准、处理过程、技术等就属于可执行的目标。可执行目标经常与解决方案（技术设计或实施方案）相联系。

三、项目目标描述

对项目目标的描述应力求反映项目本质目标，并且清楚明确。描述项目目标的准则有以下几条：①能定量描述的，不定性描述；②应使每个项目组成员都明确目标；③应该是现实的，不应是理想化的；④目标的描述应尽量简化。

由此可见，项目目标必须明确、具体，尽量用定量化的语言进行描述，保证项目目标易于沟通和理解，使每个项目组成员确信项目目标是能够达到的，并能使每个项目组成员结合项目目标确定个人的具体目标，把责任落实到人，只有这样才能起到很好的约束及激励作用。

在项目实施的开始，项目经理最主要的任务是准确地界定项目的总目标，通过对总目标的分解便可得到项目的目标体系。它们分别涉及项目的时间、费用、技术与产品三个方面，每个方面都可能有一些具体的要求及相对应的目标体系，这也体现了目标的层次性。

为此，在对项目目标描述的时候，就应该确定项目的总目标，而总目标的描述应该具体、明确，并尽可能定量化。项目总目标的确定，通常是针对以下几个方面：①工作范围，即对可交付成果、交付物的描述，主要是针对项目实施的结果——产品；②进度计划，说明实施项目的周期、开始及完成时间；③成本，说明完成项目的总费用。

对以上三个方面进行描述，即要求在一定期限和预算内完成预定任务。下面是一个对项目总目标进行描述的例子。在 10 个月内，在 200 万美元的预算内，把一种新型电子家用烹调产品打入市场，并达到预先规定的性能指标。

当然，有时我们对目标的描述可能是“建成一所房屋”，这一总目标的描述是否合理？显然“一所房屋”的界定范围非常广阔，可能是几间平房，也可能是一栋豪华别墅。“建成一所房屋”的较好的描述应该是：在 15 万美元的预算内，根据 5 月 15 日的楼面布置图纸和说明书，在 10 月 31 日前建成这所房子。这样就对成本、范围及工期都给予了准确的界定。

下面是一个“某无人驾驶的小型气象探测飞机研制的项目”。某飞机制造公司承担无人驾驶的小型气象探测飞机研制生产项目。该项目拟于 2001 年 7 月开始实施，市场需求为 50～100 架，首架交付日期为 2004 年 12 月。项目目标包括飞机研制和为保证飞机性能的特种设备/设施采购，为保障小型气象探测飞机研制与试飞任务的顺利进行，项目总投资为 1.2 亿元。

按照目标描述的思路可以从以下三个方面进行描述：①可交付成果，即无人驾驶的小型气象探测飞机样品；②工期，即首架交付日期——2004 年 12 月，研制时间从 2001 年 7 月到 2004 年 12 月，总工期为 3.5 年；③费用，即研制总经费为 1.2 亿元。

第二节　项 目 范 围

一、项目范围的含义

项目范围就是为项目界定一个界限，划定哪些方面是属于项目应该做的、哪些方面是不应该包括在项目之内的，定义项目管理的工作边界，确定项目的目标和主要的项目可交付成果。

在项目环境中，“范围”（scope）一词可能是指：①产品范围，即一个产品或一项服务应该包含的特征和功能。②项目范围，即为了交付具有所指特征和功能的产品必须要做的工作。简单地说，就是项目做什么、如何做，才能交付该产品。

在此还要注意区分产品范围和项目范围的概念。产品范围是指客户期望最终产品或服务包含的特征与功能的总和；项目范围是为了交付满足产品范围要求的产品或服务所必须完成的全部工作的总和。项目范围是以产品范围为基础而确定的，产品范围对产品要求的深度和广度决定了项目工作范围的深度和广度。产品范围的完成情况是参照客户的要求来衡量的，而项目范围的完成情况则是参照项目计划来衡量的。

确定了项目范围也就定义了项目的工作边界，明确了项目的目标和主要的项目可交付成果。项目的可交付成果往往又被划分为较小的、更易管理的不同组成部分。因此，确定项目范围对项目管理来说具有十分重要的作用。

（1）为项目实施提供工作范围的框架。确定项目范围可以为项目提供工作范围的边界和框架，从而可以规范项目组织的行动、减少不必要的工作。

（2）提高费用、时间和资源估算的准确性。项目的工作边界定义清楚了，项目的具体工作内容明确了，也就为项目所需的费用、时间、资源的估计打下了基础。

（3）确定进度测量和控制的基准。项目范围是项目计划的基础，项目范围确定了，也就为项目进度计划和控制确定了基准。

（4）有助于清楚地分派责任。项目范围的确定也就确定了项目的具体工作任务，为进一步分派任务打下了基础。

正确地确定项目范围对项目成功非常重要，如果项目的范围确定得不好，有可能造成最终项目费用的提高，因为项目范围确定得不好会导致意外的变更，从而实质上是打乱项目的实施节奏，造成返工，延长项目完成时间，降低劳动生产率，影响项目组成员的干劲。

二、项目范围管理

项目范围管理是对项目所要完成的工作范围进行管理和控制的过程和活动，包括确保项目能够按要求的范围完成所涉及的所有过程，包括编制项目范围计划、界定项目范围、由项目关系人确认项目范围、对项目范围变更进行控制。以上这些也是项目范围管理的内容构成。

项目范围管理主要是通过以下步骤实现的：①把客户的需求转变为对项目产品的定义；②根据项目目标与产品分解结构，把项目产品的定义转化为对项目工作范围的说明；③通过工作分解结构，定义项目工作范围；④项目关系人认可并接受项目范围；⑤授权与执行项目工作，并对项目进展进行控制。

项目范围管理的过程如图 5.1 所示。

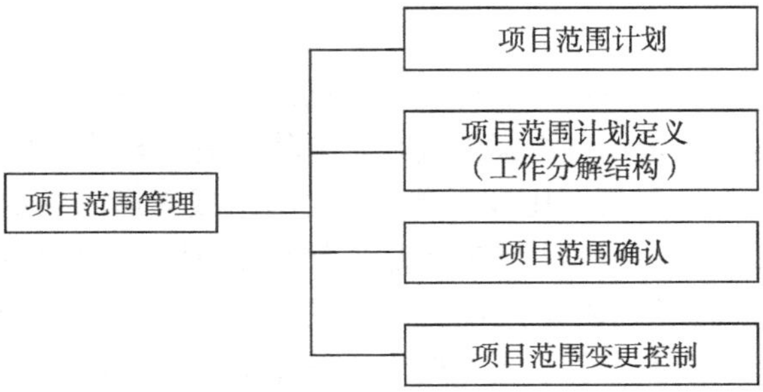

图 5.1　项目范围管理的过程

三、项目范围计划

项目范围计划的编制以项目的实施动机为基础，通过识别和确定项目目标和主要的可交付成果，明确项目的具体实施方案，界定项目的工作范围，同时拟定项目里程碑标志，以度量项目或项目阶段是否成功完成。实际上，这个范围规划的过程就是确定项目范围并编写项目范围说明书的过程。

1. 项目范围说明书的主要内容

在实际的项目实施中，不管是对于项目还是子项目，项目管理人员都要编写其各自的项目范围说明书。

具体来看，项目的范围说明书主要应该包括以下四方面的内容。

（1）项目的合理性说明，即解释为什么要实施这个项目，也就是实施这个项目的目的是什么。项目的合理性说明为将来评估各种利弊关系提供了基础。

（2）项目目标。项目目标是项目所要达到的期望产品或服务，确定了项目目标，也就确定了成功完成项目所必须满足的某些数量标准。项目目标至少应该包括费用、时间进度和技术性能或质量标准。

（3）项目可交付成果清单。列入项目可交付成果清单的事项一旦被圆满实现，并交付给使用者——项目的中间用户或最终用户，就标志着项目阶段或项目的完成。

（4）项目产品。产品说明应该能阐明项目工作完成后，所生产出的产品或服务的特征。

2. 项目范围计划的主要方法

（1）成果分析法。

成果分析是为了对项目主要的可交付成果有一个更好的理解，由项目主要的可交付成果需要具有的功能和特性着手分析，逆向推导出项目的工作范围。成果分析需要项目组织对项目业主的需求有准确的识别，并对项目的成果有共同的理解，如此才能清晰地确定项目范围。对项目可交付成果进行分析时，要注意从多方面、多角度和宽口径出发，综合运用不同的分析方法，如产品分解分析、系统工程、价值工程、功能分析、质量函数等技术，力求对项目可交付成果做出全面的界定，指导项目范围计划的制订。这也是该法比产品说明更深入的方面，能够进一步定义相关产品或服务。

（2）成本效益分析法。

对于项目实施工程中的特定问题，可能有不同的备选方案，项目组织在众多的备选方案中进行选择时，需要衡量每种方案的优缺点（其中最重要的标准是这些不同备选方案带来的经济效益），全面分析、比较所有方案的有形或无形的成本和收益。

成本效益分析就是估算各种项目和产品方案的有形成本和无形成本（支出）与利润（收益），然后用财务的测量尺度，如投资收益率或投资回收期等方法，来评估这些经确认的方案的相对优势，从中选出经济效益最佳的一个方案，再根据此方案的要求制订项目范围计划。这种方法能比较项目相关公司的财务情况和实现该项目所需的成本。很明显，理想的备选方案应该是项目的收益大于其实现成本或者产出项目的成本。

在对备选方案进行经济评价时，要站在业主的角度，因为他们才是真正的投资者和预期收益的所有者。

第三节　项目结构分析

一、项目结构分析的概念

项目是由许多互相联系、互相影响、互相依赖的工作或活动组成的系统，它具有系统的层次性、集合性、相关性、整体性特点。按系统工作程序，在具体的项目工作，如设计、计划和实施之前必须对这个系统作分析，确定它的构成及它的系统单元之间的内在联系。

项目结构分析工作包括如下几方面的内容。

（1）对项目的系统总目标和总任务进行全面研究，以划定整个项目的系统范围，包括项目范围和项目所包括的实施责任范围。例如，对于承包商，分析的对象是招标文件（包括合同文件、规格、图纸、工程量表）。通过分析可以确定承包商的工程范围和应承担的总体的合同责任。

（2）项目的结构分解，即按系统分析方法将由总目标和总任务定义的项目分解开来，得到不同层次的项目单元（活动）。项目结构分解可以按照一定的规则由粗到细、由总体到具体或由上而下地进行。它是项目系统分析最重要的工作。

（3）项目单元的定义。将项目目标和任务分解落实到具体的项目单元上，从各个方面（质量、技术要求、实施活动的责任人、费用限制、工期、前提条件等）对它们作详细的说明和定义。这个工作应与相应的技术设计、计划、组织安排等工作同步进行。

（4）项目单元之间界面的分析，包括界限的划分与定义、逻辑关系的分析、实施顺序安排。这是进行网络分析、项目组织设计的基础工作。

项目结构分析是一个渐进的过程，它随着项目目标设计、规划、详细设计和计划工作的进展逐渐细化。

项目结构分析是项目管理的基础工作，又是项目管理最得力的工具。实践证明，对于一个大的复杂项目，没有科学的项目系统结构分析，或项目结构分析的结果得不到很好的利用，就不可能有高水平的项目管理，因为项目的设计、计划和控制不可能仅以整个笼统的项目为对象，必须考虑各个部分、各个细节，考虑具体的工程活动。

在项目的启动阶段，人们常常难以把所有的工作（工程）都考虑周全，也很难透彻地分析各子系统的内部联系，所以容易遗忘或疏忽一些项目所必需的工作（工程）。这会导致项目设计和计划的失误，项目实施过程中工作频繁变更，实施计划被打乱，项目功能不全和质量缺陷，激烈的合同争执，甚至可能导致整个项目的失败。这些现象在项目管理中是很常见的。所以有必要在对项目的总目标和总任务定义后进行详细、周密的项目结构分析，系统地剖析整个项目，以免上述情况发生。在国外它又被称为“计划前的计划”或“计划前的设计”。项目越大、越复杂，越显示出这个工作的重要性。

二、项目结构分解

项目结构分解是将整个项目分解成互相独立、互相影响、互相联系的活动，在国外的项目管理中，人们将这项工作的结果称为工作分解结构（work breakdown structure，WBS）。

1. 项目结构分解的作用

（1）明确、准确地说明项目的范围。工作分解结构将一个项目分解成易于管理的几部分或几个细目，这有助于确保找出完成工作范围所需的所有工作要素，所以这些细目的完成或产出构成了整个项目工作的范围。

（2）为每项细目分配人员并明确其责任。清晰划分责任，自上而下将项目目标落实到具体的工作上，并将这些工作交给项目机构内或外的个人或组织去完成。

（3）确定工作内容和工作顺序。

（4）为计划、预算、进度安排和费用控制奠定共同基础，确定项目进度测量和控制的标准。

（5）对各细目进行较准确的时间、费用和资源需要量的估算；对项目整体和全过程的费用进行估算。

2. 项目结构分解的步骤

（1）识别项目的主要组成部分（包括项目的主要可交付成果），即将总项目分解成单个定义的且范围明确的子部分（子项目）。

（2）判断每个可支付成果层次划分的详细程度，如果能够通过这种划分恰当地估算出完成各项工作所需要的费用和时间，则进入步骤 4；否则继续步骤 3 的操作。

（3）在上述分层的基础上进行更细致的划分，将各组成部分分解为更小的组成部分，并说明所需取得的切实、可验证的结果及完成它们的先后顺序。切实、可验证的结果既可以包括产品，也可以包括服务（例如，对制造项目，组成元素可能包括几个单独的部件加上最后的装配）。对于每个更小的组成部分，重复进行步骤 2。

（4）核实分解的正确性。首先，核查每一层次细目的必要性和充分性，即本层工作的完成必须能够保证上层工作的完成；且如果不进行本层工作，则上层工作无法完成。若不具备这两个条件，就必须对上一层的细目进行修改——增加、删除或者重新定义。

其次，检查每一层次各项的范围、内容和性质是否清晰完整；能否根据每项工作来恰当地编制进度和预算；能否将各项工作落实到具体的组织或个人。如果不能，需要进行必要的修改，以便提供合适的管理控制。

项目分解完成之后所得到的成果就是工作分解结构。其中的每一项工作（或者称为单元）都要编上号码，即以数字代码赋予其中的每一项一个唯一的标志符，为项目规划和以后的各阶段中，项目各基本单元的查找、变更、费用计算、质量要求、资源和时间安排等提供一个统一的编码系统。

对于不同种类、性质、规模的项目，从不同的角度看，其结构分解的方法和思路有很大的差别，但分解过程却很相近，基本思路是：以项目目标体系为主导，以项目技术系统范围和项目的总任务为依据，由上而下、由粗到细地进行。

工程项目的结构分解通常按其产品组成部分或实施过程进行。

（1）按项目产品组成部分进行分解。如果项目的目标是建设一个生产一定产品的工厂，则可以将它按生产体系结构和生产的产品分解成各子项目。例如，新建一个汽车制造厂，则可将整个项目分解成发动机、底盘、车身、车轮、总装、油漆、库房、办公区等几个单项工程，单项工程再分解为单位工程，单位工程又分解为分部工程，分部工程再进一步分解为分项工程。

（2）按照实施过程分解得到的结果受项目任务范围的影响。例如，常见的建设工程项目分为如下实施过程：设计和计划（初步设计、技术设计、施工图设计、实施计划等）；招标、投标；实施准备（现场准备、技术准备、采购订货、制造、供应等）；施工（土建、机械和电器安装、装饰工程）；试生产/验收；投产/保修；运行；等等。

而对承包商，实施过程的范围由承包合同限定，如果是“设计—施工—供应”总承包合同，则实施过程与上述过程相似。

3. 项目结构分解图

项目工作分解结构图（WBS 图）是将项目按照其内在结构或实施过程的顺序进行逐层分解而形成的结构示意图（图 5.2）。它可以将项目分解到相对独立的、内容单一的、易于成本核算与检查的项目单元，并能把各项目单元在项目中的地位与构成直观地表示出来。

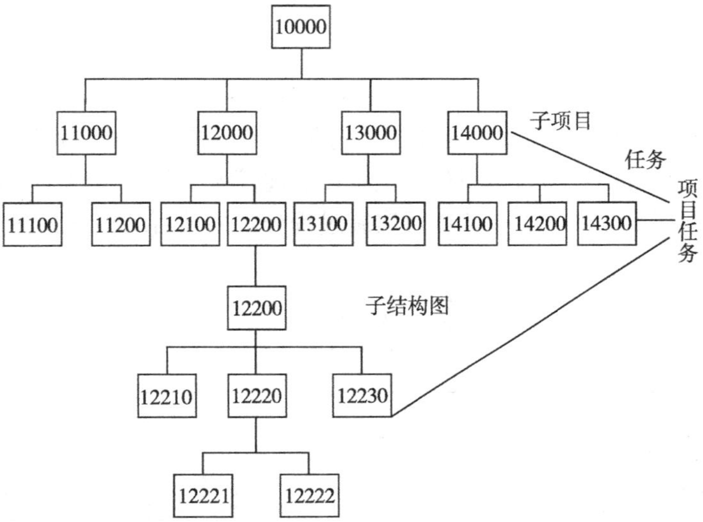

图 5.2　项目 WBS 图

工作分解结构图是实施项目、创造最终产品或服务所必须进行的全部活动的一张清单，也是进度计划、人员分配、预算计划的基础。

将项目工作分解结构图用表来表示则为项目结构分解表（表 5.1），它类似于计算机中文件的目录路径，表中可以列出各项目单元的编码、名称、负责人、成本项目等说明。

表 5.1　项目结构分解表

编码	名称	负责人	成本	××	××
10000					
11000 11100 11200					
12000 12100 12200 12210 12220 12221 12222 12230					

续表

编码	名称	负责人	成本	××	××
13000 13100 13200					
14000 14100 14200 14300					

（1）工作分解结构图的层次。由于工作分解既可以按项目的内在结构，又可以按项目的实施顺序进行分解；项目本身的复杂程度、规模大小各不相同，从而形成了工作分解结构图的不同层次。图 5.3 是按项目实施过程分解的项目结构图，图 5.4 是按项目产品结构分解的项目结构图。

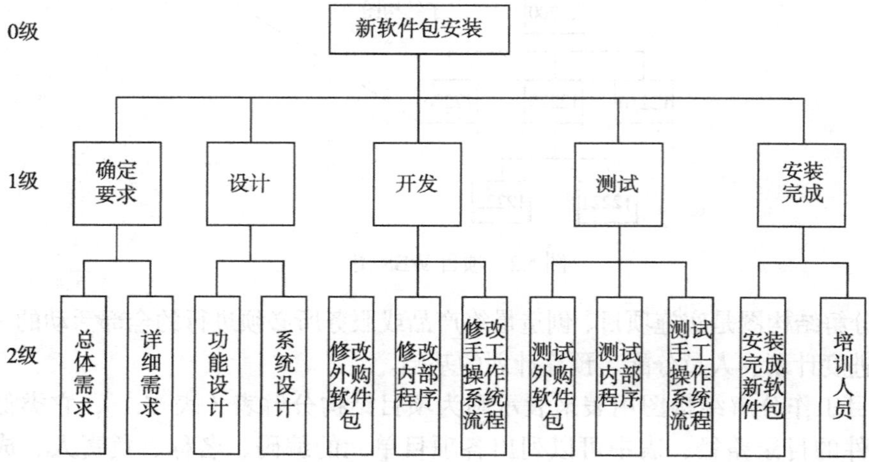

图 5.3　新软件包安装的工作分解结构图

（2）工作分解结构图的编码。为了简化工作分解结构的信息交流过程，常利用编码技术对工作分解结构进行信息转换。图 5.5 为新设备安装和运行的工作分解结构图。

在图 5.5 中，工作分解结构编码由 4 位数组成，第一位数表示处于 0 级的整个项目；第二位数表示处于 1 级的子项目单元（或子项目）的编码；第三位数是处于 2 级的具体项目单元的编码；第四位数是处于 3 级的更细、更具体的项目单元的编码。编码的每一位数字，由左至右表示不同的级别，即第一位代表 0 级，第二位代表 1 级，第三位代表 2 级，第 4 位代表 3 级。

鲁布革水电站项目是我国项目管理实践的一个成功典范，图 5.6 是该项目的工作分解结构图。

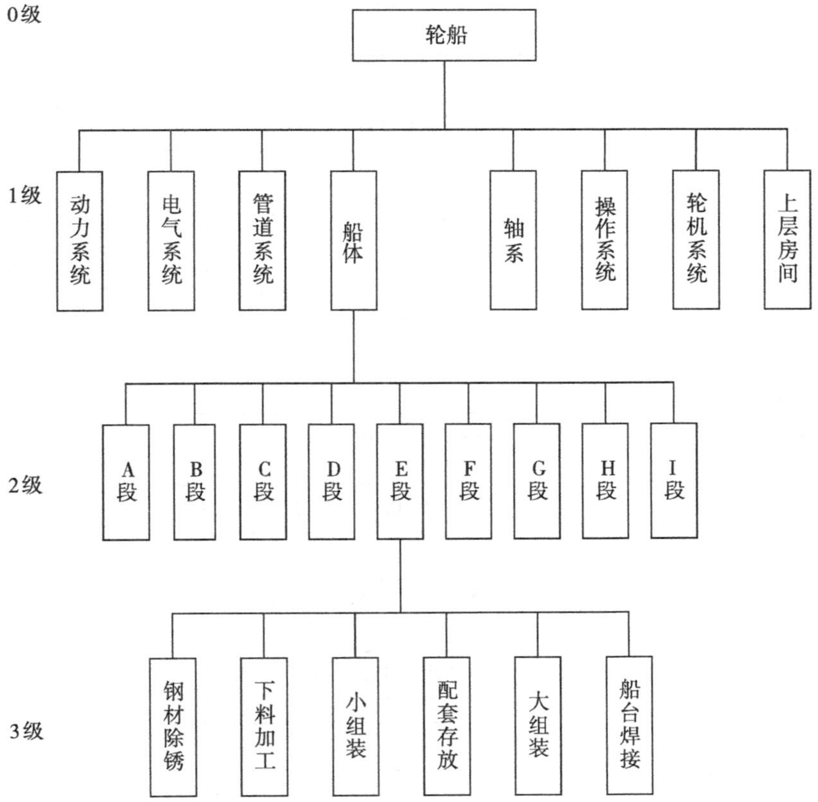

图 5.4 船舶制造的工作分解结构图

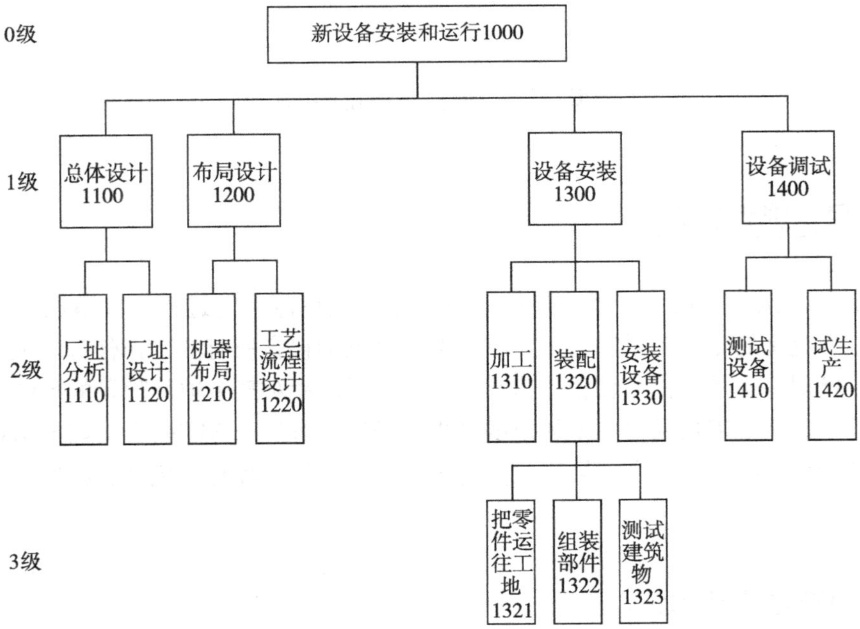

图 5.5 新设备安装和运行的工作分解结构图

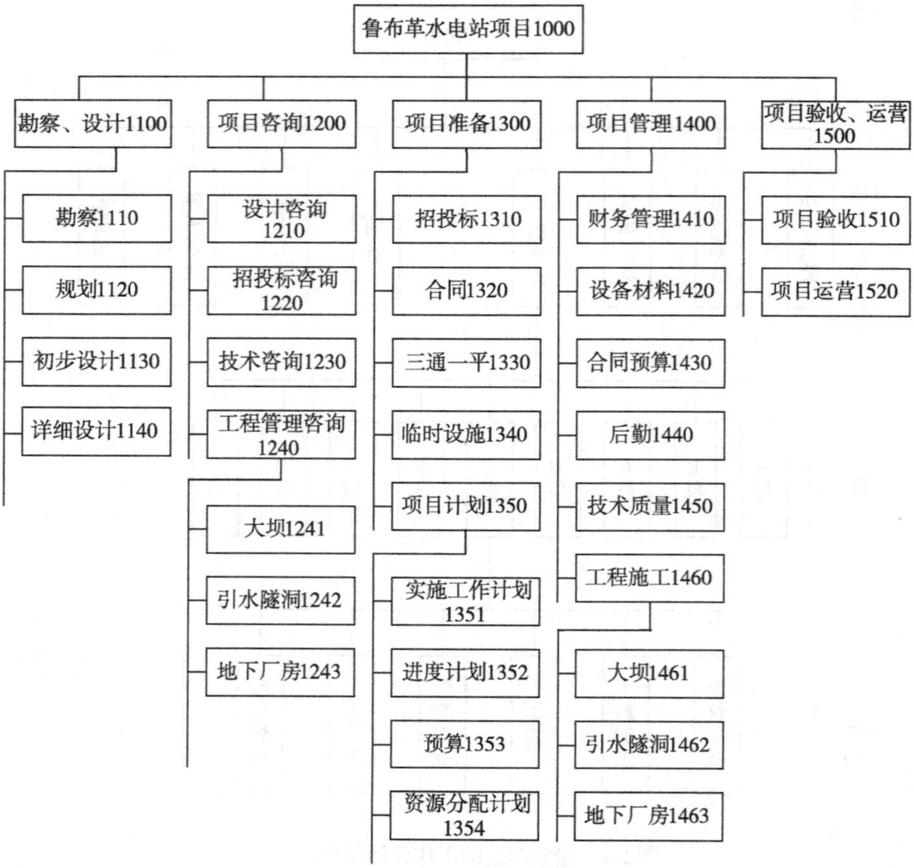

图 5.6 鲁布革水电站项目的工作分解结构图

第四节 项目范围确认

一、项目范围确认的含义

项目范围确认是指项目关系人最终认可和接受项目范围的过程。在范围确认工作中，要对范围定义的工作结果进行审查，确保项目范围包含所有的工作任务。项目范围确认既可以针对一个项目的整体范围进行确认，也可以针对某个项目阶段的范围进行确认。项目范围确认要审核项目范围界定的结果，确保所有的、必需的工作都包括在项目工作分解结构中，而一切与实现目标无关的工作均不包括在项目范围中，以保证项目范围的准确。

二、项目范围确认的依据

项目范围确认的依据主要有：①工作成果，即项目可交付成果的情况，其反映了项目按计划执行的实际情况；②成果说明，即对项目成果的全面描述，如项目规格书、项目技术文件或项目图纸等；③项目范围说明书；④项目范围管理计划；⑤项目工作分解结构图。

三、项目范围确认的方法

项目范围确认的常用方法有两张核检表，即项目范围核检表和项目工作分解结构核检表，实践证明它们在项目范围管理中是十分有效的。

1. 项目范围核检表的主要内容

（1）项目目标是否完整和准确。

（2）项目目标的衡量标准是否科学、合理和有效。

（3）项目的约束条件、限制条件是否真实并符合实际。

（4）项目的假设前提是否合理，不确定性的程度是否较小。

（5）项目的风险是否可以接受。

（6）项目成功的把握是否很大。

（7）项目的范围界定是否能够保证上述目标的实现。

（8）项目范围所能产生的收益是否大于成本。

（9）项目范围界定是否需要进一步开展辅助性研究。

2. 项目工作分解结构核检表的主要内容

（1）项目目标描述是否清楚、明确。

（2）项目产出物的各项成果描述得是否清楚明确。

（3）项目产出物的所有成果是否都是为实现项目目标服务的。

（4）项目的各项成果是否以工作分解结构为基础。

（5）项目工作分解结构中的工作包是否都是为形成项目某项成果服务的。

（6）项目目标层次的描述是否清楚。

（7）项目工作分解结构的层次划分是否与项目目标层次的划分和描述相统一。

（8）项目工作、项目成果与项目目标之间的关系是否一致。

（9）项目工作、项目成果、项目分目标和项目总目标之间的逻辑关系是否正确、合理。

（10）项目目标的衡量标准是否有可度量的数量、质量或时间指标。

（11）项目工作分解结构中的工作是否有合理的数量、质量和时间度量指标。

（12）项目目标的指标值与项目工作绩效的度量标准是否匹配。

（13）项目工作分解结构的层次分解得是否合理。

（14）项目工作分解结构中各个工作包的工作内容是否合理。

（15）项目工作分解结构中各个工作包之间的相互关系是否合理。

（16）项目工作分解结构中各项工作所需的资源是否明确、合理。

（17）项目工作分解结构中各项工作的考核指标是否合理。

（18）项目工作分解结构的总体协调是否合理。

另外，还有其他确认项目或者各个阶段可交付成果的方法，如观察法、测量法、测试法和检验法等，在此不再一一介绍。

四、项目范围确认的结果

项目范围确认的结果即对项目范围定义工作结果的正式认可或接受，同时还要编制经项目相关者确认并已经接受的项目范围定义和项目阶段性工作成果的正式文件。这些文件应该分发给有关的项目相关者。如果项目范围没有被项目相关者确认，则项目宣告终止。

需要说明的是，项目范围确认不同于项目质量控制，前者主要关心工作结果的“接受”，而后者主要关心工作结果的“正确性”。这些过程一般平行进行，以确保项目的可接受性和正确性。

第五节　案例：某市绕城高速公路工程项目范围管理

本案例以某市绕城高速公路工程项目为例，重点介绍项目范围管理的实际应用，主要内容包括项目概况和项目范围确定。

一、项目概况

1. 项目背景

国道主干线××市至××市高速公路设计时经过××省××市市区，为不影响市内交通及市区与郊县交通，并给当地交通带来便利，工程总指挥部决定临时修改设计方案，使高速公路绕城而行，并将此段工程列为国家重点工程。该工程合同段全长4.15千米，工程位于××省××市郊区。合同工期为24个月，总投资4 500万元，2003年1月开工，工程主要工程量为：借土填方64万立方米；中桥5座，164延米；国道涵洞9座；路面111 000平方米；防护、排水工程60 000立方米。本项目借土填方土源需在本项目范围外6.7千米的地方远距离运输，因此还需修14.5千米便道。

2. 项目特点

本项目工程量巨大，施工难度也很高。4.15千米高速公路实现全线6车道、全封闭、全立交，工作范围包括借土填方、中桥、国道涵洞、路面及防护、排水等分项工程。该工程项目具有技术性较强、涉及专业较多、规模大、不稳定因素较多等特点。由于施工现场位于市郊，可能会给当地人民群众的生活带来不便，所以在项目施工时，还要注意处理好这方面的关系，争取沿线群众的理解和配合。

3. 项目承包方

本工程项目由高速公路建设公司承接。该公司主要从事高速公路的新建、改建工程，沥青砼、水泥砼路面工程，大中型桥梁工程和其他交通设施建设工程，等等。该公司是国家重点企业，于1990年3月正式组建，全面负责全省高速公路的建设、经营和管理，并协助省交通厅实施省高速公路发展规划。截至2000年年底，公司负责建设和参与建设的高等级公路、桥梁共长1 500多千米，公司累计完成工程投资额300多亿元，有4个项目荣获省级优良样板工程称号，一个项目获国家级荣誉称号。

二、项目范围确定

1. 项目目标与项目描述

该公司在接到该工程项目后，首先分析了项目的主要目标，认为其主要目标有以下四个。

（1）成果。建成绕城高速公路，全长4.15千米，包括借土填方64万立方米；中桥5座，164延米；国道涵洞9座；路面111 000平方米；防护、排水工程60 000立方米。

（2）工期要求。时间从2003年1月1日到2004年12月31日，共24个月的工作时间。

（3）成本要求。项目总投资为4 500万元。

（4）安全目标。无人员伤亡及重大责任事故。

为了使项目各相关方及项目团队成员准确理解项目内容、明确项目目标，本节用简练的表格形式对项目进行描述（表5.2）。

表5.2　绕城高速公路工程项目描述

项目名称	绕城高速公路工程项目
项目目标	完成绕城高速公路工程项目的建设 工期：2003年1月1日至2004年12月31日 费用：4 500万元
交付物	通过竣工验收的第三合同段高速公路
交付物完成准则	在保证施工质量的前提下，按时完成，并且不突破施工预算
工作描述	根据合同规定，完成路基、路面、桥梁及构造建设
工作规范	交通部标准、地方标准及设计要求
所需资源估计	施工中人、机、物总投入约4 500万元 最高人力负荷约为600人/天
重大里程碑	项目开工：2003年1月1日 施工准备完工：2003年1月31日 结构工程完工：2003年12月30日 路面工程完工：2004年8月31日 附属工程完工：2004年10月31日 竣工验收：2004年12月31日
备注	务必确保项目的进度目标
项目负责人审核意见：同意 签字：×××　　日期：2003年1月1日	

2. 项目重大里程碑

项目总指挥部要求本项目组必须在 2003 年 1 月开工，2004 年 12 月完工。项目组综合考虑上级指挥部的统一安排、绕城高速公路施工工程的特点和以往的项目经验，识别并确定本项目对实施进度有重要影响的关键事件和完成时间（表 5.3），以便对此项目的重要阶段活动实施监控，保证项目按计划实施。

表 5.3　绕城高速公路项目里程碑计划

标识号	任务名称	2003 年						2004 年						2005 年
		1月	3月	5月	7月	9月	11月	1月	3月	5月	7月	9月	11月	1月
1	施工准备 120	◆1 月 31 日												
2	结构工程 130						◆12 月 30 日							
3	路面工程 150										◆8 月 31 日			
4	附属工程 160												◆10 月 31 日	
5	竣工验收 170												◆12月31日	

3. 项目工作分解结构

本项目涉及范围较广、工程量大、工作内容多，为了准确地界定项目的工作范围，项目组织者按工作分解结构的原理对项目工作进行了分解，确定了项目的工作范围。

本项目组在进行工作结构分解时，以项目目标体系为指导，使用头脑风暴法尽可能多地挖掘项目的工作单元，然后通过分析和总结，对施工项目进行分解。图 5.7 为项目工作结构分解思路，图 5.8 为项目工作分解结构及编码。

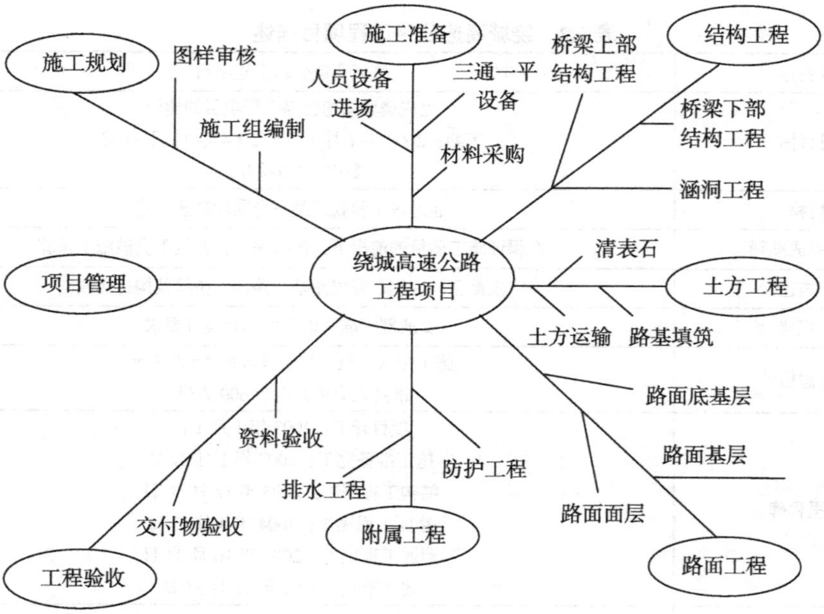

图 5.7　项目工作结构分解思路

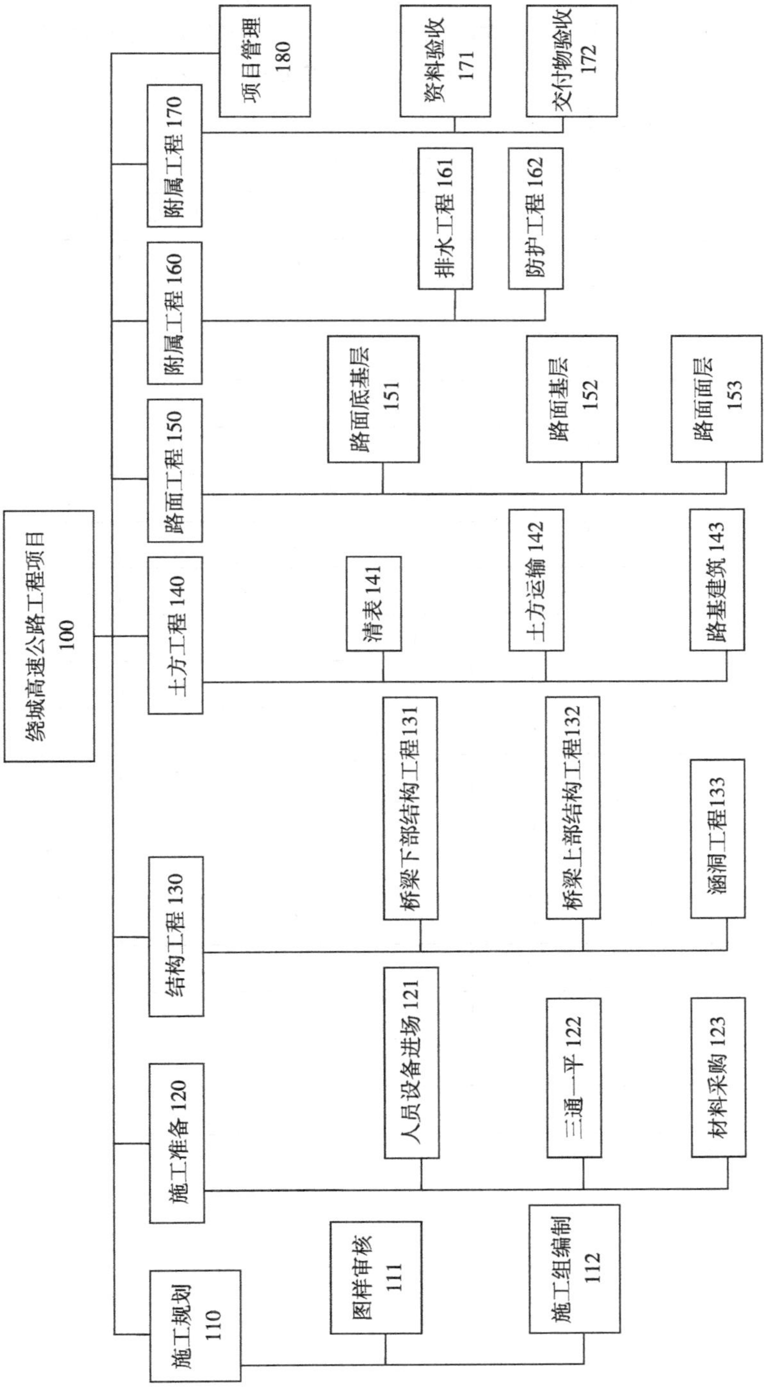

图5.8 项目工作分解结构及编码

4. 项目工作责任矩阵分配

项目组依据项目目标和项目组织结构特点，综合考虑设备资源及人力资源、技术水平和项目管理经验等情况，按照项目计划和工作描述所涉及的人员、部门及所应负的责任，采用项目责任矩阵（表 5.4）的形式将所分解的工作任务落实到项目有关部门或个人，并明确表示他们在组织工作中的关系、责任和地位。

表 5.4　绕城高速公路项目工作责任矩阵分配

代码	工作分解结构	项目经理	技术部	施工部	质量部	采购部	计划部
111	图样审核	J	F	C	C	C	C
112	施工组编制	P	F	C	C	C	C
121	人员设备进场	J	C	F	C	C	C
122	三通一平	P		F	C	C	C
123	材料采购	P	C	C	C	F	C
131	桥梁下部结构工程	P	C	F	J	C	C
132	桥梁上部结构工程	P	C	F	J	C	C
133	涵洞工程	P	C	F	J	C	C
141	清表	P		F	J		C
142	土方运输	P		F	J	C	C
143	路基建筑	P	C	F	J	C	C
151	路面底基层	P	C	F	J	C	C
152	路面基层	P	C	F	J	C	C
153	路面面层	P	C	F	J	C	C
161	排水工程	P	C	F	J	C	C
162	防护工程	P	C	F	J	C	C
171	资料验收	P	F	C	C		C
172	交付物验收	P	F	C	C		C
180	项目管理	P	C	C	C	C	C

注：J 表示监督；P 表示批准；C 表示参与；F 表示负责

✍复习思考题

第六章 项目采购管理

项目采购是指从项目系统外部获得项目所需物料、工程和服务的完整采办过程。任何项目的实施都离不开采购活动，农业项目需要采购农业机械、种子、化肥、农药；水利项目需要得到钢材、水泥、水泵和其他排灌设备；土建项目需要选定承包商来提供施工服务；技术服务项目需要聘请咨询专家。项目采购对象不仅包括物资，还包括土建工程和咨询服务。可以说，采购工作是项目实施中的重要环节。有效的项目采购管理，不仅可以促进项目的顺利实施和按期完成，而且可以有效降低项目成本。

本章重点介绍项目采购的定义及分类、项目采购管理及计划、招标采购、非招标采购、咨询服务采购和项目采购合同管理。最后，以“某市化肥厂工程建设项目采购管理”案例，说明项目采购与合同管理的实际应用。

第一节 项目采购概述

一、项目采购的定义及分类

1. 项目采购的定义

项目采购与一般概念上的商品购买含义不同。它包括以不同方式从系统外部获得物料、工程和服务的整个采办过程，采购的不仅仅是物料，而且还包括雇佣承包商来实施工程建设和聘用咨询专家来从事咨询服务。

（1）物料采购。物料采购属于有形采购，是指购买项目建设所需的投入物，如机械、设备、仪器、仪表、办公设备、建筑材料（钢材、水泥、木材等）、农用生产资料等，并包括与之相关的服务，如运输、保险、安装、调试、培训、初期维修等。这类采购可以通过招标完成，也可以通过询价完成。

（2）工程采购（招标采购）。土建工程采购也是有形采购，通过招标或其他商定的方式选择工程承包单位，即选定合格的承包商承担项目工程施工任务，如改扩建西直门立交桥、小浪底的土建工程、建筑商业大厦、污水处理工程等，与之相关的服务，如人员培训、维修等也包括在内。

（3）咨询服务采购。咨询服务采购不同于一般的货物或工程采购，它属于无形采购。咨询服务采购包括聘请咨询公司或单个咨询专家。咨询服务的范围很广，大致可分以下四类：①项目立项阶段的咨询服务，如项目的可行性研究；②工程项目设计工作和招标文件编制任务；③项目管理和施工监理等执行性服务；④项目技术援助和培训等服务。

2. 项目采购的分类

项目采购按采购方式的不同可分为如下种类（图 6.1）。

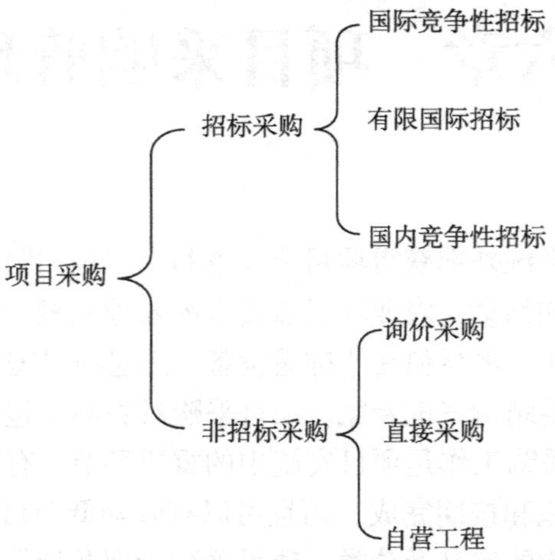

图 6.1　项目采购按采购方式的分类

（1）招标采购。招标采购是由招标人发出招标公告，邀请投标者进行投标，然后由招标人对投标者提出的投标文件进行综合评价，从而确定中标人，并与之签订采购合同的一种采购方式，它包括国际竞争性招标（international competitive bidding，ICB）、有限国际招标（limited international bidding，LIB）和国内竞争性招标（national competitive bidding，NCB）。

（2）非招标采购。非招标采购类似于日常的采购活动，一般适用于单价较低、有固定标准的物品采购，它主要包括询价采购、直接采购、自营工程等。

二、项目采购管理

项目采购管理是指为达到项目目标从项目组织外部获取物料、工程和服务所进行的管理过程，它是保证项目成功实施的关键活动。如果采购的物料、工程和服务没有达到项目规定的标准，必然会降低项目的质量，影响项目的成本、进度和质量等目标的实现，甚至导致整个项目的失败。项目采购管理的总目标是以最低的成本及时地为项目提供满足其需要的物料、工程和服务。

项目采购管理由如下一系列具体的管理工作过程组成，具体如图 6.2 所示。

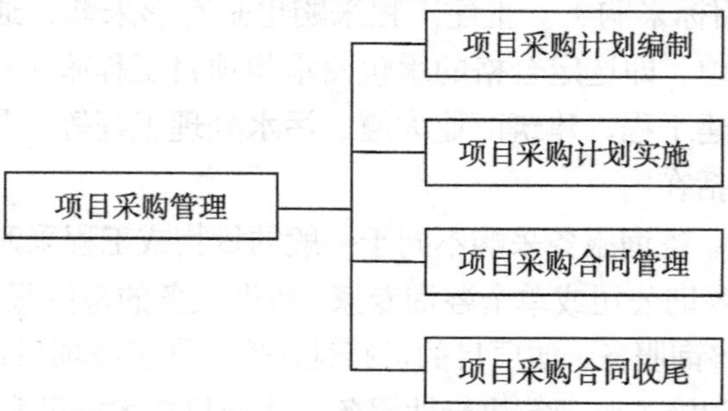

图 6.2　项目采购管理的过程

项目采购管理工作包括以下几个方面。

（1）编制项目采购计划，确定采购需求。项目采购计划确定了需要采购什么、何时采购、采购多少、怎样采购等相关问题。

（2）实施项目采购计划。在制订了项目采购计划之后，调查分析市场供求现状，了解市场行情，确定采购方式，组织采购。

（3）项目采购合同管理。项目采购合同管理包括：与供应商进行合同谈判，合同签订、合同履行及合同执行中对存在的问题采取必要行动或措施，合同支付，合同纠纷的处理，等等。

（4）项目采购合同收尾。项目采购合同收尾是指合同履行完毕或合同因故终止所需要的一系列管理工作，如采购结算、索取保险赔偿金和违约金等。

三、项目采购计划

项目采购计划确定了如何从项目组织的外部获取资源才能最好地满足项目需求，项目采购计划是整个采购过程中的第一步，它包括项目的采购方式、采购的预测成本、时间的安排、各种采购的相互衔接、采购如何与项目的其他方面（如进度计划和业绩报告）相协调等内容。

项目采购计划主要回答了以下六个方面的问题：①采购什么，即采购的对象及其品质，这是由资源需求计划和各种资源需求的描述决定的。②何时采购，即采购的时点和时间，采购时点可以采用经济订货点等方法确定。③如何采购，即采购过程中采用的工作方式，是自制还是外购，采用招标采购还是非招标采购，选择何种合同类型等。④采购多少，即采购的数量，可以通过经济订货量分析来确定合适的采购数量。⑤从何处采购，即选择适当的供应商作为项目的供应来源，这时要满足两个条件：一是经济性，即在供应来源中选择成本最小的供应商；二是可获得性，供应商必须能够及时提供项目所需的物料、工程或服务。⑥以何种价格采购，即以适当的价格获得所需资源，项目团队要在资源质量和交货期限的限制条件下，寻找最低的合同价格。

编制项目采购计划时应注意的问题如下：①采购物料、工程和服务的质量与使用性能要符合项目的要求。②采购计划要明确规定采购的步骤、时间、先后顺序及衔接等问题。③采购计划要对整个采购过程进行协调管理。

第二节　招标采购

一、招标采购方式

世界银行在 1996 年 8 月出版的《采购指南》中对采购工程、货物和服务的各种方式做了明确、具体规定，其中将招标采购分为国际竞争性招标、有限国际招标和国内竞争性招标。招标采购方式具有如下优点：①帮助采购者以最低价格取得符合要求的工程或货物；②符合要求的供货者有机会参加投标；③公开公正，可避免贪污受贿行为。

我国自 2000 年 1 月 1 日起施行的《中华人民共和国招标投标法》第 3 条规定，在中华人民共和国境内进行下列工程建设项目包括项目的勘察、设计、施工、监理，以及工程建设有关的重要设备、材料等的采购，必须进行招标：①大型基础设施、公用事业等关系社会公共利益、公共安全的项目；②全部或者部分使用国有资金投资或者国家融资的项目；③使用国际组织或者外国政府贷款、援助资金的项目。

1. 国际竞争性招标程序

国际竞争性招标有一套完整的招标程序，包括：刊登采购广告；资格预审；编制招标文件；刊登具体招标通告；发售招标文件；投标、开标、评标、授标、签订合同。

2. 有限国际招标程序

有限国际招标方式实际上是一种不公开刊登广告，而直接邀请有关厂商的国际竞争性招标。这种方式一般适用于下列情况：①采购金额较小；②有能力提供所需货物的供货商、服务的提供者或工程的承包商数量有限；③有其他特殊原因，证明不能完全按照国际竞争性招标方式进行采购，如紧急的援建项目等。除了不刊登广告、不实行国内优惠外，有限国际招标的程序与国际竞争性招标的程序是相同的，在此不再详述。

3. 国内竞争性招标

国内竞争性招标是通过在国内刊登广告并根据国内招标程序进行的。它的适用情况是：①合同金额小；②土建工程地点分散，而且施工时间可能要拖得很长；③劳力密集型的土建工程；④在国内能够采购到的货物或工程，其价格低于国际市场的价格；⑤如果采用国际竞争性招标的方式所带来的行政或财务上的负担，明显地超过国际招标所具有的优越性，在这种情况下，也可以采用国内竞争性招标。国内竞争性招标的采购程序与国际竞争性招标类似，一般包括编写文件、刊登广告、投标、开标、评标、合同谈判等步骤。至于资格预审，除非是很大的项目，一般和评标一起进行资格审定，可不单独进行资格预审。

二、招标采购的基本程序

招标采购是为了使项目组织能够以最低的价格采购到所需的物料、工程和服务，并保证投标者有一个公平参与投标竞争的机会而进行的。招标采购的基本程序如图 6.3 所示。

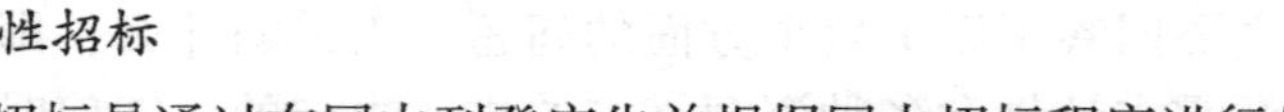

图 6.3　招标采购的基本程序

1. 招标准备

招标准备是指在投标之前所做的准备工作，其主要程序如下。

（1）编制招标文件和标底。招标文件是招标者招标采购物料或承建工程项目的法律文件，是投标者准备投标文件和投标的依据，是评标的依据，也是签订和履行合同的依据。招标文件的编制质量直接影响采购的效果和进度，招标文件应为投标者提供一切必要的资料，以便使其做好投标的准备，所以招标文件的编制必须做到系统、完整、准确、明了，使投标者一目了然。招标文件包括如下主要内容：①工作说明；②需求建议书；③可交付成果；④客户供应条款；⑤过程确认；⑥合同类型；⑦付款方式；⑧时间进度表；⑨投标文件的内容；⑩提交项目投标文件的最后期限；⑪项目投标文件的评价标准。

（2）刊登招标公告。招标者要在本国的官方公告或其他官方出版物上刊登招标公告，某些类型的采购项目还要求公开向大众做广告，如在政府合同下的子合同绝大部分必须公开向大众做广告，使所有合格的投标者都有同等的机会了解投标的要求，以形成广泛的竞争局面。

（3）资格预审。凡是大型的土建工程、成套复杂设备项目等，在正式组织投标之前都要进行资格预审，即对投标者承担工程或制造设备是否有足够能力先进行审查，以便缩小投标者的范围，减轻评标的负担。资格预审中主要考虑的因素如下：①投标者的经验；②投标者所具有的人员配备、施工和制造能力的情况；③投标者的财务状况；④投标者的法律地位。

（4）发售招标文件。招标文件编制好后，就要发售招标文件。如果已经进行过资格评审，那么就可以向通过资格评审的投标者发售招标文件；如果没有进行过资格评审，招标文件只能发售给对招标广告做出了反应的投标者。

（5）召开投标者会议。投标者会议是在投标之前与潜在的投标者召开的会议，以确保所有潜在投标者有平等的机会对采购有一个清晰、共同的理解（技术要求、合同要求等），对投标者问题的答复有可能作为修订条款包含到招标文件中去。

2. 投标

在规定的投标截止日期之前收到的招标文件才有效，凡是在截止日期之后收到的投标文件应该原封不动地退还。为了使投标者有充足的时间安排投标，投标时间的确定要考虑到以下几点：①要根据项目的实际情况来确定投标时间；②对大型工程和复杂的设备项目，要组织标前会和现场考察；③对投标者提出的书面问题要及时澄清、答复。

投标者投标时，必须及时提供合格的投标文件。投标文件的内容包括：①投标书及其附录；②报价；③与报价有关的技术文件，如拟采用的技术方案、主要设备、拟派出的人员名单及工作进度等。

3. 评标与定标

评标是根据招标文件中规定的标准和方法，对每个投标者的投标文件进行评价、比较，从而选定供应商。评标首先对投标文件进行初评，主要是审查投标文件是否完整、有无计算的错误、是否提交了足够的保证金、投标文件是否合乎要求等，然后是对投标书的具体评价和比较。

选择供应商主要考虑如下因素。

（1）成本。成本就是投标者的报价，这可能是选择供应商的决定因素，但是如果供应商最后不能及时提供合乎标准的物料、工程和服务，那么尽管报价最低，也不能选择这样的供应商。

（2）技术方案。选择供应商时，应该考虑供应商的技术实施方案是否适用、是否具有灵活性、是否考虑了实施中可能存在的风险。

（3）进度计划分析。选择供应商时，还要考虑供应商的进度计划是否科学、合理，是否能在项目规定的时间内完成项目的目标。

（4）供应商在同类项目中的经验。如果供应商在同类项目中积累了很多经验，就有可能在规定的时间内提供符合标准的物料、工程和服务。

在选择供应商时，通常需要综合考虑各种因素，如报价、供应商的经验、技术可行性、供应的时间及满足项目需求的程度等，为此可使用加权体系，具体做法是：①为每个评审标准分配一个数字权重；②根据每个评审标准给潜在的供应商打分；③用分数乘以权重；④合计乘积结果，计算出汇总分数，作为评价和选择的依据。

例：

某项目在评标时，根据招标文件的要求，给予各种因素的权重分别为：承担单位在类似项目中的经验为20%，承担单位提出的技术方案为30%，进度计划为10%，成本为40%。设定每个要考虑的因素总分为100分，给每个因素打分，甲投标者的四个因素的得分分别是80分、80分、75分、90分；乙投标者的四个因素的得分分别是90分、80分、70分、80分；丙投标者的四个因素的得分分别是85分、85分、70分、90分。如何对这三个投标者进行选择?

解：

甲投标者的综合得分=80×0.2+80×0.3+75×0.1+90×0.4=83.5（分）

乙投标者的综合得分=90×0.2+80×0.3+70×0.1+80×0.4=81（分）

丙投标者的综合得分=85×0.2+85×0.3+70×0.1+90×0.4=85.5（分）

丙投标者的综合得分最高，因此应该选择丙投标者。

第三节　非招标采购

在项目采购中，除采用招标采购方式之外，还可根据项目需要采用其他非招标采购方式。非招标采购类似于日常运作的采购活动，在现实生活中的应用非常广泛，一般适用于单价较低、有固定标准的物品采购。通常采用的此类方式有国际询价采购（international shopping，IS）和国内询价采购（national shopping，NS）、直接采购、自营工程等。

一、国际询价采购和国内询价采购

国际询价采购和国内询价采购，也称为“货比三家”，是在比较几家国内外厂家（通常至少三家）报价的基础上进行采购，这种方式只适用于采购现货或价值较小的标准规格设备，或者适用于小型、简单的土建工程。

询价采购不需正式的招标文件，只需向有关的供货厂家发出询价单，让其报价，然后在各家报价的基础上进行比较，最后确定并签订合同。

世界银行贷款项目在贷款协定中，对国内或国际询价采购的范围和总金额及单项货物或服务的金额等，都做了明确的规定。国际或国内询价采购方式的确定是根据项目采购的内容、合同金额（通常单个合同在 20 万美元以下，累计合同金额不超过 500 万美元）的大小，以及询价采购的金额占贷款采购量的比例等因素而确定的。例如，某个石油贷款协定规定，每项价值在 15 万等值美元以下，且累计总额不超过 350 万等值美元的设备、备件和仪器，可通过国际或国内询价采购方式购得。又如，某个铁道项目的贷款协定规定，每个合同的估计价值不超过 10 万等值美元，且总值不超过 200 万等值美元时，采用国际或国内询价采购方式进行采购。尽管贷款协定中已有明确规定，但世界银行一般还是要求，在采用此方式进行采购时，将采购的货物或服务的名称、内容、估计金额等报世界银行审核。只有在世界银行审核后，才能发盘询价。

在具体实施过程中，应按照贷款协定中写明的限额和有关规定执行，如果有必要突破，要及时向世界银行通报情况，以争取修改协定和原写明的限额；若自行改变，世界银行将视为“采购失误”而不予支付。

二、直接采购

不通过竞争直接签订合同（direct contracting，DC）的方式，适用于下述情况。

（1）对于已按照世界银行同意的程序授标并签约，而且正在实施中的工程或货物合同，在需要增加类似的工程量或供货量的情况下，可通过这种方式延续合同。此时，必须向世界银行说明，并取得认可，即进一步的竞争采购不会带来任何好处，而且延续合同的价格是合理的。

（2）考虑与现有设备配套的设备或备件的标准化方面的一致性，可采用此方式向原来的供货厂商增购货物。在这种情况下，原合同货物应是适应要求的，增加购买的数量应少于现有货物的数量，价格应当合理。

（3）所需设备具有专营性，只能从一家厂商购买。

（4）负责工艺设计的承包人要求从指定的一家厂商购买关键的部件，以此作为保证达到设计性能或质量的条件。

（5）在一些特殊情况下，如抵御自然灾害，或由于需要早日交货，可采用直接签订合同方式进行采购，以免由于延误而花费更多的费用。此外，在采用了竞争性招标方式（包括废弃所有投标而重新招标）而未能找到一家承包人或供货商能够以合理价格来负责所需工程施工或提供货物的特殊情况下，也可以采用直接签订合同的方式洽谈合同，但是要经世界银行同意。

通常，项目中哪些子项需要采用直接采购、金额多大，以及世界银行有些什么要求，在贷款协定和评估报告中均有具体规定，项目单位不能自行改变采购方式。确实需要改变或调整时，要事先征得世界银行同意。

三、自营工程

自营工程（force account）是土建工程中采用的一种采购方式。它是指借款人或项目业主不通过招标或其他采购方式而直接使用自己国内、省（区）内的施工队伍来承建的土建工程。按世界银行的注解，凡是政府拥有的非自主地经营管理且在财务上不是独立的施工单位，都应视为自营工程的施工队伍。自营工程适用于下列情况：①工程量的多少事先无法确定。②工程的规模小而分散，或所处地点比较偏远，使承包商要承担过高的动员调遣费用。③必须在不干扰正在进行中的作业的情况下进行施工并完成工程。④没有一个承包商感兴趣的工程。⑤如果工程不可避免地要出现中断，在此情况下，其风险由借款人或项目业主承担，比由承包人承担要更为稳妥。

土建项目中，哪些子项目适用于自营工程，在贷款协定中均有明确规定。在执行中要严格按照协定的要求确定采购方式，不可自行从事；如果项目单位想要扩大自营工程的比例，项目单位必须在项目谈判之前或谈判之中向世界银行提出，以便达成谅解；不可在项目执行中自行改变采购方式，否则，世界银行会视为违反贷款协定而取消贷款。

第四节　咨询服务采购

一、咨询服务的内容

项目中的咨询服务包括确定项目的可行性、准备性服务、项目实施中的咨询服务、技术援助等几部分（表 6.1）。

表 6.1　咨询服务内容表

项目期	咨询服务内容
立项前	选择投资方向 可行性分析比较 政府政策
立项准备	明确项目范围 技术范围 费用成本估算 准备招标文件
项目执行期	工程监督 合同文件的解释 采购 技术援助 培训 组织建设等

1. 确定项目的可行性

在确定项目的可行性研究阶段，咨询的内容包括：确定投资的优先地位和部门政策；明确具体项目的基本特征和可行性；确定并明确为顺利实施开发计划和投资项目，政府在政策经营活动和机构方面所应做到的变化和改进。

2. 准备性服务

为了备选项目顺利上马和实施，要做以下工作：明确一个项目的内容，实施项目所需的技术、经济和其他方面的工作，包括对项目所需要资本及经营费用做出详细预算；对承包合同的工程及性能要求做出详细规定；为土建工程及设备采购准备招标文件及采购文件；决定保险需要和规格，初步审查承包商的资格及分析投标和建议等。

3. 项目实施中的咨询服务

项目整个执行期间所需的咨询服务，包括工程监督和项目管理，如审查和迅速处理承包人和供货商交收货物发票清单，以及对合同文件进行解释方面的技术服务，还包括对采购和对同一项目的承包商各项投入资源进行协调，以及在最初阶段对各种设施的开始运转和营运提供援助，等等。

4. 技术援助

技术援助包括广泛的咨询性和支援性的服务，如维修计划、管理咨询服务、培训、开发和部门规划、机构制度建立和健全，以及组织和管理方面的研究。

二、提供咨询服务的各类组织

提供咨询服务的组织有以下几种：①专门的咨询公司，包括咨询合伙公司、私人公司、公营公司、政府资助公司、政府企业、私营非营利组织、国际组织、大学。②某些公司的咨询部门，但资格有一定限制。③借款人所有或主办的咨询组织如果在法律和财务上独立，并且按照商业法经营，也可以承担项目的咨询工作。

三、选择咨询人

咨询人的选择依据是咨询公司及人员的能力、资历、咨询效果、成本与客户的关系等。选择咨询人的步骤包括：确定咨询任务；咨询费用估算；刊登广告物色咨询人；确定咨询人名单；准备、发出建议书邀请函；咨询人的评审；咨询人的谈判和合同的签订。

1. 确定咨询任务

其具体包括：确定咨询的任务目标；明确咨询的服务范围；制定咨询报告和时间进度表；确定项目单位对咨询的投入，包括为咨询人员提供的办公室、交通工具、资料、其他服务和设施。

2. 咨询费用估算

项目单位就拟定的咨询任务，做出费用概算，其多少应视所要求的各种人力、物力而定，包括人员的类别和水平，在现场和办公室工作所需时间、物质投入及服务所需的其他事项。咨询费用包括咨询公司工作人员费用、当地工作人员费用、飞机票、旅途中住宿费用、车辆、办公设备、工程设备、电传服务、报告复印、调查过程中的花费、生活津贴或每日费用及国内旅行费用等。

3. 刊登广告物色咨询人

世界银行规定超过 20 万美元的咨询合同，应在至少一份国内报纸和联合国《发展商业报》上刊登广告，也可选择一份国际性报纸或技术刊物刊登广告。

4. 确定咨询人名单

项目单位应首选那些有兴趣又有资格的咨询人。为避免甄选过程过于复杂，咨询人名单为 3 ~ 6 家。

5. 准备、发出建议书邀请函

项目单位向 3 ~ 6 家咨询人发建议书邀请函，要求咨询人提供咨询建议书，具体包括一封邀请信、咨询人须知、技术建议书、财务建议书、任务纲要、合同草案等。其中，邀请信应详细说明要寻求何种咨询服务、资金来源、项目单位的详细情况，以及提交建议书的日期、时间和地点。在咨询人须知中，项目单位提供的资料应尽可能完备，以使咨询人可以据此准备充分合乎要求的建议书，并使所有提出的建议具有可行性。同时，还应介绍评选过程、注明评分标准和因素及其相应的权重和质量分的及格标准、规定建议书的有效期。

6. 咨询人的评审

（1）质量评审。

质量评审主要是对下列各项进行评价：咨询人在咨询服务领域的经验如何；所建议的工作计划是否适宜，其质量如何；咨询小组中关键人员的资格和能力如何；咨询人是否同意对项目单位的知识转让；执行任务所需关键人员中本国人员的参与程度如何。

其中，对关键人员的资历和经验是通过履历表来审查的，履历表必须真实、准确、完整。评价标准如下：①一般资格，包括所受教育及培训、资历、现任职务及在该公司工作的时间，此人在与该任务所在国相似的发展中国家的工作经历，等等；②是否胜任该项目的工作，包括在该行业、领域、学科的经验，与特定任务相关的教育程度、培训等情况。③在该地区的经历，对当地语言、文化、管理体制、政府机构的了解情况，等等。质量评审结束后，由项目单位编制评审报告，详细说明评审依据和结果。

（2）费用评审。

费用评审要采取两阶段的程序，即将技术建议和财务建议用密封信分别提出或将价格建议随后再提出来。在评审费用的时候要先评审技术建议，再评审财务建议，并使两阶段程序保持完整、连贯。

（3）质量和费用综合评审。

在基于质量和费用的选择程序下，评定每份建议书的质量和财务得分后，将二者加权后相加得出总分。通过对权数的调整来反映质量和费用对项目的重要程度。考虑费用因素，有利于在保证咨询质量的前提下节省咨询费用开支。考虑各因素后评分最高的咨询人应按要求进行谈判、签订合同。

7. 咨询人的谈判和合同的签订

咨询人与项目单位就咨询合同进行谈判，谈判内容应包括：咨询人的工作计划、咨询任务的确定；咨询人员组成及要求；项目单位对咨询的投入，如办公设施、生活待遇等；编制咨询工作进度表；财务谈判，制定人/月费率，国际旅行费用，其他可报销费用、当地费用（生活津贴）付款安排等；合同类型，当谈判完毕，决定与某咨询人签订合同时，项目单位应通知其他咨询人，告知他们未被选中。

第五节　项目采购合同管理

一、项目合同的概念

合同也称为契约，是指双方当事人按照法律的规定，订立、变更和解除民事权利和义务的协议。合同具有以下特征：①合同是一种法律行为，这种法律行为是双方当事人之间产生的权利和义务的关系，并保证双方当事人全面地履行合同。②合同是双方当事人的法律行为，只有在双方意见一致时，合同才能成立。③双方当事人在合同中具有平等的地位，即双方当事人以平等的民事主体的身份来签订合同。④合同是一种合法的法律行为，双方当事人必须按照法律的规定达成协议，才能签订合同。⑤合同关系是一种法律关系，具有强制性。项目采购合同是指项目组织和供应商为了实现项目采购计划，明确双方的权利和义务关系的协议。项目组织选择供应商后，经过一番合同谈判，双方达成一致意见即可以签订采购合同。项目采购合同主要包括以下方面：供应商的责任和权利；项目组织的主要责任和权利；合同价格、计价方法和补偿条件；工期要求；争执的解决；双方的违约责任；履行合同可能存在的问题和风险；附录。

合同一旦签署，合同管理工作就开始了。项目采购合同管理是指保证合同双方严格地按照所签订合同规定的各项要求自觉履行各自的义务，维护各自权益的过程。项目组织和供应商应认真按照所签订合同的规定，在适当的时间、地点，以适当的方式全面完成自己所承担的义务，以实施采购管理计划，实现合同双方双赢的目标。

二、项目合同的分类与选择

项目合同按不同的分类方法，分类也不同。

1. 按签约各方的关系分类

（1）工程总承包合同。它是指项目组织与承包商之间签订的合同，所包含的范围包括项目建设的全过程（包括土建、安装、水、电、空调等）。

（2）工程分包合同。它是承包商将中标工程的一部分内容包给分包商，为此而签订的总承包商与分承包商间的分包合同。允许分包的内容，一般在合同条件中有规定，如菲迪克国际咨询工程师联合会(International Federation of Consulting Engineers，FIFIC）

（又称菲迪克）合同条件就规定“承包商不得将全部工程分包出去……如（工程师）同意分包（指部分分包），也不得免除承包商在合同中承担的任何责任和义务”，也就是说签订分包合同后，承包商仍应全部履行与业主签订的合同所规定的责任和义务。

（3）货物购销合同。它是项目组织为从组织外部获得货物而与供应商签订的合同。

（4）转包合同。它是一种承包权的转让。承包商之间签订的转包合同，明确由另一承包商承担原来承包商与项目组织签订的合同所规定的义务和风险，并享受其赋予的权利，而原承包商从转包合同中获取一定的报酬。

（5）劳务分包合同。通常称劳务分包合同为包工不包料合同或包清工合同。分包商在合同实施过程中，不承担材料涨价的风险。

（6）劳务合同。承包商或分承包商雇佣劳务所签订的合同。提供劳务的一方不承担任何风险，但也难获得较大的利润。

（7）联合承包合同。它是指两个或两个以上合作单位之间，以承包人的名义，为共同承担项目的全部工作而签订的合同。

2. *按合同计价方式分类*

第一，固定价或总价合同。这种类型的合同就是把各方面非常明确的产品的总价格固定下来。固定价合同还可以增加激励措施，以便达到或超过预定的项目目标。

第二，单价合同。付给承包商的报酬按单位服务计算（例如，每小时专业服务 70 美元或每立方挖方 1.08 美元），因此，该合同的总价值是为完成该项目所需工作量的函数。

第三，成本加酬金合同。这种类型的合同就是向承包商支付（报销）项目的实际成本。成本一般分为直接费用（项目直接开支的费用，如项目人员的薪水）和间接费用（由实施组织分摊到该项目上作为经营费用的费用，如承包商行政人员的工资）。间接费用在计算时一般都取直接费用的某个百分比。成本加酬金合同经常包括某些激励措施，以便达到或超过某些预定的项目目标。

成本加酬金合同在实践中有四种类型。

（1）成本加固定百分比酬金，可按下式计算：

$$C=C_d+C_dP$$

式中，C 为合同总价；C_d 为实际发生的项目成本；P 为固定百分比。

（2）成本加固定酬金，项目成本实报实销，但酬金是事先商定的一个固定数目，可按下式计算：

$$C=C_d+F$$

式中，F 为固定酬金。

（3）成本加浮动酬金。这种承包方式是预先商定项目成本和酬金的预期水平，根据实际成本与预期成本的离差，酬金上下浮动，计算公式如下：

当 $C_d=C_o$ 时，$C=C_d+F$。

当 $C_d>C_o$ 时，$C=C_d+F-\Delta F$。

当 $C_d<C_o$ 时，$C=C_d+F+\Delta F$。

式中，C_o为预期成本；ΔF为酬金的增减部分。

（4）目标成本加奖罚。这种承包方式与成本加浮动酬金基本相同，这种办法以项目的粗略估算成本作为目标成本，随着项目设计的逐步具体化，可对劳务数量和目标成本加以调整。另外，规定一个百分数，作为计算酬金的比率，最后结算时，根据实际成本与目标成本的关系确定计算公式：

$$C=C_d+P_1C_o+P_2(C_o-C_d)$$

式中，C_o为目标成本；P_1为基本酬金百分数；P_2为奖罚百分数。

第四，计量估价合同。计量估价合同以承包商提供的劳务数量清单和单价表为计价的依据。

3. 按承包范围分类

（1）交钥匙合同。这种合同有时又叫“统包”或“一揽子”合同，整个项目的设计和实施通常由一个承包商承担，签订一份合同。项目业主只概括地叙述项目的一般情况，提出一般要求，而把项目的可行性研究、勘测、设计、施工、设备采购和安装及竣工后一定时期内的试运行和维护等，全部承包给一个承包商。这就要求业主必须很有经验，能够同承包商讨论工作范围、技术要求、工程款支付方式，能够监督施工方式、方法。因此这种合同方式最适合于承包商非常熟悉的那类技术要求高的大型工程项目。

（2）设计—采购—施工合同。与交钥匙合同类似，只是承包的范围不包括试生产及生产准备。

（3）设计—采购合同。承包商只负责工程项目设计和材料设备的采购，工程施工由甲方另行委托。例如，美国卡洛克公司为中国承建的 13 套大型化肥项目合同即属于此种。美方只负责工程项目设计和设备材料供应，工程施工由中方自己负责，美方负责设备安装指导。

（4）单项合同。这类合同包括设计合同、施工合同、技术服务合同、咨询服务合同等。对于设计合同，承包商只承包工程项目设计和实施中的设计技术服务，而大部分工作由业主统一协调控制；对于施工合同，承包商只能按图施工，无权修改设计方案，承包范围单一。

4. 合同类型的选择

合同类型的选择主要考虑项目的性质、复杂程度、环境、风险程度和甲乙双方的兴趣及合作基础等多种因素。主要考虑因素如下。

（1）甲方因素，包括业主的项目目标、资信、能力（管理水平、组织能力、资金供应能力）、管理作风、性格和打算对项目的介入深度，对承包商的要求及信任程度。

（2）乙方因素，包括承包商的经营战略、目标、能力（技术能力、管理能力、组织能力、资金能力等）、企业规模、工程经历、管理风格、现有工程状况等。

（3）项目因素，包括项目类型、项目规模、项目特点、技术新颖性、项目目标的确定性、项目设计的深度和准确程度、计划的深度、招标时间限制、项目风险程度、项目资源供应状况等。

（4）环境因素，包括：市场竞争激烈程度，物价的稳定性，社会、政治和法律的稳定性，项目现场条件和周边环境的确定性等。

由于项目合同涉及双方的利益和责任，甲乙双方均应综合考虑各方面因素，权衡利弊，根据项目的具体条件，在充分协商的基础上共同选择能被双方认可和接受的合同方式。

三、项目合同的效力

项目合同效力是指合同所具有的法律约束力。只有有效的合同才受到法律保护。

1. 合同生效要件

合同生效，即合同发生法律约束力。合同生效后，业主和承包商须按约定履行合同，以实现其追求的法律后果。《中华人民共和国合同法》规定，“依法成立的合同，自成立时生效”，但也有两种特殊的情况。

（1）按照法律或行政法规规定，有些合同应当在办理批准、登记等手续后生效。例如，担保法规定以土地使用权、城市房地产等抵押的，应当办理抵押物登记，抵押合同自登记日起生效。

（2）当事人对合同的效力可以约定附条件或者附期限，那么合同在自然条件成立或者期限截止前生效。

2. 无效合同

第一，无效合同的确认。

合同法规定，有下列情形之一的，合同无效（无效合同的确认权归合同管理机关和人民法院）：①一方以欺诈、胁迫的手段订立合同；②恶意串通，损害国家、集体或者第三人利益；③以合法形式掩盖非法目的的；④损害社会公共利益；⑤违反法律、行政法规的强制性规定。

第二，无效合同的处理。

（1）无效合同自合同签订时就没有法律约束力。

（2）合同无效分为整个合同无效和部分无效。如果合同部分无效的，不影响其他部分的法律效力。

（3）合同无效不影响合同中独立存在的有关解决争议条款的效力。

（4）因无效合同取得的财产，应予返还；有过错的一方应当赔偿对方因此所受到的损失。

3. 可撤销合同

合同法规定合同可撤销制度，是为了体现和维护公平和自愿的原则，给当事人一个补救的机会。

第一，可变更或撤销合同的条件。

（1）当事人对合同的内容存在重大误解。

（2）在订立合同时显失公平。

（3）一方以欺诈、胁迫的手段或者乘人之危，使对方在违背真实意愿的情况下订立合同。

对可撤销合同，只有受损害方才有权提出变更或撤销。有过错的一方不仅不能提出变更或撤销，而且还要赔偿对方因此所受到的损失。

第二，可撤销合同与无效合同的区别。

（1）可撤销合同必须由当事人提出变更还是撤销。当事人可以自由选择。

（2）提出的当事人有举证责任。请求人要提出存在的重大误解，或显失公平，或对方在签订合同时采取的欺诈、胁迫手段，或者乘人之危的证据。

（3）可撤销合同必须由人民法院或者仲裁机构做出裁决。做出裁决之前该合同还是有效的。如果裁决决定对合同内容予以变更，则按裁决履行；如果裁决该合同被撤销，那么它从签订时开始就没有法律约束力。

（4）撤销权的行使有一定的期限。具有撤销权的当事人从知道撤销事由之日起一年内没有行使撤销权，或者知道撤销事件后明确表示，或者以自己的行为表示放弃撤销权，则撤销权消失。

四、项目合同的履行与违约责任

1. 项目合同的履行

项目合同的履行是指合同生效后，当事人双方按照合同约定的标的、数量、质量、价款、履行期限、履行地点和履行方式等完成各自应承担的全部义务的行为。严格履行合同是双方当事人的义务，因此，合同当事人必须共同按计划履行合同，实现合同所要达到的各类预定的目标。

项目合同的履行有实际履行和适当履行两种形式。

（1）实际履行。项目合同的实际履行，即要求按照合同规定的标的来履行。实际履行，已经成为我国合同法规的一个基本原则。采用该原则对项目合同的履行具有十分重大的意义。由于项目合同的标的物大都为指定物，因此不得以支付违约金或赔偿损失的方式来免除一方当事人继续履行合同规定的义务。实际履行的正确含义只能是按照项目合同规定的标的履行。

当然，在贯彻以上原则时，还应从实际出发。在某些情况下，过于强调实际履行，不仅在客观上不可能，而且还会给对方和社会利益造成更大的损失。这样，应当允许用支付违约金和赔偿损失的办法，代替合同的履行。

（2）适当履行。项目合同的适当履行，即当事人按照法律和项目合同规定的标的按质按量地履行。义务人不得以次充好、以假乱真，否则，权利人有权拒绝接受。所以在签订合同时，必须对标的物的规格、数量、质量作具体规定以便按规定履行义务，权利人按规定验收。

2. 违约责任

违约责任是指合同当事人违反合同约定，不履行义务或者履行义务不符合约定的所应承担的责任。违约责任制度是保证当事人履行合同义务的重要措施，有利于促进合同的全面履行。没有违约责任制度，“合同具有法律约束力”便成为空话。

当事人一方不履行合同义务或者履行合同义务不符合约定的，应当承担如下责任：①继续履行合同。违约人应继续履行没尽到的合同义务；②采取补救措施，如质量不符合约定的，可以要求修理、更换、重做、退货、减少价款或者报酬等；③支付违约金；④赔偿损失。违约方在继续履行义务、采取补救措施、支付违约金后，对方仍有其他损失，则应当赔偿损失。损失的赔偿额应相当于因违约所造成的损失，包括合同履行后可以获得的利润。

因不可抗力导致不能履行合同责任，可以部分或全部免除合同责任。但如果当事人拖延履行合同责任后发生不可抗力，不能免除责任；法律规定和合同约定有免责条件，当发生这些条件时，可以不承担责任。

五、项目合同纠纷处理

合同纠纷通常具体表现在，当事人双方对合同规定的义务和权利理解不一致，最终导致对合同的履行或不履行的后果和责任的分担产生争议。合同纠纷的解决通常有如下几个途径。

（1）协商。这是一种最常见的，也是首先采用的解决方法。当事人双方在自愿、互谅的基础上，通过双方谈判达成解决争执的协议。这是解决合同纠纷的最好方法，具有简单易行、不伤和气的优点。

（2）调解。调解是在第三者（如上级主管部门、合同管理机关等）的参与下，以事实、合同条款和法律为依据，通过对当事人的说服，使合同双方自愿、公平合理地达成解决协议。如果双方经调解后达成协议，由合同双方和调解人共同签订调解协议书。

（3）仲裁。仲裁是仲裁委员会对合同争执所进行的裁决。我国实行一裁终局制，裁决做出后合同当事人就同一争执若再申请仲裁或向人民法院起诉，则不再予以处理。仲裁做出裁决后，由仲裁机构制作仲裁裁决书。对仲裁机构的仲裁裁决，当事人应当履行。当事人一方在规定的期限内不履行仲裁机构的仲裁裁决，另一方可以申请法院强制执行。

（4）诉讼。诉讼解决是指司法机关和案件当事人在其他诉讼参与人的配合下，为解决案件依法定诉讼程序所进行的全部活动。基于所要解决的案件的不同性质，诉讼可以分为民事诉讼、刑事诉讼和行政诉讼。在项目合同中一般只包括广义上的民事诉讼，即民事诉讼和经济诉讼。

项目合同当事人因合同纠纷而提起的诉讼，一般由各级法院的经济审判庭受理并判决。根据某些合同的特殊情况，还必须由专业法院（如铁路运输法院、水上运输法院、森林法院及海事法院等）进行审理。

第六节　案例：某市化肥厂工程建设项目采购管理

本案例以某市化肥厂工程建设项目为例，说明项目采购管理的实际应用，重点介绍如何进行工业生产性项目的采购管理、分包商选择与管理、合同管理等。

一、项目概况

1. 项目简介

某化肥厂工程是省重点工程项目，是年产合成氨 30 万吨和尿素 52 万吨的大型化肥项目，投资额为 18.6 亿元。化肥厂厂区为 1 020 米×392 米的长方形，以中央道划为东西两区，道东纵向又分三个区，中间为工艺装置，两侧分别为公用工程区和辅助设施区，道西为 360 米×55 米的散装仓库，离厂区 1.5 千米的江边为 210 米×80 米的制袋、装袋设施和装袋成品库，中间由皮带运输桥相连。

该项目的构成为合成氨–尿素肥料联合装置的安装、调试，主要为日产 1 000 吨的合成氨装置、日产 1 700 吨的颗粒尿素装置及公用工程和辅助设施等的安装、调试。施工期为 18 个月。

该工程的建设参与单位有十几个承包商与制造厂。施工程序呈交叉多边、多工种平行流水立体交叉。对项目的管理要求执行国际通行程序与做法。

2. 主要工程量

安装工程项目有 26 项分项工程（即子项目），具体如表 6.2 所示。

表 6.2　分项工程一览表

序号	分项工程名称	项目个数/个	主要承包内容
1	合成氨装置	1	设备、管道、电仪安装、油漆、保温、试车
2	氨库	1	辅助设备、管道、电仪、油漆
3	尿素装置	1	设备、管道、电仪安装、油漆、保温、试车
4	尿素散装库	1	设备、管道、电仪安装、试车
5	尿素制袋包装车间	1	设备、管道、电仪安装、油漆、试车
6	皮带输送栈桥	1	设备、管道、电仪安装、试车
7	尿素装船码头	1	设备、电气安装、油漆、试车
8	水处理	1	油漆
9	凉水塔	1	电仪安装、油漆
10	动力发生中心		
10.1	快装锅炉	1	设备、管道安装、检查
10.2	冷凝液系统	1	设备、管道安装、检查
10.3	紧急事故发电机	1	设备、管道安装、检查
10.4	全厂总降电站	1	安装、调试
10.4.1	主变电所	1	安装、调试

续表

序号	分项工程名称	项目个数/个	主要承包内容
10.4.2	发电机房	1	设备、管道安装、检查
10.5	压缩空气站	1	设备、管道安装、检查
10.6	惰性气体发生站	1	设备、管道安装、检查
11	厂区管廊管道安装	1	管道安装、试车、冲洗
12	天然气站	1	设备、管道、仪表安装、油漆、保温、检查
13	“三废”治理工程	1	设备、管道、仪表、油漆、电气
14	全厂行政辅助公用工程区		
14.1	无线电通信室	1	安装
14.2	中央化验室	1	设备、管道、安装
14.3	急救站	1	设备安装
14.4	火警站	1	火警设备安装
14.5	机、电维修间	2	吊车、设备安装
合计		26	其中，生产装置2个，主要公用工程18个，辅助公用工程6个

主要工程量如下：①设备工程，共7 624台（套件）/11 831.5吨，其中静止设备312台/8 373.3吨，传动设备216台（套）/1 242.3吨；包装输送提升设备165台/1 784.3吨；机床、消防等设备6 931台件/431.7吨。②管道工程，共156 017.3米/3 230吨，其中高压管63 771.2米，中压管14 237.1米，低压管78 009米。该工程管道工程量按焊接当量（达因）计算，地上管道281 038达因；地下管道34 344达因。③保温工程，工程量总计保温面积63 580平方米，其中，设备保温9 121平方米，管道保温54 459平方米。④油漆工程，工程量总面积115 530平方米。

此外，还有电气工程、仪表工程等。

3. 项目特点

这项工程有以下显著特点。

（1）竞争激烈。整个施工现场十几个承包商和制造厂家，从一开始就处于激烈的承包竞争环境中。承包商都是有长期丰富经验的公司。

（2）工期要求紧。该工程绝对工期只有18个月，同样规模的工程在国内规定安装工期从地下管道施工到安装竣工一般是26个月左右。缺乏准备时间，合同一经签订，要求立即动工。

（3）施工程序是交叉的多边工程。土建安装等多工种平行流水立体交叉作业。

（4）工程项目实行科学管理。在项目管理上执行国际通行的一套科学的项目管理程序和做法，如总体统筹计划控制下的三月进度加权百分值统计、预付工程进度款等，工程质量实行第三方检验制度，等等。

（5）合同文件的组成。合同文件由合同协议和附件组成。合同协议包括：缔约各方法人名称和注册地址；合同文件目录；工作范围；合同价格；承包商的地址和责任；施工条件与风险；缔约各方代表签字；等等。合同附加包括：一般条款；特殊条款；商务条款；保证书和保单；技术文件。技术文件包括的主要内容是工作范围、工程量、工程规范、图样等。

二、分包商的选择与合同管理

1. 分包商的选择

本项目的许多分项工程需要进行分包。分包工程采用有选择的招标方式，即通过首先邀请商谈的做法选定分包商。为此，要预先对一批分包商进行选择。因社会上存在一些“皮包”公司，在选择分包商时，如何正确鉴别这些公司的性质，关系到分包的成败。所以在招标时，对分包商的资格预审工作特别重要，要了解每个投标公司对本工程是否具有相当的技术力量和施工管理能力，在施工期内是否有足够的施工力量和技术装备来承担本项分包工程任务，以及该公司目前财政状况是否良好，等等。根据分包工程的内容，预先对愿意承接该分项工程的分包商进行选择，其选择条件如下：①该分包商当前和过去的财政状况是否良好；②近期内承担过什么工程，是否有较丰富的经验；③在当地是否具有较高的信誉；④对本工程是否具有充分的施工管理能力；⑤是否具有足够的施工力量来承接本工程任务。

2. 招标

根据本项目的特点，按照编制招标文件的要求，编制了分包项目的招标文件。招标文件的主要内容包括投标者须知、投标书及附件、协议书、投标保证金或保证书、合同条件（包括一般的和特定的条件）、规定与规范、图样及设计资料附件、工程量表。

通过媒体将招标信息发布后，有九家公司参加了投标。经过对投标者初评，提出五家公司可供选择，对这五家公司的资质情况和标函进行了进一步的审查。选择中标单位，不能将报价高低作为唯一衡量标准，而是根据标价、工期、各公司的资质进行综合分析。经过综合评估，最后选定四家公司中标。主要分包商及分包工程内容如表 6.3 所示。

表 6.3　主要分包商及分包工程内容

分包商	分包工程内容
化工第一建筑公司	氨加工设备安装
化工第二建筑公司	尿素区部分地下管道
山西省建筑工程公司	生活及生产大型临时设施
河北化工施工公司	保温、保冷工程

3. 合同管理

合同是整个分包工程施工过程中的依据，也是对分包的分项工程项目进行管理及验收的标准。为此，在起草合同条款时要考虑全面，用词严谨，必须与总合同（即与总承包商签订的合同）吻合，以减少执行过程中因理解不同而发生的争执。合同的主要内容应与标书内容一致。合同内容包括分包内容、范围、方式、工期、价款、材料供应顺序、签订合同双方各自的权利与义务、付款方式、工程质量保修期、违约责任等。

分包商需缴纳履约保证金（通常为合同价格的 10%）。双方确认合同内容、签约，并将分包合同副本递交一份给总承包商。

三、物料采购管理

（一）物料采购计划编制

1. 编制原则

一要明确指导思想。在编制采购计划时，尽可能考虑周密、科学，保证进度、安全和经济。

二要核实需要量。施工所需要的物质主要是由工程部和施工部门提出，由供应部进行审核汇总和平衡。施工机械及测试仪器、仪表的需用量是按施工方案和施工条件、用途，逐台、逐件进行审核，以确保工程的需要。根据施工进度和当地货源情况，分期、分批采购，少留或不留储备。

三要查明物资来源。施工所需物资的数量核实之后，就要调查研究，查明物资来源，提出解决的办法。除动员内部资源外，首先摸清国内能提供哪些物资，其数量、质量及交货时间能否满足要求。

2. 编制方法

编制采购计划采用综合平衡的方法。首先，进行内部平衡，充分利用现有的资源。在平衡内部资源时，可能产生一些矛盾，因为有些物资（如施工机械）数量上不能同时满足需要，要有全局观念，分清主次，重点解决主要矛盾。其次，在编制采购计划时要明确承包合同中有关物资供应部分的内容。因为在合同中已明确划分总承包商与承包商有关物资供应的范围，这样，由总承包商提供的物资，承包商就不必再准备。

（二）物料采购计划的实施

（1）成立采购发运组，负责国内物资的采购发运，包括内部物资的调运。一部分从京、津地区采购的物资，先后由上海港海运发出 4 批 174 箱（件），近 200 吨物资；由天津新港发出 150 吨物资；其报关、包装、装船等发运手续，委托中国成套设备出口公司上海分公司办理；由天津新港发运的货物，委托天津外轮代理公司报关、装船发运。

（2）在项目经理部设置采购供应部，负责当地市场物资的采购。

（3）物料采购与催交。

第一，采购工作程序。

采购工作的基本程序如下：①初选合格的供货厂商；②询价文件的编制；③询价文件的发出和报价的接收；④报价的评审；⑤交业主认可（根据合同规定）；⑥中标厂商的确定；⑦中标厂商协调会；⑧签订订货合同。

第二，催交。

其一，制订催交计划并检查供货厂商是否接到订货合同。

其二，催交供货厂商应提供技术文件。

催促供货厂商按照合同（基本条件第 15 款）规定按时向买方提交一份详细的制造进度表，说明卖方关于设计和制造的关键日期，以及预测的交货日期，以便监测和催交工作的开展。尤其是在订货合同中，要求供货厂商提供的先期确认（advanced certified final，ACF）图、最终确认（certified final，CF）图等技术文件，应检查其进度和设计返回情况，并做好设计中出现问题的联络工作。

其三，检查供货厂商主要原材料的采购进展情况，并检查供货厂商主要外协件和配套辅机的采购进展情况。

其四，检查设备、材料的制造、组装、试验、检验和装运的准备情况。检查各关键工序是否按生产计划进行，催交人员应不断评估供货厂商的进度状态，确保全部关键控制点的进度。

✍复习思考题

第七章　项目进度管理

项目进度管理，也称项目时间管理，是指在项目实施过程中，为确保项目能够在规定时间内实现项目目标，对项目活动进度及日程安排所进行的管理。项目进度管理包括两大部分内容，即项目进度计划的制订和项目进度计划的控制。

项目进度管理与项目费用管理、项目质量管理并称为项目“三大管理”。它是保证项目如期完成、合理安排资源供应、节约工程成本的重要措施之一。

本章重点介绍项目进度计划、网络计划技术、双代号网络计划、单代号网络计划、网络计划的优化及项目进度控制。最后，以“某招投标市场计算机管理软件开发项目进度管理”案例，说明项目进度管理的实际应用。

第一节　项目进度计划

一、项目进度计划的内容与作用

进度计划是表达项目中各项工作、工序的开展顺序，开始和完成时间及相互衔接关系的计划。进度计划的编制，使项目实施形成一个有机整体。进度计划是进度控制和管理的依据。

根据进度计划所包含内容的不同，进度计划可分为项目总体进度计划、分项进度计划、年度进度计划等。这些不同的进度计划构成了项目的进度计划系统。当然，不同的项目，其进度计划的划分方法有所不同。例如，工程项目进度计划就可以分为工程项目总体进度计划、单项工程进度计划、单位工程进度计划、分部分项工程进度计划、年度进度计划等。

项目进度计划的作用有：①为项目实施过程中的进度控制提供依据；②为项目实施过程中的劳动力和各种资源的配置提供依据；③为项目实施有关各方在时间上的协调、配合提供依据；④为在规定期限内保质、高效地完成项目提供保障。

二、项目进度计划的编制依据和步骤

为保证项目进度计划的科学性和合理性，在编制进度计划前，必须收集真实、可信的信息资料，作为编制进度计划的依据。这些信息资料包括：①项目对工期的要求；②项

目特点；③项目的技术经济条件；④项目的外部条件；⑤项目各项工作的时间估计；⑥项目的资源供应状况。

制订项目进度计划主要过程如下：①确定项目的各项活动（项目分解结构最底层的工作块），即确定为完成项目必须进行的诸项具体活动；②确定活动顺序，即找出各项活动之间的依赖关系；③时间估算，即估算各项活动所需要的时间；④编制时间进度计划，即研究和分析活动顺序、活动时间和资源要求，进而制订项目进度计划。

三、项目进度计划的主要形式

项目进度计划的主要形式有两种，即表格的形式和图形的方式。图形的方式直观、易懂，所以，最常用的是以多种形式的图形描述的进度计划。主要的图形有以下两种。

1. 横道图

这种方式早在 20 世纪初就开始应用和流行，主要用于项目计划和项目进度的安排。横道图是一个二维平面图，横维表示进度或活动时间（日、周、月、年），纵维表示工作包内容（图 7.1）。

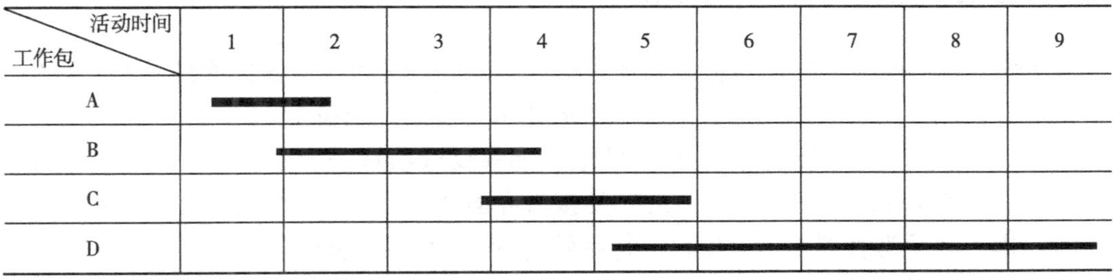

图 7.1　横道图

图 7.1 中的横道线显示了每项工作的开始时间和结束时间，横道线的长度表示该项工作的持续时间。横道图的时间维决定着项目计划粗略的程度，根据项目计划的需要可以把小时、天、周、月等作为度量项目进度的时间单位。如果一个项目需要一年以上的时间才能完成，则可选择周横道图或月横道图；若一个项目需要一个月左右的时间就能完成，则选择日横道图将更有助于实际的项目管理。

横道图直观、简单、容易操作、便于理解，在资源优化过程中，一般都借助横道图。但是，横道图也存在很多弱点。例如，横道图不能系统地表达一个项目所包含的各项工作之间的复杂关系，难以进行定量的计算和分析，难以进行计划的优化，等等。这些弱点严重制约了横道图的进一步应用。所以，传统的横道图一般只适用于比较简单的小型项目。横道图可用于工作分解结构的任何层次，除了用于进度计划的编制外，还可以用于进度控制。

2. 网络图

网络图是以箭线和节点组成的网状结构图，直观地表示各工作的开始和结束时间，并能充分反映项目各工作的逻辑关系及项目的关键工作。

横道图简单明了、容易绘制，也容易理解，各工作起止日期、作业延续时间都一目了然。然而，它不能反映出各个工作中，哪些工作对总进度目标起关键作用，必须抓紧；哪些工作在时间安排上可作些灵活变动，而对总进度目标没有影响；更不知这些工作可灵活变动的时间幅度。更重要的是，横道图无法利用电脑来进行计算分析，从而使得计划实施过程中的调整变得较为困难。因此，世界发达国家已基本舍弃横道图而改用网络图。我国有关部门也在大力提倡采用网络图来表示进度计划。

网络图表示的进度计划能全面、准确地反映出各工作之间的相互制约关系。通过时间参数的计算，可掌握对进度计划总目标的实现起关键作用的关键工作，并了解允许非关键工作灵活变动的机动时间，它可利用电脑软件进行绘制和计算，并实现进度计划的优化和调整。

第二节　网络计划技术

一、网络计划技术的产生及应用

20 世纪 50 年代，美国学界和各大企业的管理人员纷纷为管理各类项目寻求更为有效的计划和控制技术，其中最为有效和方便的技术是网络计划技术。

网络计划技术克服了横道图的种种缺陷，能够反映项目进展中各工作间的逻辑关系，能够描述各工作环节和工作单位之间的接口界面及项目的进展情况，并可以事先进行科学安排，因而为管理人员对项目实行有效的管理带来极大的方便。

网络技术的形成是关键线路法和计划评审技术的产生和推广应用。关键线路法创于 1956 年，在次年应用于杜邦公司的一个投资千万美元的化工项目，结果大大缩短了建设周期，节约了 10%左右的投资，取得了显著的经济效应。该方法由凯利（Kelly）和沃克（Walker）于 1959 年公之于世。计划评审技术出现于 1958 年，是美国海军在研究开发北极星（Polaris）号潜水舰艇所采用的远程导弹 F.B.M 的项目中开发出来的。计划评审技术的应用，使美国海军部门顺利解决了组织、协调问题（这项工程涉及美国 48 个州的 200 多个主要承包商和 11 000 多个企业），节约了投资，缩短了约两年的工期（计划工期为 8 年），缩短工期近 25%。此后，美国三军和航空航天局在各自的管辖范围内全面推广了这一技术。20 世纪 60 年代，耗资 400 亿美元、涉及两万多企业的阿波罗载人登月计划，也是采用计划评审技术进行计划和管理的。

美国建筑业普遍认为，“没有一种管理技术像网络计划技术对建筑业产生那样大的影响”。日本于 1961 年引进了美国的网络计划技术，日本政府认为此项技术是最优方法，并规定全面推广。苏联在 1970 ~ 1975 年的第九个五年计划期间，在建筑业推广了这一技术。英国推广应用网络计划技术比较普遍，除建筑业外，工业方面应用得也很多，它们为各级企业管理人员举办不同类型的短期培训班，使各级管理人员都能懂得和应用这种管理方法，以适应各层次管理人员的需要。法国、加拿大等发达国家对网络计划技术的应用也卓有成效。发达国家的经验表明，应用网络计划技术，可节约投资 10% ~ 15%，缩短工期 15%～20%，而编制网络计划所需要的费用仅为总费用的 0.1%。

关键线路法和计划评审技术并无本质的区别，但从使用目的来说略有不同。用关键线路法编制项目进度计划时，以“箭线”或“事项”代表工作，按工作顺序，依次联结完成网络结构图，在以经验数据为基础较准确地确定各工作的持续时间的基础上，即可计算整个项目工期，并确定关键线路。用关键线路法编制项目进度计划，还可以调整项目的费用和工期，以研究整个项目的费用与工期的相互关系，争取以最低的费用、最佳的工期完成项目。对于一般项目来说，根据经验和知识，能够对项目的各项工作所需时间进行合理、准确地确定。所以，项目管理中最常用的是关键线路法。

网络计划技术在我国已得到了广泛的推广和应用，并将在项目管理中发挥更大的作用。我国有关部门对网络计划技术的应用给予了高度重视，为了使网络技术的应用规范化、标准化，国家技术监督局于 1992 年颁布了中华人民共和国标准《网络计划技术常用术语》《网络计划技术网络图画法的一般规定》《网络计划技术在项目计划管理中应用的一般程序》。建设部也于 1992 年颁布了中华人民共和国行业标准《工程网络计划技术规程》，该标准于 1999 年进行了重新修订，并颁布实施。这些标准是我国推行网络计划技术的重要依据，作为项目管理人员应熟悉这些标准的内容。

用计划评审技术法编制项目进度计划时，其图形与关键线路法基本相同，但项目各活动持续时间由于影响因素太多，无法准确确定工作持续时间，此时只能以概率统计方法为基础进行估计，在此基础上进行网络计划时间参数计算与分析。由于各工作持续时间采用的是估计值，并不十分准确，可进一步根据概率统计理论，分析其实现概率的大小。

二、网络图的绘制步骤

网络计划方法编制进度计划的第一步是绘制网络图，网络图一般按以下步骤进行。

1. 项目分解

任何项目都是由许多具体工作和活动组成的。所以，要绘制网络图，首要的问题是将一个项目根据需要分解为一定数量的独立工作和活动，其粗细程度可以根据网络计划的作用加以确定，宏观控制的网络计划，可以分解得粗一些；具体实施的网络计划，可以分解得细一些。项目分解与工艺、方法的确定是密切相关的。对于较复杂的项目，项目分解是一项深入细致的工作，通常是在工艺和方法确定的基础上进行的。项目分解的结果是要明确工作的名称、工作的范围和内容等。例如，一个现浇混凝土水池项目，可以分解为七项工作：①挖土（包括挖土、平整地基）；②垫层（包括浇注混凝土垫层的各项工作）；③材料准备；④构配件加工（包括模板、钢筋的加工）；⑤浇注前的仓面准备；⑥安装（包括模板、钢筋的安装）；⑦浇注混凝土。

2. 工作关系分析

工作关系分析的主要目的是确定工作之间的逻辑关系。根据已确定的项目实施方法、工艺、环境条件及其他因素，对项目进行分析，通过比较、优化等方法确定合理的逻辑关系。确定工作之间的逻辑关系，不仅要求项目管理人员对项目有深入的了解，对资源和空间有充分的考虑，而且还要求其具备良好的运筹分析能力和技巧。项目分析的结果是明确工作的紧前和紧后的关系，形成项目工作列表。

通过对上述现浇混凝土水池项目进行分析，明确了相邻工作之间的紧前、紧后关系，形成项目工作列表（表 7.1）。

表 7.1　现浇混凝土水池项目工作列表

序号	工作名称	工作代号	紧后工作	持续时间/天	资源强度/（人数/天）
1	挖土	A	B	3	10
2	垫层	B	E、F	2	7
3	材料准备	C	D	4	3
4	构配件加工	D	F	4	12
5	仓面准备	E	G	7	7
6	模板、钢筋安装	F	G	10	12
7	浇注混凝土	G	—	3	10

在表 7.1 中，工作 A 与 C 之间的关系是人为确定的。可以 A 在 C 前，也可以 C 在 A 前，A 和 C 也可以平行进行，这就需要通过分析，确定哪种方案有利于项目目标的实现。显然，A 与 C 同时进行是最佳方案。表 7.1 中所表达的其他工作之间的关系都是客观存在的、不能改变的。

3. 估计工作的基本参数

网络计划的基本工作参数包括工作的持续时间和资源需要量。估计工作的基本参数是绘制网络图的基本步骤之一，也是绘制网络计划的重要步骤之一。

工作持续时间是指在一定的条件下，直接完成该工作所需时间与必要停歇时间之和，单位可为日、周、旬、月等。工作持续时间是计算其他网络参数和确定项目工期的基础。工作持续时间的估计是编制项目进度计划的一项重要的基础工作，要求客观、正确。如果工作时间估计太短，则会造成被动、紧张的局面；相反，则会延长工期。在估计工作时间时，不应受到工作的重要性及项目完成期限的限制，要在考虑各种资源供应、技术、工艺、现场条件、工作量、工作效率、劳动定额等因素的情况下，将工作置于独立的正常状态下进行估计。

工作持续时间估计常用方法有定量计算法、专家判断法和类比估计法。定量计算法是在确定了工作的工程量或工作量的基础上，根据作业人员的工作效率或人数确定持续时间的方法。该方法比较正确、可靠，但前提条件是能比较正确地确定工作的工程量或工作量，并能正确地确定工作效率；专家判断法就是由专家根据历史的经验和信息及专家自己的判断能力估计工作的持续时间，其结果具有一定的不确定性和风险；类比估计法就是根据以前类似项目的工作时间来估计当前项目的工作时间。当缺乏项目的详细信息时，这是一种比较有效的方法。具体估计方法有两种。

（1）单一时间估计法。采用这种方法估计各项工作的延续时间时，只估计一个最可能的工作持续时间，对应于关键线路法网络。估计时，应以完成该工作可能性最大的作业时间为准，不受工作重要程度和合同期限的影响。单一时间估计法主要适用于工作内容简单、不可知因素较少的状况，或有类似项目的工时资料可以借鉴的情况。

（2）三种时间估计法。对于含有高度不确定性工作的项目，可以采用三种时间估计法估计各项工作的持续时间，即预先估计三个时间值，然后根据概率统计的原理和方法，确定工作的持续时间。这种方法对应于计划评审技术网络。估计的三个时间分别如下。

最乐观时间（t_0）：最乐观时间是指在最顺利的情况下，完成该工作可能需要的最短时间。估计时，要排除出现的所谓好运气，考虑在正常情况下，假使没有遇到任何困难时需要的时间。经验表明，在少于估计的最乐观时间内完成活动的概率仅为 10%。

最可能时间（t_m）：最可能时间是指在正常情况下，完成某项工作最有可能出现的时间，即假使该工作在相同条件下重复多次，完成的时间中出现得最多的时间值。

最悲观时间（t_p）：最悲观时间是指在最不利的情况下完成该工作可能出现的最长时间。估计时，要排除出现的特殊不利情况。它应是在正常情况下，假设遇到最大困难时充其量需要的最长时间。经验表明，在超出估计的最悲观时间内完成活动的概率也仅为 10%。

根据每项工作的三个时间估计值，可以为每项工作计算一个期望工时（平均或折中）$\overline{t_e}$，期望工时的计算可用以下公式：

$$\overline{t_e} = \frac{t_o + 4t_m + t_p}{6}$$

三、网络图的绘制规则

网络图是网络进度计划的基础与核心，要正确绘制出网络图，除保证各工作间逻辑关系的正确外，还必须遵循下述规则。

1. 网络图中不允许出现无头箭线和双头箭线

网络图中箭头所指方向表示工作进行的先后次序，如出现无头箭线或双头箭线，工作的先后顺序将无法判断，会造成各工作之间逻辑关系的混乱。

2. 网络图中不允许出现循环回路

从网络图中某一节点出发，沿某一线路前进，最后如又回到该出发节点，所经过的线路就形成了循环回路。此时，网络图所表示的逻辑关系出现混乱，各工作之间的先后次序将无法判断。

3. 网络图中不允许出现无节点的箭线

无节点箭线不符合网络图中关于工作的定义，所以，图 7.2 所示的无箭尾节点箭线和无箭头节点箭线都不允许出现。

图 7.2 无箭尾节点箭线和无箭头节点箭线

4. 网络图中只允许有一个起点节点和一个终点节点

对于一个项目来讲，只有一个开始时间和一个结束时间，其项目进度计划也只有一个开始节点和一个结束节点。如有几项工作同时开始（或同时结束），在双代号网络图中可将这几项工作的开始节点（或完成节点）合并为一个节点，为使图形简洁，还可使用母线法来表示（图 7.3）。在单代号网络图中可设置一虚拟开始（或结束）工作，作为该网络图的起始节点（或终点结点）（图 7.4）。

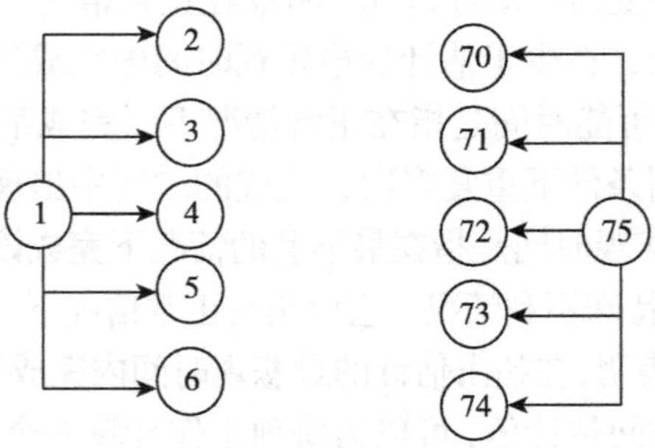

图 7.3　双代号网络图母线法

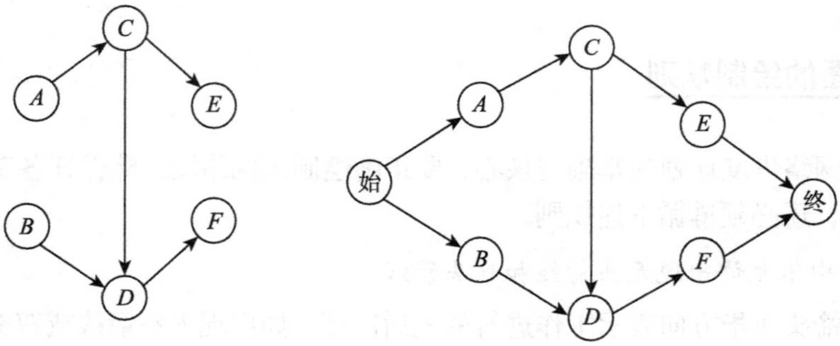

图 7.4　单代号网络图起点、终点表示方法

5. 网络图中应尽量避免出现交叉箭线

当交叉不可避免时，可采用图 7.5 的几种表示方法。

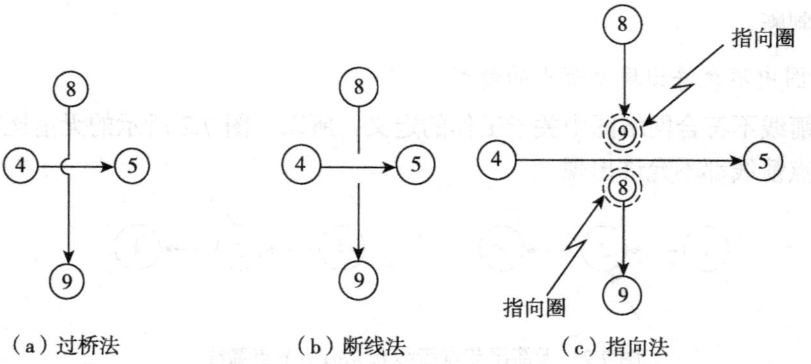

图 7.5　箭线交叉的表示方法

6. 网络图的节点编号

在绘制完正确表述各工作之间逻辑关系的网络图后，还必须对网络图中的节点进行编号（亦称编码），节点编号应遵循下述两条规则：①每根箭线箭头节点的编号（j）必须大于其箭尾节点的编号（i），即 $i<j$；②在同一网络图中的所有节点，都不得出现重复的编号。

为了避免因在网络图中增减工作而必须改动全部节点编号，在编号时，可采用不连续编号方法，这样可预留出一些备用编号以供网络图调整改正使用。

第三节　双代号网络计划

根据绘图符号的不同，网络计划技术有双代号和单代号之分。我国自推广应用网络计划技术以来，用得较多的是双代号网络计划技术。双代号网络计划技术可以明确地表示工作之间的逻辑关系，各工作的时间参数易于计算，便于进行动态管理和网络优化，且可以编制成时间坐标网络。

一、双代号网络图

双代号网络图是由若干表示工作的箭线和节点组成的，其中每一项工作都用一条箭线和两个节点来表示，每个节点都编以号码，箭线的箭尾节点和箭头节点就是每一工作的起点和终点。双代号即由此而来。双代号网络图如图 7.6 所示。

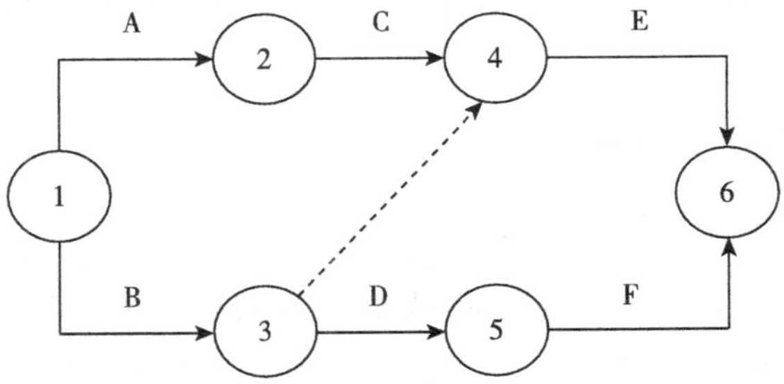

图 7.6　双代号网络图

1. 箭线（工作）

在双代号网络图中，箭线表示工作，箭线所指方向表示工作的前进方向，箭线的尾端表示工作的开始，箭头表示工作的结束，从箭尾到箭头表示一项工作的作业过程。工作通常可以分为两种。

（1）需要消耗时间和资源的工作。这类工作称为实工作，在网络图中用实箭线表示，具体如图 7.7（a）所示。一般在箭线的上方标出工作的名称，在箭线的下方标出工作的持续时间，箭尾表示工作的开始，箭头表示工作的完成，相应节点的号码表示该项工作的代号。

（2）既不消耗时间，也不消耗资源的工作。这类工作称为虚工作，在网络图中用虚箭线表示，具体如图 7.7（b）所示。虚工作是虚设的，只表示相邻工作之间的逻辑关系，由于不需要时间，所以虚工作的持续时间为零。

（a）实箭线（实工作）　（b）虚箭线（虚工作）

图 7.7　实箭线与虚箭线

2. 节点（事项）

节点的主要作用是联结箭线。箭线尾部的节点称为箭尾节点，箭线头部的节点称为箭头节点；前者又称为箭线的开始节点，后者又称为箭线的结束节点。网络图中的第一个节点称起始节点，它意味着一个项目或任务的开始；最后一个节点称终止节点，它意味着项目或任务的完成。网络图中的其他节点称为中间结点。在网络图中，就一个节点来说，可能有许多箭线通向该节点，这些箭线就称为内向箭线或内向工作；若由同一个节点发出许多箭线，这些箭线称为外向箭线或外向工作。

3. 线路

从起始节点开始，沿着箭线的方向连续通过一系列箭线与节点，最后到达终止节点的通路称为线路。每一条线路都有自己确定的完成时间，它等于该线路上各项工作持续时间的总和，也是完成这条线路上所有工作的计划工期，该工期也可称为路长。

根据路长的长短，线路可分为关键线路、次关键线路和非关键线路。

路长最长的线路称为关键线路或主要矛盾线。位于关键线路上的所有工作称为关键工作。关键工作完成的快慢直接影响整个项目工期的实现。路长仅次于关键线路路长的线路称为次关键线路。除了关键线路、次关键线路之外，其他所有线路均称为非关键线路。

二、双代号工作关系的表达

工作关系是指项目中所含工作之间的先后顺序关系。工作关系的确定就是要确定各项工作之间的前后顺序关系，即该项工作开始前，有哪些工作必须完成；该项工作在执行过程中，有哪些工作可以与它平行交叉地进行；该项工作完成后，有哪些工作应接着开始。上述关系可分成两类：一类工作之间的关系是客观的、固有的，不能随意改变，也就是其内在联系，这里称为逻辑关系；另一类工作之间的关系并不是一种固定不变的关系，而只是一种人为的安排，这种人为的相互关系称为组织关系。图 7.8（a）所示的架桥和部队渡河之间的关系就是一种逻辑关系，而图 7.8（b）所示的 A 部队与 B 部队之间的先后渡河关系就是一种组织关系。

（a）逻辑关系　(b) 组织关系

图 7.8　逻辑关系和组织关系

在网络图中，各项工作之间的关系是变化多端的。表 7.2 列出了网络图中常见的逻辑关系及其表示方法。

表 7.2　网络图中常见的逻辑关系及其表示方法

<table>
<tr><th>序号</th><th>工作间的逻辑关系</th><th>表示方法</th></tr>
<tr><td>1</td><td>A、B、C 平行进行</td><td>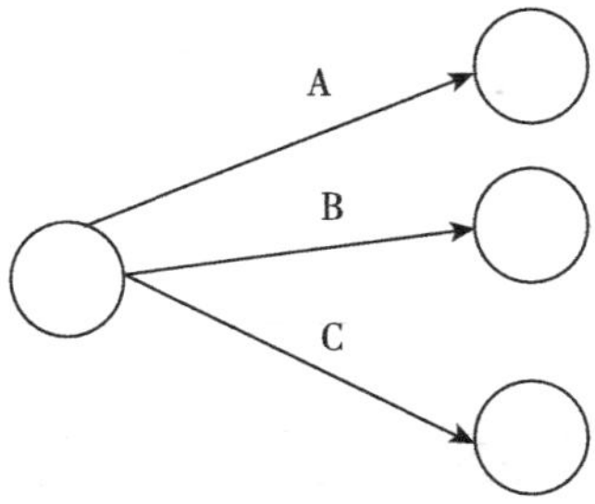
</td></tr>
<tr><td>2</td><td>A 完成后，D 才能开始；A、B 完成后，E 才能开始；A、B、C 完成后，F 才能开始</td><td>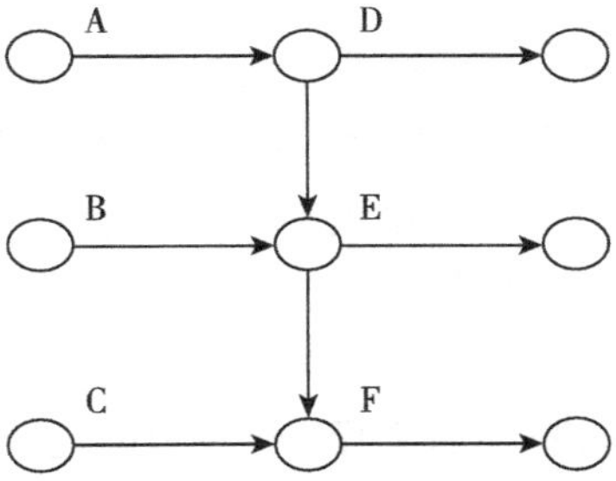
</td></tr>
<tr><td>3</td><td>A、B 完成后，D 才能开始；A、B、C 完成后，E 才能开始；D、E 完成后，F 才能开始</td><td>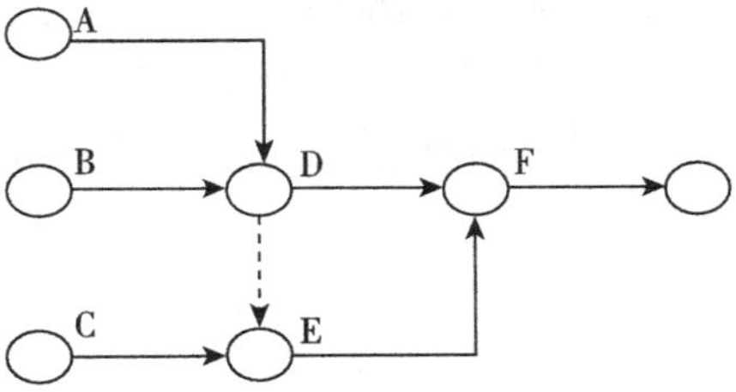
</td></tr>
<tr><td>4</td><td>A 结束后，B、C、D 才能开始；B、C、D 完成后，E 才能开始</td><td>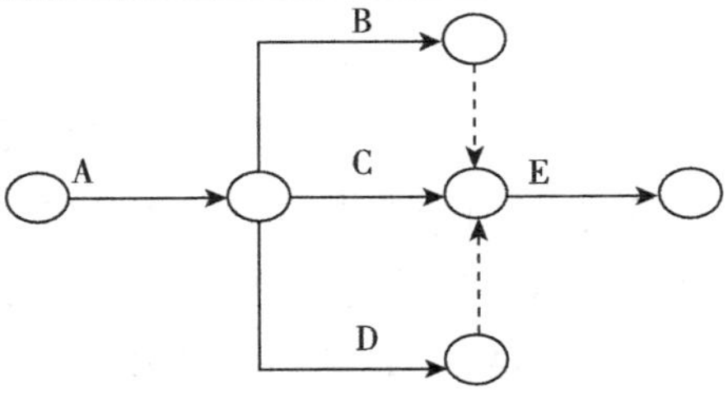
</td></tr>
<tr><td>5</td><td>A 完成后，B、C、D 才能开始；但 B、C、D 不一定同时开始</td><td>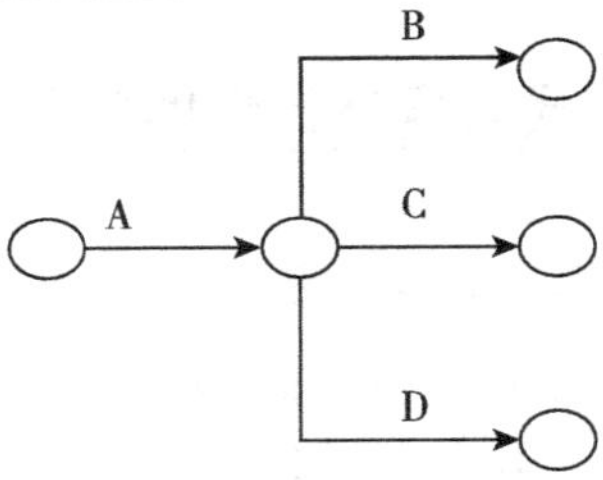
</td></tr>
</table>

续表

序号	工作间的逻辑关系	表示方法
6	A、B 完成后，D 才能开始；B、C 完成后，E 才能开始	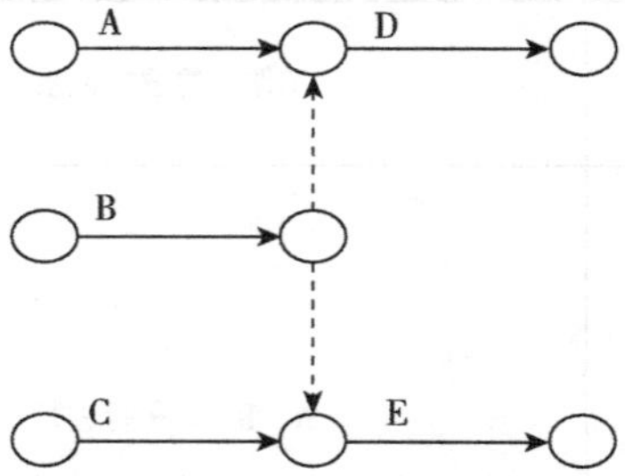

三、双代号网络图绘制示例

网络图是根据工作列表、按照绘图规则绘制的，并通过修改、完善，最终形成能正确表达工作的逻辑关系并符合绘图规则的网络图。

绘图时可根据紧前工作和紧后工作的任何一种关系进行绘制。按紧前工作绘制时，从无紧后工作的工作开始，依次进行，将紧前工作一一绘出，直至无紧前工作的工作绘完为止并形成一个起始节点。按紧后工作绘制时，应从无紧前工作的工作开始，依次进行，将紧后工作一一绘出，直至无紧后工作的工作绘完为止，并形成一个终止节点。使用一种方法绘制完成后，可利用另一种方法进行检查，或根据网络图描述的工作关系，若与项目工作列表所述工作关系一致，则说明该网络图能正确地表达工作关系。对网络图进行检查无误后，即可进行节点编号。图 7.9 是根据表 7.1 绘制的双代号网络图。

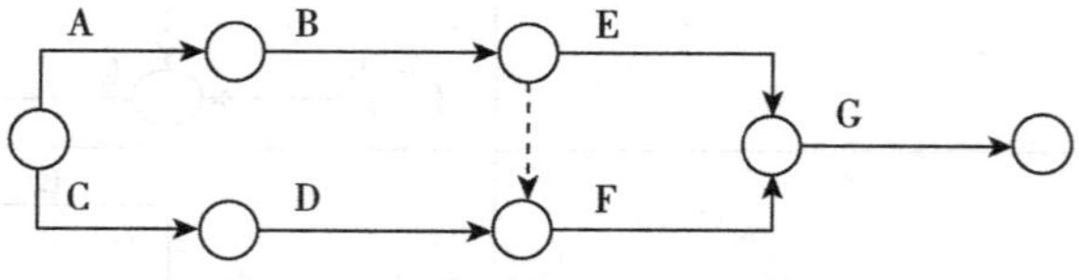

图 7.9　现浇混凝土水池项目双代号网络图

根据表 7.1 可按紧后工作关系绘图。无紧前工作的工作是 A 和 C，即网络计划开始的工作就是 A、C，然后依次进行，如 A 工作的紧后工作是 B，C 工作的紧后工作是 D，B 工作的紧后是 E、F 等，直到无紧后工作的 G 工作绘完为止。

四、双代号网络计划时间参数计算

1. 工作的时间参数定义

（1）工作持续时间 D_{ij}：完成工作 $i\text{–}j$ 的持续时间。

（2）工作最早开始时间（earliest start time，ES_{ij}）：在其所有紧前工作全部完成后，工作 $i\text{-}j$ 有可能开始的最早时刻。

（3）工作最早完成时间（earliest finish time，EF_{ij}）：在所有紧前工作全部完成后，工作 i-j 有可能完成的最早时刻。工作的最早完成时间等于本工作最早开始时间与其持续时间之和。

（4）工作最迟完成时间（latest finish time，LF_{ij}）：在不影响整个任务按期完成的前提下，工作 i-j 必须完成的最迟时刻。

（5）工作最迟开始时间（latest start time，LS_{ij}）：在不影响整个任务按期完成的前提下，工作 i-j 必须开始的最迟时刻。工作的最迟开始时间等于本工作最迟完成时间与其持续时间之差。

（6）总时差（total float time，TF_{ij}）：在不影响总工期的前提下，工作 i-j 可以利用的机动时间。

（7）自由时差（free float time，FF_{ij}）：在不影响紧后工作最早开始时间的前提下，工作 i-j 可以利用的机动时间。

2. 时间参数的计算公式

工作持续时间 D_{ij} 的确定，前已叙述，不再重复。依据其他各时间参数的定义，可得知其计算公式如下。

（1）工作最早开始时间，等于各个紧前工作的最早开始时间，加该紧前工作持续时间所得之和中的最大值，即

$$ES_{ij}=\max[ES_{hi}+D_{hi}] \tag{7.1}$$

式中，ES_{ij} 为工作 i-j 的最早开始时间；ES_{hi} 为工作 i-j 的紧前工作 h-i 的最早开始时间；D_{hi} 为工作 i-j 的紧前工作 h-i 的持续时间。

以网络计划的起点节点为开始节点的工作，其工作最早开始时间取零。

以网络计划终点节点 n 为完成节点的各工作，其最早开始时间与该工作的持续时间之和的最大值为网络计划的计算工期，即

$$T_c=\max[ES_{mn}+D_{mn}] \tag{7.2}$$

式中，T_c 为网络计划的计算工期；ES_{mn} 为以网络计划的终点节点 n 为完成节点的工作的最早开始时间；D_{mn} 为以网络计划终点节点 n 为完成节点的工作的持续时间。

（2）工作最早完成时间，等于本工作的最早开始时间加本工作的持续时间，即

$$EF_{ij}=ES_{ij}+D_{ij} \tag{7.3}$$

式中，EF_{ij} 为工作 i-j 的最早完成时间；ES_{ij} 为工作 i-j 的最早开始时间；D_{ij} 为工作 i–j 的持续时间。

（3）工作最迟开始时间，等于其紧后工作最迟开始时间减去本工作持续时间所得之差的最小值，即

$$LS_{ij}=\min[LS_{jk}-D_{ij}] \tag{7.4}$$

式中，LS_{ij} 为工作 i-j 的最迟开始时间；LS_{ik} 为工作 i-j 的紧后工作 j-k 的最迟开始时间；D_{ij} 为工作 i-j 的持续时间。

以网络计划的终点节点为完成节点的各个工作，其最迟开始时间等于网络计划的计划工期减去该工作的持续时间，即

$$LS_{mn}=T_p-D_{mn} \quad (7.5)$$

式中，LS_{mn} 为以网络计划的终点节点 n 为完成节点的工作 m-n 的最迟开始时间；D_{mn} 为以网络计划的最终节点 n 为完成节点的工作 m-n 的持续时间；T_p 为网络计划的计划工期。当项目已规定了工期 T_r 时，$T_p=T_r$；当未规定完成工期时，$T_p=T_c$，T_c 为网络计划的计算工期，其值由式（7.2）确定。

（4）工作最迟完成时间，等于工作最迟开始时间加本工作持续时间，即

$$LF_{ij}=LS_{ij}+D_{ij} \quad (7.6)$$

式中，LF_{ij} 为工作 i-j 的最迟完成时间；LS_{ij} 为工作 i-j 的最迟开始时间；D_{ij} 为工作 i-j 的持续时间。

（5）工作总时差，等于本工作最迟开始时间减本工作的最早开始时间，即

$$TF_{ij}=LS_{ij}-ES_{ij} \quad (7.7)$$

式中，TF_{ij} 为工作 i-j 的总时差；LS_{ij} 为工作 i-j 的最迟开始时间；ES_{ij} 为工作 i-j 的最早开始时间。

（6）工作自由时差，等于各紧后工作的最早开始时间分别减本工作的最早完成时间之差的最小值，即

$$FF_{ij}=\min[ES_{jk}-EF_{ij}] \quad (7.8)$$

式中，FF_{ij} 为工作 i-j 的自由时差；ES_{jk} 为工作 i-j 的的紧后工作 j-k 的最早开始时间；EF_{ij} 为工作 i-j 的最早完成时间。

3. 时间参数的计算步骤

时间参数的计算方法很多，可人工计算，也可通过电子计算机计算。人工计算时通常采用的方法有图上计算法和表上计算法。不管采用哪种方法，其计算步骤大致相同，这些步骤如下：①以网络计划起点节点为开始节点的工作，其最早开始时间为 0，再顺着箭线方向，依次计算各项工作的最早开始时间 ES_{ij} 和最早完成时间 EF_{ij}。②确定网络计划的计划工期 T_p。③从网络计划的终点节点开始，逆着箭头方向，依次计算各项工作的最迟完成时间 LF_{ij} 和最迟开始时间 LS_{ij}。④计算各项工作的总时差。⑤计算各项工作的自由时差。⑥确定网络计划中的关键线路。

其时间参数标注方法如图 7.10 所示，将各参数按规定标至网络图上。

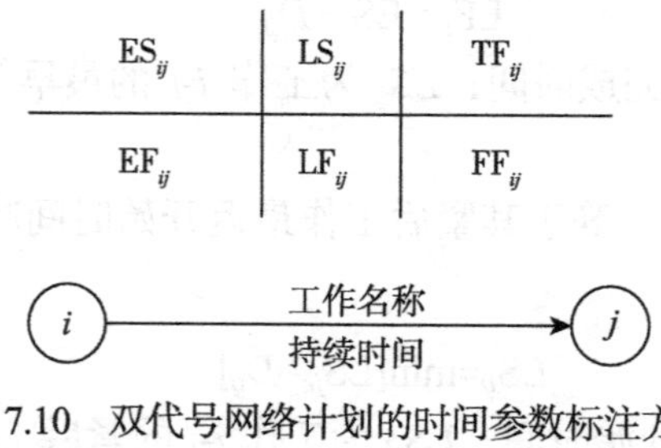

图 7.10　双代号网络计划的时间参数标注方法

4. 时间参数计算方法的分类

时间参数计算方法可分为图上计算法与表上计算法两类。其中，图上计算法就是根据各时间参数的定义及计算公式在网络图上直接进行各时间参数计算的方法。它是

一种比较直观的计算方法，对于不是十分复杂的网络图，这种方法十分方便，所以，在人工计算时间参数时最为常用。表上计算法是根据各时间参数的定义及计算公式，通过列表形式来计算各时间参数的方法。这种方法虽不受网络复杂程度的限制，但计算过程不直观。

5. 关键工作与关键线路的确定

（1）关键工作。网络计划中，总时差最小的工作称为关键工作。因为这些工作一旦拖延，就会影响网络计划总工期目标的完成，它们对进度计划的实施起着关键作用，所以称为关键工作。

（2）关键线路。网络计划中，自始至终全部由关键工作组成的线路或线路上总的工作持续时间最长的线路叫做关键线路。如果关键线路上的某些活动未如期完成，所有处于其后的活动都要往后拖延，最终的结果是项目不能按计划完成。由此可知，在编制项目进度计划时，关键线路上的工作活动是关注的重点。一个网络计划中，至少有一条关键线路，也可能有多条关键线路。为使其易于识别，以利于管理，通常采用双箭线或粗箭线将关键线路标出。

在计算出网络计划的时间参数后，该网络计划的关键线路就十分容易确定，若按计算工期计算网络参数，总时差为零的工作即为关键工作，而由关键工作组成的线路即为关键线路。

五、双代号网络计划计算示例

图 7.11 是某项目根据工作逻辑分析和工作列表绘制的双代号网络图。各项工作的持续时间如图 7.11 所示，如项目工期按计算工期确定，网络图各项时间参数及关键线路的计算分析如下。

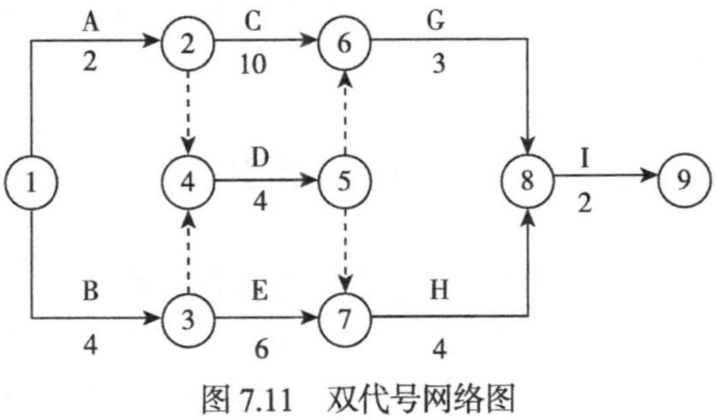

图 7.11　双代号网络图

按计算步骤，首先，应计算各工作的最早开始时间及最早完成时间。

由图 7.11 可知，工作 1→2 和 1→3 都是以网络计划起点节点 1 为开始节点的，故其最早开始时间皆为 0，其持续时间分别为 2 和 4，故其最早完成时间分别为 2 和 4。

工作 4→5 以工作 1→2 和 1→3 为紧前工作，其最早开始时间应是这些紧前工作最早完成时间中的最大值，故其最早开始时间应为 4，加上其持续时间 4 后，其最早结束时间即为 8。

依此类推，可非常方便地计算出各工作的最早时间参数（图 7.12）。随后，再确定网络计划的计算工期和计划工期，以网络计划终点节点 9 为完成节点的工作只有 8→9，其最早完成时间为 17，故网络计划的计算工期为 17，在没有规定要求工期时，网络计划的计划工期也为 17。

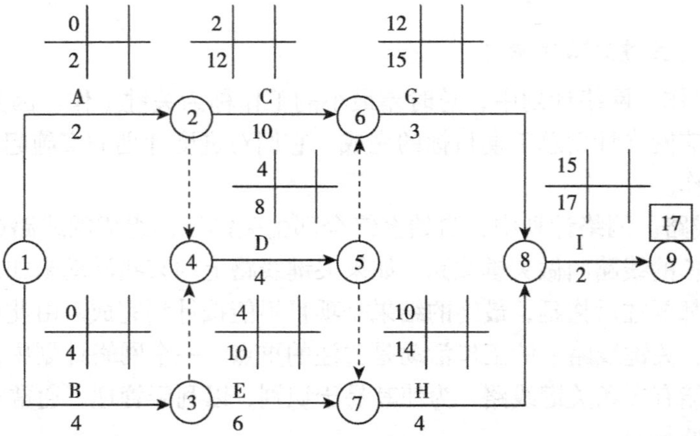

图 7.12　图上计算法计算网络计划最早时间

其次，计算各工作的最迟开始和最迟完成时间。

由工作最迟完成时间的定义可知，网络计划以终点节点为完成节点的工作 8→9，其最迟完成时间即是网络计划的计划工期，即 17，再减去其持续时间 2 后，即可得其最迟开始时间 15。

工作 6→8 和 7→8 都只以工作 8→9 为紧后工作，它们的最迟完成时间都应等于工作 8→9 的最迟开始时间，其持续时间分别为 3 和 4，故其最迟开始时间分别为 12 和 11。

工作 4→5 的紧后工作是工作 6→8 和 7→8，其最迟完成时间应是这两个紧后工作最迟开始时间的最小者，所以，工作 4→5 的最迟完成时间应为 11，再减去其持续时间 4，即可得其最迟开始时间 7。依此类推，我们就可算得各工作的最迟开始和最迟完成时间。

再次，依据式（7.7），将每个工作的最迟开始时间减去其最早开始时间，就可直接从图上算得各工作的总时差。

最后，依据式（7.8），我们也可在图上直接算得各工作的自由时差。这时要注意，一个工作的自由时差是其紧后工作的最早开始时间与本工作的最早完成时间之差。如紧后工作有多个时，则应选取这些紧后工作中最早开始时间最小的一个，来减去本工作最早完成时间。如计算工作 2→6 的自由时差，其紧后工作只有 6→8 工作，6→8 工作的最早开始时间是 12，工作 2→6 的最早完成时间也是 12，故其自由时差为 0。而工作 4→5，其紧后工作有 6→8、7→8 两个，它们的最早开始时间分别为 10 和 12，这时就要取其中最小者 10 来减去 4→5 工作最早完成时间 8，从而得到 4→5 工作的自由时差为 2。

图上计算时，各项计算结果应随时标注在图上，其最后结果如图 7.13 所示。

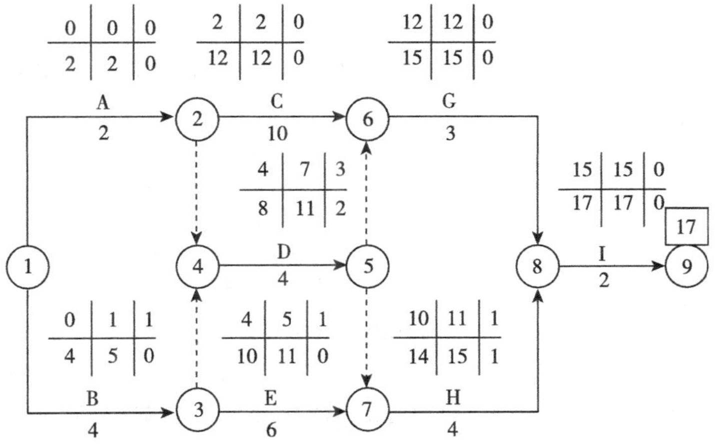

图 7.13 图上计算法时间参数计算结果

表上计算时，其最后结果如表 7.3 所示。

表 7.3 各项活动时间参数计算表

活动	工作持续时间	最早		最迟		时差	
		开始时间	完成时间	开始时间	完成时间	总时差	自由时差
A	2	0	2	0	2	0	0
B	4	0	4	1	5	1	0
C	10	2	12	2	12	0	0
D	4	4	8	7	11	3	2
E	6	4	10	5	11	1	0
G	3	12	15	12	15	0	0
H	4	10	14	11	15	1	1
I	2	15	17	15	17	0	0

从图 7.13 和表 7.3 上可以看出，总时差为零的工作有 A、C、G、I，它们是关键工作，由其组成的关键线路是 A-C-G-I。

第四节 单代号网络计划

单代号网络计划技术具有易画、易懂、便于检查等优点，所以单代号网络也已在某些项目管理中获得了成功应用，特别是在国外，网络计划的应用主要是单代号网络计划。

一、单代号网络图

单代号网络图是由节点、箭线、线路组成的。

1. 节点

在单代号网络图中，节点及其编号用于表达一项工作。该节点宜用圆圈或矩形表示，具体如图 7.14 所示。

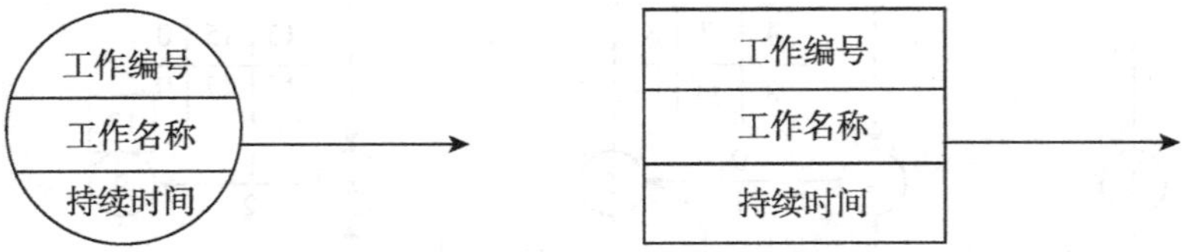

图 7.14　单代号网络图中节点的表达方法

节点必须编号，节点号即为工作的代号。由于工作代号只有一个，故称单代号。节点编号标注在节点内，可连续编号，也可间断编号，但严禁重复编号，箭线箭尾节点的编号最好小于箭头节点的编号。一项工作必须有唯一的一个节点和唯一的一个编号。

2. 箭线

单代号网络图中的箭线表示相邻工作之间的逻辑关系。箭线可画成直线、折线，箭线的水平投影方向应自左向右，表示工作的进展方向。单代号网络图中不设虚箭线。

3. 线路

单代号网络图线路的概念与双代号相同。

二、单代号网络图工作关系的表达

单代号网络图中，箭尾节点表示的工作是箭头节点的紧前工作；反之，箭头节点所表示的工作是箭尾节点的紧后工作。单代号网络图所表示的工作关系易于理解，绘制不易出错。

单代号网络图工作关系表达方法如表 7.4 所示。单代号网络图的绘图规则、绘图步骤与双代号网络图基本相同。

表 7.4　单代号网络图工作关系表达方法

工作关系描述	图示
A 工作是 B 工作的紧前工作	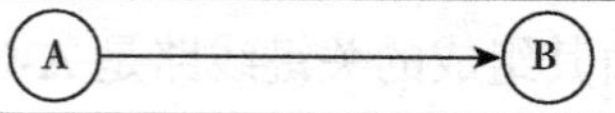
D 工作是 B 工作、C 工作的紧后工作	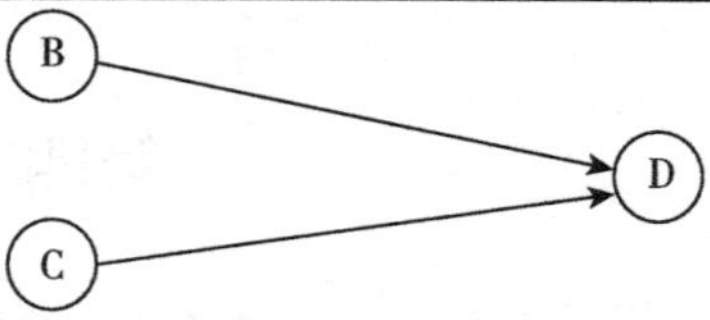
B 工作是 D 工作、C 工作的紧前工作	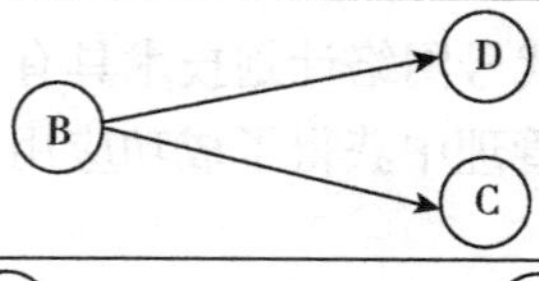
A 工作是 C 工作的紧前工作，C 工作、D 工作是 B 工作的紧后工作	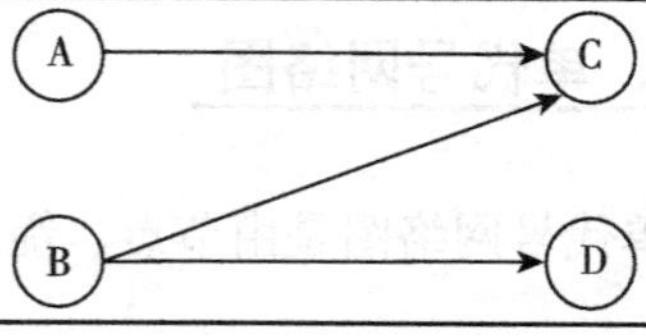

三、单代号网络图绘图示例

通过对某项目工作关系分析形成的项目工作列表如表 7.5 所示。

表 7.5 某项目工作列表

序号	工作名称	持续时间/天	紧后工作
1	A	4	B、C、D、E
2	B	2	F
3	C	6	F、G
4	D	5	H
5	E	3	I
6	F	2	M、N
7	G	1	M、N
8	H	4	N
9	I	12	J
10	J	9	K
11	K	8	Q、L
12	L	7	R
13	M	10	O、P
14	N	10	P、K
15	O	3	S
16	P	9	Q
17	Q	7	R
18	R	3	T
19	S	4	Q、T
20	T	6	

根据表 7.5 按照网络图的绘制规则绘制单代号网络图（图 7.15）。为简化起见，图 7.15 中未标注工作编号及持续时间。

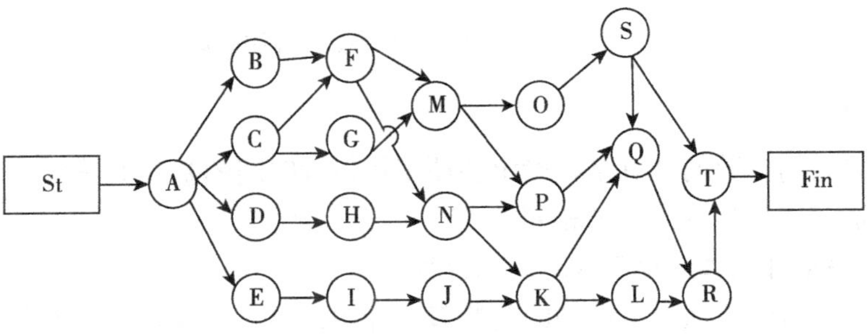

图 7.15 某项目单代号网络图

四、单代号网络计划时间参数计算

1. 工作的时间参数

与双代号网络计划时间参数相比，单代号网络计划的时间参数及标注方法有三点不同，应予注意。

（1）单代号网络计划是以节点表示工作并以该节点编号来代表该项工作的，所以其时间参数的右下角标的工作代号也只需一个节点编号。单代号网络计划工作参数的内容及表达符号如下：工作 i 的持续时间，用 D_i 表示；工作 i 的最早开始时间，用 ES_i 表示；工作 i 的最早完成时间用 EF_i 表示；工作 i 的最迟开始时间用 LS_i 表示；工作 i 的最迟完成时间用 LF_i 表示；工作 i 的总时差用 TF_i 表示；工作 i 的自由时差用 FF_i 表示。

（2）引进了相邻工作时间间隔 LAG 这一新的概念。它等于一项工作的最早完成时间与其紧后工作最早开始时间的差值。工作 i 与其紧后工作 j 之间的时间间隔用 LAG_{ij} 表示。

单代号网络计划时间参数的标注形式有两种，具体如图 7.16 所示。

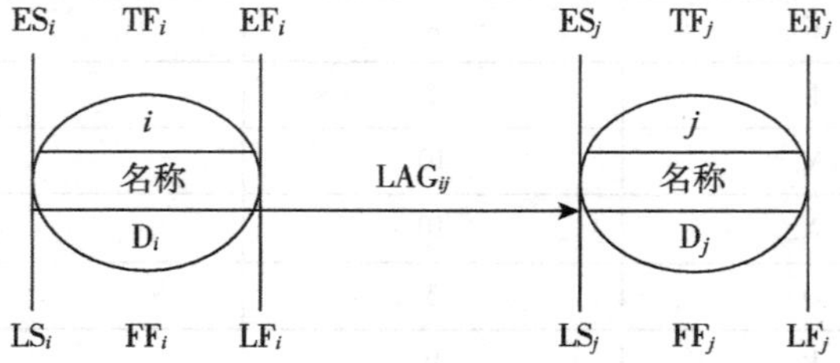

（a）单代号网络计划时间参数的圆圈标注形式

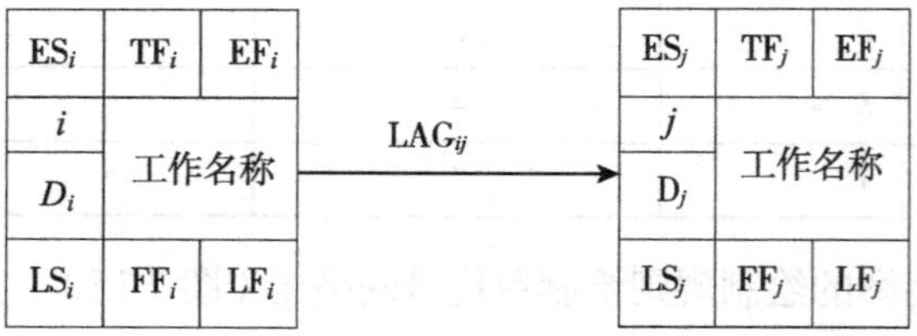

（b）单代号网络计划时间参数的矩阵标注形式

图 7.16　单代号网络计划时间参数的标注形式

2. 时间参数计算

单代号网络时间参数的计算是在确定各项工作持续时间的基础上进行的。工作持续时间的确定方法与双代号网络计划相同。

（1）工作最早开始和最早完成时间的计算。

工作最早开始时间应从网络计划的起始节点开始，顺着箭线方向，依次逐项计算。起始节点的最早开始时间如无规定，其值应等于零。

一项工作的最早开始时间等于该工作各项紧前工作最早完成时间中的最大值，即

$$ES_i=\max\{EF_h\}$$

式中，EF_h为工作i的紧前工作h的最早完成时间。

一项工作的最早完成时间等于该工作的最早开始时间与该工作的持续时间之和，即

$$EF_i=ES_i+D_i$$

（2）工作最迟开始和最迟完成时间的计算。

工作最迟开始时间应从网络计划的终点节点开始，逆着箭线方向，依次逐项计算。网络计划的终点节点所代表的工作n，其最迟完成时间即为计划工期，即

$$LF_n=T_p$$

一项工作的最迟开始时间等于该工作的最迟完成时间减去该工作的持续时间，即

$$LS_i=LF_i-D_i$$

一项工作的最迟完成时间等于该工作各项紧后工作最迟开始时间中的最小值，即

$$LF_i=\min\{LS_j\}$$

（3）工作时差的计算。

工作总时差等于该工作的最迟开始时间与最早开始时间之差，或最迟完成时间与最早完成时间之差，即

$$TF_i=LS_i-ES_i$$

或

$$TF_i=LF_i-EF_i$$

工作自由时差等于该工作与其紧后工作的各个时间间隔中的最小值，即

$$FF_i=\min\{LAG_{ij}\}$$

式中，

$$LAG_{ij}=ES_j-EF_i$$

终止节点与其前项工作的时间间隔为

$$LAG_{in}=T_p（或T_c）-EF_i$$

式中，n为终止节点，也可以是虚拟的终止节点。

3. 关键工作与关键线路的确定

单代号网络计划关键工作的确定与双代号网络计划相同，即总时差最小的工作是关键工作。从起始节点开始到终止节点均为关键工作，且所有工作的间隔时间均为0的线路为关键线路。

单代号网络计划时间参数的计算可采用分析法、图上计算法、计算机计算法等方法。

五、单代号网络计划计算示例

表7.6是通过某项目工作关系分析形成的项目工作列表，根据该表编制单代号网络计划，计算各项时间参数并确定其关键工作和关键线路。

表 7.6 项目工作列表

序号	工作名称	工作代号	紧后工作	持续时间/天
1	项目策划	A	B、C、D	5
2	材料购置	B	D	8
3	组织准备	C	D、E	15
4	项目实施	D	E	15
5	项目结束工作	E		10

解：

第一，根据项目工作列表，绘制单代号网络图（图 7.17）。

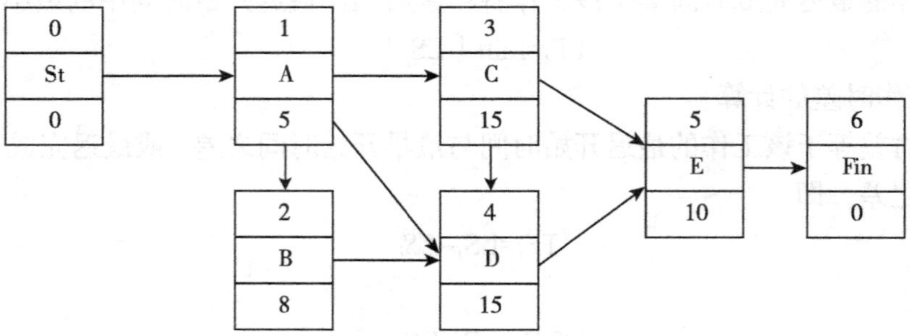

图 7.17 项目单代号网络图（矩形表示）

第二，计算网络时间参数。

采用分析法计算网络时间参数，步骤如下。

（1）计算工作最早时间。网络的起始节点是虚设的，其节点编号为 0，持续时间、最早开始时间、最早完成时间均为 0。

A 工作的最早开始与最早完成时间：

$$ES_1=ES_0=0$$

$$EF_1=ES_1+D_1=0+5=5$$

B 工作的最早开始与最早完成时间：

$$ES_2=EF_1=5$$

$$EF_2=ES_2+D_2=5+8=13$$

C 工作的最早开始与最早完成时间：

$$ES_3=EF_1=5$$

$$EF_3=ES_3+D_3=5+15=20$$

D 工作的最早开始与最早完成时间：

$$ES_4=\max\{EF_1, EF_2, EF_3\}=\max\{5, 13, 20\}=20$$

$$EF_4=ES_4+D_4=20+15=35$$

E 工作的最早开始与最早完成时间：

$$ES_5=\max\{EF_3, EF4\}=\max\{20, 35\}=35$$

$$EF_5=ES_5+D_5=35+10=45$$

终止节点的最早开始与最早完成时间（终止节点是虚设的，其持续时间为 0）：

$$ES_6=EF_5=45$$

$$EF_6=ES_6+D_6=45+0=45$$

（2）计算工作最迟开始与最迟完成时间。本案例未规定工期，所以：

$$T_p=T_c=EF_6=45$$

终止节点的最迟完成与最迟开始时间：

$$LF_6=T_c=45$$

$$LS_6=LF_6-D_6=45-0=45$$

E 工作的最迟完成与最迟开始时间：

$$LF_5=LS_6=45$$

$$LS_5=LF_5-D_5=45-10=35$$

D 工作的最迟完成与最迟开始时间：

$$LF_4=LS_5=35$$

$$LS_4=LF_4-D_4=35-15=20$$

C 工作的最迟完成与最迟开始时间：

$$LF_3=\min\{LS_5，LS_4\}=\min\{35，20\}=20$$

$$LS_3=LF_3-D_3=20-15=5$$

B 工作的最迟完成与最迟开始时间：

$$LF_2=LS_4=20$$

$$LS_2=LF_2-D_2=20-8=12$$

A 工作的最迟完成与最迟开始时间：

$$LF_1=\min\{LS_2，LS_3，LS_4\}=\min\{12，5，20\}=5$$

$$LS_1=LF_1-D_1=5-5=0$$

（3）计算时差。

A 工作的时差：

总时差：$TF_1=LS_1-ES_1=5-5=0$。

自由时差：$EF_1=\min\{ES_2-EF_1，ES_3-EF_1，ES_4-EF_1\}=\min\{5-5，5-5，20-5\}=0$。

B 工作的时差：

总时差：$TF_2=LS_2-ES_2=12-5=7$。

自由时差：$FF_2=ES_4-EF_2=20-13=7$。

C 工作的时差：

总时差：$TF_3=LS_3-ES_3=5-5=0$。

自由时差：$FF_3=\min\{ES_4-EF_3，ES_5-EF_3\}=\min\{20-20，35-20\}=0$。

D 工作的时差：

总时差：$TF_4=LS_4-ES_4=20-20=0$。

自由时差：$FF_4=ES_5-EF_4=35-35=0$。

E 工作的时差：

总时差：$TF_5=LS_5-ES_5=35-35=0$。

自由时差：$FF_5=ES_6-EF_5=45-45=0$。

（4）计算相邻工作的间隔时间。

A、B 之间的间隔时间：$LAG_{12}=ES_2-EF_1=5-5=0$。

A、C 之间的间隔时间：$LAG_{13}=ES_3-EF_1=5-5=0$。

A、D 之间的间隔时间：$LAG_{14}=ES_4-EF_1=20-5=15$。

B、D 之间的间隔时间：$LAG_{24}=ES_4-EF_2=20-13=7$。

C、D 之间的间隔时间：$LAG_{34}=ES_4-EF_3=20-20=0$。

C、E 之间的间隔时间：$LAG_{35}=ES_5-EF_3=35-20=15$。

D、E 之间的间隔时间：$LAG_{45}=ES_5-EF_4=35-35=0$。

（5）确定关键工作和关键线路。本案例中，总时差为 0 的工作是关键工作，即 A、C、D、E 是关键工作，而且它们之间的间隔时间均为 0，因此关键线路是 A-C-D-E。

第五节 网络计划的优化

一、概述

在现代项目计划管理中，仅仅满足于编制出项目进度计划，并以此来进行资源调配和工期控制是远远不够的，还必须依据各种主客观条件，在满足工期要求的同时，合理安排时间与资源，力求达到资源消耗合理和经济效益最佳这一目的，这就是进度计划的优化。在用横道图表示的水平进度计划中，由于工作间的逻辑关系表示不清，有关时间参数和关键线路的信息也得不到反映，所以进行优化十分困难，只能凭经验进行局部优化调整。当采用网络计划时，它可利用工作所具有的时差进行相关调整，从而使项目进度计划的优化得以实现，但其优化是建立在多次反复计算的基础上的，工作量很大，过程十分烦琐，稍复杂一点的网络计划（如超过 50 个工作），用手算就已近乎不可能，所以，网络进度计划的优化主要是通过计算机来完成的。本章只介绍基本的优化原理及方法。

网络计划按优化目标分，有工期优化、费用优化和资源优化。

二、工期优化

1. 工期优化的概念

工期优化就是调整进度计划的计算工期，使其在满足要求工期的前提下，达到工期最为合理的目的。项目工期并不是越短越好，项目工期过短，就会造成项目费用的大量增加。所以工期优化并不是单纯缩短工期，而是在满足要求工期的前提下，使项目计划工期尽量保持在合理工期范围之内。当要求工期比较合理或是不容改动时，工期优化就包含两个方面的内容：一是网络计划的计算工期超过要求工期，就必须对网络计划进行优化，使其计算工期满足要求工期，且保证因此而增加的费用要最少；二是网络计划的计算工期远小于规定工期，这时也应对网络计划进行优化，使其计算工期接近于要求工期，以达到节约费用的目的。在项目进度计划的工期优化中，前者最为常见，后者较为少见。

2. 工期优化的步骤

我们知道，对网络计划工期有影响的只是关键工作，网络计划工期优化就是通过改变关键工作持续时间的方式来实现的。下面介绍压缩网络计划工期的方法，其步骤如下。

（1）找出网络计划中的关键线路，并计算出网络计划总工期。

（2）计算应压缩的时间 ΔT。

$$\Delta T=T_c-T_r$$

式中，T_c 为项目网络计划的计算工期；T_r 为项目要求工期。

（3）选定最先压缩持续时间的关键工作，选择时应考虑的因素如下：①缩短持续时间后，对项目质量和安全影响不大的工作；②有充足备用资源的工作；③缩短持续时间所需增加的费用相对较少的工作。

（4）确定压缩时间。将选定的关键工作的持续时间压缩至“允许的”最短时间，这里所谓的“允许”，是指要尽量保持关键工作的地位，因为关键工作一旦被压缩成非关键工作后，再继续压缩其持续时间，对缩短工期就已失去作用。如根据需要，必须将某一关键工作压缩成非关键工作时，应对新出现的关键工作进行再次压缩。

（5）压缩另一关键工作。若压缩后的计算工期仍不能满足要求工期，则按上述原则选定另一个关键工作并压缩其持续时间，直至满足要求工期为止。当将所有的关键工作的持续时间都压缩至“允许的”最短持续时间，仍不能满足要求工期时，说明原网络计划的技术、组织方案不合理，应重新进行修正、调整。当然，也有可能是要求的工期不现实，这时可对要求工期重新进行审定。

在优化过程中出现多条关键线路时，必须将各条关键线路的持续时间同时压缩至同一数值，否则，起不到压缩工期的作用。

3. 工期优化示例

某项目初始网络计划如图 7.18 所示。

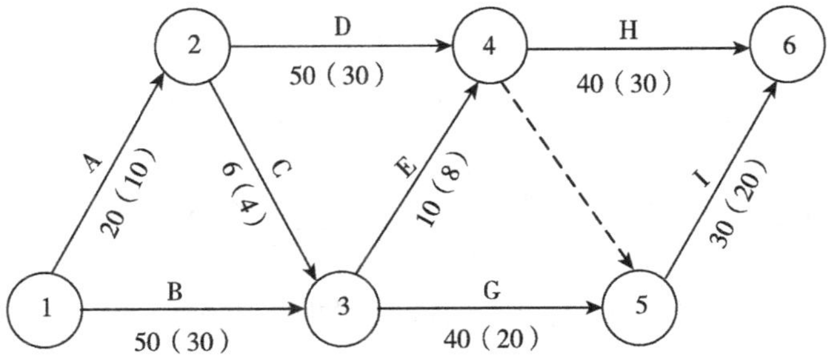

图 7.18　初始网络计划

箭线下方括号外为正常持续时间，括号内为允许最短持续时间，假定要求工期为 100 天，根据实际情况并考虑有关因素后，缩短顺序为 B、C、D、G、H、I、A。对该网络计划进行优化，过程如下。

（1）经网络时间参数计算，确定出关键线路 B→G→I，正常工期 T_c=120 天，具体如图 7.19 所示。

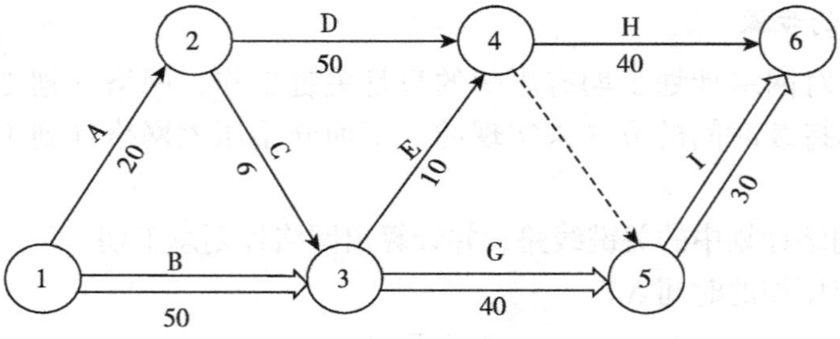

图 7.19　关键线路

（2）应压缩时间为

$$\Delta T=T_c-T_r=120\text{天}-100\text{天}=20\text{天}$$

（3）根据已知条件，先将 B 缩至极限工期，再次进行时间参数计算，找出关键线路为 A→D→H（图 7.20）。此时 B 由关键工作变成非关键工作，这表明 B 缩至极限工期“不允许”。

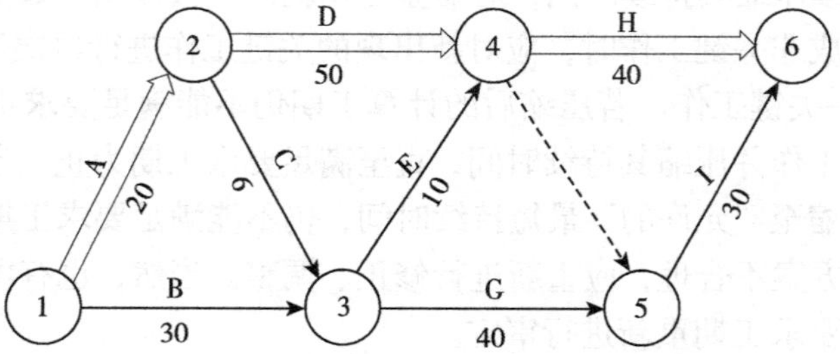

图 7.20　将 B 缩至 30 天后的网络计划

（4）增加 B 的持续时间至 40 天，求出关键线路为 A→D→H 和 B→G→I，而 B 仍为关键工作（图 7.21）。

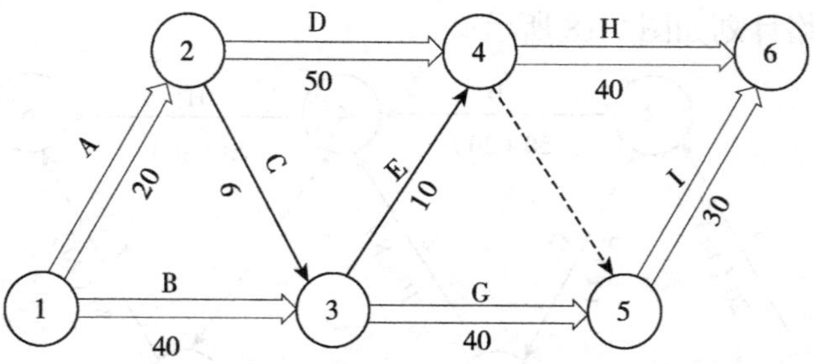

图 7.21　将 B 增至 40 天后的网络计划

（5）根据已知缩短程序，决定将 D、G 各压缩 10 天，使工期达到 100 天的要求（图 7.22）。

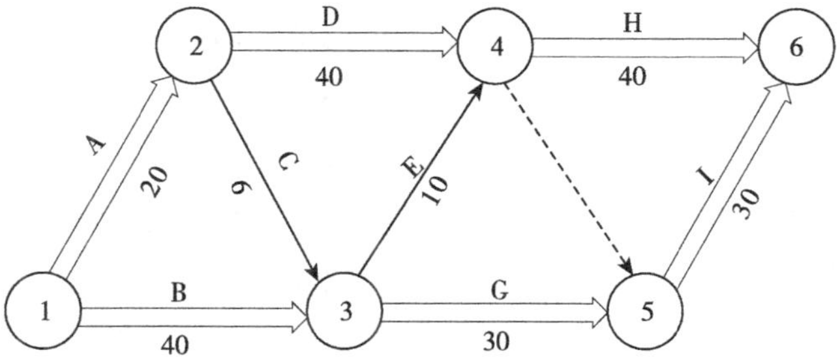

图 7.22　压缩 D、G 而达到要求工期的优化网络计划

三、费用优化

（一）费用优化的概念

实施一个项目的费用，通常可分为直接费用和间接费用两部分。直接费用包括材料费、人工费、设备购置与使用费等直接用于项目实施的费用；间接费用包括项目实施组织管理等工作所需要的费用。一般情况下，项目总费用与工期的关系如图 7.23 所示，其间接费用与项目工期大致成正比关系，它将随工期的延长而递增；其直接费用与工期呈曲线关系。通常情况下，它会随工期的缩短而增加，但当工期不正常延长时，其费用也会增加。项目总费用是直接费用和间接费用之和。所以，其与工期的关系也是一条曲线，此曲线上有一总费用最低点 N，它所对应的工期就是最优工期。

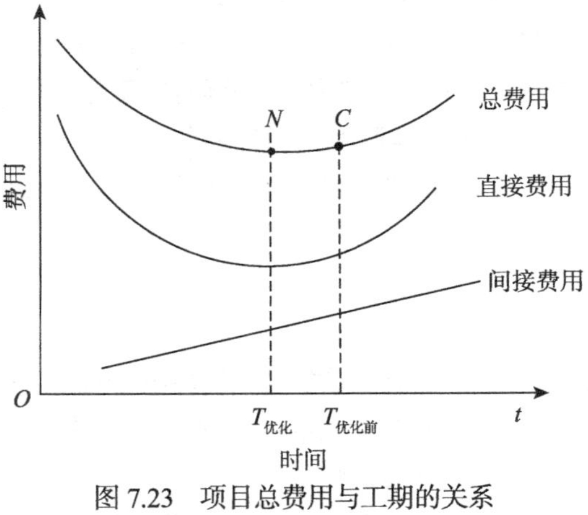

图 7.23　项目总费用与工期的关系

费用优化又叫做时间成本优化，就是通过进度计划的调整，使工期接近最优工期，以实现项目实施总费用最少的目的。

（二）费用优化的步骤

（1）计算项目实施总直接费用。项目总直接费用等于该项目全部工作的直接费用之和。

（2）计算各工作的费用率。费用率是直接费用费用率的简称，是指一项工作每缩短一个单位时间所需增加的直接费用。它等于最短时间直接费用和正常时间直接费用之

差，再除以正常持续时间与最短持续时间之差的商值，即

$$\Delta C_{ij}=\frac{CC_{ij}-CN_{ij}}{DN_{ij}-DC_{ij}}$$

式中，ΔC_{ij} 为工作 i-j 的费用率；CC_{ij} 为工作 i-j 持续时间为最短时间所需的直接费用；CN_{ij} 为工作 i-j 持续时间为正常时间时所需的直接费用；DN_{ij} 为工作 i-j 的正常持续时间，即在合理组织条件下，完成一项工作所需要的时间；DC_{ij} 为工作 i-j 的最短持续时间，即在最理想的条件下完成工作所需的持续时间。

（3）确定间接费率。间接费率是间接费用费用率的简称，是指一项工作缩短单位持续时间所减少的间接费用。工作 i-j 的间接费率表示为 ΔCI_{ij}，它一般都是由各单位根据工作的实际情况而加以确定的。

（4）确定关键线路并计算总工期。

（5）确定缩短持续时间的关键工作。取费用率（或组合费用率）最低的一项关键工作（或一组关键工作）作为缩短持续时间的对象。

（6）确定持续时间的缩短值。确定持续时间的缩短值的原则是：在缩短时间后该工作不得变为非关键工作，其持续时间也不得小于最短持续时间。

（7）计算缩短持续时间的费用增加值。

（8）计算总费用。工作持续时间缩短后，工期会相应缩短，项目的直接费用会增加，而间接费用会减少，所以其总费用应为

$$C_t=C_{t+\Delta t}+\Delta T\left(\Delta C_{ij}-\Delta CI_{ij}\right)$$

式中，C_t 为将工期缩至 t 时的总费用；$C_{t+\Delta t}$ 为工期为 $t+\Delta t$ 的总费用；ΔT 为工期缩短值；ΔC_{ij} 为缩短持续时间工作的费用率；ΔCI_{ij} 为缩短持续时间工作的间接费率。

（9）缩短新的关键工作并计算其费用。确定新的应缩短持续时间的关键工作（或一组关键工作），并按上述 6、7、8 的步骤计算新的总费用。如此重复，直至总费用不可再降低为止。

（三）费用优化示例

某项目初始网络计划如图 7.24 所示。箭线上方括号外为正常时间直接费用，括号内为最短时间直接费用；箭线下方括号外为正常持续时间，括号内为最短持续时间；间接费率为 0.226 万元/天。试对其进行费用优化。

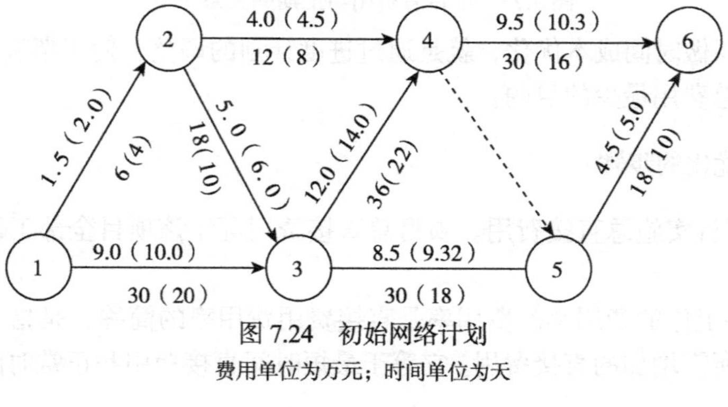

图 7.24　初始网络计划

费用单位为万元；时间单位为天

经计算，该项目未优化前的计算工期为 96 天，直接费用 54 万元，间接费用 11.52 万元，总费用 65.52 万元。关键工作为 1—3、3—4、4—6，关键线路为 1—3—4—6。进行费用优化后，第一次压缩选择费用率最低的关键工作 4—6，工期缩短 12 天，直接费用虽然每天增加 0.057 万元，而间接费用每天却减少 0.226 万元，费率差为：0.057–0.226=–0.169 万元/天，结果总费用不但没有增加反而减少 2.028 万元。第二次压缩选择的是关键工作 1—3，直接费率 0.10 万元/天，费率差为：0.10–0.226=–0.126 万元/天，工期又缩短 6 天（保证压缩后仍为关键工作），总费用又减少 0.756 万元。此时 5—6 变成了关键线路上的关键工作。第三次需同时压缩 4—6 与 5—6，组合费用率为：0.057+0.062=0.119 万元/天，费率差为：0.119–0.226=–0.107 万元/天，4—6 与 5—6 压缩两天后总费用减少 0.214 万元。如此重复，直至总费用不再降低为止。经过 7 次压缩后，该项目工期从 96 天减至 60 天时，其总费用减少 3.66 万元，从 65.52 万元下降到 61.86 万元。此时，如再压缩工期，增加的直接费用会超过减少的间接费用，总费用也开始上升，这表明，当工期为 60 天时，总费用最低，因此，最优工期是 60 天。表 7.7 是该项目费用优化过程表。

表 7.7　优化过程表

缩短次数	被缩工作		费用率或组合费用率	费率差	缩短时间/天	缩短费用/万元	总费用/万元	工期/天
	代号	名称						
0	—	—	—	—	—	—	65.52	96
1	4—6	—	0.057	–0.169	12	–2.028	63.49	84
2	1—3	—	0.100	–0.126	6	–0.756	62.73	78
3	4—6 5—6	—	0.119	–0.107	2	–0.214	62.52	76
4	3—4	—	0.143	–0.083	6	–0.498	62.02	70
5	3—4 5—6	— —	0.205	–0.021	6	–0.126	61.89	64
6	3—4 3—5	— —	0.211	–0.015	2	–0.028	61.80	62
7	2—3 1—3	— —	0.225	–0.001	2	–0.002	61.80	60
8	1—2 1—3	— —	0.350	+0.124	—	—	—	—

注：费率差等于费用率（或组合费用率）减去间接费率 0.226 万元/天

图 7.25 是费用优化后的网络计划。

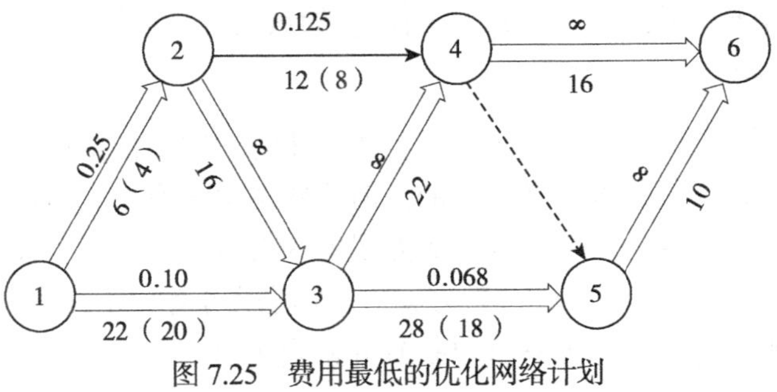

图 7.25　费用最低的优化网络计划

2—3、3—4、4—6、5—6 已不能再压缩，故其费用率为无穷大。

四、资源优化

（一）资源优化的概念

所谓资源，就是完成项目所需的人力、材料、设备和资金的统称。我们这里所讲的资源优化，不是指通过优化，将完成项目所需的资源减至最少，那是项目实施组织设计所应解决的问题。在进度管理范畴内，资源优化要解决的是下述两方面的问题：一是在提供的资源有所限制时，要使每个时段的资源需用量都满足资源限量的要求，并使项目实施所需的时间最短；二是当工期固定时，怎样使资源安排得更为均衡、合理。前者称为“资源有限–工期最短”的优化；后者称为“工期固定–资源均衡”的优化。

（二）“资源有限–工期最短”的优化

“资源有限–工期最短”的优化，又叫“资源计划安排法”，其优化过程就是不断调整进度计划安排，使在工期延长最短的条件下，逐步达到满足资源限量的目的。

“资源有限–工期最短”的优化，可按下述步骤进行。

1. 计算网络计划每天资源需用量 Q_t

2. 检查资源需用量是否超过资源限量

检查应从网络计划的开始之日起，逐日进行。如在整个工期内每天的资源需用量均能满足资源限量要求，现有的网络计划即已为优化方案，无须再进行优化；如有不满足资源限量要求的情况，则必须对该网络计划进行优化。

3. 调整超出资源限量时段的工作安排

每天资源需用量相同的时间区段即称为一个时段。对于超过资源限量的时段，必须逐段进行调整以满足资源限量要求。调整方法是在该时段内同时平行进行的几项工作中，拿出一项安排在另一项完成后进行，即使这两项工作从平行作业关系变为依次作业关系，从而减少该时段的资源需用量。此时，项目进度计划的工期将相应延长，其延长的工期等于：

$$\Delta D_{mn,\ ij}=\mathrm{EF}_{mn}-\mathrm{LS}_{ij}$$

式中，$\Delta D_{mn,\ ij}$ 为将工作 i-j 安排在工作 m-n 之后进行时，项目进度计划工期延长的时间；EF_{mn} 为工作 m-n 的最早完成时间；LS_{ij} 为工作 i-j 的最迟开始时间。

4. 确定有效调整方案

当一个时段有好几项同时进行的工作时，其中任何一项工作都可安排到其他任何一项工作后进行，所以其调整的方案是很多的。但这些调整方案中，有的可使该时段资源需用量减少到满足资源限量的要求，这样的方案即为有效调整方案。而有的并不能满足这一要求，这样的调整方案便是无效调整方案。一个时段可有一个或多个有效调整方案。进行优化时，应将所有有效调整方案都寻找到并确定下来。

5. 调整其他超出资源限量时段

以上一时段每一个有效调整方案为基础，对下一超过资源限量的时段进行调整。如此不断调整，直至全部时段的资源需用量等于或小于资源限量为止。

6. 确定最优方案

在所有有效调整方案中，工期最短的方案即为最优方案。

（三）“工期固定-资源均衡”的优化

工期固定，是指要求项目在国家颁布的工期定额、甲乙双方签订的合同工期或上级机关下达的工期指标范围内完成。一般情况下，网络计划的工期不能超过这些规定。资源均衡问题是在可用资源数量充足并保持工期不变的前提下，通过调整部分非关键工作进度的方法，使资源的需用量随着时间的变化趋于平稳的过程。随着情况的不同，资源本身的性质不同，资源平衡的目标亦有区别。但就一般情况而言，理想的资源计划安排应是平行于时间坐标轴的一条直线，即日资源需用量保持不变（图 7.26）。

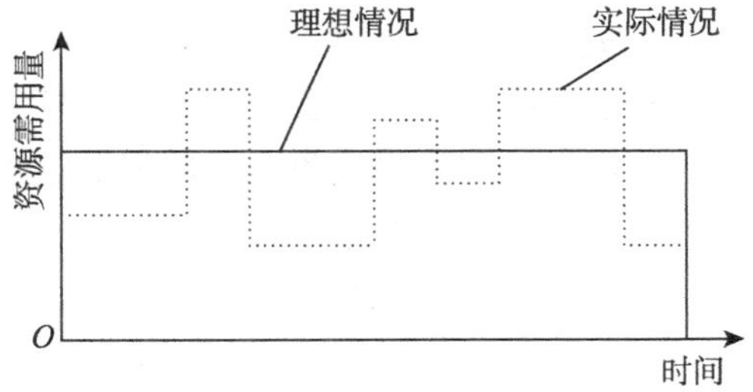

图 7.26　资源计划安排

实际上，资源计划安排难以达到理想状态，但调整工作的时间参数可使资源需用量在理想情况的上下范围内波动。常用的资源均衡方法是一种启发式方法，即削峰填谷法，也称为削高峰法。

削峰填谷法的基本步骤如下。

第一步：计算网络计划每时间单位资源需用量。

第二步：确定削峰目标，其数值等于每时间单位资源需用量的最大值减去一个单位量。

第三步：确定高峰时段的最后时间点及相关工作的最早开始时间和总时差。

第四步：计算有关工作的时间差值。

对于双代号网络计划：

$$\Delta T_{ij}=\mathrm{TF}_{ij}-(T_h-\mathrm{ES}_{ij})$$

对于单代号网络计划：

$$\Delta T_i=\mathrm{TF}_i-(T_h-\mathrm{ES}_i)$$

式中，ΔT_{ij}、ΔT_i 分别为双代号网络计划和单代号网络计划工作的时间差值；T_h 为高峰时段的最后时间点。

优先以时间差值最大的工作 i'–j'或 i'作为调整对象，令

$$\mathrm{ES}_{i'-j'}=T_h \text{ 或 } \mathrm{ES}_{i'}=T_h$$

第五步：若峰值不能再减少，即求得均衡优化方案；否则，重复以上过程。

第六节　项目进度控制

一、项目进度控制的概念

项目进度控制是指项目进度计划制订以后，在项目实施过程中，对实施进展情况进行的检查、对比、分析、调整，以确保项目进度计划总目标得以实现的活动。

在项目实施过程中，必须经常检查项目的实际进展情况，并与项目进度计划进行比较。如实际进度与计划进度相符，则表明项目完成情况良好，进度计划总目标的实现有保证。如发现实际进度已偏离了计划进度，则应分析产生偏差的原因，以及对后续工作及项目进度计划总目标的影响，找出解决问题的办法和避免进度计划总目标受影响的切实可行措施，并根据这些办法和措施，对原进度计划进行修改，使之符合现在的实际情况并保证原进度计划总目标的实现。然后再进行新的检查、对比分析、调整，直至项目最终完成，从而确保项目进度总目标的实现，甚至可在不影响项目完成质量和不增加项目成本的前提下，使项目提前完成。

为了有效地进行项目进度控制，必须建立一套科学的进度控制系统，它包括健全的进度报告制度和进度监测系统，以保证实际进度资料、数据的收集；科学的数据资料分析和进度调整系统，以保证数据资料分析和调整措施的科学性及准确性；高效的组织实施系统，以保证调整措施得到及时、准确的执行。

二、项目进度的监测系统

在项目实施过程中，及时、准确掌握项目进度的实际情况是对项目进度进行有效控制的基础。项目进度监测系统的运作过程如图 7.27 所示。

（一）项目进度的监测方法

对项目进度计划执行情况进行监测的方法一般有以下三种。

1. 定期收集进度报表资料

进度报表是反映工程实际进度的主要方式之一。进度计划执行单位应按照进度管理制度规定的时间和报表内容，定期填写进度报表。通过收集进度报表资料掌握工程实际进展情况。

2. 现场实地检查工程进展情况

去现场检查进度计划的实际执行情况，这样可以加强进度监测工作，对于结构复杂、进度控制要求高的项目，在其实施阶段应派出有关人员获取工程实际进度的第一手资料，使获得的数据更加及时、准确。

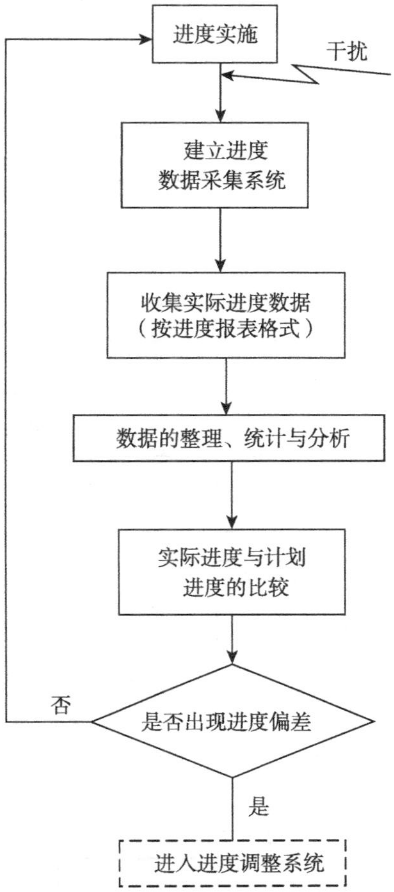

图 7.27　项目进度监测系统的运作过程

3. 定期召开现场会议

定期召开现场会议，通过与进度计划执行单位有关人员面对面地交谈，既可以了解工程实际进度状况，同时又可以协调有关方面的进度关系。

一般来说，进度控制的效果与收集数据资料的时间间隔有关。如果不经常地、定期地收集实际进度数据，就难以有效地控制实际进度。进度检查的时间间隔与工程项目的类型、规模、咨询对象及有关条件等多方面因素相关，可视工程的具体情况，每月、每半月或每周进行一次检查。在特殊情况下，甚至需要每日进行一次进度检查。

为了进行实际进度与计划进度的比较，必须对收集到的实际进度数据进行加工处理，形成与计划进度具有可比性的数据。例如，对检查时段实际完成工作量的进度数据进行整理、统计和分析，确定本期累计完成的工作量、本期已完成的工作量占计划总工作量的百分比等。

（二）项目实际进度与计划进度的对比分析

将实际进度数据与计划进度数据进行比较，可以确定项目实际执行状况与计划目标之间的差距。为了直观反映实际进度偏差（schedule variance，SV），通常采用表格或图形进行实际进度与计划进度的对比分析，从而得出实际进度比计划进度超前、滞后还是一致的结论。

实际进度与计划进度的比较方法有以下几种。

1. 横道图比较法

横道图比较法是指将项目实施过程中检查实际进度收集的数据，经加工整理后直接用横道线平行绘于原计划的横道线下，进行实际进度与计划进度比较的方法（图 7.28），其特点是形象、直观。

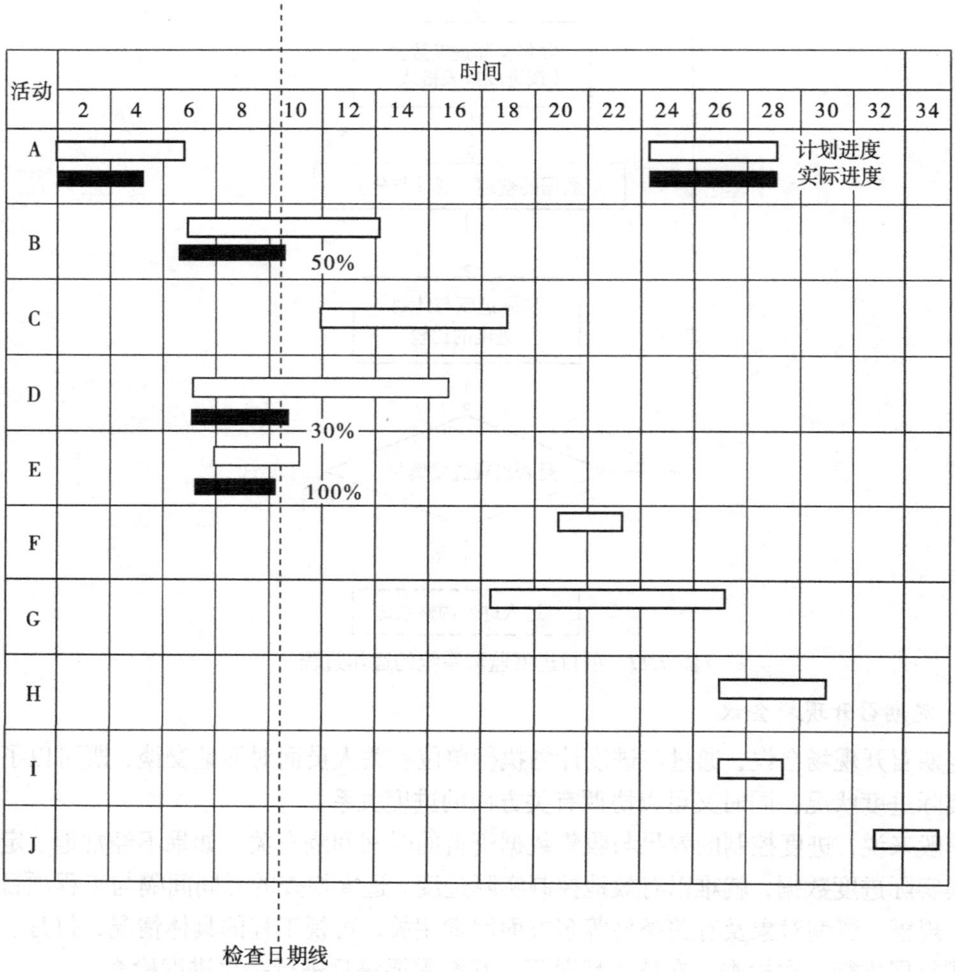

图 7.28　实际进度与计划进度比较

根据工程项目中各工作的进展是否匀速，可分别采取以下两种方法进行进度比较。

（1）匀速进展横道图比较法。其是指在工程项目中每项工作在单位时间内完成的任务量相等，此时，每项工作累计完成的任务量与时间呈线性关系，完成的任务量可以用实物工程量、劳动消耗量或费用支出表示，或用其物理量的百分比表示。

（2）非匀速进展横道图比较法。其是指当工作在不同单位时间里的进展速度不相等时，在用粗黑线表示工作实际进度的同时，还要标出其对应时刻完成任务量的累计百分比，并将该百分比与其同时刻计划完成任务量的累计百分比相比较，判断工作实际进度与计划进度之间的关系。

2. S 形曲线比较法

S 形曲线比较法以横坐标表示时间，纵坐标表示累计完成任务量，绘制成按计划时间累计完成任务量的 S 形曲线，然后将项目实施过程中各检查时间实际累计完成任务量的 S 形曲线也绘制在同一坐标系中，进行实际进度与计划进度比较的一种方法。项目实施过程中，每隔一段时间就应将实际进展情况绘制在原计划的 S 形曲线上进行直观比较。如图 7.29 所示，通过比较可以获得如下信息：①实际工程进展速度；②进度超前或拖后的时间；③工程量的完成情况；④后续工程进度预测。

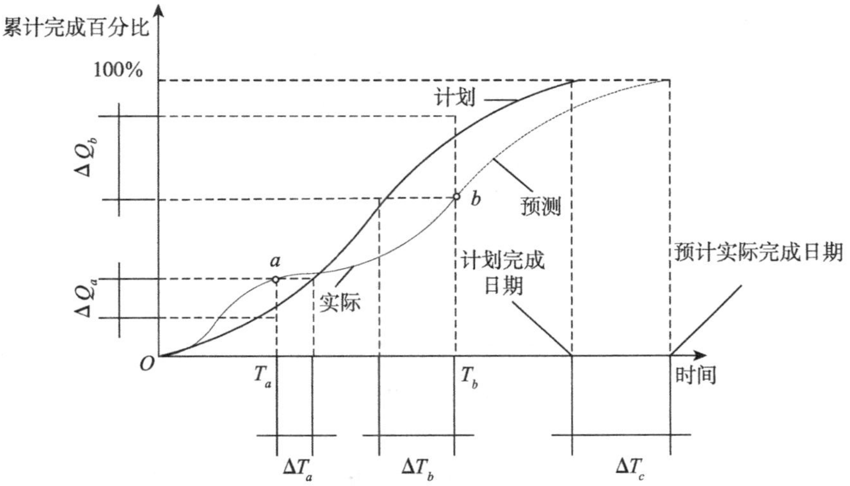

图 7.29　S 形曲线比较图

ΔT_a 为 T_a 时刻实际进度超前的时间；ΔQ_a 为 T_a 时刻超额完成的任务量；ΔT_b 为 T_b 时刻实际进度拖后的时间；ΔQ_b 为 T_b 时刻拖欠的任务量；ΔT_c 为工期拖延预测值

3. “香蕉”曲线比较法

在项目进度计划制订一节中，我们提到过网络图中的时间参数有最早开始时间和最迟开始时间。在“香蕉”曲线中，各项工作均按最早开始时间开始而绘制的 S 形曲线称为 ES 曲线；各项工作均按最迟开始时间开始而绘制的 S 形曲线称为 LS 曲线。两条曲线具有相同的起点和终点，所以形成了闭合曲线（图 7.30），一个科学合理的进度计划优化曲线应处于香蕉曲线所包络的区域之内。

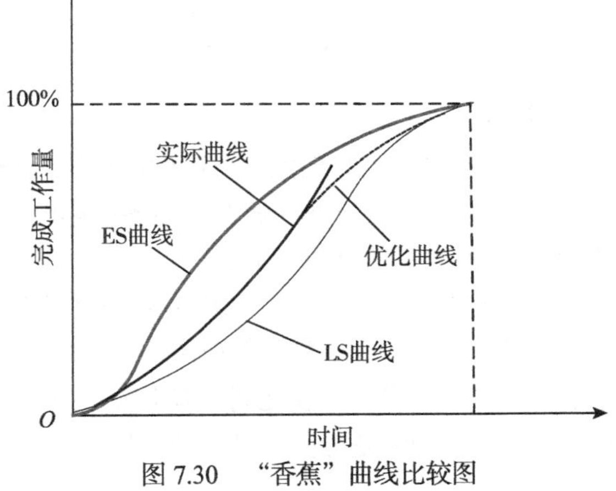

图 7.30　“香蕉”曲线比较图

"香蕉"曲线能直观反映项目的实际进展情况，比S形曲线能获得更多的信息。利用"香蕉"曲线可进行进度计划的合理安排、实际进度与计划进度的比较、后续工程进度的预测等。

三、项目进度的调整系统

在项目进度监测过程中，一旦发现实际进度偏离计划进度，必须认真分析产生偏差的原因及其对后续工作及总工期的影响，并采取合理的调整措施，确保进度目标的实现。项目进度调整系统如图 7.31 所示。

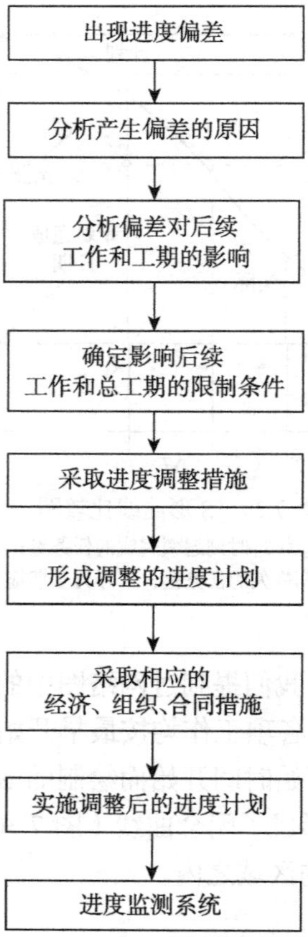

图 7.31　项目进度调整系统

1. 分析产生偏差的主要原因

进度拖延是项目实施过程中经常发生的现象，对进度拖延原因分析，可采用因果关系分析图、影响因素分析表等方法，详细分析进度拖延的各种影响因素及各因素影响量的大小。工程项目进度拖延的原因常见的有以下几种。

（1）项目各相关单位协调配合失误。项目是一个多专业、多方面协调合作的复杂过程，如果政府部门、业主、咨询单位、设计单位、物资供应单位、贷款单位、监理单位等各单位之间，以及土建、水电、通信、运输等各专业之间没有形成良好的协作，必然会影响工程建设的顺利实施。例如，工程设计通常是分阶段进行的，如果初步设计不能顺利得到批准，必然会影响到后续详细设计中的施工图设计、施工方案设计进度。又如，资金方面，如果业主在工程预付款或进度款的支付中有所延迟，就会对承包商的施工进度造成影响。

（2）工程变更。边界条件的变化，如设计变更、设计错误、外界（如政府、上层机构）对项目提出新的要求或限制。当工程项目在已施工的部分发现一些问题或者由于业主提出了新的要求而必须进行工程变更时，会影响设计工作进度。例如，材料代用、设备选用的失误将会导致原有工程设计失效而重新进行设计。

（3）风险因素。风险因素包括政治、经济、技术及自然等方面的各种预见或不可预见因素。政治方面有战争、内乱、罢工、拒付债务、制裁等；经济方面有延迟付款、汇率浮动、换汇控制、通货膨胀、分包单位违约等；技术方面有工程事故、试验失败、标准变化等；自然方面有地震、洪水等。

（4）工期及相关计划的失误和管理过程的失误。计划工期及进度计划超出现实可能性；管理过程中的失误，如计划部门与实施者之间、总分包商之间、业主和承包商之间缺少沟通，工作脱节，等等。

2. 分析进度偏差对后续工作和总工期的影响

当某项工作发生实际进度偏差时，要分析该进度偏差是否影响到后续工作的进展及是否影响了总工期，这在实际工作中需要借助网络计划进行判断。根据该项工作是否处于关键线路、其进度偏差是否超过该项工作的自由时差和总时差来判断对后续工作和总工期的影响。例如，由于业主方面对某即将投入施工的工程材料的要求发生改变而需要重新进行采购时，如该工作不是关键工作（即不在关键线路上），其材料的重新采购不一定会影响到总工期和后续工作；如再继续分析发现采购时间超过了该项工作的自由时差而未超过总时差，则此次变更只影响到了后续工作而未影响到总工期。

3. 项目进度计划调整方法

当项目实际进度偏离计划进度，并对项目进度计划的总目标或后续工作产生影响时，就必须根据项目实施的现有条件，对项目进度计划加以调整，以保证进度目标的实现。进度计划的调整方法主要有两种，即改变相关工作之间的逻辑关系及改变相关工作的持续时间。

（1）调整工作顺序，改变某些工作间的逻辑关系。当项目实施中产生的进度偏差影响到总工期，且有关工作的逻辑关系允许改变时，可以改变关键线路和超过计划工期的非关键线路上的有关工作之间的逻辑关系。在工作面及资源允许的情况下组织流水作业是其中的典型方法。例如，某钢筋混凝土结构建筑物的施工项目中，其主体工程由支模板、绑钢筋和浇注混凝土三个施工过程组成，其中每个施工过程都需要 15 天完成，主体工程的总工期是 45 天。如现有缩短工期的需要，可在工作面和资源允许条件下把整个工作面划分为若干工作段，采取流水作业的方法以充分发挥生产效率，减少工作面因单一专业占用造成的时间间歇。在这里如果取三个工作段，则总工期减少为 25 天。具体情况如图 7.32 所示。

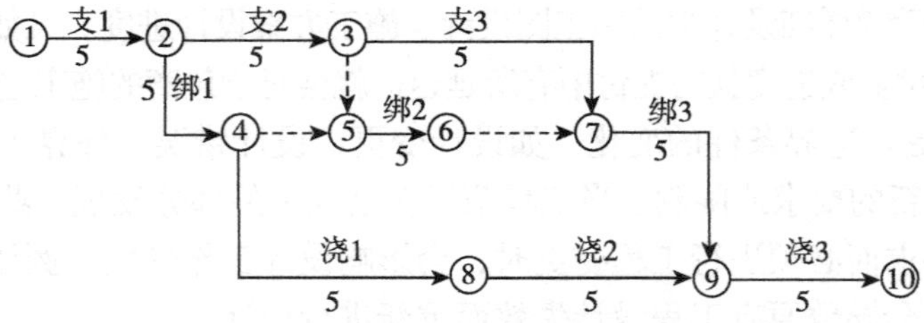

图 7.32　某主体工程流水作业网络计划

（2）缩短某些工作的持续时间。这种方法通过采取增加资源投入、提高劳动效率等措施来缩短某些工作的持续时间，使项目进度加快，以保证按计划工期完成项目。这些被压缩了持续时间的工作是位于关键线路和超过计划工期的非关键线路上的工作。如果某项工作进度拖延的时间超过其总时差，那么无论它是否处于关键线路，它都会对后续工作和总工期产生影响，在这种情况下，为了减少对总工期的延误，应采取措施缩短关键线路上后续工作的持续时间，并用工期优化的方法对原网络计划进行调整。

近年来，随着各种项目管理软件的日渐成熟和完善，项目的进度控制也越来越多地需要借助于计算机，尤其对于规模庞大的工程项目，项目管理软件为其进度的安排提供了广泛的支持，比较有名的是美国微软公司的 Project 和 Primavera 公司的 P3。

第七节　案例：某招投标市场计算机管理软件开发项目进度管理

本案例以某招投标市场计算机管理软件开发项目为例，重点介绍项目进度管理的实际应用。本案例的主要内容有项目概况、项目进度计划、项目进度控制。

一、项目概况

1. 项目简介

随着社会经济技术的迅速发展，招投标市场正成为企业进行行业竞争的重要内容。在我国，随着改革开放的深入发展，招投标有形市场也进入繁荣阶段，但是也因此出现了招投标市场的不规范。为建立和完善业主依法招标、市场公平竞争、政府程序监督的招投标管理模式，规范和完善招投标程序管理，某公司决定开发一套招投标市场计算机管理软件以满足对招投标市场的管理。通过分析，本招投标市场计算机管理软件开发应包括完成融机电设备、土木建筑和政府采购三种招标相关的计划、发标、开标、评标、定标及各级文档的管理等主要工作。公司准备投入 160 万元，组建专门的项目组进行该系统的开发，时间要求是一年。该软件项目计划的开始时间为 2002 年 1 月 1 日。公司要求软件正式验收前需要试运行 20 天以上，并根据运行情况进行适当修改。

2. 项目内容

根据市场信息与开发任务，本软件项目的开发是一个系统的综合工程，包括用户需求调研、开发环境准备、系统设计、系统开发、系统测试和系统试运行六方面的内容，其主要工作如下：①对某省招投标市场的用户进行分析，确定管理软件开发的内容。②软件开发项目包括开发环境准备、系统设计、系统开发、系统测试和系统试运行等过程，以保证软件开发的质量和开发的顺利完成。③完成融机电设备、土木建筑和政府采购三种招标相关的计划、发标、开标、评标、定标及各级文档的管理等工作。

3. 项目工作分解

为了确定项目的工作范围，项目组根据项目目标和要求，对项目进行了分解，经过与公司高层管理者协商，最终确定项目的工作范围，具体如图 7.33 所示。

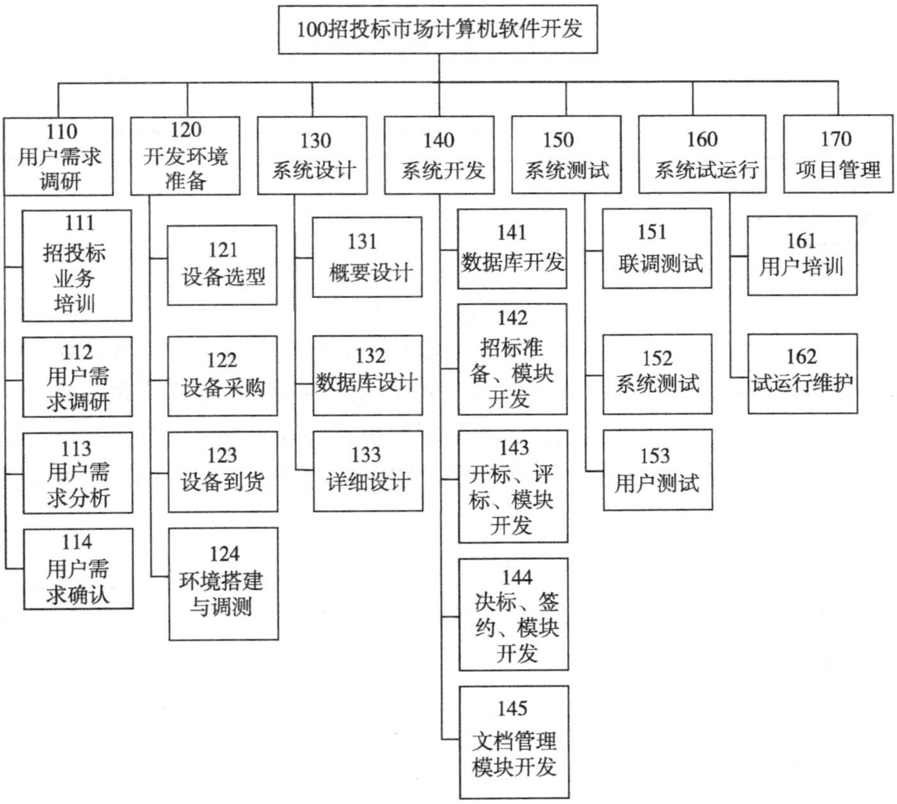

图 7.33　项目工作结构分解示意图

4. 项目工作描述

在项目分解完成后，为了使项目团队成员更准确地理解项目所包含的各项工作的具体内容和要求，项目组对工作分解结构分解所得的所有工作进行了描述。工作描述的依据是项目目标、项目描述和项目工作分解结构，其结果是工作描述表。表 7.8 给出了其中 114 用户需求确认的工作描述（其余项目工作描述略）。

表 7.8　114 项目工作描述

工作名称	用户需求确认
工作交付物	用户需求确认表
验收标准	项目经理签字、确定项目方案
技术文件	招投标市场需求分析
工作描述	根据项目要求和设计规范、进行用户需求报批
假设条件	招投标有形市场的建立
信息源	针对招投标有形市场所收集的信息
约束条件	初步分析所确定的需求
其他需要描述的问题	风险：初步分析用户需求不准确 防范计划：分析工作要详细、准确，以保证用户需求确认的正确性
签名及日期	签名：××× 日期：××年××月

二、项目进度计划

项目进度计划是表达项目中各项工作和工序的开展、开始与完成时间及相互衔接关系的计划。通过进度计划的编制，项目实施可形成一个有机整体。为了准确编制项目进度计划，需要确定项目各项工作的先后关系，同时估计各项工作的工作量和延续时间。

项目组依据项目的工作分解结构和各种限制约束条件等，编制出项目工作先后关系表、项目工作时间估计表和由网络计划图和横道图表示的项目进度计划，具体如表 7.9、图 7.34、图 7.35 所示。

表 7.9　项目工作先后关系表

任务名称		项目办	技术部	质量部	财务部	人力资源部	计划部	采购部
100	招投标市场 计算机软件开发							
110	用户需求调研							
111	招投标业务培训	C	C	C	P	F		
112	用户需求调研	C	F					
113	用户需求分析	P	F	J				
114	用户需求确认	C	F	J			C	
120	开发环境准备							

续表

任务名称		项目办	技术部	质量部	财务部	人力资源部	计划部	采购部
121	设备选型	C	F	J			C	C
122	设备采购	C	C	J	P		C	F
123	设备到货	C	C				C	F
124	环境搭建与调整	C	F	J			C	C
130	系统设计							
131	概要设计		F	J				
132	数据库设计		F	J				
133	详细设计		F	J			C	
140	系统开发							
141	数据库开发		F	J				
142	招标准备、模块开发		F	J				
143	开标、评标、模块开发		F	J				
144	决标、签约、模块开发		F	J				
145	文档管理、模块开发		F	J				
150	系统测试							
151	联调测试	C	C	F				
152	系统测试	C	C	F				
153	用户测试	C	C	F			C	
160	系统试运行							
161	用户培训	C	F			C	C	
162	试运行维护	C	F	J			C	
170	项目管理	F	C	C	C	C	C	C

注：F代表负责；C代表参与；J代表监督；P代表批准

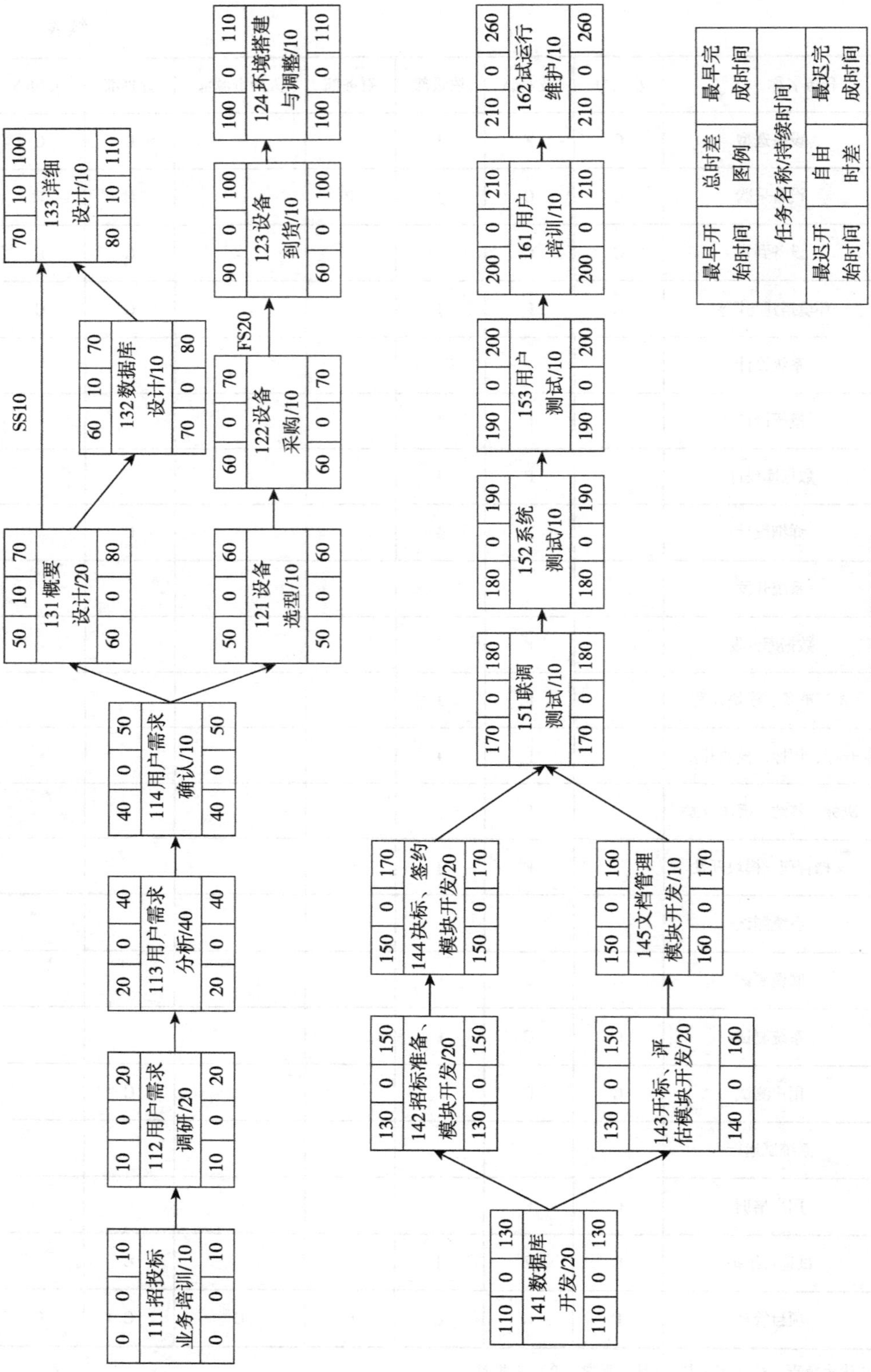

图7.34　项目网络计划图

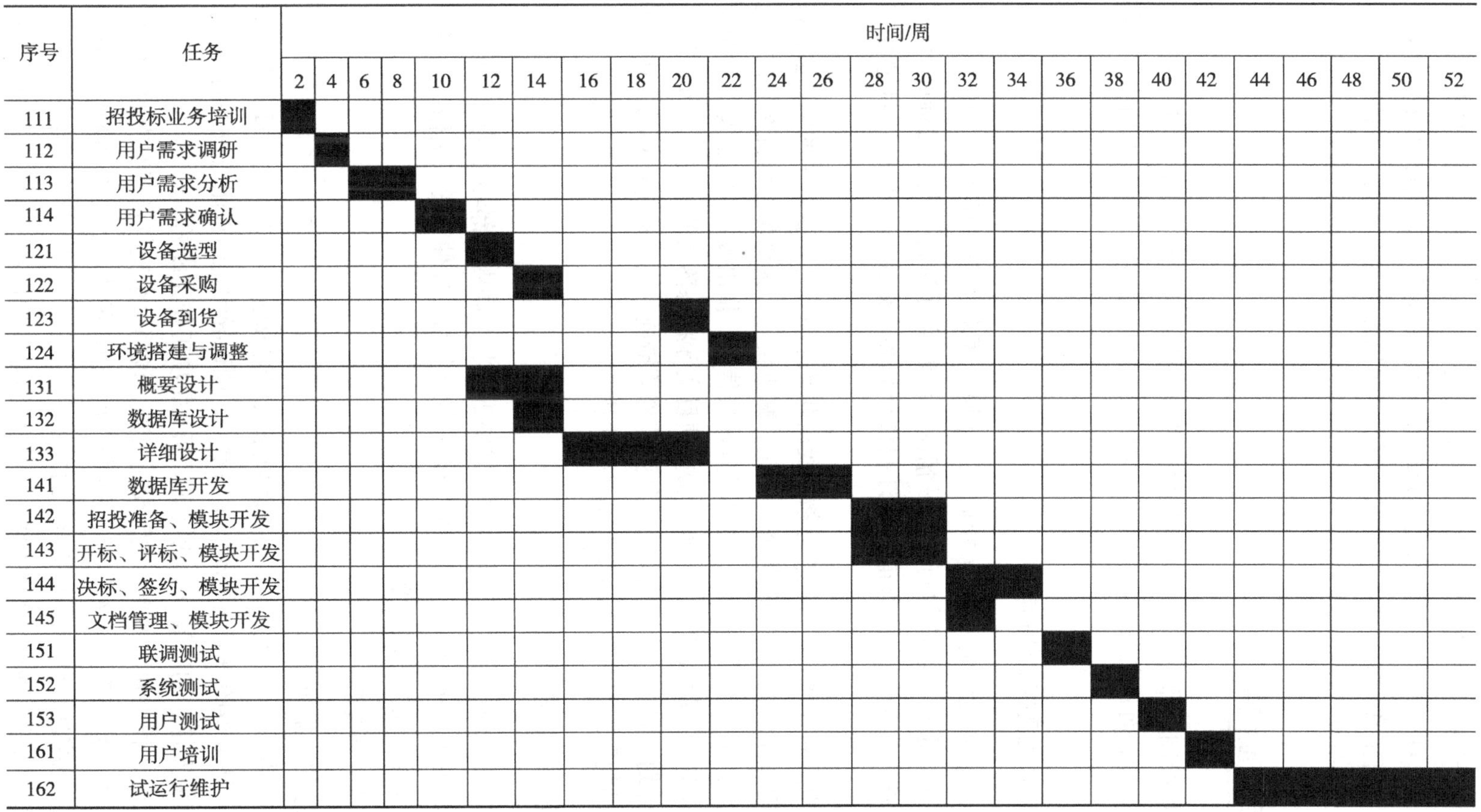

图7.35 项目计划甘特图

项目进度计划是一个动态的、不断调整的计划。每周要将项目进度情况与项目进度计划进行对比。对于拖延的工作如无充分理由，则应督促有关人员加班或提高工作效率赶上进度；如有正常理由，在无法追回的情况下可以修改进度计划，申请延期。总之，项目进度管理一定要细致和严格。

三、项目进度控制

项目进度控制，即对项目的实施全过程进行有效的管理和控制，使其顺利达到项目规定的进度目标，而且在保证项目完成的前提下，以最好的质量和最低的成本来获取最大的经济效益。

（一）项目进度控制的措施

项目进度计划检测的重点为详细项目计划，要求各个责任小组在计划执行过程中，有专人进行跟踪、收集执行的实际情况，编制实际执行情况与目标的对比计划，并及时发现偏差，进行分析纠正，制订调整计划和有效措施，确保项目进度在受控范围以内。

在项目检测的基础上进行比较分析，找出并量化项目计划执行中的偏差值，特别要随时注意关键线路的变化，进行调整、修正，减少偏差。为确保各级控制点的实施，应做到以下几点：①定期召开会议，向责任方通报信息，指出改正调整意见，并制订新的项目计划，作为下一阶段的控制计划。②在项目实际状态落后的情况下，及时制订满足要求的追赶计划，同时采取增加人力、加强管理等措施，保证追赶计划的完成。③对一些特殊复杂的问题应召开专题会议并迅速做出决策。

（二）报告项目进展状态的方法

项目报告的目的是及时反映本软件开发的进展状况和内外部环境变化状况，发现存在的问题、发生的变化，分析潜在风险和预测发展趋势，以便管理人员做出正确判断和决策，实现项目管理的有效控制。

1. 项目信息的收集

项目信息的收集包括如下内容。

（1）进展状况。列出上次状态更新以来获取的成绩和进展，说明日程表中的相互关系，强调对所取得的进展起推动作用的事件，明确导致推迟或阻碍进展的问题。

（2）日期安排。列出最重要的宏观日期及每项工作完成的时间。

（3）交付过程。列出主要的关键交付日期，说明每个交付日期实现的可信度。

（4）成本。列出新的成本估算，如果有超出预算的成本，要分析原因，列出所采取的纠正和防范措施，估算出未来切实的支出。

（5）技术问题。列出已解决的技术问题和急需解决的技术问题，同时还要指出不稳定的技术，包括其疑问的来源、采取的措施和后备计划。

（6）资源。如果因为人力资源使项目受阻，一定要提出可能的解决办法。

2. 项目信息的收集方式

项目信息收集的方式有发生频率统计法、原始数据记录法、指标法、口头测定方式等。

3. 项目报告的形式

为了达到满足招投标市场计算机管理软件开发项目信息需求的目的，项目组使用了三种不同形式的报告，即日常报告、例外报告、特别分析报告，并对这些报告的格式都做了规范性的要求。

（三）进度执行的分析与处理

由项目经理主持每周定期召开工作例会，汇报总结上周项目进展计划，布置下周工作。通过对项目进度进行不间断的监控，使项目实际执行状态较好地控制在项目目标要求和项目计划要求之中。项目组采取了挣值法（详见第八章第四节）对项目的费用/进度进行综合的定量检测，通过对各个工作实际的执行时间、实际消耗费用及完成情况，分析整个项目的进度执行情况及费用支付情况。以第 20 周末为检查点，项目的 BCWS（budgeted cost of work scheduled，即计划工作的预算费用）、BCWP（budgeted cost of work performance，即已完成工作的预算费用）、ACWP（actual cost of work performed，即完成工作的实际费用）参数如表 7.10 所示。

表 7.10　项目的 BCWS、BCWP、ACWP 参数　　单位：万元

参数＼周	2	4	6	8	10	12	14	16	18	20
BCWS	8.2	13.4	16.1	18.7	21.2	31.6	60.4	64.1	67.8	85.2
BCWP	8.2	13.8	17.0	19.9	23.1	33.0	63.5	67.7	70.8	88.4
ACWP	8.2	12.9	15.1	18.0	19.9	29.9	57.1	61.0	64.3	82.0

从表 7.10 可得，BCWS=85.2 万元；BCWP=88.4 万元；ACWP=82 万元。

则

进度差异 SV=BCWP−BCWS=3.2 万元

费用差异 CV=BCWP−ACWP=6.4 万元

说明项目进度超前，费用节余，项目效率较高，如没有问题，可继续保持现状。到项目完成时预计项目总费用为

完成估算 EAC=总预算费用×ACWP/SCWP=134.5 万元。

项目费用/进度综合检测曲线如图 7.36 所示。

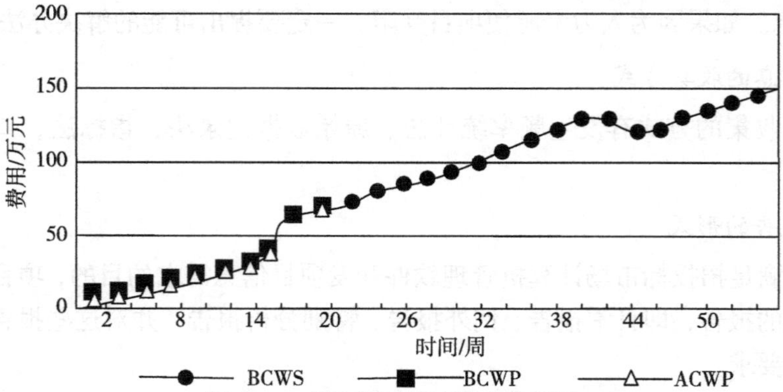

图 7.36　项目费用/进度综合检测图

✍复习思考题

第八章　项目费用管理

费用、工期和质量是项目管理的基本目标。项目费用管理就是在规定的时间内，为保证实现项目的质量目标，对项目实施过程所需要的全部费用进行合理的确定和有效的控制，确保完成项目的总费用不超过批准的预算所进行的一系列活动和过程。

本章重点介绍资源计划编制、项目费用估算、项目费用预算、项目费用控制及工程项目费用管理。最后，以“全自动滚筒洗衣机研制项目费用管理”案例，说明项目费用管理的实际应用。

第一节　资源计划编制

项目费用管理首先关心的是完成项目活动所需要的所有资源的成本。项目资源包括项目实施中需要的人力、设备、材料、能源及各种设施等。项目资源计划涉及决定什么样的资源（人力、设备、材料），以及多少资源将用于项目的每一项工作的执行过程中，因此它必然与费用估计相对应，是项目费用估计的基础。

一、资源计划编制的主要依据

1. 工作分解结构图

利用工作分解结构系统进行项目资源计划时，工作划分得越细、越具体，所需资源种类和数量越容易估计。工作分解自上而下逐级展开，各类资源需要量自下而上逐级累加，便得到整个项目各类资源需要量。

2. 项目工作进度计划

项目工作进度计划是项目计划中最主要的计划，是其他各项目计划（如质量计划、图样供应计划、资金使用计划、资源供应计划）的基础。资源计划必须服务于工作进度计划，什么时候需要何种资源是围绕工作进度计划的需要而确定的。

3. 历史资料

历史资料记录了先前类似工作使用资源的需求情况，这些资料如能获得，无疑会对现在工作资源需求确定有很大的参考作用。

4. 项目范围说明

项目范围说明包括了划定哪些工作属于项目应该做的，哪些工作是不包括在项目之内的，以及对项目目标的描述，在项目资源计划的编制过程中应特别对这些加以考虑。

5. 资源安排的描述

什么资源（人、设备、材料）是可能获得的，是项目资源计划必须掌握的，特别是资源的数量描述和资源水平对于资源安排描述特别重要。例如，工程设计项目执行的早期阶段可能需要大量的高中级工程师，而项目的后期阶段常缺乏依据项目早期的情况判断项目结果的人员。

6. 组织策略

在资源计划的过程中还必须考虑人事组织、所提供设备的租赁和购买策略。例如，工程项目中，劳务人员是用外包工还是本企业职工、设备是租赁还是购买等，都对资源计划产生影响。

二、资源计划的工具

资源计划的工具主要是一些方便资源统计或说明的图表，下面简要列举几例。

1. 资源计划矩阵

它应该是项目工作分解结构的直接产品，明确规定工作分解结构每个单元需要什么类型的资源及数量，即根据工作分解结构来对项目资源进行分析、汇总（表 8.1），但应该注意的是，表 8.1 可能不能对某些信息类的资源进行说明，因而使用时应该加以注意。

表 8.1　资源计划矩阵

工作分解结构结果	资源需求量				备注
	资源 1	资源 2	…	资源 n	
工作包 1 工作包 2 工作包 3 … 工作包 n					

2. 资源数据表

资源数据表不同于资源计划矩阵，其主要表现的是各个项目进度阶段的资源使用和安排情况，而不是对项目所需要资源的一个统计说明，具体如表 8.2 所示。

表 8.2　项目资源数据表

需求资源种类	需求资源总量	项目进度阶段（时间）					备注
		1	2	3	…	n	
资源 1 资源 2 资源 3 资源 4 … 资源 n							

3. 资源甘特图

资源甘特图比较直观地显示了资源在各个项目阶段的被占用情况，是资源数据表的更加直观的形式。此图表的一大缺憾就是不能显示出资源利用效率方面的问题，但是由于简洁、明了，常被项目管理者使用，具体如图 8.1 所示。

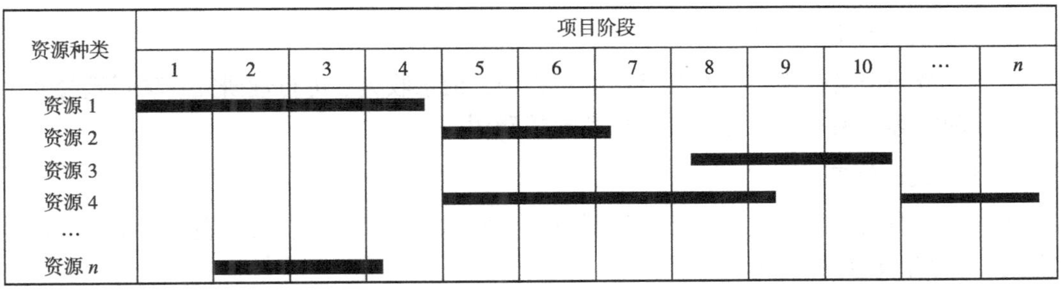

图 8.1　资源甘特图

4. 资源负荷（需求）图

资源负荷（需求）图（图 8.2）可用于反映随着项目的进展，资源被消耗或被利用的情况，这里的资源包括资金、劳动力、专用设备等内容。每图用于一种特定资源，因此，有几种资源计划就需要几幅独立的图形。

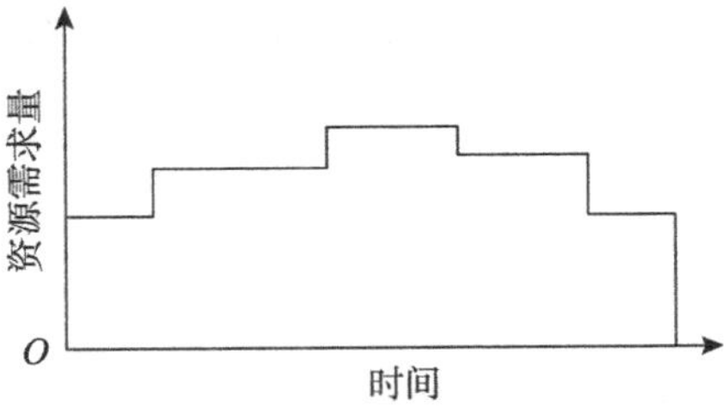

图 8.2　资源负荷（需求）图

第二节　项目费用估算

项目费用估算就是对投入项目各活动所有资源的成本和费用的近似估算，并需要编制费用估算书。根据费用估算书可以进行项目内和项目间的比较，为项目有关方面决策提供参考。

一、项目费用构成

项目费用是指为实现项目目标所耗用的各种资源费用的总和，项目费用构成如图 8.3 所示。

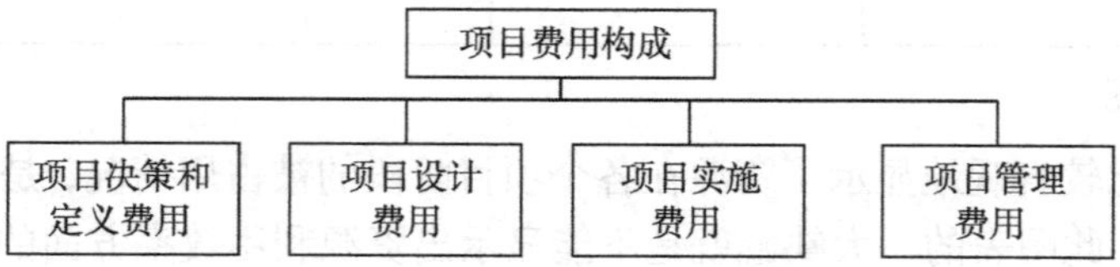

图 8.3　项目费用构成

1. 项目决策和定义费用

项目决策和定义费用是指在项目启动过程中，信息收集、可行性研究、项目选择及项目目标确定等一系列决策分析活动所消耗的费用。

2. 项目设计费用

项目设计费用是用于项目设计工作所花费的费用，如项目初步设计费用、施工图设计费用、新产品设计费用等。

3. 项目实施费用

项目实施费用是指为完成项目的目标而耗用的各种资源所发生的费用，是项目费用的主要构成部分。项目实施费用包括人力资源费用、物料费用、设备费用、顾问费用、其他费用及不可预见费用等。

4. 项目管理费用

项目管理费用是指项目开办询价、供应商选择、合同谈判与合同履约等管理所需发生的费用（人力、财力、物力）。

二、影响项目费用的因素

影响项目费用的因素有很多，最为重要的影响因素包括如下方面。

（1）项目工期。项目费用与项目工期直接相关，随着工期的变化而相应变化。一般来说，当项目工期缩短时，项目费用会随之增加；但是，当项目工期被拖延时，项目费用也会增加。

（2）项目质量。项目质量是表示项目能够满足客户需求的特征和性能。显然，项目费用与项目质量成正比例关系。项目质量要求越高，项目费用也就越多；项目质量要求越低，项目费用也就越少。

（3）项目范围。项目范围是影响项目费用的最根本因素，因为项目范围决定了项目需要完成的活动及其完成的程度。一般来说，项目需要完成的活动越多，项目费用就越大；项目需要完成的活动越复杂，项目费用也就越大。

（4）耗用资源的数量与单价。很明显，项目费用与项目所耗资源的数量和单价成正比例关系。在这两个要素中，项目所耗资源的数量对项目费用的影响较大，因为资源的数量对项目来说是内部因素，是相对可控的；而资源的单价则是外部因素，是相对不可控的。

三、项目费用估算的依据

项目费用估算的主要依据有如下几点。

（1）工作分解结构。工作分解结构用来确定要估算项目费用的活动或工作，并确保所有识别的工作已被估算。

（2）资源需求计划。资源需求计划确定了项目所需资源的种类、数量和质量，是项目费用估算的主要依据。

（3）资源价格。为了计算项目各工作费用，必须知道各种资源的单位价格，包括工时费、单位体积材料费等。如果不知道某种资源的实际价格，就应该对它的价格做出估计。

（4）工作的延续时间。工作的延续时间将直接影响到分配给它的资源数量，从而影响到项目工作费用的估算。

（5）历史信息。同类项目的历史资料始终是项目执行过程中可以参考的最有价值的资料，包括项目文件、共用的项目费用估计数据库及项目工作组的知识等。

（6）费用编码。费用编码需同项目工作分解结构的编码和财务账目编码一致，这有利于项目费用的估算与正确的会计科目相对应。

四、项目费用估算的方法

由于费用估算影响到项目的决策和项目的实施，所以，用正确的方法进行费用估算就显得格外重要。费用估算方法有许多，但较为常见的是类比估算法、参数模型估算法和自下而上估算法等。

1. 类比估算法

类比估算法也叫自上而下估算法，是指利用以前类似项目的实际成本作为估算当前项目成本的基本依据。如在项目早期，信息的详细程度有限时，常常采用类比估算法来进行项目成本估算。有时，也有人将类比估算法叫做专家评定法。因此，类比估算法的突出特点就是凸显上层和中层管理人员的经验判断，通过这种经验和判断来获得关于以往类似活动的历史数据。上层和中层管理人员可以估计出项目整体的费用和构成项目的子项目的费用，并将这种估算和判断自上而下地传递给低一层的管理人员，在此基础上他们对组成项目和子项目的任务和子任务的费用进行细分估计。然后继续向下一层传递他们的估计，直到最底的基层。

类比估算法的这种过程是由上到下一层一层地进行的，同项目一样被分解为更丰富的细节，从最上层开始层层向下分解。

使用此种方法特别需要建立好上下管理层畅通的沟通渠道，因为上层管理人员根据经验得出的费用估算结果，可能不能满足下层管理人员认为完成任务的需要，若不能适当地沟通，上述费用分配方案会失去原有的作用而变成完成项目任务的阻碍，从而导致项目失败。

使用此方法的好处是中、上层管理人员能够比较准确地掌握项目整体费用分配，从而使项目的费用能够合理地控制在比较有效的水平上，一定程度上避免了项目的费用风险。

2. 参数模型估算法

参数模型估算法是一种比较科学的、传统的估算方法，它是把项目的一些特征作为参考，通过建立一个数学模型来估算项目费用的方法。

参数模型估算法在估算费用时，只考虑那些对费用影响较大的因素，而那些对费用影响较小的因素则忽略不计，因而用此法估算的费用精确度不高。

采用参数模型估算法在估算费用时，如何建立一个合适的模型，对于保证费用估算结果的准确性非常重要，为了保证参数模型估算法的实用性和可靠性，在建立模型时，必须注意以下几点：①用来建模所参考的历史数据的精确程度；②用来建模的参数是否容易定量化处理；③模型是否具有通用性。通用性也就是说模型适用于大型项目，在结构适当的调整后也应适用于小型项目。

当建立参数模型使用的历史资料准确，而且可以适用不同规模的同类项目（即该模型对很大项目和很小项目都有效）时，参数模型法通常是可靠的。

3. 自下而上估算法

自下而上估算法通常是先估算出工作分解结构中最下层次的工作单位（工作包）的独立成本，然后将各个工作的估算自下而上地汇总，从而估算出项目费用成本。在自下而上的估算中，大量的工作是在中下层进行的，并逐层向上传递和沟通。在这个过程中，项目的每个单元任务以及它们的时间和费用被估算出来。

各个单元的估算被综合起来形成项目整体费用的直接估算。项目管理者在此之上加上适当的间接成本，如一般管理费用、应急准备，以及最终项目预算需要考虑的其他问题，由此形成项目的最终费用估算。

自下而上的估算由于通过基层的项目执行者做大量的费用估算的基础工作，因此，相对而言，在更了解各自实际费用情况的基础上，理论上他们是能够做出较为准确的预计的。但在实际估算中，却存在着一个有争议的现象。上层人员习惯于认为相对下层的人员会出于本能过高地进行费用估算，以在未来获取较高的费用支持。因此，上层会以一定比例削减相对下层制定的费用估算，而进行估算的相对下层通常也会考虑到上层的这种想法，因此，他们在进行费用估算时，会高估算他们需要的资源。这样在不同思想的驱动下，总体估算结果自然会有偏差。

因而，在自下而上的估算中，意见上的差异可以通过不同层次的管理人员之间的协商加以解决。在很多时候，项目管理者可以参与到费用估算的讨论中来以保证估算的精度。

以上介绍了三种费用估算方法，在实践中还可以将几种方法结合起来使用，如对项目的主要部分进行详细估算，而其他部分则相对粗略估算。在进行项目费用估算时，要预测项目需要耗费的资源，各种资源需要的使用量、使用时间及相应的成本，而且还要考虑未来通货膨胀及汇率的影响。这些预测都具有一定的不确定性，估算结果只是一个近似值。另外，项目组的估算人员必须明确指出，费用估算的依据及其估算方法和程序，以便复查、修订和存档。更重要的是，必须给出估算的误差范围，为以后的项目费用预算和费用控制提供科学的依据。

第三节　项目费用预算

项目费用预算是指把整个项目估算费用分配给项目的各个工作单元（工作包），建立费用基线，以此度量和控制项目的实际执行情况。

一、项目费用预算的特征

1. 计划性

项目预算的特征之一就是投入资源的事先计划性，即为完成需要的项目而事先确定在预期时间需要投入多少资源。预算的实质是一种分配资源的计划，它通过系列的研究及决策活动，判定了项目的各种活动的资源分配，并通过既定的对预期资源的分配，确定了项目中各个部分的关系和重要程度，首先是优先保证项目最重要的核心部分的实施，预算的投资可以让管理人员理解该部分的重要性。在预算的指引下，管理人员可以清晰地看清项目的未来实施情况，在环境、能源、运输、技术等资源和条件能够保证的条件下，预算事实上是为项目成功做了计划安排。

2. 约束性

费用预算与费用估算相比更具有权威性，经过项目领导者批准的费用预算，实际上决定着整个项目及各项具体工作所能得到的资源数量。

预算可以作为一种比较标准而使用。资源实际和计划用量之间是有差异的，项目管理者的任务不仅是完成预定的项目目标，还必须使目标完成得有效率，管理者必须尽可能地谨慎控制项目资源的使用。

3. 控制性

预算与项目进展中的资源使用相联系，有了预算，项目管理者才可以实时掌握项目的进度和费用，对项目进行控制。另外，如果预算和项目进度没有什么联系，那么项目管理者就可能会忽视一些危险的情况，如费用已经超过了项目进度所对应的预算但没有突破总预算的情况，即项目在某一个检查点超支，这是比较危险的情况。在项目实施的过程中，应该不断收集和报告有关进度和费用的数据。

如果出现了对预算的偏差，就需要对相应偏离的具体情况进行考察，以确定是否会突破预算的约束并研究是否有相应的对策，这样管理者就可以更为清楚地掌握项目进展和资源使用情况，避免出现措手不及的情况，从而将项目的实施与计划的偏差控制在最小的范围之内。

二、项目费用预算的依据和方法

1. 预算依据

费用预算的依据主要有工作分解结构、项目进度计划、成本估算。其中工作分解结构确定了要分配成本的项目组成部分。项目进度计划包括要分配成本的项目组成部分的计划开始和预期完成日期。通过这些资料将成本分配到发生成本的时段上。

除了以上项目费用预算的依据之外，费用预算单位还要努力提高预算的准确性，保证预算的准确性。同时，要严格执行国家有关的方针、政策和制度，实事求是地对项目所在地的建设条件，包括自然条件、施工条件等可能影响造价的各种因素做认真的调查研究，在此基础上正确选用定额、费率和价格等各项编制依据。根据有关部门发布的价格调整指数，考虑建设期间价格变动等因素，做到预算能够完整地反映项目计划内容，合理地反映施工条件，准确地确定项目费用预算。

2. 预算方法

费用预算的目的就是通过一系列分析和计算，对项目细分的各个部分的资源需求情况预先进行预计和确定，其预算过程可以按照项目工作结构分解原理，将估算的费用进行细分，分配到工作分解结构的每个工作包上，得到一个费用分解结构（图 8.4），再结合项目进度计划将费用分配到发生的时段上，从而获得相应的项目费用预算表（表 8.3）。

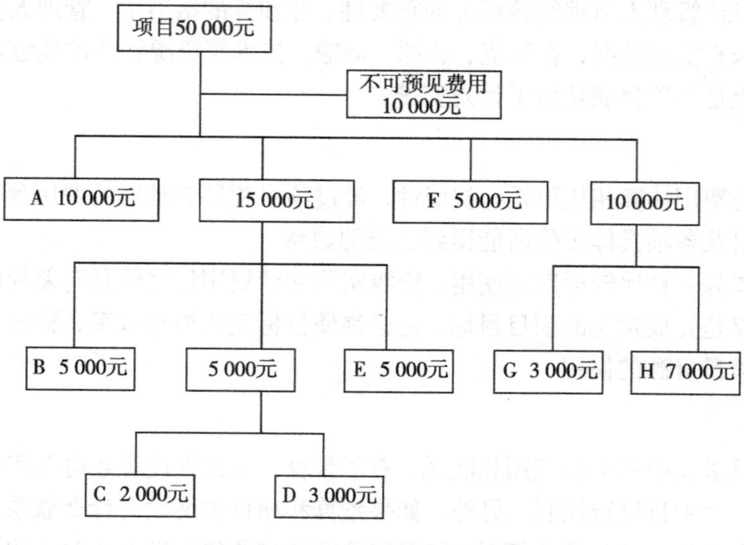

图 8.4　某项目费用分解结构

表 8.3　某项目费用预算表　　单位：元

工作名称	预算值	进度日程预算（项目日历月）										
		1	2	3	4	5	6	7	8	9	10	11
A	10 000	2 000	2 000	2 000	2 000	2 000						
B	5 000	1 000	2 000	2 000								
C	2 000		500	500	500	500						
D	3 000			1 000	500	500	500	500				
E	5 000						1 000	1 000	1 000	1 000	1 000	
F	5 000			1 000	1 000	1 500	1 500					
G	3 000					600	600	600	600	600		
H	7 000								1 500	1 500	2 000	2 000
不可预见费	10 000											
月计		3 000	4 500	6 500	4 000	5 100	3 600	2 100	3 100	3 100	3 000	2 000
累计	50 000	3 000	7 500	14 000	18 000	23 100	26 700	28 800	31 900	35 000	38 000	4 0000

此外，费用估算中用到的方法与技术在这里同样适用。

应该说费用预算是费用估算结果的一个更具权威的反映，或者说费用估算由纸上谈兵变成了实战演练。如果估算的结果比较准确，那么预算的变动一般不会太大。但事情往往不那么简单，由于估算本身就带有很多假设和不确定性，因而预算也是一样。所以，作为项目的费用基线，预算必然是动态的、适时调整的，以适应新材料、新技术的出现和突发事件等因素对项目的影响。

在某些领域，应该说项目费用估算、预算是比较准确的。例如，对于图书出版商来说，他只要知道了一本书的字数、开本和印刷数，就可以相当准确地得出项目的预算。但如果对于一个科研攻关项目来说，事情就没有这么简单，因为项目本身就是在一定假设的基础上进行的，不确定性很大，只能通过项目组成员或专家的以往经验进行项目的预算，所以对于依赖很多智力因素的项目来说，预算的不准确性会大大增加。

通过费用预算可以绘制出项目费用基线（图 8.5）。费用基线是一项面向阶段时间的预算，主要用于测量和监控项目费用执行情况，这是将按阶段估算的费用汇总后制定的，一般用 S 形曲线表示。图 8.5 中的费用基线与项目期望现金流有直接关系，项目期望现金流必须满足项目费用的支付。

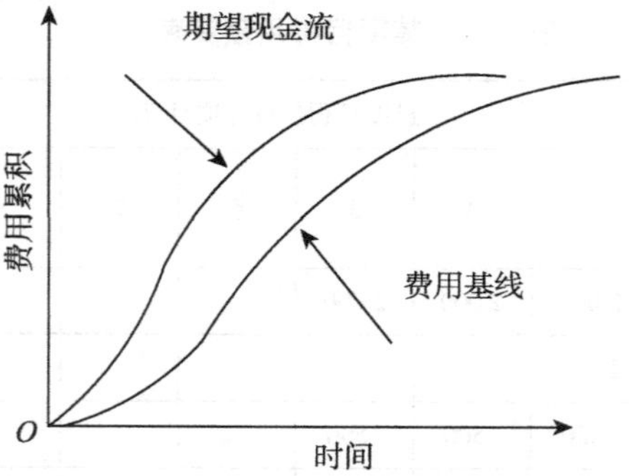

图 8.5　项目费用基线

这里的阶段时间可以按里程碑（项目中某些重要事件）之间的时间来计算，也可以按一定的日历来计算，或按工作包的工期来计算。如以工作包的工期来计算，每期的费用预算是根据组成该工作包的各个活动的进度确定的。在工作包的预算成本确定以后，就能确定在何时使用了多少预算，这个值是通过截止到某期的每期预算费用累积而得出的，称为累积预算费用，是到某期为止按进度计划完成的工程预算值，是费用开销绩效的基础。

三、费用预算的调整

预算调整表是在预算表制定出来以后，通过针对项目各部分预算费用与实际可能费用的校对，或根据项目某些环节的变化对原来预算表的修正。费用预算的调整可分为初步调整和综合调整。

1. *初步调整*

在进行项目预算编制时，无论是事先做了多么充分的工作，或是借助了包括工作分解结构、项目进度计划、成本估算等在内的预算依据材料，也总是会出现各种工作上的疏漏或不足，有时也有可能是增添了某些不必要的工作，这些都不可避免地会使所做的预算出现一些偏差。因此，解决这些偏差，进行预算调整，以制定更加准确的项目费用预算就显得非常重要。预算调整通常都是从初步调整开始的，初步调整主要是指在预算编制出来以后，为了促使预算更加准确，常常会对一些可能不够准确的地方进行再调查，并根据实际情况进行修正。例如，在项目预算编制中，有些设备和产品的价格可能是依据上两年或三年的价格记录推算而来的，通常情况下变动可能不大，但不能排除有时价格由于某些情况出现较大波动，从这点考虑，在调查后进行初步调整是很重要的。

2. *综合调整*

项目通常所处的环境总是在或多或少地发生着这样或那样的变化。例如，国家为了抑制经济过热，采取金融政策使项目融资成本大幅度上涨。又如，某项目需要进口一种设备，但由于这个国家局势发生了不利于我国的变化，使得这个国家突然拒绝颁发出口到我国的许可证，从而使该项目的实施受到影响。总而言之，由于项目所处的环境发生了变化，项目的预算也会随之发生相应的变化，这通常都会迫使预算做出相应的综合调整。但这种综合调整不像初步调整那样明了，很多是根据对政治和经济等的直觉和敏感而做的对预算的修正。综合调整一般是通过在初步调整的基础上变动一定比例的百分数来实现的。

第四节　项目费用控制

对项目费用进行控制是项目费用管理的一个主要目的。将项目实际运行费用控制在预算范围或可接受的范围内，是项目成功完成的一个重要指标。费用控制的关键是经常及时地分析费用绩效，尽早地发现费用的偏差和无效，以便在失控之前能及时采取纠正措施。

项目的费用控制主要包括：监视成本执行以寻找与计划的偏差；确保所有有关变更被准确地记录在费用基准计划中；防止不正确、不适宜或未核准的变更纳入费用基准计划中；将核准的变更通知有关项目干系人；等等。

一、费用控制的依据

进行项目费用控制的目标是实现费用计划，降低项目费用，把影响项目费用的各种因素控制在费用计划和费用标准之内，并尽可能地使耗费达到最小。这里降低项目费用主要是通过运用各种现代化管理方法，减少项目施工过程中的各种机会损失，从而减少人工费、材料费、机械使用费和管理费等各种费用开支，降低项目的施工费用，以最小的投入得到一定的产出，使项目获得最佳经济效益。

对于费用控制而言，其直接依据是费用预算计划、执行情况报告、变更申请、费用管理计划。

（1）费用预算计划提供了费用预算和使用的一个基本范围，是实施费用控制的最基本的依据。

（2）执行情况报告提供了有关费用执行的资料，如哪些满足预算，哪些没有满足预算。执行情况报告还提醒项目队伍注意将来可能会引起问题的事项。

（3）变更申请是对费用使用方向和范围发生改变时的一种记录。其可能以多种形式表达，如口头或书面的、直接或间接的、外部或内部开始的、法律强制的或可以选择的等。变更可能是要求增加预算，也可能是允许减少预算。

（4）费用管理计划是对整个费用控制过程进行有序的安排，以达到实现费用合理使用的目的。

二、费用控制的内容与方法

综合来看，费用控制是一个系统的过程，它包括三方面的内容，即费用变更控制、费用执行情况监控、补充计划编制。费用变更控制定义了改变费用计划应遵循的程序，它包括书面文字工作、追踪系统及核准变更必需的批准层次。费用执行情况监控有助于估算确实发生的任何变化的大小，它通过在费用控制过程中定期或不定期地检测来了解费用控制情况，分析费用变化的原因并决定是否需要采取纠正措施。补充计划编制，是指在项目不能精确地按照预定计划进行时，项目费用所需要的新的或修订的费用估算或替代方法的变更说明。从费用控制的这些内容可以看出，费用控制涉及的过程往往比较复杂，有时需要利用许多数据、表格等来进行费用分析和管理。

费用控制的方法有很多，这里主要介绍费用分析表法和挣值法。

（一）费用分析表法

项目费用分析表法是利用项目中的各种表格进行费用分析和费用控制的一种方法。应用费用分析表法可以很清晰地进行费用比较研究。常见的费用分析表有月费用分析表、费用日报或周报表、月费用计算及最终预测报告表几种形式。

1. 月费用分析表

在项目的费用控制过程中，每月要做出费用分析表，对费用进行比较分析。在月费用分析表中要表明工程期限、成本费用项目、生产数量、工程成本、单价等。对可能控制的作业单位，每个月都要做费用分析。这些作业单位的成本费用项目的分类，一定要与费用预算一致，以便分析对比。

2. 费用日报或周报表

对主要工程或工程的主要阶段每日或每周都应做出费用分析表，以便加强对项目的费用控制，掌握项目的进度并发现项目实施过程中存在的各种问题，从而及时做出各种改进。费用日报或周报表一般是针对重要工程和进度快的项目作业制定的，相对于月报表要更加详细。

3. 月费用计算及最终预测报告表

每月编制月费用计算及最终费用预测报告表，是项目费用控制的重要内容之一。这种报告表的主要事项包括项目名称、已支出金额、到竣工尚需的预计金额、盈亏预计等。月费用计算及最终费用预测报告要在月末会计账簿截止的同时完成，并随时间推移精确性不断增加。

（二）挣值法

挣值法也称偏差分析法，它通过测量和计算 BCWP 与 ACWP 和 BCWS，得到有关计划实施的进度和费用偏差（cost variance，CV），而达到判断项目预算和进度计划执行情况的目的。这种分析方法中因用到所谓的“挣值”概念，故称挣值法。

1. 挣值法的三个基本参数

（1）BCWS 即根据批准认可的进度计划和预算，到某一时点应当完成的工作所需投入资金的累计值。这个值对衡量项目进度和项目费用都是一个标尺或基准。一般来说，

BCWS 在工作实施过程中应保持不变，除非合同有变更。如果合同变更影响了工作的进度和费用，经过批准认可，BCWS 基线也应作相应的更改。按我国的习惯可以把它称做“计划投资额”。

（2）BCWP 即根据批准认可的预算，到某一时点已经完成的工作所需投入资金的累计值。由于业主正是根据这个值［也就是承包商获得（挣得）的金额］对承包商完成的工作量进行支付的，故称挣得值（也称挣值）。当然，已完成的工作必须经过验收，要符合质量要求。挣得值反映了满足质量标准的项目的实际进度，真正实现了投资额到项目成果的转化。按我国的习惯可将其称做“实现投资额”。

（3）ACWP 即到某一时点已完成的工作所实际花费的总金额。按我国的习惯可将其称做“消耗投资额”。

通过三个基本值的对比，可以对项目的实际进展情况做出明确的测定和衡量，这有利于对项目进行监控，也可以清楚地反映出项目管理水平和项目技术水平的高低。

2. 挣值法的四个评价指标

（1）CV。

CV 是指在某个检查点上 BCWP 与 ACWP 之间的差异，即

$$CV=BCWP-ACWP$$

CV 为负值时，表示超支，实际费用超过预算费用，若在几个不同的检查点上都出现此问题，则说明项目执行效果不好。

CV 为正值时，表示节支，实际费用没有超出预算费用，项目执行效果良好，具体如图 8.6 所示。

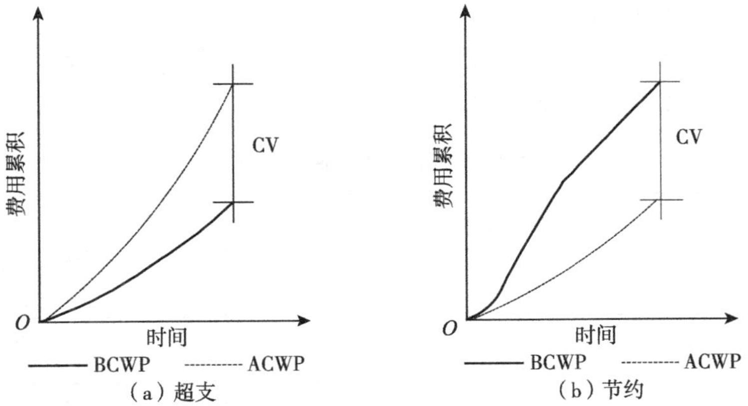

图 8.6　费用偏差示意图

（2）SV。

SV 是指在某个检查点上 BCWP 与 BCWS 之间的差异，即

$$SV=BCWP-BCWS$$

SV 为负值时，表示进度延误；SV 为正值时，表示进度提前，具体如图 8.7 所示。

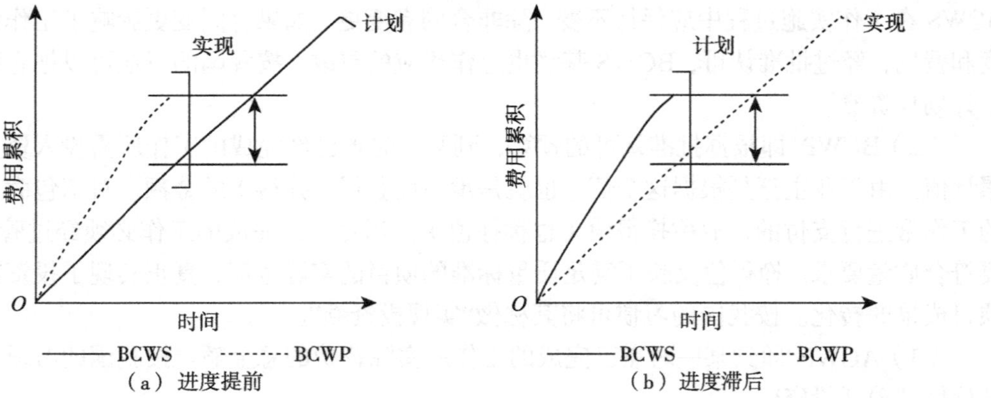

图 8.7　进度偏差示意图

（3）费用绩效指数。

费用绩效指数（cost performance index，CPI）是指预算费用与实际费用值的比值，即

$$CPI=BCWP/ACWP$$

CPI>1 时，表示节支，即实际费用低于预算费用；CPI<1 时，表示超支，即实际费用高于预算费用。

（4）进度绩效指数。

进度绩效指数（schedule performance index，SPI）是指项目挣得值与计划值的比值，即

$$SPI=BCWP/BCWS$$

SPI>1 时，表示进度提前，即实际进度比计划进度快；SPI<1 时，表示进度延误，即实际进度比计划进度拖后。

例题 8.1：某项目由四项活动组成，各项活动的时间和费用如表 8.4 所示，总工时 4 周，总费用 10 000 元，以下是第三周末的状态。

表 8.4　各项活动的时间和费用

活动	预计时间和费用	第 1 周	第 2 周	第 3 周	第 4 周	第 3 周末的状态
计划	1 周，2 000 元					活动已完成，实际支出 2 000 元
设计	1 周，2 000 元					活动已完成，实际支出 2 500 元
编程	1 周，3 000 元					活动仅完成 50%，实际支出 2 200 元
测试与实施	1 周，3 000 元					没开始

试回答以下问题：

（1）费用偏差 CV 是多少？

（2）进度偏差 SV 是多少？

（3）费用绩效指数 CPI 是多少？

（4）进度绩效指数 SPI 是多少？

（5）费用绩效指数 CPI 与进度绩效指数 SPI 说明了什么？

解：

项目第 3 周末的基本参数：

计划工作预算的费用 BCWS=2 000 元+2 000 元+3 000 元=7 000 元

已完成工作预算的费用 BCWP=2 000 元+2 000 元+1 500 元（第 3 周完成 50%）=5 500 元

完成工作实际费用 ACWP=2 000 元+2 500 元+2 200 元=6 700 元

由上述参数计算出评价指标：

费用偏差 CV=BCWP−ACWP=5 500 元−6 700 元=−1 200 元

进度偏差 SV=BCWP−BCWS=5 500 元−7 000 元=−1 500 元

由于 CV 和 SV 均为负值，说明当前项目费用处于超支状态，项目进度落后于计划进度。

费用绩效指数 CPI=BCWP/ACWP=5 500 元/6 700 元=0.82 元

进度绩效指数 SPI=BCWP/BCWS=5 500 元/7 000 元=0.79 元

由于 CPI 和 SPI 都小于 1，说明项目目前处于不利状态：完成该项目的费用绩效指数与进度绩效指数分别为 82%和 79%，即该项目投入了 1 元钱仅获得相等于 0.82 元的价值，本应完成项目 100%的任务，但目前只完成了 79%。

从例题 8.1 还可以看出，无论是 CV 指标还是 CPI 指标，它们对于同一个项目在同一时点的评价结果是一致的，只不过表示的方式不同而已。CV 指标反映的是绝对量，CPI 指标反映的是相对量，同时使用这两个指标能够较为全面地评价项目当前的费用绩效状况。

为了更直接地反映当前（截至第 3 周末）每个费用量占整个项目的比例，在此引入百分比分析方法并采用柱状图来表示（图 8.8）。

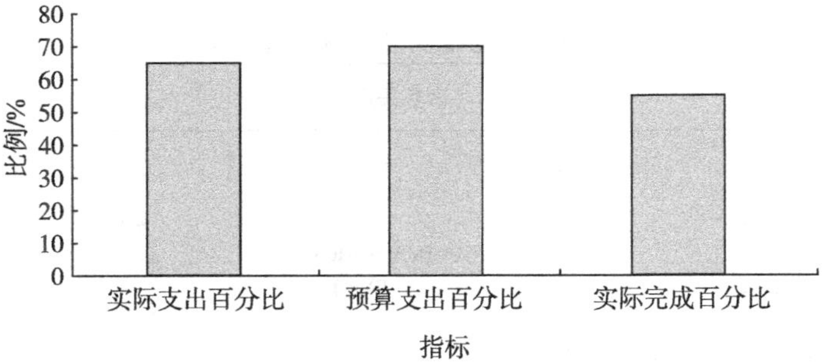

图 8.8　第 3 周末项目的完成状况图

从图 8.8 可以明显看出，截至第 3 周末：①实际支出已经占了项目总预算的 67%（6 700/10 000）；②计划进度预算已经占了项目总预算的 70%（7 000/10 000）；③项目实际工作的预算值（已获价值）仅占总预算的 55%（5 500/10 000）。

从上面的三个百分比数据中同样也可以看出，投入了总预算的 67%，仅获得了 55%的价值；计划进度预算为总预算的 70%，实际进度预算（挣值）却只有总预算的 55%，这同样表明该项目不但费用超支而且进度也延迟。

3. 挣值法评价分析

用挣值法分析得到的评价曲线图如图 8.9 所示，横坐标表示时间，即项目的进度，纵坐标表示费用累计。由图 8.9 可以看出三种曲线都是 S 形曲线，同样都是项目进度的函数，如图所示的情况，CV>0，SV<0，表示项目运行的效果不好，费用超支，进度拖延。

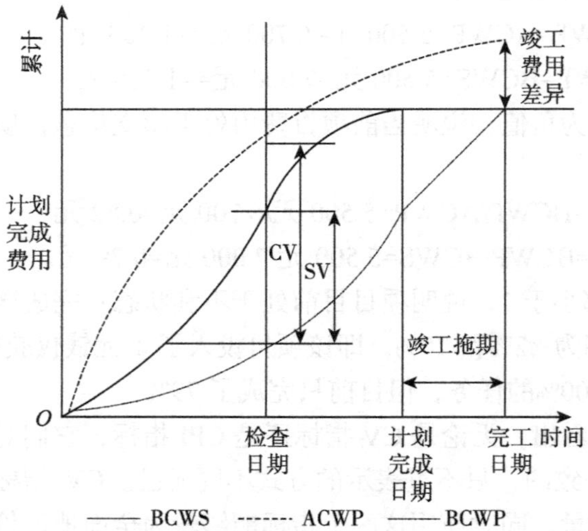

图 8.9　挣值评价曲线图

应该说，挣值法是一种比较准确的事后评价方法，基于此方法的事后评价的特性，我们可以根据以往的经验，给出费用超支的部分原因及可以采取的应对措施。

下面给出挣值法参数分析与应对措施表（表 8.5）。

表 8.5　挣值法参数分析与应对措施表

序号	图例	参数关系	分析	措施
1		ACWP>BCWS>BCWP CV<0，SV<0	效率低 进度较慢 投入超前	用高效率人员替换低效率人员
2		BCWS>ACWP>BCWP CV<0，SV<0	效率较低 进度慢 投入延后	增加高效人员的投入

续表

序号	图例	参数关系	分析	措施
3	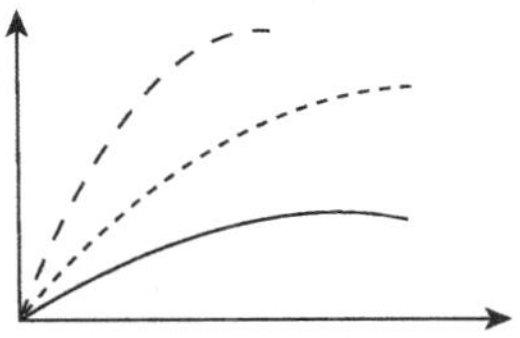	BCWP>ACWP>BCWS CV>0，SV>0	效率较高 进度快 投入超前	抽出部分人员放慢进度
4	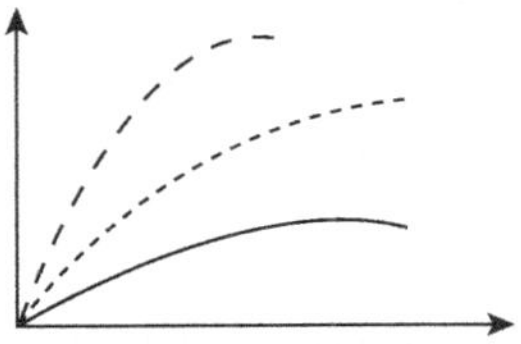	BCWP>BCWS>ACWP CV>0，SV>0	效率高 进度较快 投入延后	如果偏离不大，可以维持原状
5	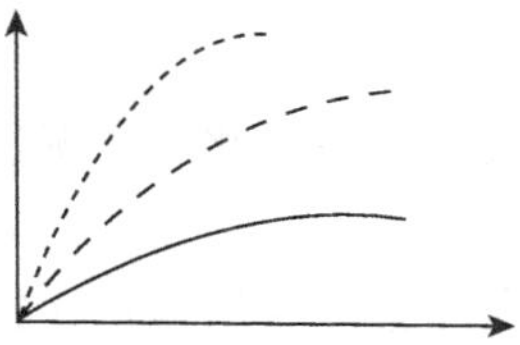	ACWP>BCWP>BCWS CV<0，SV>0	效率较低 进度较快 投入超前	抽出部分人员，增加少量骨干人员
6	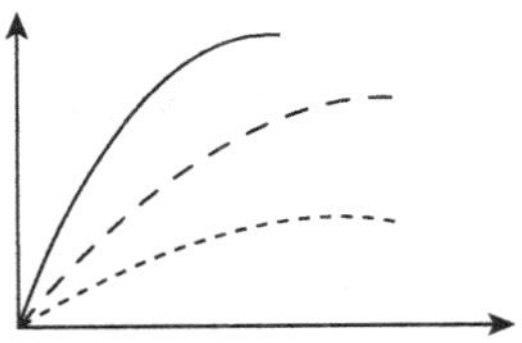	BCWS>BCWP>ACWP CV>0，SV<0	效率较高 进度较慢 投入延后	迅速增加人员投入

注：表中图例画线 ——为 BCWS；---- 为 BCWP；------ 为 ACWP

三、费用控制的结果

项目费用控制的结果，是要对项目原计划进行一些调整，包括修订费用估算、预算更新、纠正措施、完成估算和总结经验教训等。

1. 修订费用估算

修订费用估算是为了管理项目的需要而修改费用信息，由于费用控制反馈出一些有关促进费用估算的更为有效的信息，如在费用控制中发现费用基线的某些异常情况或者是不适于目前项目进展要求的情况，那么就需要项目管理人员回过头来，在不改变项目计划方向的前提下对费用估算进行完善。

2. 预算更新

预算更新是一个更为激进的项目控制反馈活动，它的前提是发现了项目前期工作的重大失误，从而要对既定的费用计划进行更改（不包括项目干系人对项目的影响）。发生此类现象，项目组要在不影响项目进展的情况下，按照正规的报告、审批和执行程序进行预算更新，并且要给出严密的书面报告，并及时按程序通知有关单位。

3. 纠正措施

纠正措施是指为了将项目未来预期的成本控制在项目计划范围内而采取的所有行动的统称，在实施项目成本控制的时候，由于项目实施不可避免地要遇到各种问题，包括产品市场变化、设备及原材料价格变化、相关政策变化、资金来源和渠道变化、各种物资运输及项目内部建设和管理出现的各种问题等，都要影响到项目成本控制计划的正常实施。对于这些出现的问题，我们需要采取大量的措施予以纠正。

4. 完成估算

完成估算（estimate at completion，EAC）是按项目目前执行情况估计完成项目全部工作所需要的总费用。

完成估算主要有三种情况，具体如下。

（1）完成估算=实际支出+按目前情况对剩余预算所做的修改。此类情况通常用在认为项目将来的情况不会与目前情况有很大出入时。

（2）完成估算=实际支出+对未来剩余工作的重新估算。当目前的项目执行情况表明以往的费用估算假设基本失效，或者由于目前条件的改变，原有的假设不再成立时，可以使用该方法。

（3）完成估算=实际支出+剩余的预算。当项目管理者认为目前情况仅仅是一种特殊情况，不必对项目预算进行变动时，可以使用此方法。

5. 总结经验教训

偏差的原因、所选纠正措施的理由及从成本控制吸取的其他类型的教训，都应编成文档，以作为本项目及执行组织的其他项目可资利用的历史数据库的组成部分。

对每一个项目而言，及时总结并采取措施在相关项目中推广好的经验和防范教训是非常必要的，因为它既可以使项目的内在管理更加规范，也可以提高管理人员的管理水平。更为重要的是，它可以从成本控制上降低项目的风险，并保证项目实施的成功。

第五节　工程项目费用管理

工程项目（建设项目）是最为普遍、最为典型的项目类型，它属于投资项目中最重要的一类，是一种既有投资行为又有建设行为的活动。工程项目是项目管理的重点，所有工程项目都要求以尽可能少的费用（投资、成本）完成预定的目标，达到预定的功能要求，以提高工程项目的整体经济效益。

一、工程项目投资（费用）计价特点

1. 单件性计价

每一项建设工程都有指定的专门用途，所以也就有不同的结构、造型和装饰，不同的体积和面积，建设时要采用不同的工艺设备和建筑材料。即使是用途相同的建设工程，技术水平、建筑等级和建筑标准也有差别。建设工程还必须在结构、造型等方面适应工程所在地的气候、地质、地震、水文等自然条件，适应当地的风俗习惯。这就使建设工程的实物形态千差万别。再加上不同地区构成投资费用的各种价值要素的差异，最终导致工程造价的千差万别。因此，对于建设工程就不能像对工业产品那样按品种、规格、质量成批地定价，只能是单件计价，只能就各个项目（建设项目或工程项目），通过特殊的程序（编制估算、概算、预算、合同价、结算价及最后确定竣工决算价等）计算工程费用。

2. 多次性计价

建设工程的生产过程是一个周期长、数量大的生产消费过程。包括可行性研究在内的设计过程一般较长，而且要分阶段进行，逐步加深。为了适应工程建设过程中各方经济关系的建立，适应项目管理的要求，适应工程费用控制和管理的要求，需要按照设计和建设阶段多次进行计价。其过程如图 8.10 所示。

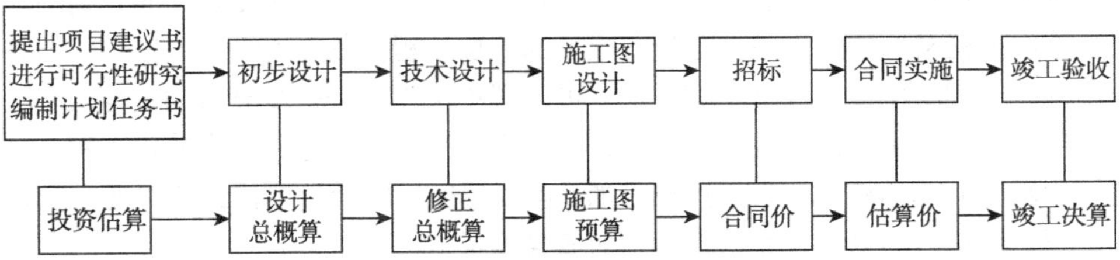

图 8.10 工程多次性计价示意图

在编制项目建议书、进行可行性研究阶段，一般可按规定的投资估算指标、类似工程的造价资料、现行的设备材料价格并结合工程实际情况进行投资估算。投资估算是判断项目可行性和进行项目决策的重要依据之一，并作为工程费用的最高限额为以后编制概预算做好准备。

在初步设计阶段，总承包设计单位要根据初步设计的总体布置、工程项目、各单项工程的主要结构和设备清单，采用有关概算定额或概算指标等编制建设项目的总概算。它包括从筹建到竣工验收的全部建设费用。经批准的设计总概算，是确定建设项目总费用、编制固定资产投资计划、签订建设项目承包总合同和贷款总合同、实行建设项目投资包干的依据，也是控制基本建设拨款和施工图预算及考核设计的经济合理性的依据。

在建筑安装工程开工前，要由设计单位根据施工图设计确定的工程量，套用有关预算定额单价、间接费用取费率和计划利润率等编制施工图预算。施工图预算经审查批准后，是签订建筑安装工程承包合同、实行建筑安装工程造价包干和办理建筑安装工程价款结算的依据。在实行招标的工程中，施工图预算是确定标底的基础。

在签订投资包干合同、建筑安装工程承包合同、设备材料采购合同时，要在对设备材料价格发展趋势进行分析和预测的基础上，通过招标、投标，由发包方和承包方共同确定一致同意的合同价作为双方结算的基础。在合同实施阶段，对于影响工程造价的设备、材料价差及设计变更等，应按合同规定的调整范围及调价方法对合同价进行必要的修正，确定结算价。

工程项目竣工交付使用时，建设单位需编制竣工决算，反映工程建设项目的实际造价和建成交付使用的固定资产及流动资产的详细情况，作为资产交接和考核交付使用资产成本以及使用部门建立资产明细表和登记新增资产价值的依据。

综上所述，从投资估算、设计概算、施工图预算到招标承包合同价、投资包干价，再到各项工程的结算价和最后在结算价基础上编制的竣工决算，整个计价过程是一个由粗到细、由浅到深，最后确定工程实际造价的过程，计价过程各环节之间相互衔接，前者制约后者，后者补充前者。

3. 按工期构成的分部组合计价

按国家规定，工程建设项目有大、中、小型之分。凡是按照一个总体设计进行建设的各个单项工程总体即是一个建设项目。它一般是一个企业（或联合企业）事业单位或独立的工程项目。在建设项目中，凡是具有独立的设计文件、竣工后可以独立发挥生产能力或工程效益的工程都为单项工程，也可将其理解为具有独立存在意义的完整的工程项目。各单项工程又可分解为各个能独立施工的单位工程。考虑到组成单位工程的各部分是由不同工人用不同工具和材料完成的，可以把单位工程进一步分解为分部工程。然后还可按照不同的施工方法、构造及规格，把分部工程更细致地分解为分项工程。分项工程是能用较为简单的施工过程生产出来的，可以用适量的计量单位计算并便于测定或计算的工程基本构造要素，也是假定的建筑安装产品。

建设工程具有按工程构成分部组合计价的特点。例如，为确定建设项目的总概算，要先计算各单位工程的概算，再计算各单项工程的综合概算，再汇总成总概算。单位工程的施工图预算一般按分部工程、分项工程和相应的定额单价、费用标准进行计算。这种方法称为单位估价法。另外还有实物法，即利用概预算定额，汇总计算单位工程或单项工程所需的人工、材料、施工机械台班量，然后再乘以当地当时的单价，得出工程直接费用，再按费用标准计算间接费用及利税。虽然单位估价法和实物法做法不同，但两者的共同特点是对工程建设项目进行分解，按构成的分部计价，故也可以说是按构成的分部组合计价。

二、工程项目投资构成

工程项目投资费用就是固定资本与净周转资金的合计，固定资本是建设和装备一个投资项目所需的资金，除了固定资产投资外，固定资本还包括生产前的所有投资费用，如筹建开办费、项目可行性研究和其他咨询费、建设期贷款利息、生产人员培训费及试运转费用等；周转资金（或称流动资金）相当于全部或部分经营该项目所需的资金，在项目评价阶段计算周转资金需要量很重要，应使它保持在一个合理的、必要的水平上；净周转资金则是流动资产减去短期负债，流动资产包括应收账款、存货（原料、辅助材料、供应品、包装材料、备件及小工具等）、在制品、成品和现金，短期负债主要包括应付账款（贷方）等。

《建设项目经济评价方法》规定：建设项目总投资是固定资产投资、建设期借款利息和流动资金之和。固定资产投资是指项目按拟定建设规模（分期建设项目为分期建设规模）、产品方案建设内容进行建设所需的费用，它包括建筑工程费、设备购置费、安装工程费、工程建设其他费用和预备费用。流动资金是指为维持生产而占用的全部周转资金。它是流动资产与流动负债的差额。项目总投资形成的资产分为固定资产、无形资产、递延资产和流动资产。

三、工程项目投资估算

1. 国内工程项目投资估算

在我国，工程项目投资估算是指在初步设计前的投资决策过程中，依据现有的资料及投资估算经验和办法，对工程项目的投资额进行的估计。它是工程项目建设前期工作的重要环节之一。

按照我国基本建设程序的规定，建设前期工作分为四个阶段，即规划阶段、项目建议书阶段、可行性研究阶段、评审阶段。按此划分，投资估算工作也分为四个阶段。由于不同阶段所具备的条件和掌握的资料不同，投资估算的准确程度不同，所以每个阶段投资估算所起的作用也不同。但是，随着阶段的不断推移，经过调查研究后掌握的资料越来越丰富，投资估算一步比一步准确，所起的作用也越来越重要。

（1）规划阶段的投资估算。规划阶段的投资估算主要是针对区域性、行业性或一个大型企业的发展规划编制的估算，其误差率可大于等于±30%。这个阶段的投资估算主要以粗略的投资数说明各有关工程项目之间的相互关系。它可以作为否定一个项目或决定是否继续进行研究的依据之一。

（2）项目建议书阶段的投资估算。项目建议书阶段的投资估算主要依据下列内容进行编制：产品方案、建设规模、拟议中的车间组成和主要工艺流程、初步选择的建厂地址。估算误差率可在±30%以内。依据这个阶段的投资估算，可以从经济上判断工程项目是否应列入投资计划中，并可作为领导部门审批项目建议书的依据之一。根据此阶段估算的投资额，可以否定一个项目，但不能完全肯定一个项目是否真正可行。

（3）可行性研究阶段的投资估算。可行性研究阶段的投资估算，是经过技术经济论证后所做出的对投资数额的估计，其误差率可在±20%以内。依据这个阶段的投资估算，可对工程项目是否真正可行做出初步决定。若确定可行，则可进一步进行评审并作为工程设计的参考依据。

（4）评审阶段的投资估算。评审阶段的投资估算，是在上一阶段投资估算的基础上，从技术、经济、财务角度进行详尽的、系统的、全面的评价和多方案评选后，对投资额所进行的最终审定。估算的误差率要求控制在±10%以内。这个阶段的投资估算，可作为对可行性研究结果进行最后评价的依据，并且可作为对工程项目是否真正可行进行最后决定的依据。同时，此阶段的投资估算也是下一阶段工作的主要依据。

2. 国外工程项目投资估算

国外的工程项目投资估算与我国有所不同。它包括的范围较广，不但包括项目建议书阶段、可行性研究阶段、设计任务书阶段的投资估算，而且包括相当于我国初步设计阶段的概算和施工图设计阶段的预算。

以英、美为代表的西方国家，根据不同阶段研究工作的内容和深度，将投资估算分为五个阶段。

第一阶段：毛估，又称数量级估算、比例估算，相当于我国项目建议书阶段的投资估算。这个阶段是对投资项目或投资方向提出建议的机会研究（投资机会鉴定、项目设想）阶段。此阶段的投资估算是根据已建成的类似工程的投资资料采用综合比例法估计的，或根据短期内调查所获得的资料估计的。这种估算可作为确定对一个项目是否感兴趣的参考。依据这种估算，可以否定一个项目，但不能肯定一个项目。这个阶段采用的估算方法比较简单，误差率大于等于±30%。

第二阶段：研究性估算，又称粗估、评价性的估算、初步估算，相当于我国的可行性研究阶段的投资估算。它是在已有主要设备表和流程图，并已经初步选定场址之后进行的投资估算。这种估算所依据的资料较毛估多，能比较准确地估算投资数和得出合理的经济指标，从而做出技术与经济评价，为下一阶段的研究提供方向。其可能误差率为±30%。

第三阶段：预算性估算，又称初步估算、拨款估算，相当于我国设计阶段的投资估算。它是在已有设备材料的规格表、设备生产能力、工厂总平面图、建筑物的大致尺寸、公用设施的初步配置等较充足资料的基础上进行的估算。它可作为确定工程项目是否必要和有无发展前途、是否列入投资计划的参考依据。其可能误差率为±20%左右。

第四阶段：确定性估算，又称工程控制性估算，相当于我国初步设计阶段的概算。它是根据将来要实际采用的图纸资料和已经掌握的比较完整的数据编制的估算。这个阶段的估算是控制建设项目投资的依据，其可能误差率为±10%。

第五阶段：详细估算，又称投标估算、最终估算、工程预算，相当于我国施工图设计阶段的预算。它是根据整套施工图纸、技术说明文件和设备材料清单等资料编制的估算，可用来控制工程项目实施阶段的投资。这种估算的精确度较高，可能误差率在±5%左右。

各阶段估算的资料越多、越详细，估算的精确度就越高。

四、工程项目投资概预算

1. 设计概预算的内容

工程项目投资概预算是设计概算和设计预算（或称施工图预算）的总称。设计概算是设计单位在工程建设项目的初步设计阶段，根据初步设计图纸编制的工程项目从筹建到竣工验收所需的全部建设费用。设计预算是由设计单位在建设项目的施工图设计阶段，根据施工图设计图纸编制的工程建设项目从筹建到竣工验收所需的全部建设费用。设计概预算是设计文件的重要组成部分。设计概算和设计预算除在编制条件和编制依据及所起的作用方面有所不同外，在费用的组成、表格形式和编制过程方面基本相似。

设计概预算的费用构成包括建筑工程费用、安装工程费用、设备工器具购置费用和其他费用。

工程建设项目的设计概预算文件应包括：概预算编制说明，建设项目的总概预算，单项工程综合概预算，单位工程概预算，其他工程和费用概预算，钢材、木材、水泥等主要材料表，等等。

设计概预算的组成根据工程的大小而定，一般由单位工程概预算、单项工程综合概预算和工程建设项目总概预算三级组成。单位工程概预算是指构成同一个单项工程的各个建筑单位工程概预算及设备、安装单位工程概预算。它根据设计图纸、分部分项工程量计算规定及相应的费用定额进行编制，是构成综合概预算和总概预算的基本元素。综合概预算是由构成单项工程的各个单位工程的概预算综合而成的。综合概预算反映一个单项工程的基本造价。总概预算由组成该建设项目的全部单项工程综合概预算汇总，并加上需在总概预算内计算的其他工程和费用概预算及预备费概预算而成。建设项目的总概预算反映一个建设项目的全部工程造价。

设计概预算是从编制单位工程概预算开始，经逐级汇总而成的，具体内容如图 8.11 所示。

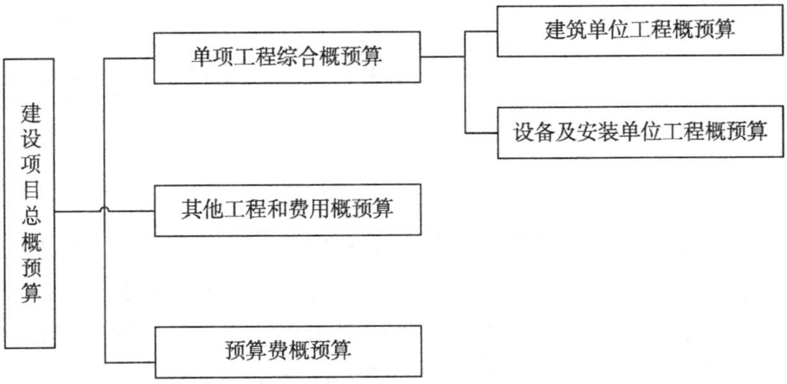

图 8.11　设计概预算的内容

2. 设计概预算的作用

投资概算和预算可在不同设计阶段确定工程建设项目的全部建设费用。所以，设计概预算对工程建设全过程的造价管理和控制有十分重要的作用。

建设单位要根据批准的总概算合理使用投资，正确进行建设项目的工程造价管理，据此安排工程项目开支，安排其他工程费用开支，并按主要材料表及设备清单订货。

批准的建设项目总概算不得任意突破。如必须突破总概算时，必须由设计单位和建设单位提出充足的追加投资理由。

对于委托承包工程，施工图预算经审查批准后，是签订建筑安装工程承包合同，实行建筑安装工程造价包干和办理建筑安装工程价款结算的依据。对于实行招标、投标的工程，施工图预算则是确定招标标底的基础数据。

五、工程项目投资合同价

现代工程项目通常都用招投标形式委托，签订合同，所以在这之前无论是业主还是承包商所做的项目费用概预算都不是最终的、有约束力的工程项目费用额。业主通过做概预算确定标底，而承包商通过概预算确定工程报价，合同价是业主在分析许多投标书的基础上最终与一家承包商确定的工程价格，最终在双方签订的合同文件中确认，并作为工程结算的依据。有时最终合同价与标底、报价差距很大，如鲁布革引水工程最终合同价是业主标底的 58%。

在建筑市场上，工程项目投资合同价的主要形式如图 8.12 所示。

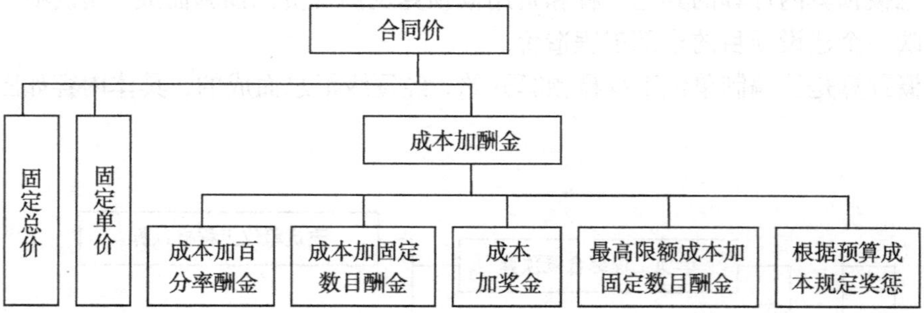

图 8.12　工程项目投资合同价的主要形式

1. 固定总价

固定总价的特点是按照承包工程的范围计算总价，并且固定不变。由于这种价格形式能有效地控制投资，因而颇受发包者欢迎。按固定总价报价，要求工程内容明确、详尽，具备施工详图、详细的设备清单和详细的材料清单，工程量计算依据充分。

在按固定总价报价时，承包单位要承担实物工程量和工程单价双重风险。一般只有在招标工程规模不大、结构不甚复杂、改变少、施工工期较短（一年以内），而承包公司对该工程又比较有把握时，采用这种报价方式才较有利。

当然，固定总价只是招标合同价的一种形式。至于工程完工以后工程价款结算是否以此为准，则要看双方怎样议定并如何将结论列入工程合同条款之中。例如，承发包双方常常议定，当设计变更、工程范围改变超过合同总额一定幅度后，总价应相应调整；当工期较长，因发包工程所在地区物价上涨导致所用工料成本增加额超过一定幅度时，增加额由发包者补偿。

2. 固定单价

固定单价又称工程单价，即完成单位实物工程量所需各种费用之和。包工不包料方式下的工程单价，包括完成单位实物工程量所需人工费和分摊的有关费用；包工包料方式下的工程单价，则包括完成单位实物工程量所需材料、人工费、施工机械使用费、其他直接费用和应分摊的施工管理费、其他间接费用、计划利润、营业税等。以固定单价形式报价，适用于已有类似技术设计或扩大初步设计的文件，列有较详细的设备清单和材料清单，但缺乏施工详图，工程内容不能明确规定的工程。在整个合同期间执行同一工程单价，而工程量则按实际完成的数量结算，量变价不变，用实际完成工程量乘以单价相加之和即得工程总价。目前国际上这种价格形式的使用最为普遍。

与固定总价形式相比，采用固定单价形式对承包单位的好处是，减少了工程量计算不准的风险，但仍需承担工程单价方面的风险。例如，实际完成工作量与招标规定的设计工程量出入较大，因而造成所订单价不合理时，承包公司可以要求调整单价。一般在签订承包合同时，应规定允许工程量增减的幅度，以明确调价的界限。

3. 成本加酬金价

这种价格形式适合于发包者工期要求紧迫，但又不具备详细的设计和明确的技术要求，投标报价的依据很不充分的工程，或者发包者与承包单位之间具有高度的信任，且承包单位具有工程所需的独特的技术、特长和经验。

（1）成本加酬金形式。成本加酬金形式即工程成本实报实销，另加一笔给承包单位的酬金（利润）。可以按工程规模和难易程度规定一笔固定不变的酬金，也可以按实际成本的一定百分率计算酬金。为了避免承包单位企图获得更多的酬金而对工程成本不加控制，在采用这种承包形式时，往往要在合同中规定一些快速、优质、低成本的附加条件。采用成本加酬金的报价形式，承包单位可以不担任何风险，保收酬金，比较安全。但这种报价形式竞争力差，因此在建筑承包市场上采用的较少。

（2）成本加奖金形式。这是为了刺激承包单位降低成本，在规定的成本和酬金之外另给奖金。承包单位所得奖金来自两个方面：一是从成本降低的金额中以百分比提取奖励金；二是由于工程完成的质量好和速度快另给的奖金。这两者的比重一般是后者比前者大。

（3）最高限额成本加固定数目酬金方式。当实际成本超过最高限额成本时，按合同规定由发包者和承包单位分担超过部分；当实际成本低于最高限额时，也按合同规定由发包者和承包公司分享超出的部分。

（4）根据预算成本规定奖罚方式。工程实际成本超过预算成本时，承包单位要受罚；低于预算成本时，承包单位受奖。

六、工程项目费用控制

所谓工程项目费用控制，就是在投资决策阶段、设计阶段、建设实施阶段，把工程费用的发生控制在批准的造价限额以内，随时纠正发生的偏差，以保证工程费用管理目标的实现，以求在各个建设项目中合理使用人力、物力、财力，取得最大的投资效益。

工程项目建设过程是一个周期长、数量大的生产消费过程，不可能在工程项目伊始就设置一个科学的、一成不变的费用控制目标。也就是说，建设工程费用控制目标的设置，是随着工程项目建设实践的不断深入由粗到细分阶段设置的。具体来讲，投资估算应是进行设计方案选择和初步设计阶段的建设工程费用控制目标；设计概算应是进行技术设计和施工图设计阶段的工程费用控制目标；投资包干额应是包干单位在建设实施阶段的工程费用控制目标；设计预算或建筑安装工程承包合同价则应是施工阶段建筑安装工程费用的控制目标。各阶段的目标有机联系、相互制约、相互补充，共同组成项目费用控制的目标系统。

工程费用控制贯穿于项目建设全过程，这一点是没有疑义的。但是，进行全过程控制还必须突出重点。对工程费用影响最大的阶段是初步设计阶段，其影响工程费用的程度约为 75%；至技术设计结束，影响工程费用的程度约为 35%；而至施工开始，通过技术组织措施节约工程费用的可能性只有 5%～10%。很显然，控制工程费用的关键在于施工以前的投资决策和设计阶段，而在项目做出投资决策后，控制工程费用的关键就在于设计。

第六节　案例：全自动滚筒洗衣机研制项目费用管理

本案例以某公司全自动滚筒洗衣机研制开发项目为例，重点介绍项目费用管理的实际应用，主要内容有项目总目标、项目工作分解结构、项目费用分解、项目进度计划、项目费用预算和项目费用控制。

一、项目总目标

某企业通过调查分析认为，其在新款全自动滚筒洗衣机方面有一定的市场机会，而且企业自身人才储备较为丰富，技术力量雄厚，因此选择开发新型全自动滚筒洗衣机具有很大的优势。通过可行性分析，企业决定进行“全自动滚筒洗衣机”的开发，其主要目标如下：①交付成果：新型全自动滚筒洗衣机样品；②工期要求：研制开发周期 6 个月，从 2002 年 1 月 1 日至 2002 年 6 月 30 日；③成本要求：项目总投资限额 600 万元。

二、项目工作分解结构

项目工作分解结构包含项目实施过程的全部工作。滚筒洗衣机研制项目的工作分解结构如图 8.13 所示。

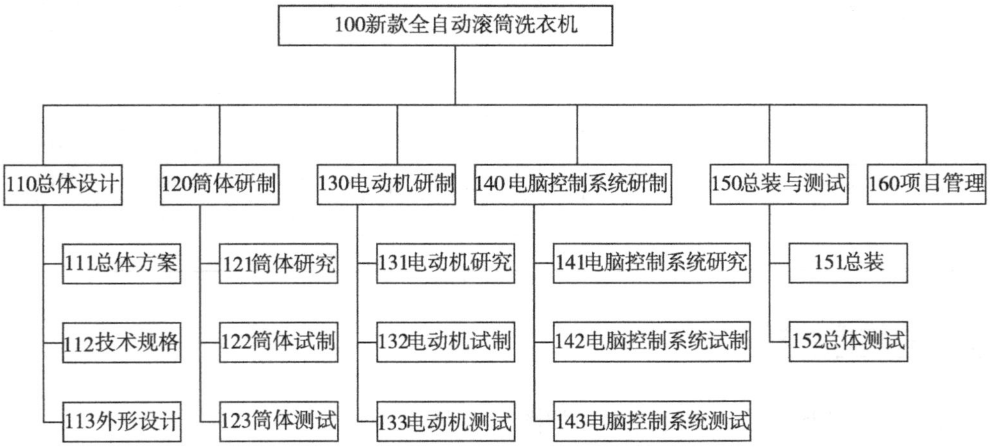

图 8.13　滚筒洗衣机研制项目的工作分解结构

三、项目费用分解

项目的总费用限额为 600 万元。项目费用的分解思路有多种方式，其中最基本的一种思路就是分别确定每项工作的人力资源费用及材料费用等，然后进行汇总。根据这一思路确定的项目费用分解如表 8.6 所示。其中，工时费用中工程师为 60 元/小时，管理人员为 50 元/小时，工人为 30 元/小时。

表 8.6　滚筒洗衣机研制项目费用分解

编号	任务名称	资源名称	工时/小时	数量/人	工期/周	人力费用/元	材料费用/元	总费用/元
100	新款全自动滚筒洗衣机							
110	总体设计							
111	总体方案	工程师	2 000	50	1	120 000	10 000	130 000
112	技术规格	工程师	1 600	20	2	96 000	10 000	106 000
113	外形设计	工程师	1 600	20	2	96 000	15 000	111 000
120	筒体研制							
121	筒体研究	工程师	3 000	15	5	180 000	100 000	280 000
122	筒体试制	工人	4 800	30	4	144 000	500 000	644 000
123	筒体测试	工程师	1 600	8	5	96 000	300 000	396 000
130	电动机研制							
131	电动机研究	工程师	4 000	20	5	240 000	150 000	390 000
132	电动机试制	个人	6 000	25	6	180 000	480 000	660 000
133	电动机测试	工程师	2 000	10	5	120 000	300 000	420 000
140	电脑控制系统研制							

续表

编号	任务名称	资源名称	工时/小时	数量/人	工期/周	人力费用/元	材料费用/元	总费用/元
141	电脑控制系统研究	工程师	5 000	25	5	300 000	200 000	500 000
142	电脑控制系统试制	个人	8 000	25	8	240 000	600 000	840 000
143	电脑控制系统测试	工程师	3 000	15	5	180 000	300 000	480 000
150	总装与测试							
151	总装	个人	2 400	20	3	72 000	198 000	270 000
152	总体测试	工程师	2 000	25	2	120 000	100 000	220 000
160	项目管理	管理人员	3 120	3	26	156 000	52 000	208 000
	合计					2 340 000	3 315 000	5 655 000

四、项目进度计划

滚筒洗衣机研制项目的进度计划图如图 8.14 所示。

编号	任务名称	后续任务	工期/周
1	111总体方案	2，3	1
2	112技术规格	4，7，10	2
3	113外形设计	4，7，10	2
4	121筒体研究	5	5
5	122筒体试制	6	4
6	123筒体测试	13	5
7	131电动机研究	8	5
8	132电动机试制	9	6
9	133电动机测试	13	5
10	141电脑控制系统研究	11	5
11	142电脑控制系统试制	12	8
12	143电脑控制系统测试	13	5
13	151总装	14	3
14	152总体测试		2
15	160项目管理		26

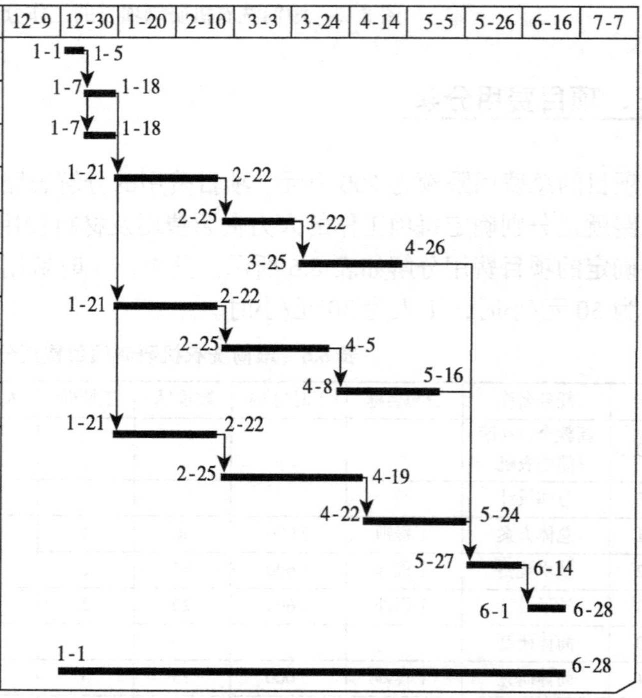

图 8.14　滚筒洗衣机研制项目的进度计划图

五、项目费用预算

根据该项目的费用分解和进度计划，绘制其费用预算表、费用预算曲线、费用累积曲线（表 8.7、图 8.15 和图 8.16），以此作为度量和监控实施过程中费用支出的基准和依据。

表8.7 滚筒洗衣机研制项目费用预算表

单位：万元

编号	任务名称	预算	按周分配预算																									
			1	2	3	4	5	6	7	8	9	10	11	12	13	14	15	16	17	18	19	20	21	22	23	24	25	26
1	111 总体方案	13	13																									
2	112 技术规格	10.6		5.3	5.3																							
3	113 外形设计	11		5.5	5.5																							
4	121 筒体研究	28				5.6	5.6	5.6	5.6	5.6																		
5	122 筒体试制	64									16	16	16	16														
6	123 筒体测试	39.5													7.9	7.9	7.9	7.9	7.9									
7	131 电动机研究	39				7.8	7.8	7.8	7.8	7.8																		
8	132 电动机试制	66									11	11	11	11	11	11												
9	133 电动机测试	42															8.4	8.4	8.4	8.4	8.4							
10	141 电脑系统研究	50				10	10	10	10	10																		
11	142 电脑系统试制	80									10	10	10	10	10	10	10	10										
12	143 电脑系统测试	48																	9.6	9.6	9.6	9.6	9.6					
13	151 总装	27																						9	9	9		
14	152 总体测试	22																									11	11
15	160 项目管理	20.8	0.8	0.8	0.8	0.8	0.8	0.8	0.8	0.8	0.8	0.8	0.8	0.8	0.8	0.8	0.8	0.8	0.8	0.8	0.8	0.8	0.8	0.8	0.8	0.8	0.8	0.8
累计		561	13.8	11.6	11.6	24.2	24.2	24.2	24.2	24.2	37.8	37.8	37.8	37.8	29.7	29.7	27.1	27.1	26.7	18.8	18.8	10.4	10.4	9.8	9.8	9.8	11.8	11.8

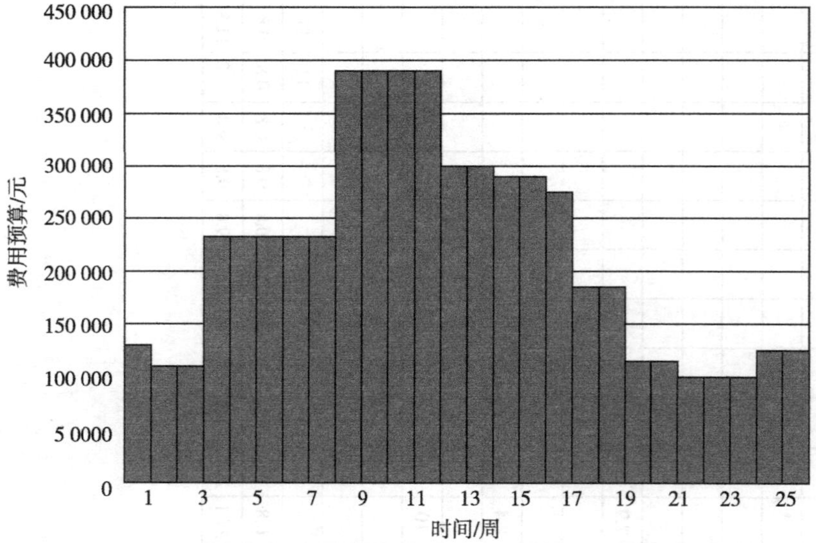

图 8.15　滚筒洗衣机研制项目的费用预算曲线

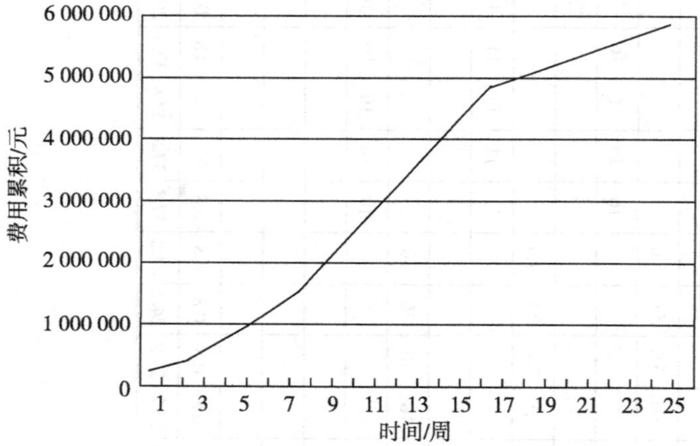

图 8.16　滚筒洗衣机研制项目的费用累积曲线

六、项目费用控制

本项目费用控制的主要方法是挣值法，通过对各个工作实际的执行时间、实际消耗费用及完成情况，分析整个项目的进度执行情况及费用支付情况。

1. 项目进展状态简介

本项目开始 6 周以来，已顺利完成总体方案设计、制定技术规格、外观设计的全部工作，按时达到第一个里程碑的预定目标，筒体研究、电动机研究、电脑控制系统研究工作也按照工作进度顺利完成 60%。由于各项工作顺利按照进度进行，所以，项目工作进展正常。

2. 费用执行情况

图8.17是项目执行到第6周的费用执行情况的统计。从图8.17可以清楚地看到：BCWP>BCWS，说明进度提前；BCWP<ACWP，说明费用超支。其主要原因是：材料价格较计划时有所涨价；同时，为了加快项目工作进度，许多同志加班，虽然进度提前，但加班费用支出加大，造成费用较计划超支。

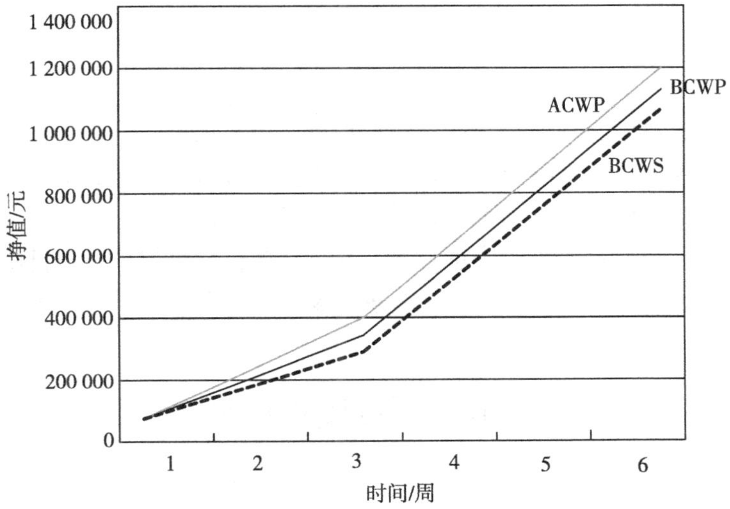

图8.17　滚筒洗衣机研制项目的挣值分析曲线

复习思考题

第九章　项目质量管理

项目质量管理是指围绕项目质量所进行的指挥、协调和控制等活动，即通过编制质量计划、执行质量保证、实施质量控制等措施来确保项目质量目标的实现，其目标是使项目所有的功能活动能够按照原有的质量及目标要求得以实施。

本章重点介绍项目质量管理中的项目质量计划、项目质量保证、项目质量控制。最后，以“某市邮电通信大楼建设项目质量管理”案例，说明项目质量管理的实际应用。

第一节　项目质量计划

国际标准 ISO 9000：2000《质量管理体系基础和术语》中对质量计划的定义是：质量计划是“质量管理的一部分，致力于制定质量目标并规定必要的运行过程和相关资源以实现质量目标”。

项目质量计划是围绕项目所进行的质量目标制定、运行过程策划、确定相关资源等活动的过程。项目质量计划的结果是：明确项目质量目标；明确为达到质量目标应采取的措施，包括必要的作业过程；明确应提供的必要条件，包括人员、设备等资源条件；明确项目参与各方、部门或岗位的质量职责。

一、项目质量计划的依据

1. 项目特点

不同类型、不同规模、不同特点的项目，其质量目标、质量管理运行过程及需要的资源各不相同。因此，应针对项目的具体情况进行质量计划。

2. 项目质量方针

项目的质量方针反映了项目总的质量宗旨和质量方向，质量方针提供了质量目标制定的框架，是项目质量计划的基础之一。

3. 项目范围陈述

项目范围陈述说明了项目所有者的需求及项目的主要要求，项目质量计划应适应这些需求和要求。

4. 项目产品描述

项目产品是项目可交付成果。尽管可能在项目范围陈述中已经描述了项目产品的相关要素，但项目产品描述通常包含更加详细的技术要求和其他相关内容，这是项目质量计划的必要依据。

5. 标准和规则

不同的行业、不同的领域，对其相关项目都有相应的质量要求，这些要求往往是通过标准、规范、规程等形式加以明确的，这些标准和规则对质量计划将产生重要影响。例如，建筑工程项目的质量计划就应依据建筑施工规范、建筑结构规范等国家和行业标准制订。

二、项目质量目标

项目质量目标是项目在质量方面所追求的目的。无论何种项目，其质量目标都包括总目标和具体目标。项目质量总目标表达了项目拟达到的总体质量水平，如某建筑项目的质量总目标就是合格率 100%，优良品率 80%。项目质量的具体目标包括项目的性能性目标、可靠性目标、安全性目标、经济性目标、时间性目标和环境适应性目标等。项目质量的具体目标一般应以定量的方式加以描述，如某基础工程项目，其混凝土的抗压强度等级为 40 兆帕，这就是一个性能性质量目标。不同的项目，其质量目标策划的内容和方法也不相同，但考虑的因素是基本相同的，主要如下。

（1）项目本身的功能性要求。每一个项目都有其特定的功能，在进行项目质量目标计划时，必须考虑其功能，满足项目的适用性要求。

（2）项目的外部条件。项目的外部条件使项目的质量目标受到了制约，项目的质量目标应与其外部条件相适应。所以，在确定项目的质量目标时，应充分掌握项目外部条件，如工程项目的环境条件、地质条件、水文条件等。

（3）市场因素。市场因素是项目的一种“隐含需要”，是社会或用户对项目的一种期望。所以，进行项目质量目标计划时，应通过市场调查，探索研究这种需要，并将其纳入质量目标之中。

（4）质量经济性。项目的质量是无止境的，要提高项目的质量，必然会增加项目成本。所以，项目所追求的质量不是最高，而是最佳，即既能满足项目的功能要求和社会或用户的期望，又不至于造成成本的不合理增加。在项目质量目标计划时，应综合考虑项目质量和成本之间的关系，合理确定项目的质量目标。

三、项目质量管理运行过程

项目的质量管理是通过一系列活动、环节和过程实现的。项目的质量计划应对这些活动、环节、过程加以识别和明确。当然，不同的项目，其质量管理的运行过程亦有区别，但就其运行过程计划而言，至少都应明确以下几点。

第一，项目质量环，就是影响项目质量的各个环节，是从识别需要到评定能否满足这些需要的各个阶段中，影响质量的相互作用的活动的概念模式。不同的项目，其质量环也有所不同。例如，产品开发项目的质量环一般就是由 11 个阶段构成的，具体如图 9.1 所示。

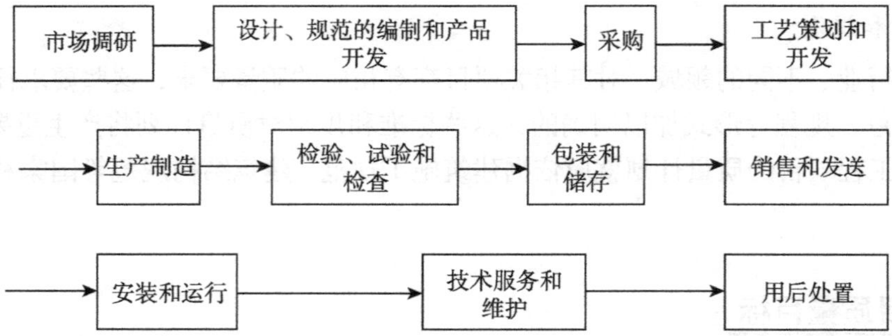

图 9.1　产品开发项目质量环

又如，施工项目的质量环一般是由 8 个阶段构成的，具体如图 9.2 所示。

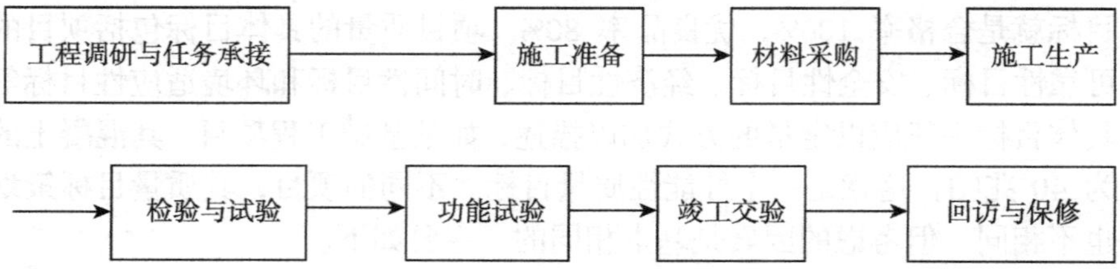

图 9.2　施工项目质量环

第二，质量管理程序，应明确项目不同阶段的质量管理内容和重点，明确质量管理的工作流程等问题。

第三，质量管理措施，包括质量管理技术措施、组织措施等。

第四，质量管理方法，包括项目质量控制方法、质量评价方法等。

四、项目质量计划的常用方法

在质量计划过程中，应采用一些科学的方法和技术，以确保计划结果的可靠性。常用的质量计划方法和技术有以下几种。

1. 收益/成本分析

在项目管理中，质量与收益/成本是相互依存、相互制约的两个目标。制定项目质量目标时必须考虑收益/成本平衡。如果不顾业主的质量要求，不满足业主“适用性”愿望，势必造成需求与生产脱节，最终会失去业主和市场，经济效益也就无从谈起；反之，如果片面追求质量，过分提高质量标准，使业主不堪承受或造成赔本，同样不可取。因此，有必要把“适用性”和“经济性”两方面的要求结合起来，开展收益/成本分析。

在建筑工程项目管理中，如果实行的是工程总承包，项目经理部就要对整个建设工程的质量负责，就要考虑成本与质量的优化问题，进行项目的收益/成本分析。

2. 流程图

流程图提供了项目系统的工作流程及各项活动之间的相互关系，它有助于项目团队发现可能产生质量问题的工作环节，有助于明确项目质量管理的责任，有助于找出解决质量问题的方法和措施。图 9.3 是一个设计复查程序的系统流程图。

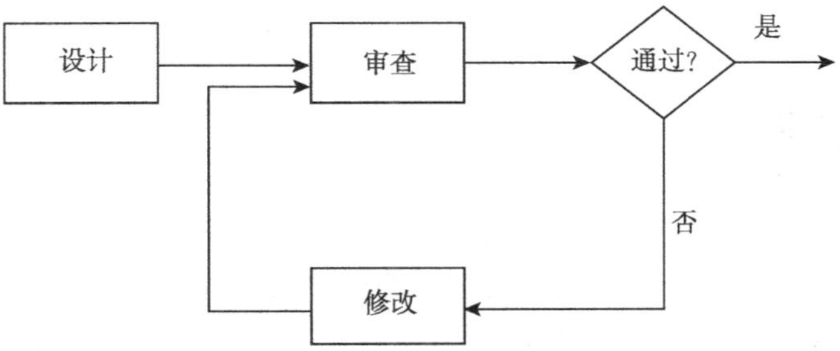

图 9.3　系统流程图

3. 因果图

因果图又称逻辑图或鱼刺图，用以描述相关的各种原因和子原因如何产生潜在问题或影响。可以将各种原因按照由大到小、由粗到细、层层深入的规则排序，然后用带箭头的线，将质量问题与原因之间的因果关系条理化、系统化、形象化地描述成一张因果图。

4. 基准比较

基准比较就是将实际进行中或计划中的项目做法同其他项目的实际做法进行比较，通过比较启发改善项目质量管理的思路。

五、项目质量计划

项目质量计划是针对具体项目的要求，以及应重点控制的环节所编制的对设计、采购、项目实施、检验等质量环的质量控制方案。质量计划往往并不是单独的一个文件，而是由一系列文件组成的。项目开始时，应从总体考虑，编制一个保证项目质量的规划性的质量计划，如质量管理计划；随着项目的进展，编制相应的各阶段较详细的质量计划，如项目操作规范。项目质量计划的格式和详细程度并无统一规定，但应与用户的要求、供方的操作方式和活动的复杂程度等相适应。此外，计划应尽可能简明。

质量计划应明确指出所开展的质量活动，并直接指出或间接指出（通过相应程序或其他文件）如何实施所需要的活动。其内容包括：①需达到的质量目标，包括项目总质量目标和具体目标；②质量管理工作流程，可以用流程图等形式展示过程的各项活动；③在项目的各个不同阶段，职责、权限和资源的具体分配；④项目实施中需采用的具体的书面程序和指导书；⑤有关阶段适用的试验、检查、检验和评审大纲；⑥达到质量目标的测量方法；⑦随项目的进展，修改和完善质量计划的程序；⑧为达到项目质量目标必须采取的其他措施，如更新检验技术、研究新的工艺方法设备、用户的监督、验证等。上述内容可能包含在不同的质量计划文件之中。

第二节　项目质量保证

一、质量保证的概念

国际标准 ISO 8402《质量术语》中对质量保证的定义是“为使人们确信某一产品、过程或服务质量能满足规定的质量要求所必需的有计划、有系统的全部活动”。

正确理解质量保证的概念需要掌握两个要点：一是质量保证的目标是使别人确信本企业具有能够生产满足规定要求的产品的能力；二是为了达到“使别人确信”这一目的，本企业需要向对方提供证据，证明其确实具有这种能力。因此，不能将质量保证理解为保证质量。质量保证的一种重要特征是相关性，即总是在有两方的情况下才涉及质量保证的要求，由一方向另一方提供质量保证。由于两方的具体对象不同，质量保证又可分为内部质量保证和外部质量保证两种。

1. 内部质量保证

内部质量保证是为使企业领导“确信”本企业所完成的项目能满足质量要求而开展的一系列活动。企业领导对项目质量负全责，一旦出现质量事故，则要承担法律和经济责任。而项目的一系列质量活动是由项目经理或项目团队进行的，虽然项目团队明确了职责分工，也有相应的质量控制方法和程序，但是，对于是否严格按程序进行、这些方法和程序是否确实有效，企业领导需要组织一部分独立的人员（国外称质量保证人员）对直接影响项目质量的主要质量活动实施监督、验证和质量审核活动（即内部质量保证活动），以便及时发现质量控制中的薄弱环节，提出改进措施，促使质量控制能更有效地实施，从而使领导“放心”。

2. 外部质量保证

外部质量保证是用户为了确信项目实施者所完成的项目达到了所规定的质量要求，要求项目的实施者证明项目设计、实施等各个环节的主要质量活动确实做得很好，且能提供合格项目的证据，这就是用户提出的“质量保证要求”。针对用户提出的质量保证要求，项目实施者应提出项目实施全过程中质量保证活动的实施方案，以使用户放心。一般来讲，质量保证如果不加“内部”或“外部”，常常是指外部质量保证。

二、质量保证的作用

质量保证的内涵已不是单纯地为了保证质量。保证质量是质量控制的任务，而质量保证则是以保证质量为基础，进一步引申到提供“信任”这一基本目的。要使用户能“信任”，项目实施者应加强质量管理，完善质量体系，对项目有一套完善的质量控制方案、办法，并认真贯彻执行，对实施过程及成果进行分阶段验证，以确保其有效性。在此基础上，项目实施者应有计划、有步骤地采取各种活动和措施，使用户能了解其实力、业绩、管理水平、技术水平，以及项目在设计、实施各阶段主要质量控制活动和内部质量保证活动的有效性，使对方建立信心，相信完成的项目能达到所规定的质量要求。

质量保证的具体要求通常是由用户或第三方认证机构提出，根据产品的复杂性等因素和用户或第三方认证机构的需要，质量保证的要求可以有不同的程度，对于复杂的项目，不仅要求供方提供检验的证明，还要求其对设计、物资、采购、工序、控制、测试手段、不合格品的处理等许多方面提供证明。项目采购时如有质量保证的要求，应将具体内容纳入双方签订的合同之中。

用户是否提出质量保证要求，这对项目实施者来说是有区别的。用户不提质量保证要求，项目实施者在项目进行过程中如何进行质量控制就不需让用户知道，用户与项目实施者之间只是提出质量要求与提供项目验收这样一种交往关系。如果项目较简单，其性能完全可由最终检验反映，则用户只需把住“检验”关，就能得到满意的项目成果，而不需知道项目实施者是如何操作的。但是，随着技术的发展，项目越来越复杂，对其质量要求也越来越高，项目的有些性能已不能通过检验来鉴定。就这些项目而言，用户将会提出质量保证要求。

三、项目质量保证的内容

项目质量保证主要包括以下内容。

（1）制定科学、合理、可行的质量标准。在评估项目质量计划的执行情况时，制定科学合理的质量标准是非常必要的。项目质量标准可以根据以前的项目经验、国家或地区的质量保证来制定。

（2）建立项目质量保证体系，并使之有效运行。为了使项目顺利实施，保证各项质量要求达到预期的目标，项目要建立起完善的质量保证体系。项目质量保证体系是指实施项目质量管理所需的组织结构和质量管理程序。

（3）开展有计划的质量改进活动。质量改进是为了提交符合客户质量要求的项目可交付成果，在项目组织内部开展的旨在提高项目质量的各项活动。实际上，质量改进活动是一种持续的、不断完善的项目活动，它包括对项目产品、项目活动、项目作业、项目管理等各方面质量的不断完善。

四、项目质量保证的主要方法与技术

（1）制定质量保证规划。质量保证规划是进行质量保证的依据和指南，应在对项目特点进行充分分析的基础上编制。质量保证规划包括质量保证计划、质量保证大纲、质量标准等。

（2）质量检验。通过测试、检查、试验等检验手段确定质量控制结果是否与要求相符。

（3）确定保证范围和等级。质量保证范围和等级要相适应，范围小、等级低，可能达不到质量保证的要求；范围大、等级高，会增加管理的工作量和费用。等级划分应依据有关法规进行，如核电站按国家核安全法规划分为质保一级、质保二级和质保三级。

（4）质量活动分解。对于与质量有关的活动需要进行逐层分解，直到最基本的质量活动，以实施有效的质量管理和控制。

五、项目质量保证模式

1. 质量保证的国际标准

在现代质量管理中，由于产品（项目）日益复杂，用户（订货方）向供方（生产方）订货时，仅仅依靠到货时的验收检验，已不能充分证实产品质量满足合同规定的程度，往往要向供方提出质量保证的要求，并订入双方签订的协议中。在执行中，需方将派出代表对供方的实施情况进行现场检查和评价，供方应予以配合，并提供证据，证明协议中的各项质量保证要求已经有效地实施。

为了适应供需双方签订质量保证要求的需要，国际标准化组织在 ISO 9000 系列国际标准中，提出了三种模式的质量保证国际标准：ISO 9001 开发设计、生产、安装和服务的质量保证模式；ISO 9002 生产和安装的质量保证模式；ISO 9003 最终检验和试验的质量保证模式。

质量保证模式是在考虑供需双方需要的基础上，选择的一组对供方质量体系的要求，这些要求不是供方质量体系的全部要素和内容，只是一些最基本的要求，通过这些要求的实施和实施情况的证明，需方可以相信供方能够持续稳定地生产满足合同规定的质量要求的产品。

三种不同的质量保证模式是需方对供方三种不同的质量保证要求，分别适用于三种不同的合同环境。供需双方在需要签订质量保证协议时，可根据具体情况选择其中的一种；也可以在选定其中一种质量保证模式的基础上，再根据实际需要增减其中的若干要求。

第一种质量保证模式，即 ISO 9001，对质量保证的要求最高，从产品设计开始直到服务的全过程，都对供方提出质量保证的要求；第二种质量保证模式，即 ISO 9002，对质量保证的要求较高，同第一种质量保证模式相比，主要是减少了对设计控制的要求；第三种质量保证模式，即 ISO 9003 对质量保证的要求最低，重点是对供方的检验和试验及与此相关的一些要求提出质量保证的要求。

图 9.4 是三种质量保证模式质量体系要素的比较。从图 9.4 中可以看出，第三种质量保证模式共有 12 个质量体系要素，即供方领导的责任，质量体系的建立和运行，文件控制，产品标记，检验和试验，检验、测量和试验设备，检验和试验状况，不合格品的控制，搬运、储存、包装和交付，质量记录，培训，技术统计。第二种质量保证模式是在全部采纳第三种模式要素的基础上，又增加六个要素，即合同评审、采购、需方提供的物资、工序控制、纠正措施、内部质量控制。第一种质

量保证模式是在全部采纳第二种模式要素的基础上，再增加两个要素，即设计控制和服务。

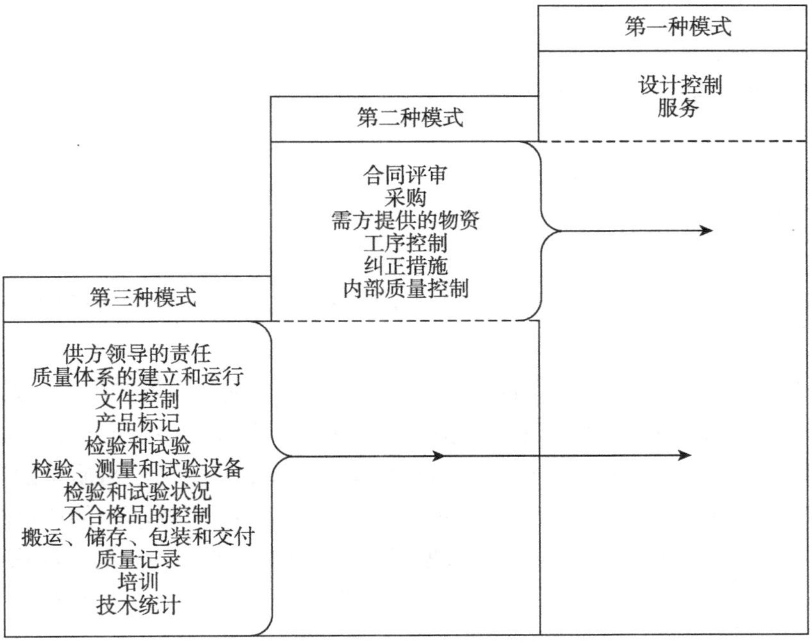

图 9.4 三种质量保证模式质量体系要素的比较

供方质量体系要素分为“要求”和“证实”两个部分。“要求”是指供方对该质量体系要素应保证达到的要求；“证实”是指需方在对供方该项质量体系要素进行检查、评价时，需要证实的问题，即通过供方提供的证据，证实供方确实达到了规定的要求。

2. 质量保证模式的选择

影响质量保证模式选择的因素有以下几个方面：①设计复杂性，是指产品设计的难易程度；②设计成熟程度，是指产品的标准化和通用化程度，以及经过性能试验或现场使用考验的设计占设计工作总量的比例；③制造复杂性，是指现行制造工艺的可用性、是否需要开发新工艺、所需工艺的种类和数量、各工艺对产品性能的影响等；④产品的特性，是指产品的复杂性、相关特性的数量和各特性对产品质量的影响程度；⑤产品的安全性，是指发生故障的风险和后果；⑥经济性，是指权衡上述因素给供需双方造成的费用与产品中不合格项造成的费用的对比。

当设计复杂性、制造复杂性、产品特殊性和产品安全性很高，而设计成熟度又很低时，应选用第一种质量保证模式。当然，质量保证程度越高，供需双方的费用负担也将增加越多。第三种质量保证模式多用于比较简单的产品。第二种质量保证模式使用最普遍，在产品质量认证中，也常常选用这一种，因为实行质量认证的产品一般不是新产品，而是经过鉴定定型并批量生产的产品。因此，通常不检查供方的设计控制。但是，仅仅进行最终产品的检验和试验并不能满足认证机构的要求。

第三节　项目质量控制

项目质量控制是质量管理的一部分，其目的就是确保项目质量计划所提出的各项质量目标，如项目的性能性目标、可靠性目标、安全性目标、经济性目标、时间性目标和环境适应性目标等的实现。

一、项目质量控制的特点

项目不同于一般产品，对于项目的质量控制也不同于一般产品的质量控制，其主要特点如下。

（1）影响质量的因素多。项目的进行是动态的，影响项目质量的因素也是动态的。项目的不同阶段、不同环节、不同过程，影响因素也不尽相同；这些因素有些是可知的，有些是不可预见的；有些因素对项目质量的影响程度较小，有些对项目质量的影响程度较大，有些对项目质量的影响则可能是致命性的。所有这些，都给项目的质量控制造成了困难。所以，加强对影响质量因素的管理和控制，是项目质量控制的一项重要内容。

（2）质量控制的阶段性。项目需经历不同的阶段，各阶段的工作内容、工作结果都不相同，所以每阶段的质量控制内容和控制重点亦不相同。

（3）易产生质量变异。质量变异就是项目质量数据的不一致性。产生这种变异的原因有两种，即偶然因素和系统因素。偶然因素是随机发生的、客观存在的，是正常的；系统因素是人为的、异常的。在项目进行过程中，易产生这两类变异。所以，在项目的质量控制中，应采取相应的方法和手段对质量变异加以识别和控制。

（4）易产生判断错误。在项目质量控制中，经常需要根据质量数据对项目实施的过程或结果进行判断。项目的复杂性、不确定性，造成质量数据的采集、处理和判断的复杂性，这往往会使人们对项目的质量状况做出错误判断。这就需要在项目的质量控制中，采用更加科学、更加可靠的方法，尽量减少判断错误。

（5）应注重项目进展过程。已加工完成的产品可以解体、拆卸，对某些零部件进行检查，但项目一般做不到这一点。例如，对于已建成的楼房，就难以检查其地基的质量；对于已浇筑完成的混凝土构筑物，就难以检查其中的钢筋质量。所以，项目的质量控制应更加注重项目进展过程，注重对阶段结果的检验和记录。

（6）项目质量受费用、工期的制约。项目的质量不是独立存在的，它受费用和工期的制约。在对项目进行质量控制的同时，必须考虑其对费用和工期的影响，以及费用和工期对质量的制约，使项目的质量、费用和工期都能实现预期目标。

二、项目不同阶段的质量控制

项目的不同阶段对其质量起着不同的作用，有着不同的影响，所以其质量控制的重点也不同。

（一）项目决策阶段的质量控制

项目决策阶段包括项目的可行性研究和项目决策两方面。

（1）项目的可行性研究直接影响项目的决策质量和设计质量。所以，在项目的可行性研究中，应进行方案比较，提出对项目质量的总体要求，使项目的质量要求和标准符合项目所有者的意图，并与项目的其他目标相协调，与项目环境相协调。

（2）项目决策是影响项目质量的关键阶段，项目决策的结果应充分反映项目所有者对质量的要求和意愿。在项目决策过程中，应充分考虑项目费用、时间、质量等目标之间的对立统一关系，确定项目应达到的质量目标和水平。

（二）项目设计阶段的质量控制

对于设计质量的控制，在 ISO 9001 中规定了设计的总则，设计与开发的策划，设计的组织与技术接口，设计的输入、输出，设计的评审、验证和确认等质量保证体系。正如我们前面多次提到过的，项目设计阶段是影响项目质量的决定性环节，没有高质量的设计就没有高质量的项目。在项目设计过程中，应针对项目特点，根据决策阶段已确定的质量目标和水平，使其具体化。设计质量是一种适应性质量，即通过设计，应使项目质量适应项目使用的要求，以实现项目的使用价值和功能；应使项目质量适应项目环境的要求，使项目在其生命周期内安全、可靠；应使项目质量适应用户的要求，使用户满意。实现设计阶段质量控制的主要方法是方案优选、价值工程等。

（三）项目实施阶段的质量控制

项目实施是项目形成的重要阶段，是项目质量控制的重点。项目实施阶段所实现的质量是一种符合性质量，即实施阶段所形成的项目质量应符合设计要求。

项目实施阶段是一个从输入转化到输出的系统过程，项目实施阶段的质量控制，也是一个从投入品的质量控制开始，到对产出品的质量控制为止的系统控制过程，具体如图 9.5 所示。

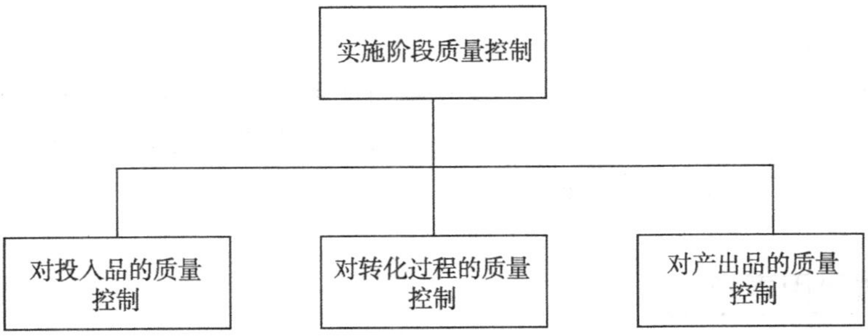

图 9.5 项目实施阶段质量控制的过程

在项目实施阶段的不同环节，质量控制的工作内容也不同。根据项目实施的不同时间阶段，可以将项目实施阶段的质量控制分为事前质量控制、事中质量控制和事后质量控制。

1. 事前质量控制

在项目实施前所进行的质量控制称为事前质量控制，其控制的重点是做好项目实施的准备工作，且该项工作应贯穿于项目实施全过程。其主要工作内容如下。

（1）技术准备。熟悉和审查项目的有关资料、图样；调查分析项目的自然条件、技术经济条件；审查项目实施方案及安排的顺序是否科学、合理；确定计量方法和质量检测技术等。

（2）物质准备。对于项目所需主要材料设备的规格、性能、技术参数、质量要求（必要时包括生产厂家），均应事先对分包商提出明确的要求，并规定具体的确认验收办法；要对材料、配件的质量进行检查与控制；对永久性生产设备或装置进行检查与验收；对项目实施中所使用的设备或装置，应检查其技术性能，不符合质量要求的不能使用；凡未经检查确认或经检查不合格的材料、设备，一律不准使用。准备必备的质量检测设备、机具及质量控制所需要的其他物质。

（3）组织准备。建立项目组织机构及质量保证体系；对项目参与人员分层次进行培训教育，提高其质量意识和素质，建立与保证质量有关的岗位责任制等。

2. 事中质量控制

在项目实施过程中进行的质量控制就是事中控制。事中质量控制的策略是：全面控制实施过程，重点控制工序或工作质量。其具体措施是：工艺交接有检查；质量预控有对策；项目实施有方案；动态控制有方法；配置材料有试验；隐蔽工程有验收；项目变更有手续；质量处理有复查；行使质控有否决；质量文件有档案。

3. 事后质量控制

一个项目、工序或工作完成形成成品或半成品的质量控制称为事后质量控制。事后质量控制的重点是进行质量检查、验收及评定。

（四）项目最终完成阶段的质量控制

项目最终完成后，应进行全面的质量检查评定，判断项目是否达到其质量目标。对于工程类项目，还应组织竣工验收。

项目质量的形成是一个渐进的过程，受项目各阶段质量活动的直接影响。因此，质量控制是在整个项目形成的每个阶段和环节，对影响其工作及质量的因素进行控制，以保证项目最终符合所规定的质量要求。

三、项目质量因素控制

影响项目质量的因素主要有五方面，即人、材料、设备工具、方法和环境。对这五方面因素的控制，是保证项目质量的关键。

1. 人的控制

这里的人是指直接参与项目的组织者、指挥者和操作者。人员素质是影响产品质量的最重要因素。首先是人员资格认证控制，即所有参与产品生产的人员都必须经过专业培训与考核。应根据项目特点，从确保项目质量出发，在人的技术水平、人的生理缺陷、人的心理行为、人的错误行为等方面进行控制；更为重要的是提高人的质量意识，形成人人重视质量的项目环境。

2. 材料的控制

大型综合性最终产品可能有成百上千家厂商为之提供产品和服务。材料主要包括原材料、产品、半成品、构配件等。成功的材料供应控制方法有：供应商等级认可，形成定点采购；遵循严格审批程序，选择供应商；对供应商由质保部门进行初始评审和年度系统评审，以便确定是否保持供应商资格；对供应商提供的配套产品进行考核和评估，如发现质量问题，发出纠正措施通知。

3. 设备工具的控制

对设备工具的控制，应根据项目的不同特点，合理选择，正确使用、管理和保养。

4. 方法的控制

这里所指的方法，包括项目实施方案、工艺、组织设计、技术措施等。对方法的控制，主要通过合理选择、动态管理等环节加以实现。合理选择就是根据项目特点选择技术可行、经济合理、有利于保证项目质量、加快项目进度、降低项目费用的实施方法。动态管理就是在项目进行过程中正确应用控制的方法，并随着条件的变化不断地进行调整。

5. 环境的控制

影响项目质量的环境因素较多，包括：项目技术环境，如地质、水文、气象等；项目环境管理，如质量保证体系、质量管理制度等；劳动环境，如劳动组合、作业场所等。根据项目特点和具体条件，应采取有效措施对影响质量的环境因素进行控制。

第四节　案例：某市邮电通信大楼建设项目质量管理

本案例以某市邮电通信大楼建设项目为例，重点介绍项目质量管理的实际应用。案例的主要内容有项目概况、项目质量保证体系、项目质量计划与质量控制。

一、项目概况

1. 项目简介

某市邮电局原有大楼建于20世纪60年代，至今已有五十余年的历史。经上级领导机关批准，按市政府统一规划，邮电局决定另征一块地皮，建设一幢设施先进、功能齐全的智能型邮电通信大楼。

所征用的地皮整体呈矩形，东西长、南北短，实测占地面积4 618平方米。项目设计建造一幢具有一流设施的智能型邮电通信大楼，大楼共24层，其中地下室一层，1 ~ 5层为群楼，以上为主楼。大楼西侧采用大弧面，建筑主体直接落地。地下室机动车库可停车58辆，建筑周围布置绿地，道路周边绿化，地块绿化覆盖率23%，地块西侧设有地上机动车位，可停车20辆，各个配套项目已向有关单位征询，可配套解决。项目合计地上建筑面积30 000平方米，地下建筑面积2 150平方米，总建筑面积32 150平方米，综合容积率6.5%，综合覆盖率46%，项目投资1.9亿元，建设周期2.5年，要求工程于2003年1月1日开工。

2. 项目承包方

经过招投标，本项目由××建筑公司承担。××建筑公司是民营大型建筑一级施工企业，有三十多年的施工经历，拥有先进的技术装备和高素质的管理与施工队伍，具有土木建筑、设备安装、高级装饰、道桥修筑、技术开发、砼构件生产、房地产开发、物资贸易等综合施工经营能力，是首批通过GB/T 19002-ISO 9002国际质量体系认证的国内建筑企业之一。

3. 项目特点

项目部首先对建设邮电通信大楼项目的特点进行了分析，认为本项目是一个系统的综合工程，包括勘察设计和施工工程两方面的内容，实施项目的主要特点如下：①对大楼工程进行全过程、全专业的方案设计和施工设计。②施工工程包括三个方面的工作——主体结构、装修、水暖通风、电气、消防、电梯及智能化系统的施工；地下车库和地上机动车位工程；配套市政工程的道路和绿地建设。③大楼建筑物内部主要设施先进，而且具有智能型邮电通信功能。

二、项目质量保证体系

公司在接到项目后，按照项目经理负责制要求，内聘了该项目的项目经理，组建了项目部，部内设质量部，下设质量策划小组、质量控制小组和质量保证小组，将项目的质量管理职能分配到各有关部门，建立相应的质量责任制，对项目全过程进行质量管理，全面负责项目的质量。基于公司的实力，公司有信心也有能力把邮电通信大楼项目建设成优质工程。

三、项目质量计划与质量控制

工程项目质量是国家现行的有关法律、法规、技术标准、项目合同对工程的安全、使用、经济、美观等特性的综合要求。本项目的质量管理以分项工程为质量控制点，采用分阶段控制和分析等方法，找出偏差，采取纠偏措施，并以项目质量报告形式表达。

1. 项目的质量目标与计划

本项目所要实现的质量目标是整体工程创优良工程，项目部为实现项目目标制订了项目质量保证计划（表9.1）。

表 9.1　项目质量保证计划

质量目标	整体工程创优良工程	备注
质量管理范围及控制内容	1．功能、使用价值的实现程度 2．工程的安全性和可靠性 3．自然和社会环境的适应性 4．工程造价的控制状态 5．施工进度的时间性 内容包括勘测设计、基础工程、主体工程、安装工程、装修工程和户外工程全过程	
质量管理的方法和手段	PDCA 循环、计划、实施、检查、持续改进	
质量管理的结果	质量管理报告	

2. 项目质量控制

项目部所确定的邮电通信大楼项目质量控制过程如表 9.2 所示。项目部对质量管理采取的具体管理措施有：①建立质量管理体系。按照 ISO 9000、ISO 14000 建立质量保障体系；②树立质量第一的思想，在关键会议上实行一票否决制；③按照业主要求、国家标准、行业标准制定项目质量标准并执行；④制定各阶段验收规程、施工规程，并按规程检查；⑤明确项目的变更流程和变更事后管理；⑥配合业主做好工程验收工作。

表 9.2　项目质量控制过程

<table>
<tr><th>时间阶段</th><th colspan="2">计划内容</th></tr>
<tr><td rowspan="7">事前控制</td><td rowspan="6">施工准备质量控制</td><td>质量控制系统组织</td></tr>
<tr><td>质量保证体系审查</td></tr>
<tr><td>机械设备质量控制</td></tr>
<tr><td>施工质量和施工方法审查</td></tr>
<tr><td>材料及构件质量控制</td></tr>
<tr><td>现场管理环境检查</td></tr>
<tr><td>图样会审及技术交流</td><td></td></tr>
<tr><td rowspan="6">事中控制</td><td rowspan="3">施工过程质量控制</td><td>工序控制</td></tr>
<tr><td>工序之间的交接检查</td></tr>
<tr><td>隐蔽工程质量控制</td></tr>
<tr><td>中间产品质量控制</td><td></td></tr>
<tr><td>分项工程质量评定</td><td></td></tr>
<tr><td>设计变更审查</td><td></td></tr>
<tr><td rowspan="5">事后控制</td><td rowspan="3">竣工质量检验</td><td>联动试车</td></tr>
<tr><td>验收文件审核</td></tr>
<tr><td>竣工验收</td></tr>
<tr><td>工程质量评定</td><td></td></tr>
<tr><td>质量文件的审核与建档</td><td></td></tr>
</table>

根据工程实体质量形成过程，质量控制被划分为三个阶段来控制。无论是投入物质资源的控制，还是施工安装工程的控制，都应对影响工程实体质量的五个重要因素进行

全面控制，即：人，材料、器材，机械设备，方案、工艺，环境）。影响项目质量的因素如表 9.3 所示。

表 9.3 影响项目质量的因素

影响因素	内容
人	管理者资质
	操作者资质
材料、器材	材料、构件质量
	建筑设施、器材
机械设备	生产设备
	施工机械设备
方案、工艺	施工组织设计
	施工方案、施工计划
	工艺技术
环境	现场施工环境
	自然环境条件
	工程技术环境
	项目管理条件

抓住影响工序施工质量的主要因素，才能事先对影响项目重要部位或薄弱环节质量的原因进行分析，并提出相应的措施，以便进行预控。因此，在项目中设立质量控制点尤为重要。本项目的质量控制点及控制方法如表 9.4 所示。

表 9.4 质量控制点及控制方法

分项工程	质量控制点	控制方法
基础工程	基坑	测量
	基础垫层的标高	测量
	预留孔洞	测量
	基础尺寸	测量
主体工程	砌体	检查
	钢筋混凝土	检查、检验
安装工程	门窗安装	检查
	电气安装	检查、调试
	水暖安装	检查、调试
	设备安装	检查、调试
装修工程	内粉	检查、检验
	外粉	检查、检验
户外工程	停车场及道路	检查、检验
	室外照明	检查、调试

3. 项目质量报告

项目质量报告如表 9.5 所示，其反映了项目完成的质量情况，由项目经理签字确认。

表 9.5　项目质量报告

工程名称：邮电通信大楼建设　施工单位：××建筑公司 B 项目部

开工日期：2003 年 1 月 1 日

建筑面积：32 150 平方米结构类型：框架高层竣工日期：2005 年 6 月

分项工程	质量等级标准	评定标准
基础工程	保证项目：符合相应质量检验评定标准的规定	优良
	基本项目：每项抽检处符合相应质量检验评定标准的规定 其中，合格率为 70%	
	允许偏差项目：80%抽查点在允许偏差范围内	
主体工程	保证项目：符合相应质量检验评定标准的规定	优良
	基本项目：每项抽检处符合相应质量检验评定标准的规定 其中，合格率为 85%	
	允许偏差项目：85%抽检点在允许偏差范围内	
装修工程	保证项目：符合相应质量检验评定标准的规定	合格
	基本项目：每项抽检处符合相应质量检验评定标准的规定 其中，合格率为 50%	
	允许偏差项目：75%抽检点在允许偏差范围内	
安装工程	保证项目：符合相应质量检验评定标准的规定	优良
	基本项目：每项抽检处符合相应质量检验评定标准的规定 其中，合格率为 85%	
	允许偏差项目：90%抽检点在允许偏差范围内	
结论：该工程为优良工程		
项目经理：×××　　检验员：×××　　日期：2005 年 6 月 30 日		

✍复习思考题

第十章　项目风险管理

项目同其他经济活动一样都面临着各种各样的风险。要避免和减少损失，就必须了解和掌握项目风险的来源、性质和发生规律，强化风险意识，进行有效的风险管理，这是项目成功的重要保证。

本章重点介绍风险的概念及特征、分类，项目风险管理及其重点领域，项目风险的识别、估计、评价，以及项目风险应对计划等内容。最后，通过“某国高速双轨铁路系统项目风险管理”案例，说明项目风险管理的实际应用。

第一节　项目风险管理概述

一、风险的概念及特征

1. 风险的定义

风险是指在特定的客观情况下，在特定期间里，某一事件的预期结果与实际结果间的变动程度。变动程度越大，风险越大；反之，则风险越小。

对于这一定义，有三点注意理解：①风险是客观存在的，不因为人们意识到与否而改变。②风险的大小是可以衡量的，根据概率论，可以估计出损失概率分布的期望值与标准差，从而判断风险的大小。③风险能发生变化，因为风险的存在与客观环境和一定的时空条件有关，当这些条件发生变化时，风险的性质、大小也可能发生变化。

2. 风险的特征

正确认识风险的特征，对于识别和量化风险、加强风险管理、减少损失、圆满地实现项目目标具有重要意义。其特征如下。

（1）客观性。不确定性是客观事物和人类活动发展变化过程所固有的，因此风险无处不在、无时不有。

（2）潜在性。风险往往不显露在表面。正是由于这种潜在性，人们才不容易注意到它们的存在，才容易在各种活动中蒙受损失。但是，是否真的蒙受损失却是有条件的，只有促使风险事件发生的条件或者环境变成现实时，风险才从潜在状态转化为现实，成为风险事件。

（3）可测性。人们可以通过观察和监视，进而做出合理的判断，对可能发生的潜在风险进行预测、估量和评价，就有可能较为准确地把握风险，在此基础上，制定出相应的防范、管理和控制措施。

（4）相对性。人们面临的风险是与其从事的活动、在活动中的行为方式和决策密切相关。同一风险事件对不同的活动主体会带来不同的后果；同一活动主体，如果行为方式、决策或措施不同，也会面临不同的风险后果；不同的活动主体对待同一风险的态度可能是不同的。因此，风险是相对的。

（5）随机性。即使客观条件相同，风险事件有可能发生，也有可能不发生。风险事件带来的后果也是多种多样的。每种后果出现的可能性大小（概率）都有其客观规律。这种规律称为概率分布。掌握了这种概率分布，就有可能对风险后果做出数量上的估计。

二、风险的分类

为了深入、全面地认识项目风险，并有针对性地进行管理，有必要将风险分类。按照风险来源或损失产生的原因可将风险划分为自然风险和人为风险。

1. 自然风险

由于自然力的作用，造成财产毁损或人员伤亡的风险属于自然风险。例如，水利工程施工过程中因发生洪水或地震而造成的工程损害、材料和器材损失。

2. 人为风险

人为风险是指由于人的活动而带来的风险。人为风险又可以细分为行为风险、经济风险、技术风险、政治风险和组织风险等。

（1）行为风险是指由于个人或组织的过失、疏忽、侥幸、恶意等不当行为造成财产毁损、人员伤亡的风险。

（2）经济风险是指人们在从事经济活动中，由于经营管理不善、市场预测失误、价格波动、供求关系发生变化、通货膨胀、汇率变动等而产生经济损失的风险。

（3）技术风险是指伴随科学技术的发展而来的风险。例如，核燃料出现之后产生了核辐射风险；由于海洋石油开采技术的发展而产生的钻井平台在风暴袭击下翻沉的风险；伴随宇宙火箭技术而来的卫星发射风险。日本关西国际机场在填海筑造人工岛时，遇到了许多特殊的技术问题。最严重的是人工岛沉降，这个问题大大影响了整个项目的工期和造价。

（4）政治风险是指由于政局变化、政权更迭、罢工、战争等引起社会动荡而造成财产损失和损害及人员伤亡的风险。1990年伊拉克入侵科威特引起海湾战争，使中国在那里的几家建筑公司蒙受了很大损失；关西国际机场所在海域渔场被占用之后，沿岸渔民失去了生计，要求赔偿损失，该项目的管理班子——关西国际机场股份有限公司同周围受损失的约一万多名渔民进行了旷日持久的谈判，延误了工期。

（5）组织风险是指由于项目有关各方关系不协调及其他不确定性而产生的风险。现在的许多合资、合营或合作项目组织形式非常复杂，有的单位既是项目的发起者，又是投资者，还是承包商。由于项目有关各方参与项目的动机和目标不一致，在项目进行过程中常常出现一些不愉快的事情，影响合作者之间的关系、项目进展和项目目标的实现。组织风险还包括项目发起组织内部的不同部门由于对项目的理解、态度和行动不一致而产生的风险。例如，我国的一些项目管理组织，各部门意见分歧，长时间扯皮，严重地影响了项目的准备和进展。

上述风险还可以从不同角度、不同标准进行分类：①按风险是否可管理，划分为可管理的风险与不可管理的风险；②按风险影响范围，划分为局部风险和总体风险；③按风险后果的承担者，划分为项目业主风险、政府风险、承包商风险、投资方风险、设计单位风险、监理单位风险、供应商风险、担保方风险和保险公司风险等。

三、项目风险管理

项目风险管理是项目管理的重要内容，通过项目风险的识别、估计、评价，运用各种风险管理技术，对项目风险实施有效的控制，妥善处理风险所致损失的后果，以期用最小的项目成本实现最大的项目目标。

项目风险管理的基本程序如图 10.1 所示。

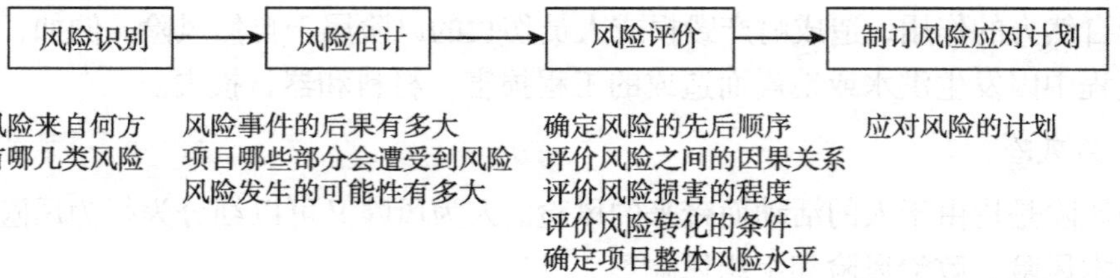

图 10.1　项目风险管理的基本程序

（1）风险识别。风险识别是风险管理的基础，运用系统论的方法对项目进行全面考察、综合分析，找出潜在的各种风险因素，并对各种风险进行比较、分类，确定各因素间的相关性与独立性，判断其发生的可能性及对项目的影响程度，按其重要性进行排队，或赋予权重。

（2）风险估计。风险估计又称风险测定、测试、衡量和估算等。风险估计是在风险识别之后，通过定量分析的方法测度风险发生的可能性及对项目的影响程度。项目风险估计是项目风险管理中重要而复杂的一环。

（3）风险评价。风险评价是对项目风险进行综合分析，是依据风险对项目目标的影响程度进行项目风险分级排序的过程。它是在项目风险识别和估计的基础上，通过建立项目风险的系统评价模型，列出各种风险发生的概率及概率分布，确定可能导致的损失大小，从而找到该项目的关键风险，确定项目的整体风险水平，为如何处置这些风险提供科学依据。

（4）制订风险应对计划。针对项目风险，综合考虑项目的目标、规模和可接受的风险大小，以一定的方法和原则为指导，对项目面临的风险采取适当的措施，并做出时间和预算等方面的安排，以降低风险发生的概率和风险事故发生带来的损失程度。

四、项目风险管理的重点领域

由于风险是普遍存在的，所以项目风险管理是普遍适用的，可应用于军事、工业、高新技术、建筑等不同领域中，下面从不同角度阐述适合风险管理的项目。

从项目分类的角度，风险管理尤其适用于以下一些项目。

1. 研发项目

军方型号研制等项目，由于其研制与生产规模大、周期长、技术复杂性和生产的小批量性等特点，在实施过程中存在着诸多不确定的因素，比一般项目具有更大的风险，进行风险管理尤为重要。

2. 现代大型工程项目

这些项目往往投资很高，施工环境复杂，进行过程中不确定因素很多。同时，传统风险管理的一些手段（如保险），在应用到这些大型工程项目时是有局限性的，这些都促使现代大型项目需要更多的风险管理。

3. 国际承包工程项目

由于国际承包工程项目是一项跨国的经济活动，涉及多个国家或参与单位的经济利益，因而合同中各方不容易互相理解，容易产生矛盾和纠纷，与国内工程相比，风险要大得多，尤其是在政治和管理方面都有巨大的风险。

从项目性质角度，对具备下列特征的项目尤其应该进行风险管理：①创新多、使用新技术多的项目；②预研不充分、不确定因素多的项目；③项目目标没有最终确定的项目；④投资数额大的项目；⑤边设计、边施工、边科研的项目；⑥合作关系复杂的项目；⑦受多种因素制约和被业主严格要求的项目；⑧具有重要政治、军事、经济、社会意义的项目；⑨国家行为的项目。

第二节　项目风险识别

一、项目风险识别的含义

风险识别是风险分析的基础，是指运用系统论的方法对项目进行全面考察、综合分析，找出潜在的各种风险因素，并对各种风险进行比较、分类，确定各因素间的相关性与独立性，判断其发生的可能性及对项目的影响程度，按其重要性进行排队，或赋予权重。

项目风险识别要回答以下问题：项目中有哪些潜在的风险因素？这些风险因素会引起什么风险？这些风险的严重程度如何？简单地说，项目风险识别就是要找出风险之所在和引起风险的主要因素，然后才能在这个基础上对风险的后果做出定性或定量的估计。

二、项目风险来源及风险因素

1. 项目风险来源

建设项目的风险来源于法律、法规及政策变化，市场供需变化，资源开发与利用，技术的可靠性，工程方案，融资方案，组织管理，环境与社会，外部配套条件等一个方面或几个方面的共同影响，具体内容如下。

（1）政策方面。由于政府政策调整，项目原定目标难以实现所造成的损失，如税收、金融、环保、产业政策等的调整变化，税率、利率、汇率、通货膨胀率的变化，都会对项目经济效益造成影响。

（2）市场方面。由于市场需求的变化、竞争对手的竞争策略调整、项目产品销路不畅、产品价格低迷等，产量和销售收入达不到预期的目标，给项目预期收益带来的损失。

（3）资源方面。资源开发与利用的项目由于矿产资源的储量、品位、可采储量、开拓工程量及采选方式等与原预测结果发生较大偏离，项目开采成本增高，产量降低或经济寿命期缩短，造成巨大的经济损失。在水资源短缺地区的投资建设项目，可能受水资源勘察不明、气候不正常等因素的影响。对于农业灌溉项目，还可能有水资源分配问题等。

（4）技术方面。项目采用的技术，特别是引进技术的先进性、可靠性、适用性和经济性与原方案发生重大变化，导致项目不能按期进入正常生产状态，或生产能力利用率降低，达不到设计要求，或生产成本提高，产品质量达不到预期要求等。

（5）工程方面。因工程地质和水文地质条件的出乎意料的变化，工程设计发生重大变化，导致工程量增加、投资增加、工期延长所造成的损失；由于前期准备工作不足，项目实施阶段建设方案的变化；工程设计方案不合理，可能给项目的生产经营带来影响等，从而造成经济损失。

（6）融资方面。项目资金来源的可靠性、充足性和及时性不能保证；由于工程量预计不足或设备材料价格上升，投资增加；由于计划不周或外部条件等因素，建设工期拖延；利率、汇率变化导致融资成本升高所造成的损失。

（7）组织管理方面。由于项目组织结构不当、管理机制不完善或是主要管理者能力不足等，项目不能按计划建成投产，投资超出估算；或在项目投产后，未能制定有效的企业竞争策略，在市场竞争中失败。

（8）环境与社会方面。对于许多项目，外部环境因素包括自然环境和社会环境因素的影响。如果项目选址不当，项目对社区的影响、生态环境影响估计不足，或是项目环保措施不当，在项目建成后，可能对社区和生态带来严重影响，导致社区居民和社会的反对，造成直接经济损失。

（9）配套条件方面。建设项目需要的外部配套设施，如供水排水、供电供气、公路铁路、港口码头及上下游配套设施等，在可行性研究中虽都做了考虑，但是实际上仍然可能存在外部配套设施没有如期落实的问题，致使建设项目不能发挥应有效益，从而带来风险。

（10）其他方面。对于某些项目，应考虑特有的风险因素。例如，对于合资项目，要考虑合资对象的法人资格和资信问题；对于农业建设项目，要考虑因气候、土壤、水利等条件的变化，对收成有不利影响的风险因素等；许多无形成本和效益的度量是分析专家个人的主观价值判断，不能量化的外部或间接效果的定性判断完全是主观的。

2. 项目风险因素

风险分析的任务之一是，通过对政策、市场、资源、技术、工程、资金、管理、环境、外部配套条件和其他以上十个方面的分析，找出风险因素。上述各方面经常是相互关联的，有时也难以分清。为寻找风险根源，有必要区分事件、后果和根源，如建设工期延误的可能原因与后果（表 10.1）。

表 10.1　建设工期延误的可能原因与后果

原因	事件	可能后果
资金短缺	建设工期延误	投资超支
建筑材料供应延误		推迟建设
熟练劳动力不足		推迟投产
恶劣的天气		还款期延长
设计变更，工程量增加		市场机会延误
管理或协调不力		项目破产
…		

财务与经济分析的风险因素可归纳为六类：①项目收益风险，如产出品的数量（服务量）与预测（财务与经济）价格。②建设投资风险，如建筑安装工程量、设备选型与数量、土地征用和拆迁安置费、人工、材料价格、机械使用费及取费标准等。③融资风险，如资金来源、供应量与供应时间等。④建设工期风险，如工期延长。⑤运营成本费用风险，如投入的各种原料、材料、燃料、动力的需求量与预测价格、劳动力工资、各种管理费取费标准等。⑥政策风险，如税率、利率、汇率及通货膨胀率等。

三、项目风险识别的途径与方法

（一）项目风险识别的途径

项目风险管理者要想明了项目面临的全部风险，可以从项目的自身特点、外在环境分析，也可以从项目生命周期各个阶段分析。

1. 项目的自身特点

项目的自身特点包括项目的种类、性质、流程，涉及人、财、物各自的情况，以及项目物资的供应人、项目团队的成员组成和素质。下面以工程项目为例说明项目相关人员可能造成的风险。

（1）业主和投资者。业主和投资者的支付能力差，企业的经营状况恶化，资信不好，企业倒闭，撤走资金，或改变投资方向，改变项目目标；因违约、苛求、刁难、随便改变主意但又不赔偿而造成的损失，错误的行为和指令，非程序的干预工程；不能完成他自己的合同责任，如不能及时地供应他负责的设备、材料，不及时地交付场地，不及时地交付工程款。

（2）承建商（contractor）（设计、施工、供应商）。设计承包商设计失误，工程技术系统之间不协调，设计文件不完备，不能及时交付图纸，或无力完成设计工作。施工承包商没有适合的技术专家和项目经理，技术能力和管理能力差，不能及时正确地履行合同，由于管理和技术方面的失误，造成工程中断；或财务状况恶化，没有财力采购和支付工资；或没有得力的措施来保证项目进度、安全、质量要求；或错误理解业主的意图和招标文件，方案错误，报价失误，计划失误；供应商不能按时、按质、按量提供项目所需原材料、机器设备等。

（3）项目管理者。项目管理者的协调能力、组织能力、沟通能力不足，或缺乏工作热情，职业道德差；管理不当导致错误地执行合同；下达错误的指令等。

2. 项目的外在环境

任何一个项目都是处在一定的环境中的。这些环境因素包括政治因素、法律因素、经济因素、社会风险、自然条件五个方面的因素。

（1）政治因素，如政局的不稳定性，国家的对外关系，政府信用和政府廉洁程度，政策及政策的稳定性，经济的开放程度和排外性，地方保护主义倾向，等等。

（2）法律因素，如法律不健全，有法不依、执法不严，相关法律内容的变化，法律对项目的干预，可能对相关法律未能全面了解，项目中可能有触犯法律的行为。

（3）经济因素，如国家经济政策的变化，产业结构的调整，严重的通货膨胀或通货紧缩，项目产品的市场变化，项目的工程承包市场、材料供应市场、劳动力市场的变化，原材料进口风险、金融风险、外汇汇率的变动等。

（4）社会风险，如劳动者的素质、社会风气等。

（5）自然条件，如地震，反常又恶劣的雨雪天气，冰冻天气，恶劣的现场条件，周边存在对项目的干扰源，工程项目的建设可能造成对环境的破坏，不良的运输条件可能造成供应的中断。

3. 项目生命周期各个阶段的可能风险

在项目的生命周期的不同阶段和不同要素中有不同的风险因素，表 10.2 列出了项目生命周期各阶段的常见风险。

表 10.2　项目生命周期各阶段的常见风险

阶段	常见风险
启动阶段	目标不明确、项目范围不清、工作表述不全面、目标不现实、技术条件不够等
计划阶段	计划难以实现、资源分配不当、成本预算不合理、速度不合理、计划不够具体等
实施阶段	领导犹豫不决、没有高层管理者的支持、团队成员没有合作精神、沟通不当、通信设施阻碍工作、资源短缺、重要成员变动等
控制阶段	项目计划没有机动性、不能适应变化、管理不灵活、外部环境不断变化等
收尾阶段	中断项目、未达到预期目标、资金超出预算等

（二）项目风险识别的方法

项目风险识别应根据项目的特点选用适当的方法。常用的方法有问卷调查法、专家调查法和情景分析法等，一般通过问卷调查法或专家调查法完成项目风险识别。

采用专家调查法时，专家应熟悉行业和所评估的风险因素，并能做到客观、公正。为减少主观性，聘用的专家一般应为 10～20 人。具体操作上，将项目可能出现的风险因素、风险发生的可能性及风险对项目的影响程度采取表格形式一一列出，请每位专家凭借经验独立对风险因素、发生可能性和影响程度做出选择和判断，最后将各位专家的意见归集起来，形成项目风险因素专家调查统计表（表 10.3）。

表 10.3　风险因素专家调查统计表

序号	风险因素名称	发生的可能性				发生后对项目的影响程度			
		高	强	适度	低	高	强	适度	低
1	市场方面								
1.1	市场需求量			√					√
1.2	竞争能力		√				√		
1.3	价格		√			√			
	…				√				
2	技术方面								
2.1	可靠性							√	
2.2	适用性								√
3	资源方面								
3.1	资源储量			√			√		
3.2	开采成本				√			√	
	…								
4	工程地质方面								
	…								
5	投融资方面								
5.1	汇率								
5.2	利率				√			√	
6	投资额				√		√		
6.1	工期								
	…								
7	配套条件								
7.1	水、电、气供应								
7.2	交通运输条件								
7.3	其他配套工程								
	…								

专家姓名　　　　　　　　　　专业

职称　　　　　　　　　　　　所在单位

专家调查法简单、易操作，它凭借分析者（包括可行性研究人员和决策者等）的经验对项目各类风险因素及其风险程度做出定性估计。专家调查法可以通过发函、开会或其他形式向专家进行调查，对项目风险因素、风险发生的可能性及风险对项目的影响程度进行评定，将多位专家的经验集中起来形成分析结论。由于它比一般的经验识别法更具客观性，所以应用较为广泛。

四、项目风险识别应注意的问题

（1）项目的不同阶段存在的主要风险不同。在项目的生命周期的不同阶段有不同的风险因素。

（2）风险因素依项目不同具有特殊性。合资或合营项目会带来多种形式的组织风险，跨国项目存在境外政治风险和法律风险，研发项目、创新项目面临着重大技术风险，资源开发项目具有资源储量风险。

（3）项目的有关各方（不同的风险管理主体）可能会面临不同的风险。项目业主或投资者、项目管理方、承建商、供应商等项目参与者，由于各自承担的任务和责任不同，它们所面临的风险也不同。

（4）风险的构成具有明显的递阶层次。风险识别应层层剖析，尽可能深入最基本的风险单元，以明确风险的根本来源，从而估计其发生的可能性、造成损失的大小及对整个项目的影响程度。

（5）正确判断风险因素间的相关性与独立性。

（6）识别风险应注意借鉴历史经验，要求分析者富有经验、创新性和系统观念。

五、项目风险识别的结果

风险识别之后，要把结果整理出来，写成书面文件，为风险分析的其余步骤和风险管理做准备。风险识别的结果应包含下列内容。

1. 风险来源表

表中应列出所有的风险。罗列应尽可能全面，不管风险事件发生的频率和可能性、收益或损失、损害或伤害有多大，都要一一列出。对于每一种风险来源，都要有文字说明。说明中一般要包括：①风险事件的可能后果；②对预期发生时间的估计；③对该来源产生的风险事件预期发生次数的估计。

2. 风险的分类或分组

风险识别之后，应该将风险进行分类或分组。分类结果应便于进行风险分析的其余步骤和风险管理。例如，对于常见的建设项目，可将风险按项目建议书、可行性研究、融资、设计、设备订货和施工及运营阶段分组。而施工阶段的风险可作如下分类（详见表 10.4）。

表 10.4　施工阶段风险分类

业主风险	承包商风险	业主和承包商共担风险	未定风险
征地	工人和施工设备的生产率	财务收支	不可抗力
现场条件	施工质量	变更令谈判	第三方延误
及时提供完整的设计文件	人力、材料和施工设备的及时供应	保障对方不承担责任	
	施工安全	合同延误	
现场出入道路	材料质量		
建设许可证	技术和管理水平		
政府法律规章的变化	材料涨价		
建设资金及时到位	实际工程量		
工程变更	劳资纠纷		

注：每一组或每一类风险还可以根据需要进一步细分

第三节　项目风险估计

一、项目风险估计的含义

项目风险估计是在风险识别之后，对项目的每个风险进行定性或定量分析，测度风险发生的可能性及对项目的影响程度，并依据风险对项目目标的影响程度进行分级排序的过程。

风险估计主要是对以下几项内容的估计：①风险事件发生的可能性大小；②可能的结果范围和危害程度；③预期发生的时间；④一个风险因素所产生的风险事件的发生频率。

通过风险评估，我们对每一项风险都确定了其在总体项目中相应的位置，列出风险等级表，并对那些归为高、中度等级的风险，进行进一步分析和管理控制。

风险估计具有如下作用：加深对项目自身和环境的了解，进一步寻求实现项目目标的可行方案，使项目所有的不确定性和风险都经过充分、系统而有条理的考虑；明确它们对项目各个方面的影响，估计和比较项目各种方案或行动路线的风险大小，从中选择出计划最多、威胁最小的方案或行动路线。

二、项目风险估计的方法

项目风险估计根据风险估计人员掌握信息详尽程度的不同，通常有定性估计法和定量估计法两种方法。专家的意见和管理者的主观估计是最经常用到的，但仅仅依靠个人的经验来判断可能会导致严重的后果，而定量法一般要求有十分详细的数据分析，比一般的主观判断更可靠。可是，这些数据的取得很不容易，实践管理者不太接受。实际上，主观估计和有限数据分析相结合的方法用得较多。

（一）风险定性估计法

风险的大小是由两个方面决定的，一个是风险发生的可能性，另一个是风险发生后对项目目标造成的危害程度。对这两方面，可以用一些定性的描述词分别进行描述，如风险发生可能性有“非常高”、“较高”、“一般”、“低”和“非常低”等；风险影响程度有“严重”、“较大”、“一般”和“低”等。由此，可以得到一个风险可能/危害等级矩阵，对发生可能性大且危害程度大的风险要特别加以注意。

为便于理解和应用这种定性风险分析的工具和技术，下面给了一个风险等级估计图（图 10.2）。

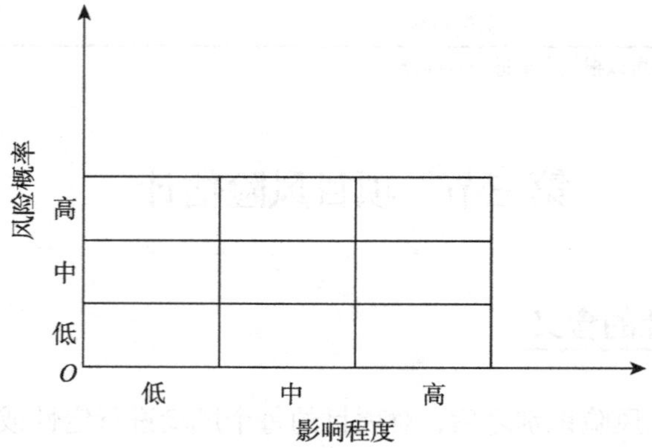

图 10.2　风险等级估计图

（二）风险定量估计法

风险定量估计法是运用概率和数理统计的方法对某一特定风险事故发生的概率和风险事故发生后可能造成损失的严重程度做出定量分析，从而预测出一个较精确的结果。

使用风险定量估计法时，要确定风险事件发生的概率和风险事件的后果，然后将两者相乘，得出一个风险值，并以此来度量项目风险的大小，即有

项目风险值=项目风险发生的概率×项目风险可能造成的损失

风险事件发生的概率和概率分布是风险估计的基础。因此，风险估计的首要工作是确定风险事件的概率分布。

1. 风险的概率估计

风险的概率估计分主观概率估计和客观概率估计。

第一，主观概率估计。

主观概率是人们对某一风险因素发生可能性的主观判断，用 0～1 的数据来描述。主观估计基于人们所掌握的大量信息或长期经验的积累，而不是随意“拍脑袋”。

风险因素主观概率估计通常是在给定风险因素的变化区间后，由专家估计风险因素在不同区间变化的可能性，然后将其填入概率分布统计表。以影响项目现金流入与现金流出的各项风险因素为例，请各位专家估计其在不同区间变化的概率，汇总后得出风险

因素变化区间的概率分布统计表（表 10.5）。

表 10.5　财务现金流量分析风险因素变化区间的概率分布统计表

序号	风险因素	−20% ~ −15%	−15% ~ −10%	−10% ~ −5%	−5% ~ 0%	0%	0% ~ 5%	5% ~ 10%	10% ~ 15%	15% ~ 20%
1	现金流入									
1.1	产出品价格			0.1	0.2	0.5	0.1	0.1		
1.2	产量	0.01	0.04	0.1	0.15	0.4	0.15	0.10	0.04	0.01
	…									
2	现金流出									
2.1	设备价格	0	0	0.05	0.1	0.2	0.3	0.2	0.1	0.05
2.2	土地价格	0	0	0	0	0.05	0.35	0.3	0.2	0.1
2.3	材料消耗量	0	0.1	0.2	0.4	0.2	0.1	0	0	0
2.4	原材料价格									
	…									

由这些调查统计表得出风险因素的概率分布，有了概率分布，就能估计风险事件发生的概率，计算风险事件后果的数学期望和方差等。

第二，客观概率估计。

客观概率是根据大量的试验数据，用统计的方法计算某一风险因素发生的可能性，它是不以人的主观意志为转移的客观存在的概率，客观概率计算需要足够多的试验数据作依据。

一般来讲，风险事件的概率分布应当根据历史资料来确定。当项目管理人员没有足够的历史资料来确定风险事件的概率分布时，可以利用理论概率分布进行风险估计，下面是一个根据历史资料确定风险事件概率分布的例子。

（1）根据历史资料确定风险事件概率分布。

建设项目实际用的时间是一个随机变量。例如，某建筑公司在过去 8 年中完成了 72 项工程施工任务。其中一部分由于种种原因而拖延了工期。为了估计今后承包工程时工期拖延的风险，公司管理人员将这些工程拖延的情况整理了出来，列在表 10.6 中。工期拖延的情况用拖延的时间占计划工期的百分比表示。负值表示提前竣工。表 10.6 中工期拖延的概率分布是根据该公司的 72 个样本（即工程施工任务）确定的，因此，叫做样本分布或经验分布。样本个数越多，样本分布的规律性越强。当样本个数达到一定数目时，样本分布的规律性就稳定下来。这种稳定的概率分布叫做理论分布。

表 10.6　某建筑公司工期拖延风险的概率分布

工程拖延时间/%	组中值 ti /%	频数（即工程数目）	频率=频数/样本个数	概率 pi
−34 ~ −30	−32.5	0	0/72=0	0
−29 ~ −25	−27.5	2	2/72=0.027 8	0.027 8
−24 ~ −20	−22.5	1	1/72=0.013 9	0.013 9
−19 ~ −15	−17.5	3	3/72=0.041 7	0.041 7
−14 ~ −10	−12.5	7	7/72=0.097 2	0.097 2
− 9 ~ −5	−7.5	10	10/72=0.138 9	0.138 9
−4 ~ 0	−2.5	15	15/72=0.208 3	0.208 3
1 ~ 5	2.5	12	12/72=0.166 7	0.166 7
6 ~ 10	7.5	9	9/72=0.125 0	0.125 0
11 ~ 15	12.5	8	8/72=0.111 1	0.111 1
16 ~ 20	17.5	4	4/72=0.055 6	0.055 6
21 ~ 25	22.5	0	0	0
26 ~ 30	27.5	1	1/72=0.013 9	0.013 9
31 ~ 35	32.5	0	0	0
合计		72	72/72=1	1.000 1

若把表 10.6 中的样本分布用图表示出来，可得图 10.3（直方图）。纵坐标表示工期拖延的频率（概率），横坐标表示拖延的时间占计划工期的百分比。当样本个数足够多时，如把与该公司情况类似的其他公司过去 8 年中完成的工期数据也拿来，样本分布的形状就接近于图 10.3 中的那条曲线。这条曲线表示的概率分布就是一种理论分布，叫做正态分布。

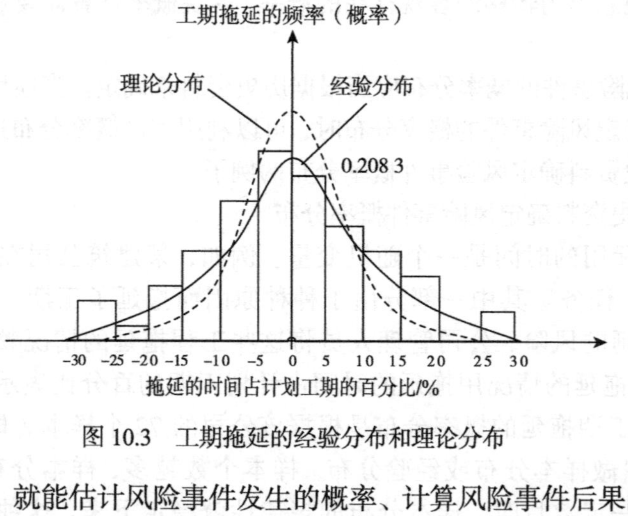

图 10.3　工期拖延的经验分布和理论分布

有了概率分布，就能估计风险事件发生的概率、计算风险事件后果的数学期望和方差等。

（2）利用理论概率分布。

随机变量不同，概率分布也不同。不同的理论概率分布要求用不同的参数来确定。有数学期望和方差两个参数就能确定理论正态分布。

如果项目管理人员想了解表 10.5 中工期 t 超过计划工期 25%的概率，则先利用数学期望和方差的估计值将其换算成标准化值，得

$$X=(\text{pi}-t)/\delta=[26\%-(-0.49\%)]/11.83\%=2.24$$

把 X=2.24 作为正态概率积分的上限，查标准正态分布表，得

$$P(t>25\%)=0.987\,5$$

这就是说，工期拖延不超过计划工期 25%的概率是 1.25%。

由于项目活动独特性很强，项目风险来源彼此相差很远。所以，项目管理班子在许多情况下只能根据样本个数不多的小样本对风险事件发生的概率、风险事件后果的数学期望和方差进行估计。有时由于项目活动是前所未有的，根本就没有可以利用的数据，项目管理人员就要根据自己的经验猜测风险事件发生的概率或概率分布。这样得到的概率是主观概率。

2. 风险事件后果的估计

风险事件造成的损失大小主要从三个方面来衡量，即损失性质、损失范围和损失的时间分布。

损失性质是指损失是属于政治性的、经济性的还是技术性的。损失范围包括严重程度、变化幅度和分布情况。严重程度和变化幅度分别用损失的数学期望和方差表示；而分布情况是指那些项目参与者的损失；时间分布是指风险事件是突发的，还是随着时间的推移逐渐致损，该损失是马上就感受到了，还是随着时间的推移逐渐显露出来。

损失的时间分布对于项目的成败关系极大。数额很大的损失如果一次就落到项目头上，项目很有可能因为流动资金不足而破产，永远失去项目可能带来的机会；而同样数额的损失如果是在较长的时间内分几次发生，则项目班子容易设法弥补，使项目能够坚持下去。

损失这三个方面的不同组合使得损失情况千差万别。因此，任何单一的标度都无法准确地对风险进行估计。

在估计风险事件造成的损失时描述性标度最容易用，费用最低；定性的次之；定量标度最难、最贵、最耗费时间。

三、项目风险估计的结果

项目风险估计最重要的结果就是列出项目风险清单。该清单综合考虑了项目风险发生的概率、项目风险后果的影响程度等因素，因此可以对项目风险进行排序，从而为项目管理人员进行项目风险评价、制定风险应对措施及确定控制措施应采取到什么程度提供依据。

项目风险清单包括以下内容：①项目风险发生的概率大小；②项目风险可能影响的范围；③对项目风险预期发生时间的估算；④项目风险可能产生的后果；⑤项目风险等级的确定。

第四节　项目风险评价

项目风险评价是对项目经济风险进行综合分析，是依据风险对项目经济目标的影响程度进行项目风险分级排序的过程。它是在项目风险识别和估计的基础上，通过建立项目风险的系统评价模型，列出各种风险因素发生的概率及概率分布，确定可能导致的损失大小，从而找到该项目的关键风险，确定项目的整体风险水平，为如何处置这些风险提供科学依据。

一、项目风险评价的判别标准

项目风险评价的判别标准可采用两种类型。

1. *以项目评价指标的累计概率、标准差为判别标准*

（1）财务（经济）内部收益率大于等于基准收益率的累计概率值越大，风险越小；标准差越小，风险越小。

（2）财务（经济）净现值大于等于零的累计概率值越大，风险越小；标准差越小，风险越小。

2. *以综合风险等级为判别标准*

风险等级的划分既要考虑风险因素出现的可能性，又要考虑风险出现后对项目的影响程度，其有多种表述方法，一般应选择矩阵列表法划分风险等级。矩阵列表法简单、直观，将风险因素出现的可能性及其对项目的影响程度构造一个矩阵，表中每一单元对应一种风险的可能性及其影响程度。为适应现实生活中人们往往以单一指标描述事物的习惯，将风险的可能性与影响程度综合起来，用某种级别表示（表10.7）。表10.7是以风险应对的方式来表示风险的综合等级的，综合风险等级分为K、M、T、R、I五个等级。所示风险等级亦可采用数学推导和专家判断相结合的方法来确定。

表10.7　综合风险等级分类表

综合风险等级		风险影响的程度			
		严重	较大	适度	轻微
风险的可能性	高	K	M	R	R
	较高	M	M	R	R
	适度	T	T	R	I
	低	T	T	R	I

二、项目风险评价结果

根据项目风险发生的概率和后果的严重程度，得出项目风险值，进而可以确定项目风险的等级。

K（kill）表示项目风险很强，出现这类风险就要放弃项目；M（modify plan）表示项目风险强，需要修正拟议中的方案，通过改变设计或采取补偿措施等来实现；T（trigger）表示风险较强，设定某些指标的临界值，指标一旦达到临界值，就要变更设计或对负面影响采取补偿措施；R（review and reconsider）表示风险适度（较小），适当采取措施后不影响项目；I（ignore）表示风险弱，可忽略。

落在表 10.7 左上角的风险会产生严重后果；落在表 10.7 左下角的风险，发生的可能性相对较低，必须注意临界指标的变化，提前防范与管理；落在表 10.7 右上角的风险影响虽然相对适度，但是发生的可能性相对较高，也会对项目产生影响，应注意防范；落在表 10.7 右下角的风险，损失不大，发生的概率小，可以忽略不计。

以上推荐的风险等级的划分标准并不是唯一的，其他可供选择的划分标准有很多，如常用的风险等级划分为 1～9 级等。

第五节 项目风险应对计划

一、风险应对计划的制订

风险应对计划是针对风险评价结果，为降低项目风险的负面效应制定风险应对策略和技术手段的过程。通过对项目风险识别、估计和分析，把项目风险发生的概率、损失严重程度及其他因素综合起来考虑，就可得出项目发生各种风险的可能性及其危害程度，就可确定项目的危险等级，从而决定应采取什么样的措施，以及控制措施应采取到什么程度。

风险应对计划的制订过程如图 10.4 所示。

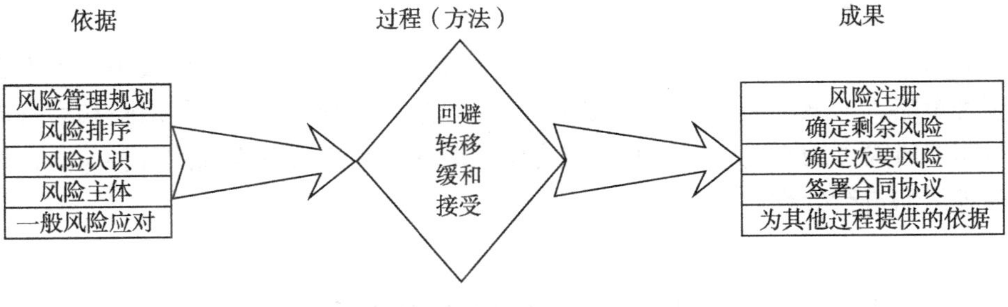

图 10.4 风险应对计划的制订过程

1. 风险应对计划的依据

制订风险应对计划的依据包括以下几点。

（1）风险排序，是指将风险按其可能性、对项目目标的影响程度、缓急程度分级排序，重点是对那些对项目成败具有重大影响的关键风险因素进行排序。

（2）风险认知，是指对可放弃的机会和可接受的风险的认知。组织的认知度会影响风险应对计划。

（3）风险主体，是指项目利益相关者当中可以作为风险应对者的那一部分，风险主体应参与到风险应对计划的制订中。

（4）一般风险应对，是指在一个共同原因造成许多风险的情况下，利用一种应对方案缓和两个或更多风险。

风险应对计划以风险管理计划、风险排序、风险认知等为依据，得出风险应对计划、剩余风险（采取各项目措施后仍保留的风险，也包括被接受的小风险）、次要风险（由于实施风险应对措施而直接导致的风险）、合用协议（如保险、服务等）及为其他过程提供的依据。

2. 风险应对计划的内容

（1）风险识别、风险特征描述、风险来源及对项目目标的影响。

（2）风险主体和责任分配。

（3）风险评估及风险量化结果。

（4）单一风险的应对措施，包括回避、转移、缓和或接受。

（5）战略实施后，预期的风险自留（风险概率和风险影响程度）。

（6）具体应对措施。

（7）应对措施的预算和时间。

（8）应急计划和反馈计划。

二、风险应对措施

项目经过风险识别、分析和评估后，管理人员应该已经对项目中可能发生的风险有了一个比较全面的了解与认识，对风险发生的概率和造成的后果也有了一定的把握，这时就可以开始制订风险的应对计划了，即确定当风险真的发生时应该如何采取措施以尽量减小由此给项目带来的损失。

风险应对可以从改变风险后果的性质、风险发生的概率和风险后果大小三个方面提出以下多种策略，即减轻风险、预防风险、转移风险、回避风险、自留风险和后备措施等。对不同的风险可用不同的策略和处置方法，对同一个项目所面临的各种风险，可综合运用多种策略进行处理。

1. 减轻风险

减轻风险主要是为了降低风险发生的可能性或减少后果的不利影响。如何减轻风险，则要按已知风险、可预测风险和不可预测风险来分别对待。

对于已知风险，可以在很大程度上加以控制，使其风险减轻。对于可预测风险，可以采取迂回策略，尽量将每个风险因素都减少到可以接受的水平上。对于不可预测风险，要尽量使之转化为可预测风险或已知风险，然后加以控制和处理。

在减轻风险的过程中，要集中力量专攻威胁最大的几个风险。有些时候，高风险是风险的耦合作用引起的。一个风险减轻了，其他一系列风险也会随之减轻。

2. 预防风险

预防策略通常采取有形或无形手段。

第一，工程法是一种有形的预防手段。

此法以工程技术为手段，消除物质性风险威胁。工程法预防风险有多种措施：一是防止风险因素出现，在项目活动开始之前，采取一定措施，减少风险因素；二是减少已存在的风险因素；三是将风险因素分离、分割。

第二，教育法和程序法属于无形的预防手段。

（1）教育法。项目管理人员和所有其他有关各方的行为不应构成项目的风险因素。因此，要减轻与不当行为有关的风险，就必须对有关人员进行风险和风险管理教育。风险和风险管理教育的目的是，让有关人员充分了解项目所面临的种种风险，了解和掌握控制这些风险的方法，使他们深刻认识到，个人的任何疏忽和错误行为都可能给项目造成巨大的损失。

（2）程序法。程序法是指以制度化的方式从事项目活动，减少不必要的损失。项目管理班子制订的各种管理计划、方针和监督检查制度一般都能反映项目活动的客观规律性。因此，项目管理人员一定要认真执行。实践表明，如果不按规范办事，就会犯错误，就会造成浪费和损失。所以要从战略上减轻项目的风险，就必须遵循基本程序。那种图省事、走捷径、抱侥幸心理甚至弄虚作假的想法和做法都是项目风险产生的根源。

预防策略还应在项目的组织结构上下工夫，合理地设计项目组织形式也能有效地预防风险。项目发起单位如果在财力、经验、技术、管理、人才或其他资源方面无力完成项目，可以同其他单位组成合营体，预防自身不能克服的风险。

3. 转移风险

转移风险又叫做合伙分担风险，其目的不是降低风险发生的概率和减小不利后果的大小，而是借用合同或协议，在风险事故发生时将损失的一部分转移到项目以外的第三方身上。转移风险主要有四种方式，即出售、发包、开脱责任合同、保险与担保。

采用这种策略所付出的代价大小取决于风险大小。当项目的资源有限，不能实行减轻和预防策略，或风险发生频率不高但潜在的损失或损害很大时可采用此策略。

4. 回避风险

回避风险是指当项目风险潜在威胁发生可能性太大，不利后果也太严重，又无其他策略可用时，主动放弃项目或改变项目目标与行动方案，从而回避风险的一种策略。如果通过风险评价发现项目的实施将面临巨大的威胁，项目管理班子又没有其他办法控制风险，这时就应当考虑放弃项目的实施，避免巨大的损失。

在采取回避策略之前，必须对风险有充分的认识，对威胁出现的可能性和后果的严重性有足够的把握。采取回避策略，最好在项目活动尚未实施时进行，放弃或改变正在进行的项目，一般都要付出高昂的代价。

5.自留风险

有些时候，可以把风险事件的不利后果自愿接受下来。自愿接受可以是主动的，也可以是被动的。由于在风险管理规划阶段已对一些风险有了准备，所以，当风险事件发生时马上执行应急计划，是主动接受。被动接受风险是指在风险事件造成的损失数额不大，不影响项目大局时，将损失列为项目的一种费用。自留风险是最省事的风险规避方法，在许多情况下也最省钱。当采取其他风险规避方法的费用超过风险事件造成的损失数额时，可采取自留风险的方法。

6. *后备措施*

有些风险要求事先制定后备措施，一旦项目实际进展情况与计划不同，就动用后备措施。主要后备措施如下。

（1）预算后备措施。预算应急费是一笔事先准备好的资金，用于补偿差错、疏漏及其他不确定性对项目估计欠精确性的影响。预算应急费在项目进行过程中一定会花出去。但用在何处、何时以及用多少，在编制项目预算时并不知道。预算应急费在项目预算中要单独列出，不能分散到具体费用项目下。

（2）进度后备措施。对于项目进度方面的不确定因素，项目有关各方一般不希望以延长时间的方式来解决。因此，项目管理班子就要设法制订出一个较紧凑的进度计划，争取项目在有关各方面要求完成的日期前完成。从网络计划的观点来看，进度后备措施就是在关键线路上某位置的一段时差或浮动时间。

（3）技术后备措施。技术后备措施专门用于应付项目的技术风险，它是预先准备好了的一段时间或一笔资金。在预想的情况未出现并需要采取补救行动时才动用这笔资金或这段时间。预算和进度后备措施很可能用上，而技术后备措施很可能用不上。只有当不大可能发生的事件发生、需要采取补救行动时，才动用技术后备措施。

上述风险应对措施不是互斥的，实践中常常组合使用，应根据项目的实际情况，研究并选用相应的风险对策。

第六节　案例：某国高速双轨铁路系统项目风险管理

本案例以某国高速双轨铁路系统建设项目为例，重点介绍项目风险管理的实际应用。案例的主要内容有项目概况、项目风险和项目风险应对措施。

一、项目概况

欧洲某国虽然交通发达，但是仍感到有必要建设一个横穿欧洲的高速双轨铁路系统。该系统总长超过 1 230 千米，火车时速可达 300 千米/小时，主体工程总费用按照当时价格估算为 230 亿美元。该国政府打算采用 BOT 方式，利用民间资金进行建设。政府还希望通过这种方式由某个民间组织负责管理该项目的全过程，政府给予全面支持。以民间组织为主的项目公司可充分利用国有铁路公司的经验，对建成后的高速铁路系统进行经营管理。

采用 BOT 方式，就是因为政府企图将该项目的风险转嫁给民间。

该项目实际上是政府和民间财团合资，比例是 4 ∶ 6；其资金结构是：借款高达 90%，资本金只占 10%。

该项目的主要风险是对 BOT 的组织方式适当变通，让政府和民间财团共担风险，同享利润，其组织结构如图 10.5 所示。

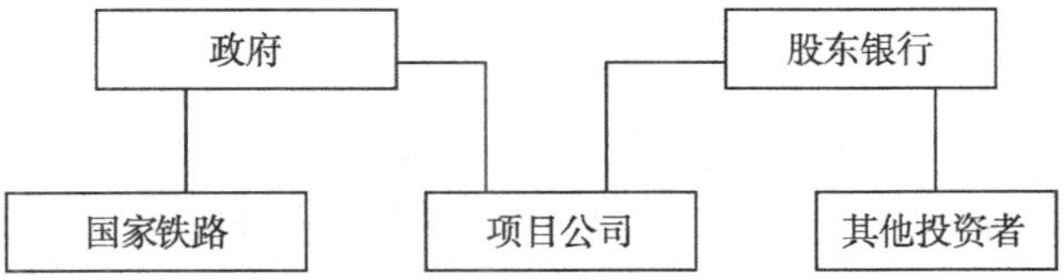

图 10.5　项目融资组织结构

二、项目风险

项目公司将该项目中识别出的风险划分为三大类：①财务风险，包括总收益、融资的可能性、汇率和利率的变化；②施工风险，包括超支、竣工时间拖延；③经营风险，包括经营成本增加、政府法规变化等。

三、项目风险应对措施

对于以上风险，采取的第一种风险应对措施是转移风险，通过协议在项目的各参与者，即政府和民间财团、债权人和股东以及民间财团、承包商和经营公司之间进行分配。当然，政府总是企图把尽可能多的风险推给民间财团，民间财团的股东企图让承包商和经营公司尽可能多地分担风险，承包商总是想把尽可能多的风险让分包商承担，而债权人（银行）则希望自己不承担任何风险。分配的最后结果是：①政府承担通货膨胀和汇率变动的风险；②承包商承担超支和竣工误期的风险；③经营公司承担经营成本增加的风险。

采取的第二种风险应对措施是减轻风险，如充分调查现场水文地质等各方面的条件、精心编制施工组织计划、制订好应急方案等。

项目各参与者在明确了自己分担的风险后，都采取了最好的办法管理自己的风险。例如，挑选有丰富经验的队伍；建立有效的报告和控制系统；准备足够的资金、时间和质量后备措施；采取一种不管项目已经完成部分的情况如何，对于尚未完成的部分都要力求获得成功，即“亡羊而补牢，未为迟也”式的向前看的态度和管理方式。

民间财团及其项目公司对于自己的风险，采取如下具体措施。

投标阶段的主要风险是政府对项目不及时审批。根据以前的经验，甚至有些项目本来是政府方面首先提出来的，可到后来政府却不给予批准。如果不批准，民间财团已经花费的 200 万美元投标费用就要付之东流。对此采取的规避策略是让政府规划部门在投标前就批准这个项目。对于征用土地的风险，让政府颁布特别法令，如允许中标的财团强行征用土地。此外，对于环境和古迹保护风险，则通过合理的规划措施来解决。

对于财务风险，采取如下措施：对于不可预见的开支，利用应急资金和备用信贷弥补；

为了避免因无力还本付息和破产，对项目方案进行全面的财务分析；利率分析则利用固定利率贷款和互惠信贷来安排；此外，要求政府和银行担保人确保项目利润能够换成外汇。

对于施工风险，采取以下措施：利用固定价格总包合同；要求承包商提供各种保障金和取得担保；参加保险；对现场进行深入细致的调查；要求承包商对设计负责，加强项目管理，支付误期赔偿费。

对于经营风险，采取如下措施：进行详细的市场调查，了解将来的交通量、客货运输需求量和价格；政府将现有铁路系统的一部分设施交给项目公司经营，以便取得经营经验和资金，进而分散将来的经营风险。为了减少项目建成后的经营风险，政府通过同民间财团签订“不要产品也得付款”协议为民间财团提供担保，即当运输需求量低于预测量时，政府将向民间财团提供补贴。为了降低经营成本风险，民间财团将挑选有经验的组织进行经营管理。

复习思考题

第十一章　项 目 融 资

项目融资（project financing）是 20 世纪 70 年代兴起的使用于基础设施、能源、公用电话、石油和矿产开采等大型项目的一种重要筹资手段。项目融资与传统筹集资金方式有很大的区别，它是一种无追索权或仅有有限追索权的贷款，涉及的资金量和风险都比较大，具有特殊性和复杂性。

本章重点介绍项目融资的定义、特征、适用范围、组织、方式、运作、风险及管理。最后，以“某大桥工程建设项目融资”案例，说明项目融资的实际应用。

第一节　项目融资概述

一、项目融资的定义

项目融资是一种与公司融资（corporate financing）方式相对应的，以项目公司为融资主体，以项目未来收益和资产为融资基础，由项目的参与各方分担风险的具有有限追索权性质的特定融资方式。

图 11.1 是一个项目融资的简单示意图。在项目融资中，至少有项目发起人（sponsors）、项目公司和贷款人三方当事人。

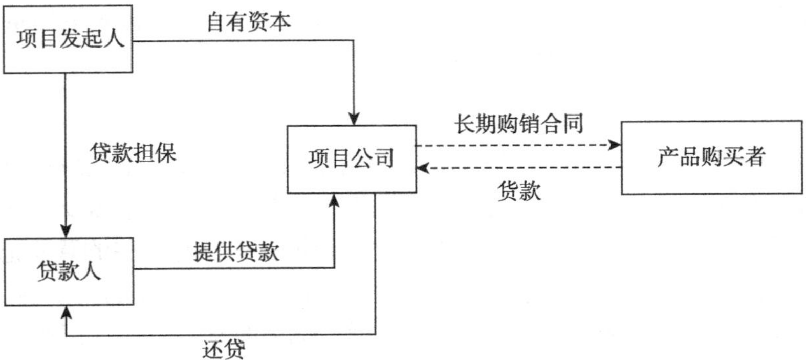

图 11.1　项目融资简单示意图

项目发起人是项目的实际投资者，也称为项目投资者，它可以是单独一家公司，也可以是由多家公司组成的投资财团。项目融资中一个普遍的做法是成立一个单一目的的项目公司（project company），发起人可能在该公司中拥有股份，其性质类似于控股公司。项目发起人是项目融资中的真正借款人，它一般需要以直接担保或间接担保的形式为项目公司提供一定的信用支持。

项目公司是项目投资者根据股东协议（或称合资协议）创建的。项目公司的主要法定形式是有限责任公司和股份有限公司。项目公司作为一个独立的法人，拥有公司资产和处置资产的一切权利，并承担一切有关的债权、债务，在法律上具有起诉权和被起诉的可能。投资者通过持股拥有公司，并通过选举任命董事会成员对公司的日常运营进行管理。项目公司可以公司法人身份进行融资并承担相关责任，它是项目的直接主办人，直接参与项目投资和项目管理，直接承担项目债务责任和项目风险。

项目融资中的贷款人主要是商业银行、租赁公司、财务公司、投资基金等非银行金融机构、企业和一些国家政府的出口信贷机构，承担项目融资责任的银行可以是单独的一家商业银行，但一般是银团贷款，参与的银行可达几十家甚至上百家，其参与数目取决于贷款的规模和项目的风险。银行一般希望通过组织银团贷款的方式减小和分散每一家银行在项目中的风险。

二、项目融资的特征

1. 有限追索

项目贷款是“有限追索权”的筹资方式。追索权是指借款人未按期偿还债务时，贷款人要求借款人用除抵押资产之外的其他资产偿还债务的权力。对于一个工程项目而言，如果采用传统融资方式，贷款人为项目借款人提供的是完全追索形式的融资贷款。在这种情况下，借款人的资信等级是贷款人最为关心的事情，而采用项目融资，贷款人的贷款回收主要取决于项目的经济强度，除了在有些情况或有些阶段，贷款人对借款人有追索权之外，在一般情况下，无论项目成功与否，贷款人均不能追索到项目借款人除该项目资产、现金流量及所承担的义务之外的任何形式的财产。在项目融资中，项目本身的效益是偿还债务最可靠的保证。因此，项目贷款人更加重视对项目效益的考察，注重对项目本身的债务追索。

2. 项目导向

项目导向是指项目融资不依赖项目发起人的信用和资产，而是把项目本身的未来现金流量和项目资产作为举债的基础，对于一个典型的项目融资，通常需要建立一个单独的项目公司来筹集资金并持有项目资产，由于这个新设公司没有以往的营业记录，除项目以外也并无其他资产，所以只能依靠这个项目本身的未来收益和资产来筹措资金；项目贷款人的基本保障是项目未来的现金流量和资产，而不是项目发起人以往的财力和资产。因此，项目贷款人出于对自身安全的考虑，需要对项目的谈判、建设、运营进行全程的监控。

3. 风险分担

风险分担是指项目融资普遍建立在多方合作的基础上，项目参与各方均在自己力所能及的范围内承担一定的风险，避免了由其中的任何一方独自承担全部风险。项目发起人通过项目融资可以达到利用外部债务融通项目大部分资金的目的，从而可以把项目的大部分风险转移给项目贷款人，以减少项目发起人所承担的项目风险。对于项目贷款人而言，为了使风险维持在可接受的水平，项目贷款人需将项目风险合理地分配给项目的参与各方。项目的不同参与方对风险的承受能力可能有很大区别，承受风险的大小，取决于他们所希望得到的回报及其风险承受能力，从而形成了项目公司对偿还贷款承担直接责任、项目发起人提供有限担保、由第三方向贷款人提供信用支持的风险分担结构。

4. 债务屏蔽

债务屏蔽是指在项目融资中通过对投资结构和融资结构的设计，可以把项目债务的追索权限制在项目公司中，从而对项目发起人的资产负债表不产生影响。项目融资是一种非公司负债型融资（off-balance finance），也称为资产负债表外的融资，即项目的债务不表现在项目发起公司的资产负债表中。项目融资的非公司负债型融资特征，使项目发起公司能够以有限的财力从事更多的投资，且达到将投资风险分散和限制在多个项目之中的目的。

5. 项目周期长

由于项目融资所涉及的资金量和风险都比较大，所以，项目评价时间会长。在项目谈判中，由于要协调项目参与各方的不同利益，而有关风险分担的每一细节又必须在合同中加以详细规定，因而谈判的时间也会延长。项目融资耗时长短对项目的成败有着重要的影响。如果耗时过长，会徒增直接成本，还有可能错过市场和其他机会，造成更为严重的经济损失。因而大型项目融资一般是随着项目建设的进程，在项目的生命周期内分阶段、多渠道、多形式地筹集资金。

6. 融资成本高

因为在项目融资中贷款方承担了较高风险，所以项目融资贷款所要求的利率高于普通贷款，而融资过程中烦琐的程序、各种担保与抵押等因素都增加了项目融资的费用。在项目营运期间，可能还得花费额外的费用来监控施工进展、运营及贷款的使用，这些因素都令项目融资的成本大大上升。

7. 负债能力强

项目融资可以增强项目的债务承受能力。通过建立复杂的多边担保体系，可以提高债务承受能力；通过对项目融资结构的设计，可以排除许多风险因素和不确定因素，对项目潜在的风险也会有较为清醒的认识。由于项目融资主要依赖于项目的现金流量和资产，而不是依赖于项目的投资者或发起人的资信，所以，有些对于投资者来说很难筹措到的资金可以利用项目融资来安排，难得到的担保条件可以通过组织项目融资来实现。因此，采用项目融资一般可以获得比传统方式更高的贷款比例。在国际经济舞台上，项目融资除以上特征之外，还具有利用税收优势降低融资成本、提高项目的综合收益率和偿债能力、促进产品出口等特征。

三、项目融资的适用范围

项目融资这种特殊的融资方式从产生到现在已经走过了几十年的历程。从历史上看，这种方式的采用都比较谨慎，都要根据现实情况的要求做出周密安排。由于这种融资方式对贷款人来说风险较大，对借款人来说成本较高，所以不在迫不得已时，一般较少采用，在发达国家，项目融资首先应用在资源开发项目，然后是基础设施项目，进而在制造业项目上做一些尝试。

1. 资源开发项目

资源开发项目运用项目融资方式的典型是英国北海油田项目。1969～1970 年，刚刚经历过经济危机的英国很不景气，为了缓解国家的衰败局面，在进行了一定的储量勘察之后，英国决定开发北海油田。当时，负责该活动的是不列颠石油公司。由于开发项目风险很大，成功则收益丰厚，失败则颗粒无收。在国内资金不足的情况下，不列颠石油公司不愿意通过股权融资方式向外筹资，担心项目失败导致自己破产。最后，大胆的美国银行通过产品支付这种项目融资方式帮助英国完成了北海油田项目，自己也获得了高收益。除石油项目外，项目融资也可用于天然气、煤炭、铁、铜等的开采项目。

2. 基础设施项目

基础设施项目是项目融资应用最多的领域。基础设施领域一般包括铁路、公路、港口、电信和能源等项目的建设。项目融资之所以在基础设施领域应用最广，一方面是由于这类项目投资规模巨大，完全由政府出资有困难，另一方面也是商业化经营的需要，因为只有商业化经营才能产生效益，提高效益。在发达国家，许多基础设施建设项目因采用项目融资而取得成功。

3. 制造业项目

虽然项目融资在制造业领域有所应用，但范围比较窄。因为制造业中间产品很多，工序多，操作起来比较困难；另外，其对资金的需求也不如前两种领域那么大。在制造业，项目融资多用于工程上比较单一或某个工程阶段中已使用特定技术的制造业项目，另外也适用于委托加工生产的制造业项目。

以上是发达国家项目融资的适用范围。但是具体到每个国家，如何确定项目融资的适用范围，则直接与该国利用外资的政策有关。可以说，由于各国情况不同，并非所有项目都适合采用项目融资方式。项目融资一般适用于那些竞争性不强的行业，具体讲，只有那些通过对用户收费取得收益的设施和服务，才适合项目融资方式，这类项目尽管建设周期长，投资量大，但收益稳定，受市场变化影响小，整体风险相对较小，对投资者有一定的吸引力。

在发展中国家，可实施项目融资的领域一般来说主要是：公路及配套设施，港口设施，机场及有关设施，发电、配电及有关设施，电信设施，供水、污水处理、排水及有关设施，等等。由此看来，项目融资的领域虽然比较宽广，但主要集中在基础设施项目上。目前，我国的项目融资主要集中在公路、电厂、污水处理等基础设施项目上。

第二节　项目融资的组织

一、项目融资参与方

任何一个项目，一般都要涉及产、供、销环节上的多个参与者。而以项目融资方式筹资的项目，资金数额大，涉及面广，而且要有完善的合同体系来分担项目风险，因此，这类项目的参与者就更多。项目发起方、项目公司、借款方（borrower）、贷款银行这些基本参与者，是这种特殊融资方式的主体；而项目建成离不开承建商、供应商和购货商的参加；担保受托方（security trustee）、保险公司也是项目成功的保障；由于项目融资涉及土地、建设经营权、关税、国内税收、环境保护、主权等重大问题，东道国政府在其中的作用更是不言而喻的。

为了更好地说明项目融资众多参与方的作用和相互关系，下面以菲律宾 Pagbilao 电力项目（简称 P 项目）融资结构为例进行阐述。

1. 项目主办方

项目主办方（project sponsor）又称项目发起方，是项目公司的投资者，是股东。项目主办人可以是某家公司，也可以是由多个投资者组成的联合体，如承包商、供应商、项目产品的购货商或项目设施的使用者都可成为项目的发起人。此外，它还包括项目间接利益接受者，如即将兴建的新交通设施所在地的土地所有者，因为该项目可以使他们的土地升值。

由于项目融资多用于基础设施和公共项目，在发展中国家一般都有国有企业参加，这样有利于项目获得批准及实施，降低项目的政治风险。菲律宾 P 项目的项目主办方为国家电力公司及一些地方企业。

项目主办人投资是为了取得利润，他们可以直接管理项目公司，也可以委托项目公司管理人员负责日常管理。

2. 项目公司

项目公司通常是一个确定的法律实体。它是为了项目的建设和满足市场需求而建立的自主经营、自负盈亏的经营实体。项目主办方是项目公司的发起人和出资者，他们投入的资本金形成项目公司的权益。除此之外，项目公司主要通过借款营建和购置资产，将项目本身的资产和未来的现金流量作为偿还债务的保证。因此，可以把项目公司看做一个资产经营公司，它并不一定参加建成项目的经营和产品销售。在 P 项目中，Pagbilao 发电有限公司是项目公司，但电厂的营运、售电等均由电厂经营者负责。项目公司和营运方之间有契约关系（图 11.2）。

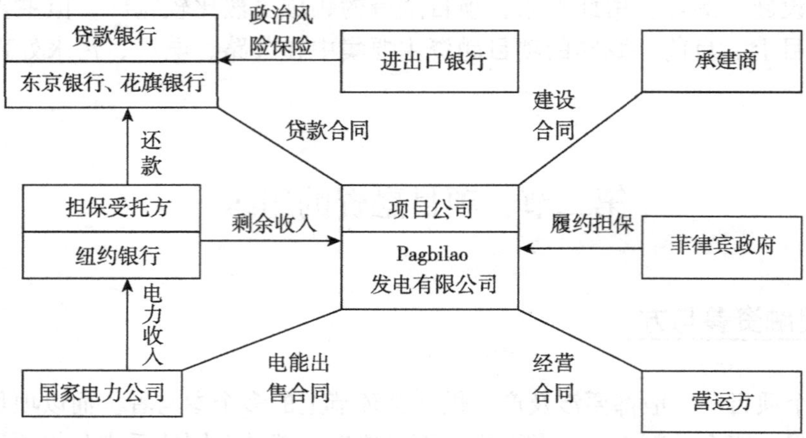

图 11.2　菲律宾 P 项目结构图

3. 借款方

多数情况下，借款方就是项目公司。但有些时候，借款方也可能不是项目公司。这是因为项目的实施和融资结构受到很多因素的影响，如东道国的税收制度、外汇制度、担保制度、法律诉讼的可行性等。很多项目的借款方可能不止一个，它们各自独立借款以便参与到项目中来。项目的承建公司、经营公司、原材料供应商及产品买主都可能成为独立的借款方。在 P 项目中，借款方即是项目公司。

国际上一些银行和金融机构不为国有企业提供贷款和担保，为避开这一融资障碍，可设立专门的机构，如受托借款机构（trustee borrowing vehicle）。银行向受托借款机构提供贷款，实际上为国有项目公司的施工筹措了资金。受托借款机构向承建商支付工程费用，项目建成后，根据与项目公司签订的产品承购协议向承购商收取货款，然后归还银行的贷款本息。项目受托借款机构的融资结构如图 11.3 所示。

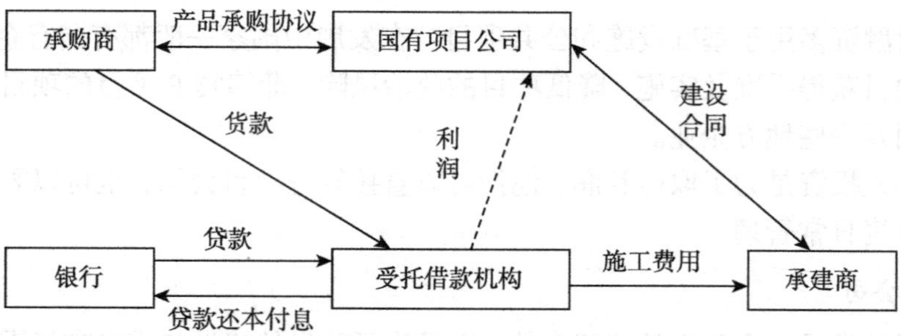

图 11.3　项目受托借款机构的融资结构

4. 贷款银行

在项目融资中，往往由多家银行组成一个银团对项目贷款。这种贷款又称为辛迪加贷款。为了分散东道国的政治风险，银团一般由来自不同国家的银行组成，包括东道国的银行。在 P 项目中，贷款银行包括东京银行、花旗银行、国际金融公司、亚洲开发银行等。在该项目中，由于有国际金融公司、亚洲开发银行这样的多边机构参加，所以有利于减少东道国的政治风险。

5. 承建商

承建商负责项目工程的设计和建设，通常与项目公司签订固定价格的总承包合同。一般情况下，承建商要承担延期误工和工程质量不合格的风险。对于大项目，承建商可以另签合同，把自己的工作分包给分包商。

6. 供应商

供应商包括设备供应商和原材料供应商。其收益来源于供应合同，他们对项目的经济效益不太关心。设备的供应一般与贷款捆绑在一起，这样做，一方面贷款方可以为本国企业开辟国外市场，另一方面，借款方可以获得出口信贷等优惠贷款。双方既可以得到好处，又要付出代价，只是各自的关注点不一样。在P项目中，设备供应商是日本三菱集团，而原材料（燃料）供应商是国家电力公司（实际上，国家电力公司通过电能转换协议承担了燃料供应风险，但并不真正提供燃料，而需要另行和燃料公司签约，由后者具体供应）。

7. 承购商

为了保证基建项目的成功，使项目建成后有足够的现金流入用于还本付息，在项目谈判阶段，一般都要确定产品及服务的承购商（buyer），并签订协议，来减少或分散项目的市场风险。P项目中国家电力公司承诺购买电力，因此是承购商。

8. 担保受托方

贷款银行主要指望将项目公司的资产及项目未来收益作为还款保证。为了防止项目公司违约或转移资产，它们一般都要求项目公司将资产及收益账户放在东道国境外的一家中立机构，这家机构被称为担保受托方。担保受托方一般为一家资信等级较高的银行或独立的信托公司。在P项目中，美国纽约的一家银行就是担保受托方，负责对项目的控制。

9. 保险公司

项目融资的巨大资金数额及未来许多难以预料的不利因素，要求项目各方准确地认定自己面临的主要风险，并及时为它们投保。因此，保险公司（insurer）就成了分担项目风险的重要一方。在P项目中，除菲律宾国内参与方向保险公司投保外，贷款银行还向国外机构投了政治保险，进出口银行就充当了保险公司的角色。

10. 财务金融顾问

项目公司要在金融市场上筹集资金，必须取得熟悉金融市场运作规则的金融机构的帮助。项目主办人一般聘请商业银行和投资银行作为其金融和财务顾问。他们熟知项目所在地的情况，能根据当地条件对项目融资结构提出参考意见，并对项目的经济可行性做出估计。财务金融顾问（financial adviser）提供的报告包括有关项目成本、市场价格、市场需求、外汇汇率的信息及预测资料，并附有每个主办人的基本情况介绍。财务金融顾问的专业技能及同金融界的广泛联系，使他们向贷款银行推荐项目时有很强的说服力。但是财务金融顾问不承担顾问工作所引起的任何后果。

11. 专家

项目工程的设计和施工有大量技术问题需要听取专家的意见。项目主办人和财务金融顾问都要聘请一些国内外有名望的技术专家，他们编制或审查项目的可行性研究；监督和协调项目的进展。特别是在项目主办人与贷款人就项目是否满足融资文件规定的完工和验收标准发生争议时，专家可作为他们之间的仲裁人。

12. 律师

项目融资各参与方之间大多数是合同关系。项目文件的复杂性和参与方的国际性需要有资深的国际律师事务所介入。项目主办方进行初步可行性研究、项目公司抵押资产和贷款方拟定贷款协议时都要听取律师（lawyer）的意见。每个采用项目融资的工程项目都由于本身性质、所在地及东道国的不同而有其特殊之处，因此，律师要熟悉东道国的政治、经济、法律和税收制度，甚至要了解当地的社会文化观念。这样才能在发生具体问题时应对自如，并能预先估计到可能出现的问题，防患于未然。

13. 国际金融机构

发展中国家的许多项目都是由世界银行及地区开发机构，如亚洲开发银行、欧洲复兴与开发银行提供部分或全部资金。取得这些机构的贷款可减少项目融资的资金成本，降低项目的风险。但这些机构在贷款的审查和监督、担保、贷款的终止和生效等问题上有各自独立的政策和标准，这势必会影响融资结构，必须引起注意。

14. 东道国政府

东道国政府（host government）在项目融资中的角色（如减免税收或特许兑换外币）虽然是间接的，但是很重要，东道国政府还常常通过代理机构投入权益资金，或充当项目产品的最大买主或用户。在P项目中，国家电力公司实际上就是菲律宾政府的代理机构。另外，如果东道国政府作必要的担保，就会提高项目的成功率，降低费用。在P项目中，政府就出示了履约担保，支持了国家电力公司的信誉和信用，保证了后者的履约。

二、项目公司的组成形式

许多大型项目都需要几家公司共同投入财力和专门技能才能建成和经营。除本国公司外，一般还吸收外国公司参加。参加举办项目的公司称为项目发起人或项目主办人。如果主办人是两家以上的公司，则它们必须通过谈判采取适当的法律形式来实现拟议中的项目。它们可以采用合伙或合同的法律形式来经营拟议中的项目，也可以专门成立一家同它们分开的、独立的公司来建造和经营拟议中的项目。前者称为契约式合营，后者称为股权式合资经营。

1. 契约式合营

契约式合营或称合作经营，是最常见的项目组织方式。它可分为法人式和非法人式两种类型。法人式合作经营是指合作双方组成具有法人资格的合营实体，这个实体有独立的财产权，法律上有起诉权和被诉权，设有董事会作为最高权力机构，并以该法人的全部财产为限对其债务承担责任。非法人式合作经营是指合作双方不组成具有法人资格的合营实体，双方都是独立的法人，各自以自身的法人资格按合同规定的比例在法律上承担责任。合作双方可以组成一个联合管理机构来处理日常事务，也可以委托一方或聘请第三方进行管理。

2. 股权式合资经营

由合作双方共同组成有限责任公司，共同经营、共负盈亏、共担风险，并按股权额分配利润。在以项目融资方式筹措项目资金时，项目公司作为借款人，将合资企业的资产作为贷款的物权担保，将企业的收益作为偿还贷款的主要资金来源。项目发起人除了向贷款人做出有限担保外，不承担为项目公司偿还债务的责任。

我国基础设施、能源和矿产项目所需资金数额大，但开发前景好，因此吸引了不少外国资本。合作经营和合资经营是当前我国利用外国直接投资的主要形式，项目公司也不例外。中外合作和合资经营的项目公司在我国已批准的项目融资项目中占绝大多数。对一些重要的基础设施和具有战略价值的项目，外商往往愿意通过合资控股掌握项目的经营调度权，进而谋得更大的利益。所以在中外股权式合资经营的项目公司中，要对中外股权比例和控股问题加以重视。

第三节　项目融资方式

一、产品支付和远期购买

1. 产品支付

产品支付在美国石油、矿产等项目融资中极为常见。这种形式是针对项目贷款的还款方式而言的。借款方在项目投产后不以项目产品的销售收入来偿还债务，而是直接以项目产品来还本付息。在贷款得到偿还前，贷款方拥有项目部分或全部产品的所有权。在绝大多数情况下，产品支付只是产权的转移而已，而非产品本身的转移。一般情况下，贷款方常常要求项目公司重新购回属于它们的项目产品，或通过它们的代理来销售这些产品。更一般的是根据收贷或付款协议，以购买商或最终用户承诺的付款责任来收回贷款并获得商业利润。

典型的产品支付结构具有以下特点：①项目产品是用于支付各种经营成本支出和债务还本付息的唯一来源；②贷款的偿还期比项目的经济寿命周期短；③贷款人不提供用于项目经营开支的资金。

产品支付还款方式的关键是产品所有权的转移。在石油、天然气和矿产项目中，项目公司是在国家颁发的开采许可证基础上经营的，其产品转让权仅限于许可证允许的范围，不得将该地区其他储量用于产品所有权的转移。

图 11.4 以一个油田开发项目为例，说明产品支付结构。

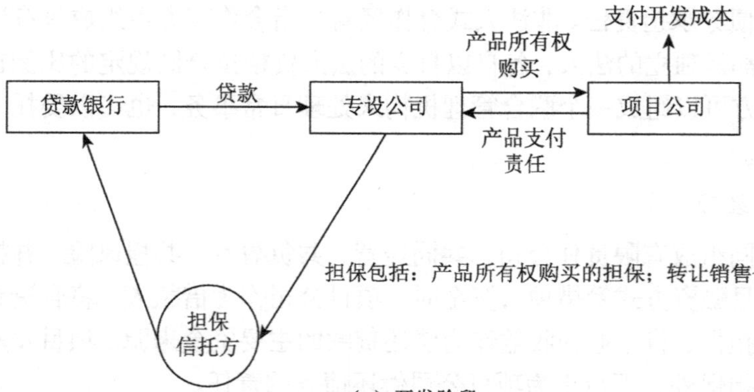

（a）开发阶段

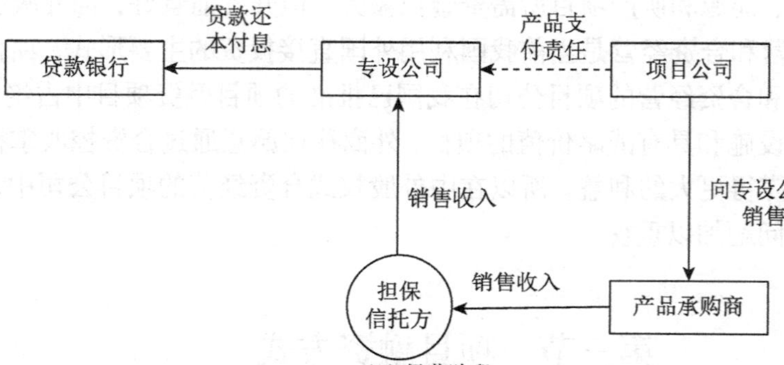

（b）经营阶段

图 11.4　产品支付结构

这种方式的运作技巧是由贷款银行设立一家专设公司来购买项目公司的石油和天然气产品。专设公司的成立有助于把某些潜在的责任（如环保责任）同项目产品的所有权分割开来。在开发阶段银行向专设公司提供贷款，专设公司以贷款向油田所有者——石油公司（项目公司）购买油田产品的商定份额。石油公司按购买价格加上贷款利息计算应付总额，并履行产品支付义务。石油公司向设备供应商、承建商支付开发成本，具体如图 11.4（a）所示。在油田投产后的经营阶段，石油公司向作为专设公司代理人的购买商卖出产品，购买商通过担保人向专设公司提供销售收入，用来还本付息，石油公司以此抵付产品支付责任，具体如图 11.4（b）所示。

2. 远期购买

远期购买是在产品支付的基础上发展起来的一种更为灵活的项目融资方式。同样，贷款方可以成立一个专设公司，这个专设公司不仅可以购买事先商定好的一定数量的远期产品，还可以直接购买这些产品未来的销售收入。项目公司将来支付专设公司的产品或收入正好可以用来偿还银行贷款。其结构类似产品支付，也要由担保信托方对产品的销售和产品所有权的购买进行担保。

二、租赁融资

租赁融资常用于以资产为基础的项目，如船舶和飞机的购置。在美国、英国等发达国家，许多大规模的项目融资，如大型发电厂等也采用了租赁融资的方式。租赁的一般形式是：租赁公司以自己的信用从银行取得贷款，购买厂房及设备，然后租赁给项目公司。项目公司在项目营运期间，以营运收入向租赁公司支付租金，租赁公司以其收到的租金通过担保信托向贷款银行偿本付息，有利于分散风险。

采用租赁融资至少有两大优点：首先，租赁融资可以通过厂房和设备的折旧，为项目的发起方带来资本让税，从而降低了项目总成本；其次，在为法律尚不健全的国家担保购置资产的项目进行融资时，采用租赁的方式，由于租赁资产的所有权没有发生转移，仍在贷款人的掌握之中，所以，债权人对租赁资产比较放心，从而降低了贷款风险。

采用租赁融资通常有以下程序。

（1）项目主办人确定需要购置的厂房和机器设备，并设立项目公司或专设公司。项目公司或项目主办人与设备供应商和承包商签订资产的购买和建造合同，然后转移给融资租赁公司；或者在租赁公司表示愿意参与交易之后再签订合同。

（2）租赁开始，租赁公司向项目公司出租厂房和机器设备，建造施工合同由项目公司或项目主办人根据监督协议代表出租人负责监督，具体如图 11.5（a）所示。

（3）在建造过程中，租金按等价于购置和建设成本的利息数额支付，由一家或多家银行为租金支付提供担保，有时也可由项目主办人担保。出租人与担保银行签订的文件一般规定：在发生违约事件时，出租人有权加速回收资金，没收和出售担保物。贷款银行根据与出租人签订的合作协议，通过担保人从出租人处得到对项目资产和施工合同的担保。在建造阶段，银行为了承担项目公司的反向赔偿责任，会要求一家或多家项目主办人提供完全或有限担保。建造阶段租赁融资结构如图 11.5（b）所示。

（4）工程完工之后，在经营阶段，项目公司按基本租赁期租金金额逐年偿还租金（含本金和利息）。项目主办人的担保将不再有效，由银行承担项目风险。银行可以通过转让销售合同和应收款，以及对资产征收费用等形式获得担保。对租赁资产进行完工检验的标准和程序同其他形式的项目融资规定是一样的。经营阶段租赁融资结构如图 11.5（c）所示。

（5）在基本租赁期末，即在出租人租赁资产的成本全部回收并获得了预期的商业利润后，租赁资产进入租赁期的第二期或第三期。这时的租金异常低廉。项目公司能否在租赁期末将租赁资产买下，取决于项目所在国的税收政策。有些国家规定，若买下租赁资产，此项交易的性质将变为委托购买，也就不能享受有关的税收优惠政策。此时项目公司可以作为出租人的唯一代理人，以出租人可以接受的价格卖出租赁资产。资产出售的大部分收入将以代理费形式返回项目公司。这一阶段的融资结构如图 11.5（d）所示。

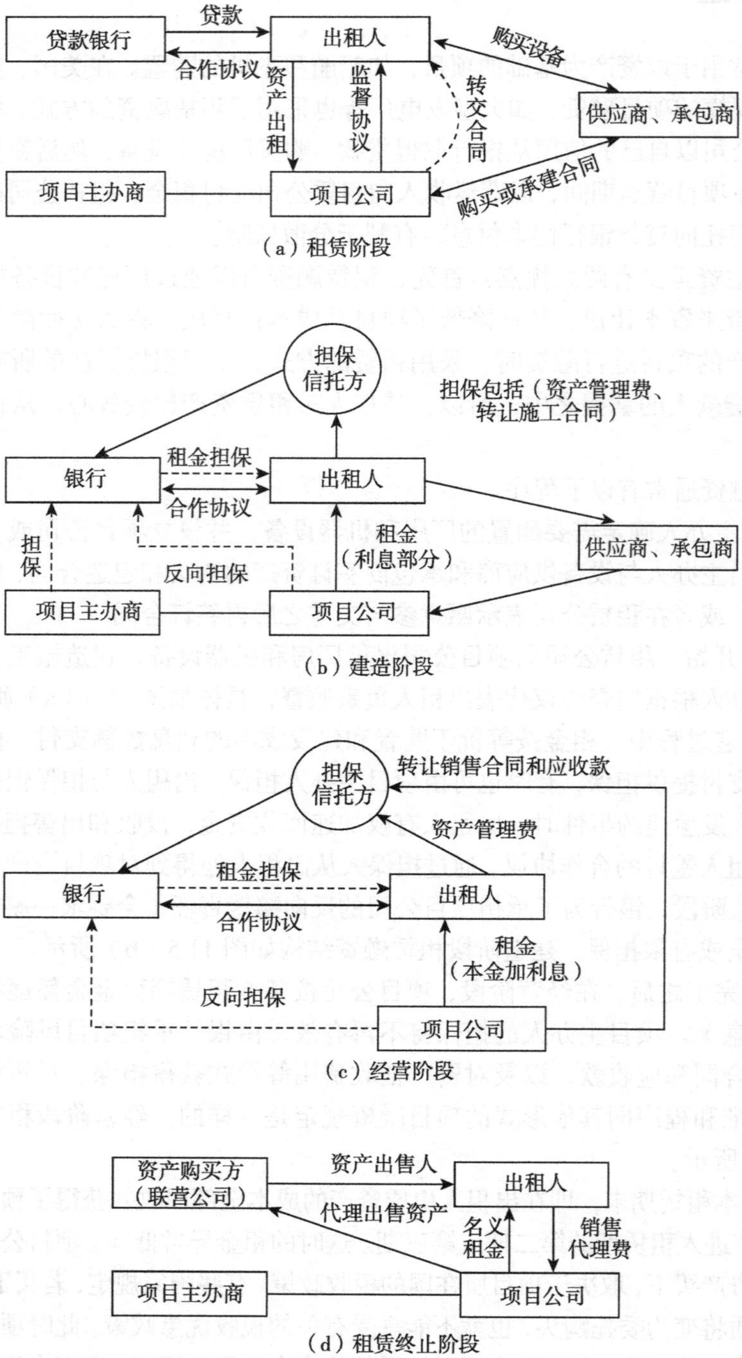

图 11.5　租赁融资结构

在租赁形式的项目融资中，租赁公司和担保银行关于协作方式和担保范围的谈判最为艰巨。出租人希望保留资产所有权或有权重新占有出租资产来补偿其所预见的潜在损失，而忽视银行担保的存在，并且要求银行对由资产所有权引起的环境责任也进行担保。而银行则希望对资产拥有有效的担保权益，以此与担保的责任相对应。银行通常会竭力将其担保范围限制在对租金支付及相关的财务责任的担保范围之内，而不愿意对租赁条款规定的项目公司应支付的所有赔偿提供全部担保。

在大型项目中，由于没有一家租赁公司能够承担整个项目的租赁融资任务，所以常常由一组租赁公司分别购置资产出租，或者由几家出租人合伙经营，共同占有资产。这时由于资产的整体性，资产无法在几个出租人之间按投资额精确划分。所以资产变现时通常是整个资产出售，其变现程序及变现收入的分配应事先在所有出租人之间达成一致意见。

三、BOT

就分类标准而言，BOT 与产品支付、远期购买及租赁融资是不同的。上面三种形式的分类标准是项目融资的还款方式；而 BOT 本身不是还款方式，是一种工程建设形式，只是这种建设形式通常采用项目融资方式来融资而已。其实，BOT 与项目融资是从不同的角度来考察项目的：前者是指基础设施建设方式，有时也称“公共工程特许权”；而后者是指筹资方式。因此，BOT 项目可以通过项目融资来借款，也可以通过其他方式来借款；而项目融资既可以应用于 BOT 项目中，也可以应用于其他类型的项目中。

在 BOT 方式中，通常由项目东道国政府或其所属机构与项目公司签署协议，把项目建设及经营的特许权授予项目公司。项目公司在项目经营特许期内，利用项目收益偿还投资及营运支出，并获得利润。特许期满后，项目移交给东道国政府或其下属机构。其主要优点有：①扩大资金来源，政府能在资金缺乏的情况下利用外部资金建设一些基础设施项目。②提高项目管理的效率，增加国有企业人员对外交往的经验及提高管理水平。③发展中国家可吸引外国投资，引进国外先进技术。

对于为全社会提供产品和服务的公共工程，如交通和能源项目中，BOT 方式是项目融资最适宜的结构。图 11.6 描述了 BOT 项目融资结构的一般形式，其融资过程简述如下：①项目主办方注册一家专设公司。专设公司负责与政府机构签订特许协议，股东向政府机构出具安慰文书（又称赞助信、安慰信、意愿书，表示愿意帮助借款方还款的书面陈述文件）。②专设公司与承包商签订建设施工合同，接受保证金，同时接受分包商或供应商保证金的转让，与经营者签订经营协议。③专设公司同商业银行签订贷款协议，与出口信用贷款人签订买方信贷协议。商业银行提供出口信用贷款担保，并接受项目担保。④专设公司向担保信托方转让收入，如销售合同收入，道路、隧道、桥梁的通过费，等等。

在 BOT 方式中，东道国政府是最重要的参与者和支持者。首先，BOT 项目必须得到政府的批准，并与项目公司签订详尽的特许权协议。协议将详细规定政府与项目公司各自的权利和义务。其次，东道国政府往往提供部分资金、信誉、履约等方面的支持。政府部门也可持有项目公司的股份。发展中国家吸引外资的 BOT 项目若离开东道国政府的强力支持，则很难使外国私营公司冒巨大风险投资于东道国基础设施建设项目。

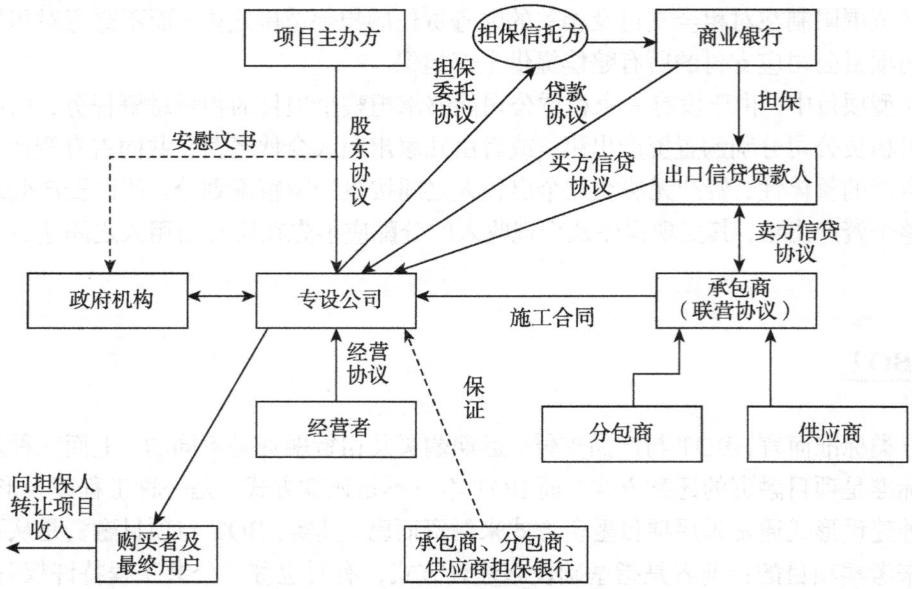

图 11.6　BOT 项目融资结构的一般形式

第四节　项目融资的运作

项目融资是由两类项目主体提出的：一类是政府，尤其是以国有经济为主导的国家，根据政治、经济、社会、军事等多方面需要，提出项目，特别是大型基础设施项目和高风险的新技术项目；另一类是企事业或外商经过对各种因素的分析，根据政府、社会的需要向政府部门提出项目建议。

一、项目融资可行性研究与风险分析阶段

项目可行性研究是从投资者的角度来分析项目在其经济生命期内的经济效益，并与同行业的标准投资效益率进行比较，从而判断项目对投资者来说在经济上是否合理和在技术上是否可行。项目可行性研究的主要内容包括项目本身的财务评价、项目发起人的财务评价、国民经济评价和项目风险分析等工作。

项目融资的风险分析是在项目可行性研究报告获得通过后，从项目债务资金提供者的角度，侧重考察和分析项目融资期内的项目风险，从而判断项目债务资金本息偿还的可靠性和安全程度。项目融资可行性分析为项目融资工作开展提供最重要的依据。

项目风险存在于项目的各个阶段。因此，在项目可行性研究的基础上，有必要按照项目融资的要求，对项目风险做出进一步详细的分类研究。不仅要对项目风险作定性分析，而且更要注意系统的定量分析，分析各种风险因素对项目现金流量的影响，以帮助设计出可被出资方接受的共同承担风险的项目融资方案。

二、项目融资决策阶段

项目融资决策是在项目融资可行性研究和风险分析的基础上，项目投资者对选择项目融资方式等一些根本性问题做出判断和决定。

（1）选择项目融资方式。选择何种项目融资方式，不仅取决于项目的投资规模、项目的投资性质和项目自身的技术经济要求，还取决于投资者对债务责任分担和债务资金数量、时间、融资成本等方面的要求，以及诸如税务结构和债务会计处理等方面要求的综合评价。

（2）选聘项目融资顾问。项目投资者通常聘请投资银行、财务公司或者商业银行中的项目融资部门来担任融资顾问。项目融资顾问的主要任务是：协助项目投资者全面地分析和判断项目的风险因素；确定项目的债务承受能力和风险；设计和选择能够准确反映出投资融资战略要求，并有助于实现项目投资目标收益率的项目融资结构及其相应的资金结构；分析和比较可能的融资方案；综合考虑各类项目融资参与者的意见或建议后，再做出融资方案决策。

（3）设计项目融资结构。项目融资结构是设计项目融资方案的关键之一。在设计项目融资结构时，必须考虑选择何种项目融资方式或几种融资方式在项目资金使用的不同阶段上的组合，安排股本和债务资金的筹措时间和偿还时间，争取实现项目资金结构和资金进出项目的最佳时间组合。

项目融资必须确定恰当的项目股本资金与债务资金的比例。安排项目融资结构的一个基本原则是，在保证项目公司不会因为借款过多而降低项目的经济强度的条件下，尽可能地降低项目的综合资金成本。由于大多数国家的税法都规定，公司的贷款利息或债券利息的支出可以计入公司成本冲抵所得税，项目使用债务资金可以降低项目资金成本，但是，项目的财务状况和抗风险能力会随着债务的增加而相对地减弱。因此，确定项目的股本资金和债务的比例应主要依据该项目的经济强度和项目的债务承受能力。

（4）设计和选择项目融资方案。设计和选择项目融资方案，主要是依据项目融资的可行性分析，并考虑项目股本资金和债务资金的来源及资金成本，运用现金流量模式及其敏感性，来确定最佳的股本资金水平，并满足项目投资者和项目债务债权人对相应风险的要求，从而实现预期的项目投资收益率，并据此安排项目融资活动。

三、项目融资合同谈判阶段

项目融资谈判是项目发起人或政府部门，在提出项目并进行了可行性研究和风险分析的基础上，通过各种渠道、多种形式选择候选合作伙伴，并与他们就融资总额、融资期限、提款方式、还款方式、融资条件和资金提供方的其他要求等重大问题进行会谈，最后选定合作伙伴，并与之进一步协商各方面的条款，形成法律文件，签订合同。

项目公司与贷款银行谈判与签协议时，应认真审阅和参考项目基本文件。项目基本文件是项目融资的重要文件和依据，是项目融资谈判的前提和基础，对项目融资协议的主要内容起决定作用。

四、项目融资实施阶段

在正式签署项目融资的法律文件之后，项目融资就进入实施阶段。此阶段应做好以下工作：根据项目合资协议（或股东协议）和项目融资协议等，筹措和运用资金，实现融资项目的开发建设，项目公司在项目建设期完成项目投资计划的执行管理、项目融资中的风险控制与管理、项目融资中融资文件的执行管理。

在项目融资中，项目投资者、项目公司及其他参与方之间通常需要签署大量的具有合同性质的融资文件及信用担保协议，实现项目风险在项目各参与方之间的合理分担。

项目融资是项目管理的一个重要步骤，贯穿于项目启动阶段、计划阶段直至项目实施阶段，经过确定融资方案和结构、谈判、签订贷款协议，最后应筹集到项目所需的全部资金。

第五节　项目融资风险及管理

在项目融资中，风险的合理分配和严格管理是项目成功的关键，因此也是项目各参与方谈判的核心问题。以往的项目融资活动表明，项目融资之所以受到项目发起方的重视，就在于贷款方对发起方的追索权有限，这就大大降低了项目发起方或借款方的风险。然而，具体项目面临的各种风险是客观存在的，不会因采用项目融资而消除。因此，了解项目融资的风险及其分配和管控是非常重要的。

项目融资风险并不特殊，其特征、效应和管理同其他经济活动一样。因此项目融资风险管理的内容或步骤是识别风险、估量风险、制定应对措施、编制风险管理计划并付诸实施。在这四方面的内容或步骤中，风险管理计划的实施是具体操作，是前三项内容或步骤的落实。因此，本章重点讨论项目融资中的风险识别、估量与应对措施的选择。

项目融资风险大体可分为两类，即系统风险和非系统风险。前者是指与市场客观环境有关、超出了项目自身范围的风险；后者是指可由项目实体自行控制和管理的风险。然而，这两种风险的划分并不绝对。有时候系统风险也可以通过一定的手段予以消减，而另外一些时候非系统风险却无法避免。

一、系统风险及其管理

（一）系统风险

系统风险主要包括政治、法律和经济三方面的风险。

1. 政治风险与获准风险

（1）政治风险。政治风险是指由于战争、国际形势变幻、政权更迭、政策变化，项目资产和效益受到损害的风险。政治风险大致可分为两类，一类涉及政局的稳定性，另一类涉及政策的稳定性。

（2）获准风险。建设一个项目，必须得到项目东道国政府的授权或许可。取得政府的许可要经过复杂的审批程序，花费相当长的时间。如果不能及时得到政府的批准，就会使整个项目无法按计划进行，造成拖延。这种风险就是获准风险。

2. 法律风险与违约风险

（1）法律风险。法律风险是指东道国法律的变动给项目带来的风险。东道国法律变动给项目带来的风险主要体现在以下几个方面：①当出现纠纷时，是否有完善的法律体系提供仲裁、解决纠纷；②东道国是否有独立的司法制度和严格的法律执行体系执行法院的仲裁结果；③根据东道国的法律规定，项目发起方能否有效地建立起项目融资的组织结构和进行日后的项目经营。由此可见，法律健全与否对约束项目融资各参与方的行为关系极大。因此，东道国法律的变动会改变对各参与方的约束，进而改变各参与方的地位，其带来的风险是不言而喻的。

（2）违约风险。违约风险是指项目参与方因故无法履行或拒绝履行合同所规定的责任与义务而给项目带来的风险。在法制不健全的国家，违约风险比任何其他风险都令投资者头痛。不按时履约或执行合同时达不到要求的事屡见不鲜。更可怕的是，有些国家，违约者不以违约为耻，反而认为违约是正常的，违约以后依旧堂而皇之，理直气壮，以致产生“三角债”等怪现象。

3. 经济风险

经济风险主要包括市场风险、外汇风险和利率风险三大类。

（1）市场风险。项目投产后的效益取决于其产品在市场上的销售情况和其他表现。因此，项目公司必须直接面对市场风云变幻的挑战。产品在市场上的销路和其他情况的变化就是市场风险。市场风险主要有价格风险、竞争风险和需求风险。这三种风险相互关联、相互影响。

市场风险不仅同产品销售有关，而且还存在于项目原材料及燃料的供应方面。如果项目投产后原材料及燃料价格的涨幅超过了项目产品价格的增幅，那么项目的收益势必下降。

（2）外汇风险。外汇风险通常包括三个方面，即东道国货币的自由兑换、经营收益的自由汇出及汇率波动所造成的货币贬值问题。项目融资各参与方都十分关心外汇风险。境外的项目发起方希望将项目生产的利润以自己本国的货币或硬通货汇向国内，避免因为东道国货币贬值而蒙受损失。同样，贷款方也希望项目能以同样的货币偿还贷款。

（3）利率风险。利率风险是指项目在经营过程中，由于利率变动，直接或间接地造成项目价值降低或收益受到损失的风险。如果投资方利用浮动利率融资，一旦利率上升，项目生产成本就会攀升；而如果采用固定利率融资，日后万一市场利率下降，便会造成机会成本的提高。

（二）系统风险管理

1. 政治风险的管理

由于东道国政府最有能力承担政治风险，所以，政治风险最好由东道国政府来承担。

事实上，国外有一些项目就是这么做的。例如，在菲律宾P项目中，国家电力公司同意承担在菲律宾出现的主要政治风险，并通过双方同意的“项目全面收购”[①]办法来承担这种责任。而在印度的电力开发项目中，在发生政治性事故后，国家电力局或国家电力公司有责任继续支付电费，最长可达270日。因此，所有债务在政治性事故发生时都有保障。

在中国，由于政府机构目前一般不准对项目做任何形式的担保或承诺，中方机构也不得对外出具借款担保，因此，在中国进行项目融资，其政治风险尚不能由中国政府及中方机构承担。目前，比较可行的办法是，采用为政治风险投保或引入多边机构等方式来减少这种风险可能带来的损失。为政治风险担保的一个实例是山东日照电厂。德国的Hermes和荷兰的CESCE两家信誉机构为该项目的政治风险进行了担保，从而使该项目进展比较顺利。除投保方式外，在很多大型项目融资中，政府、出口信贷机构和多边金融机构不仅能为项目提供资金，同时还能为其他项目参与方提供一些政治上的保护。除了引入多边机构外，东道国的项目参与者也是降低政治风险的一个关键，因为他们跟东道国政府的关系比较密切。尤其在中国，境内项目参与者一般为国有大企业，其利益与国家利益是一致的。因此，境外投资者若想在中国降低政治风险，建立与中国境内投资者、建设商、供应商及政府的关系至关重要。

2. 法律风险的管理

在某种意义上，法律风险事件可通过政治来控制，尤其是在目前法律尚不健全的国家（如中国等）。因此，法律风险也主要应由东道国政府承担，或者得到东道国某些信誉比较高的机构的担保。在国外，尤其是东南亚国家，项目融资的法律风险一般均得到了政府或有关机构的担保，其处理办法同政治风险有很大的相似性。例如，菲律宾的P项目中，“项目全面收购”办法同样对法律风险适用。

对项目发起方来说，在项目设计过程中就应该征求当地法律顾问的意见，使项目从开始时就尽量符合东道国的法律要求。有时，甚至有必要对可以预见的法律变动提前做好准备，使项目顺利渡过法律上的转变阶段。

项目公司与东道国政府之间可以签署一系列相互担保协议，彼此在自己的权利范围内做出某种担保或让步，以达到互惠互利的目的。这类协议在一定程度上为项目发起方和贷款方提供了法律上的保护。例如，通过签署协议，东道国法律变动的风险同项目公司的收费价格或者特许权限联系起来，能在很大程度上通过协议转移法律风险。

3. 经济风险的管理

（1）市场风险。市场风险管理的关键在于预防。在项目初期做好充分的可行性研究，可以大大减少项目的盲目性；在项目的建设和运营过程中，签订建立在固定价格基础上的长期原材料及燃料供应协议和无货也付款的产品出售协议，可以在很大程度上减少市场不确定因素对项目收入的影响。可以看出，在一定程度上，市场风险是产、供、销三方均要承担的。所以，将该风险分散至三方身上也是合理的。

---

① “项目全面收购”是指如果东道国政治风险事故连续维持一定的时间，则国家电力公司有责任用现金收购该项目，其价格以能偿还债务并向项目发起人提供某些回报为准。

（2）汇率风险。对于汇率风险的预防，从东道国的中央银行得到自由兑换硬通货的承诺协议是最有效的。一般来说，各国对外商投资项目的货币兑换及收益汇出都有明确的法律规定。在我国，正当收入的顺利出境是受法律保护的。

相比之下，汇率风险的消除要复杂一些。如果可能，通过金融衍生工具（如汇率期权、掉期等）来对冲风险当然有效。但如果东道国货币不是国际硬通货（如我国），就可能没有现成的衍生工具可以利用。在这种情况下，只能采取一些经营管理手段（如预测汇率的变化、调整资产或负债的货币结构）来降低汇率风险。但这种方法成功与否直接取决于对汇率的预测，而对汇率的准确预测可以说是很困难的。除此之外，比较有效的办法就是通过协议来转移汇率的风险。例如，在沙角 B 电站项目中，对项目公司 Hopewell 的电费收入，一半要求以外币（美元）支付，一半要求以人民币支付。另外，项目公司也可与东道国政府或产品买主签订“浮动价格购买协议”，将汇率变化所带来的影响部分或全部地转移到合同价格中，从而以浮动价格来消除汇率风险。

（3）利率风险。利率风险的管理同汇率风险的管理很相似。如果资产或负债使用的是硬通货，通过金融衍生工具对冲风险比较有效。常用的金融衍生工具包括利率期货、利率期权、利率掉期、远期利率协议等。当然，利率敏感性货币如果不是硬通货，则最好通过适当的协议将风险分散给其他项目参与方共同承担，其做法与汇率风险管理方法大体一致。

二、非系统风险及其管理

（一）非系统风险

非系统风险主要包括完工风险、经营与维护风险及环保风险。

1. 完工风险

完工风险是指项目无法完工、延期完工或者完工后无法达到预期运行标准所导致的风险。例如，一条公路，由于规划阶段没有能够顺利地购买一块关键土地的使用权，从而使本来应该在夏、秋季进行的混凝土工程不得不往后推迟。由于后面紧跟而至的冬、春季无法进行室外混凝土工程，混凝土工程不得不推迟到下年的夏季至秋季。由于工程开始推迟两个月，最后导致公路开通推迟了九个月。这样，由于各种直接和间接的因素，工程成本增加了 50%。这种后果已经在很大程度上影响了该公路项目的可行性。完工风险对项目公司而言意味着利息支出的增加、贷款偿还期限的延长和市场机会的错过。

2. 经营与维护风险

经营与维护风险是指在项目经营和维护过程中，由于经营者的疏忽而发生重大经营问题，如原材料供给中断、设备安装与使用不合理、产品质量低劣、管理混乱等。这些问题都可能使项目无法按计划运营，最终将影响项目的获利能力。

除了与经营者相关的问题之外，经营维护风险还包括技术风险和生产条件风险。

（1）技术风险，是指存在于项目生产技术及生产过程中的问题，如技术工艺是否在项目建设期结束后依然能够保持先进、会不会被新技术替代，场址选择和配套设备是否合适，原料来源是否有保证，工程造价是否合理，技术人员的专业水平与职业道德能否达到要求，等等。

（2）生产条件风险，主要包括原材料、能源的供应是否可靠，交通、通信及其他公用设施的条件是否便利。

3. 环保风险

近年来，工业对自然环境及人们生活和工作环境的破坏越来越引起社会公众的关注，许多国家的政府制定了严格的环境保护法律来限制工业污染对环境的破坏，并强制肇事者对自己造成的污染进行清理，缴纳巨额罚款。对项目公司来说，要满足环保法的各项要求，就意味着成本支出的增加，尤其对那些利用自然资源或生产过程中污染较为严重的项目来说，更是如此。但从长远来看，项目必须对增加的成本自行消化，这就意味着必须提高生产效益，努力开发符合环保标准的新技术和新产品。

（二）非系统风险管理

1. 完工风险的管理

完工风险通常由承建商以某种“统包”合同形式来承担。因为承建商最有能力承担该项风险。然而，在一些跨国项目中，承建商不愿意使用固定价格的“统包”合同，更不愿意就项目的完工做出法律上的承诺，以免背上沉重的包袱。如果不使用这种承包合同，项目发起方、贷款方就不得不更多地介入项目的建设过程中进行监督和控制，从而保证工程进度。项目公司也可以通过投保的方式，从承建方之外的第三方寻求完工的保证。在承担完工风险方面，由于各承建商对项目的竞争加剧，为了取得项目的建设权，他们往往也在项目中投资，并承担其中的风险，以此获得项目的承建合同，而不只充当货物和劳务的供应商。

另外，为了更好地管理完工风险，在今天的市场中，出现了多种支持完工的安排。它们都是根据每一项目的可预见建造风险、承建商和项目发起人的信誉及该项目的经济价值而设计的。例如，在非律宾的P项目中，完工支持包括：①与一家实力雄厚的承建商——三菱公司签订固定价格“统包”合同，并且有人为该合同作担保。②承建商与发起人共同签订完工支持协议，为超过预算的费用作附属债务融资。

2. 经营与维护风险的管理

在项目融资中，经营与维护风险主要是通过项目公司对经营者的约束来完成的，主要体现在经营和维护协议中。如果项目的经营和维护协议建立在固定价格的合同基础上，经营者就会承担经营超过预算的风险，因此他会尽最大的努力使经营成本低于合同价格，因为只有这样才能获得一定的经营利润。

归纳以上各点可以看出，项目融资的风险管理主要是通过各种合同文件和信用担保协议，将项目风险在参与者之间进行合理分配。而分配原则恰恰是“将所要的风险都分配给最适合承受它的一方”。项目融资各参与方及风险分担关系如图 11.7 所示。

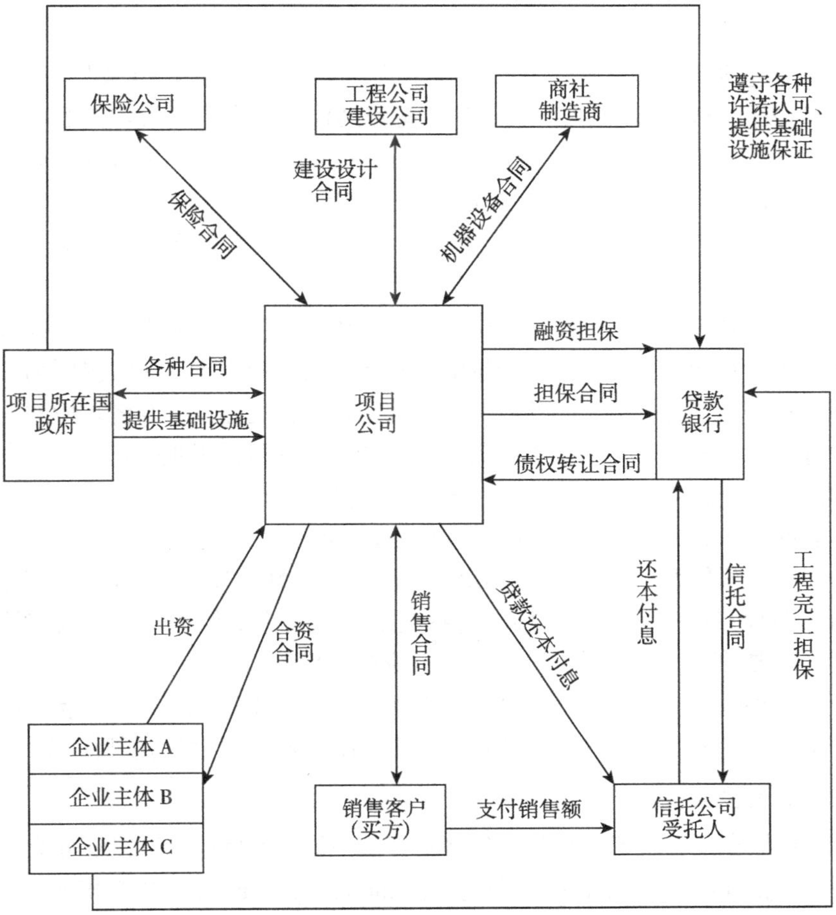

图 11.7　项目融资各参与方及风险分担关系

三、项目融资风险担保

1. 担保在项目融资中的作用

防范项目融资风险的主要手段之一是建立健全项目融资的信用保证结构，而项目融资的信用保证结构的核心是融资的债权担保。具体来说，项目担保在项目融资中起到两方面的重要作用。

（1）采用项目担保形式，项目的投资者可以避免承担全部的、直接的项目债务责任，项目投资者的责任被限制在有限的项目运行阶段之内或者有限的金额之内。正因为如此，项目才有可能被安排成有限追索的融资。

（2）采用项目担保形式，项目投资者可以将一定的项目风险转移给第三方，即通过组织一些对项目发展有利益关系，但又不愿意直接参与项目投资或参与项目经营的机构，为项目融资提供一定的担保，或者利用商业担保人提供的担保，在一定的条件下可以将项目的许多风险因素转移。

2. 项目担保人

项目担保人包括项目发起方、与项目利益有关的第三方和商业担保人。

（1）项目发起方作为担保人。这是项目融资结构中最主要和最常见的一种形式。在多数国家，项目发起方通过建立一个专门的项目公司来经营项目和安排融资。而项目发起方则以“无论提货与否均需付款协议”和“提货与付款协议”等来提供担保。

（2）与项目利益有关的第三方作为担保人。在项目发起人之外寻找其他与项目开发有直接或间接利益关系的机构，为项目的建设或者项目的生产经营提供担保。由于这些机构的参与在不同程度上分担了一部分项目的风险，为项目融资设计一个强有力的信用保证结构创造了有利条件，对项目的投资者具有很大的吸引力。能够提供第三方担保的机构主要包括：①政府机构。这种担保对大型工程项目的建设、经济环境的改善等十分重要。②与项目开发有直接利益关系的商业机构，具体包括工程公司、项目设备或主要原材料的供应商。这类机构通过为项目提供担保换取自己的长期商业利益。③项目产品的用户。项目用户从保障项目市场的角度为项目融资提供一定的担保或财务支持，一般以长期合同或者预付款的形式出现。④世界银行、地区性开发银行等国际性金融机构。这类机构虽然与项目的开发没有直接的利益关系，但是为了促进发展中国家的经济建设，对于一些重要的项目，有时可以寻求这类机构的贷款担保。

（3）商业担保人。除了项目发起方和与项目利益有关的第三方作为担保人外，还有一些从事担保业务的银行、金融机构和保险公司，从商业角度出发为项目提供部分担保。

3. 项目担保的主要类型

根据项目担保在项目融资中承担的经济责任的不同，项目担保可以划分为四种基本类型，即直接担保（direct guarantee）、间接担保（indirect guarantee）、或有担保（contingent guarantee）、意向性担保（implied guarantee）。需要注意的是，无论是哪种类型的项目担保，其担保所承担的经济责任都是有限的，这是项目融资结构与传统公司融资结构的一个重要区别。

（1）直接担保。直接担保是指担保责任根据担保的金额或者担保的有效时间加以限制，具体可分为：①有限金额的直接担保。在项目融资中经常使用的资金缺额担保（deficiency guarantee）即是典型的有限金额的直接担保。一般情况下，贷款银行只愿意在建设成本和生产成本均为已知的条件下安排有限追索的项目融资。为了防止出现因资金短缺而出现的项目失败，需要有人承担建设成本和生产成本超支的风险，对其提供相应的担保。这种担保一般由项目发起人提供。②限制时间的直接担保。项目在建设期和试生产期的完工担保是最为典型的在时间上加以限制的有限责任直接担保。并且在多数情况下，项目的完工担保是在有限时间内的无限经济责任担保，即项目完工担保人对贷款银行承担着全面追索的经济责任。项目发起方和工程承包公司是这类担保的主要担保人。

（2）间接担保。间接担保是指项目担保人不以直接的财务担保形式为项目提供的一种财务支持。间接担保多以商业合同和政府特许权协议形式出现。在商业合同中，多以“无论提货与否均需付款”协议为基础进行项目担保。而以政府特许权形式提供的担保主要在 BOT 项目融资模式中出现。一般政府机构在给予项目融资特许权时，也是充分考虑了项目建设对当地社会经济发展的作用及项目产品的市场需求的。

（3）或有担保。或有担保是针对一些项目投资者不可抗力或不可预测因素造成项目损失的风险所提供的担保。或有担保按其风险的性质可划分为三种基本类型：第一种是针对不可抗力因素造成的风险所提供的担保。例如，地震、火灾、地下矿井塌方等一系列问题，这类风险不属于项目正常生产建设所必须面对的问题，但是，一旦发生将给项目造成不可估量的损失，提供这类或有担保的项目担保人通常是商业保险公司；第二种是针对项目政治风险而提供的担保，由于政治风险具有不可预见性，因而为减少这类风险安排的担保有时也划在或有担保的范围；第三种是针对与项目融资结构特性有关的，并且一旦变化将会严重改变项目经济强度的一些项目环境风险提供的担保。

（4）意向性担保。严格意义上讲，意向性担保不是一种真正的担保，因为这种担保不具有法律上的约束力，仅仅表达担保方对项目提供一定支持的意愿。意向性担保不需要在担保人公司的财务报告中显示出来，所以它受到担保人的偏爱，在项目融资中应用较为普遍。

第六节　案例：某大桥工程建设项目融资

本案例以某大桥工程建设项目为例，介绍项目融资的实际应用。案例的主要内容有项目概况、项目融资结构及项目融资结构简评。

一、项目概况

某大桥位于××至××的 324 国道上，全长 1 530 米，宽 27 米，主桥 400 米，水面部分净高 17 米，引道和连接线长 2.75 千米，匝道 2 400 米。主桥采用预应力混凝土连续钢构技术施工，全桥并列 6 车道，桥下可通行 500 吨胖体海轮。该项目总投资 2.5 亿元，1995 年 5 月 18 日正式开工，1996 年 11 月 18 日竣工试通车，工期仅 18 个月，比预计工期提前一年半。这是我国首例官民并举，以民为主，完全采用 BOT 模式建成的项目。

1994 年年初，××市政府为解决市内塞车和过桥困难问题，决定投资新建一座跨江大桥。由于建设资金紧张，政府打算引进外资，因前来洽谈的几家外商提出的条件苛刻，引资未能成功，建桥计划暂时搁置起来。该地作为著名的侨乡，改革开放以来，民营经济发展迅速，为民营企业参与政府大型项目建设提供了资金上的可能。该市××实业股份有限公司是由实力和影响力较大的 55 家民营企业出资发起，并通过向社会募集部分资金形式的规范化股份制企业，其主营业务是房地产和城市基础设施开发建设。该公司获悉政府建桥计划后，向政府提出愿意不带任何附加条件地承担建桥任务。

市政府经过慎重研究，决定批准该公司的请求，由该公司和市政府授权投资机构（三家国有企业）按 60：15：15：10 出资比例，依法设立××大桥投资开发有限公司（注册资金 6 000 万元），全权负责大桥项目前期准备、施工建设、经营管理的全过程。经营期限 30 年（含建设期），期满后全部设施无偿移交给市政府。该公司具有独立的企业法人资格，依法独立承担民事责任。

二、项目融资结构

1. ××大桥建设的投资组织结构

大桥建设采用的是公司型合资结构。项目投资者在合资协议的基础上组成了四方代表参加的最高管理决策机构董事会，董事会拥有成员七名，名额按出资比例分配，××实业股份有限公司占了四席。董事会负责项目的建设、资本注入、生产预算的审批和经营管理等一系列重大决策的制定。××大桥建设的投资组织结构如图 11.8 所示。

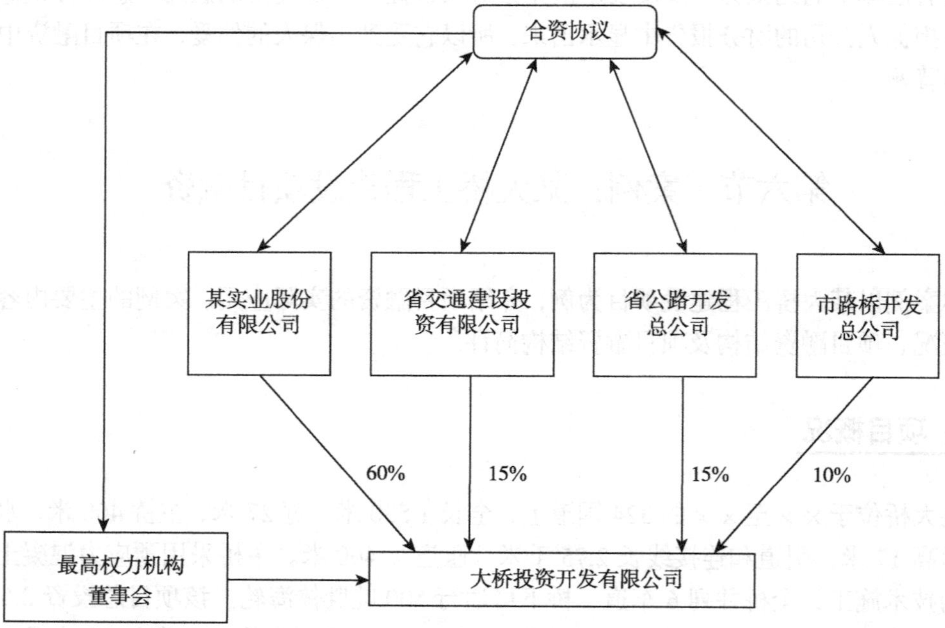

图 11.8　大桥建设的投资组织结构

公司型合资结构的基础是有限责任公司，这种结构是目前世界上最简单、有效的一种投资结构。其显著特点是，公司是与其投资者（公司股东）完全分离的独立法律实体，在××大桥的投资结构中采用了公司型合资结构，其优点如下。

（1）有限责任。应用项目融资，投资者目的之一是将债务责任最大限度地限制在项目之内，公司合资结构满足了这点，投资者的责任是有限的。在项目实施过程中，将投资项目的风险与投资者隔离开来，四方投资者只需承担自己出资比例的那部分风险，这样一来，即使项目失败，投资者受到的损失也是有限的，因为债务被限制在项目公司中。

（2）融资安排比较容易和灵活。采用公司型合资结构对于安排融资有两个有利的方面：一是便于贷款银行对项目现金流量进行控制，银行通过公司比较容易行使自己的权利；二是公司型合资结构易于被资本市场接受。若条件许可，可以直接进入资本市场，通过股票上市、发行债券等方式筹集资金，这将为××大桥投资开发有限公司今后的进一步发展奠定良好的基础。

2. ××大桥的融资结构

××大桥建设的资金结构包括股本资金和债务资金两种形式。××大桥的融资结构如图 11.9 所示。

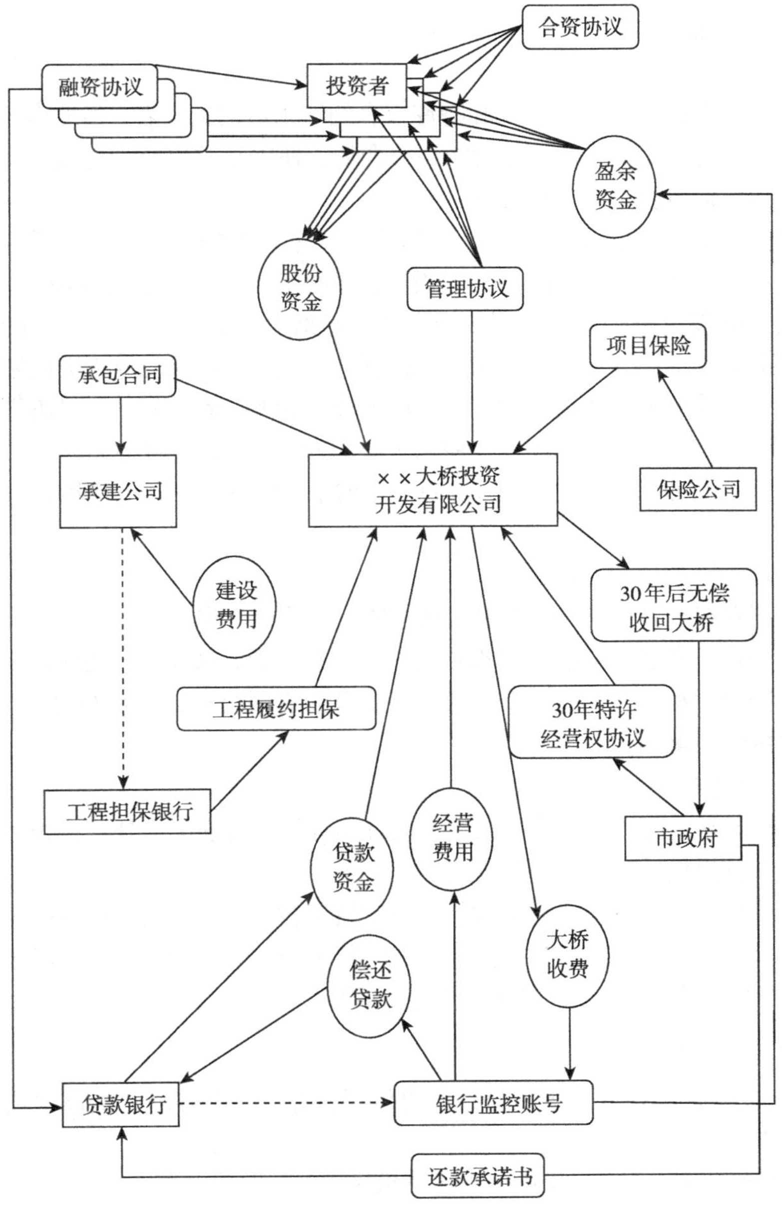

图 11.9　××大桥的融资结构

项目的四个直接投资者在 BOT 模式中所选择的融资模式是，由项目投资者直接安排项目融资，并且项目投资者直接承担起融资安排中相应的责任和义务，这是一种比较简单的项目融资模式。四方投资者根据 60 : 15 : 15 : 10 的比例出资，注册资金 6 000 万元一次性到位，其中 × × 公司 3 600 万元，其他三家公司 2 400 万元，用于大桥的建设。资金不足部分由四方投资者按资本金出资比例分别筹措，根据工程进度分批注入，大桥运营后的收入所得根据与贷款银行之间的现金流量管理协议进入贷款银行监控账户，并按照资金使用优先顺序的原则进行分配，即先支付工程照常运行所发生的资本开支、管理费用，然后按计划偿还债务，盈余资金按投资比例进行分配。

该项目的 BOT 融资结构由如下三部分组成。

第一，政府的特许权合约。

当地市政府是大桥的真正发起人和特许权合约结束后的拥有者，当地市政府通过提供 30 年（含建设期）的大桥建设经营特许权合约，使由于政府资金短缺而搁浅的大桥得以建设并使用，而且比计划工期缩短一年半。

政府的特许权合约是整个 BOT 融资的关键，这个合约的主要内容包括以下几个方面：①批准 × × 大桥投资开发有限公司建设开发和经营大桥，给予建设用地许可。②允许 × × 大桥投资开发有限公司进行附属公路（南接线公路，长 2.3 千米）的开发和经营，并给予征地许可。③ × × 大桥投资开发有限公司根据与市政府的协议制定的收费方式及收费标准对大桥使用者进行收费。④市财政局出具《 × × 大桥工程还贷承诺书》。⑤特许合约期为 30 年（含建设期），在特许权协议终止时，政府将无偿收回大桥及附属公路，但 × × 大桥投资开发有限公司应保证政府得到的是一个正常运转并保养良好的工程。

第二，项目的投资者和经营者。

项目的投资者和经营者是 BOT 模式的主体，大桥建设中，投资者由某实业股份有限公司（民营企业）和省市政府授权投资的三家国有企业，按 6 : 4 的比例组成投资实体，即大桥的经营者和建设者—— × × 大桥投资开发有限公司，大桥在 30 年内的建设和经营管理由该公司承担。

第三，银行贷款。

在 BOT 模式中，贷款的条件除取决于项目本身的经济强度之外，在很大程度上还依赖于政府为项目提供的支持和特许权合约。

× × 大桥项目安排了一个有限追索的项目融资结构，原因是该项目有一个强有力的信用保证结构。在大桥总投资的 2.5 亿元中，实业公司投入近 1.5 亿元，其中自有资金 3 600 万元，从银行贷款 1.2 亿元，偿还期为 5 ~ 8 年。

3. × × 大桥的信用保证结构

（1）政府的支持与担保，为项目建设提供了良好的投资环境，提高了项目的经济强度和可融资性。

（2）市财政局出具《 × × 大桥工程还贷承诺书》。

（3）× × 大桥投资开发有限公司对项目投保建筑工程一切险（包括第三方责任险），将建设期间可能发生的意外损失与风险转移给保险公司。

（4） × × 大桥采用了严格的招投标竞争机制，聘请铁道部大桥建设监理公司担当监理，中标的交通部第二航务工程局承担施工任务，工程承包公司向 × × 大桥投资开发有限公司递交工程履约担保，把施工期间的完工风险转移给了承包公司。

通过这个信用保证结构，可以清楚知道，××大桥项目的种种风险要素在项目建设有关的各个参与者之间进行分配，实现了项目风险的分担，这正是一个成功项目融资不可或缺的条件。

三、项目融资结构简评

（1）采用BOT模式给政府、项目投资者及社会等方面均带来了很大的利益。从政府的角度来看，由于采用了BOT模式，原无力投资的大桥建成并投入使用，缓解了当地基础设施落后的状况，解决了市内塞车和过桥困难的问题，并且节约了大量的政府建设资金，政府在30年（含建设期）特许权结束后可以无偿收回这座大桥。

从投资者的角度来看，BOT模式的收入十分可观。其一，大桥运行几年来，收益稳定，每天都有七八万元的进账，根据预测，等连线公路完工，目前的收益将翻一番；其二，由于采用公司型合资结构，大桥股票预计近期上市，届时可筹集2亿元左右的股本资金；其三，大桥建成形成了2.5亿元的固定资产，可以用来进行资产抵押或资产置换，快速实现××大桥投资开发有限公司经营的规模化。

（2）股本资金的投入，使项目的投资者和经营者承担直接责任和风险，形成一种激励机制。随着大桥项目的立项，市政府规定："该项目必须在本文下发之日起三年内建成投入运行，如不能如期完成工程建设，由市政府授权机构收购续建，收购价原则上按当时已完成并经确认的投资额计算。"这促使项目公司及其投资者对工程实行严格管理，项目公司与施工单位签订了严格奖惩的工期协议，使进度比原定工期提前一年半，创造了良好效益。

（3）在BOT项目中，投资者合资组成的××大桥投资开发有限公司兼有大桥的主要承建者和使用经营者的双重身份，因而对工程质量一丝不苟，在工程招标、材料采购、质量监督等方面严格把关，杜绝营私舞弊现象，创造了高质、高效的建设速度。

（4）××大桥建设模式突破了中国传统的投资模式，将民间资金引入基础设施建设，有专家戏称此项目为"国产BOT"。无论怎样，在如今的中国，民营经济的整体实力已成为不亚于外商投资的另一个重要投资来源。

复习思考题

第十二章　项目收尾管理

项目按照计划实施完成后，并不意味着项目的终结，还有许多后续工作要做，主要是检查项目的完成结果是否达到了预期的要求，即对完成项目进行多方面的验收、审查与评估，实现项目的移交与清算，分析总结项目的成败原因，为以后的项目管理工作提供经验借鉴。项目收尾管理就是对项目收尾阶段各项工作的管理。

本章重点介绍项目验收与项目后评价。最后，通过“某污水处理厂日处理100万吨污水（再生）项目后评价”案例，说明项目后评价的实际应用。

第一节　项　目　验　收

一、项目验收的意义

当项目结束时，及时地对项目进行验收，无论对项目团队（项目承担方）、项目业主（项目接受方），还是对现场本身都有非常重要的意义和作用。

（1）项目的验收标志着项目的结束（或阶段性结束）。没有项目的验收，业主就不能正式地使用项目，就不能达到生产产品或提供服务的目的，也不能获得其预期的收益（或效用）。对一些时效性非常强的产品和服务，很可能由于验收的延误而造成项目成果的失效，失去项目存在的意义。

（2）若项目顺利地通过验收，项目的当事人就可以终止各自的义务和责任，从而获得相应的权益。同时，这也意味着项目团队全部或部分任务的完成，项目团队可以总结经验，接受新的项目任务；项目成员可以回到各自的工作岗位或被安排合适的工作。

（3）项目的竣工验收，是保证合同任务完成、提高质量水平的最后关口。通过竣工验收，全面考察工程质量，保证交工项目符合设计标准、规范等规定的质量标准要求，并及时发现和解决一些影响正常生产使用的问题，确保项目按设计要求的技术、经济指标正常地投入生产并交付使用。

（4）对于基本建设项目和投资项目，竣工验收可以促进投资项目及时投入生产和及时交付使用，将基本建设投资及时转入固定资产，发挥投资效益，避免基建项目由于拖期不能投入使用而造成资金、时间价值的损失。

（5）项目竣工验收、档案资料整理，可为投产企业的经营管理、生产技术和固定资产的保养、维修提供全面系统的技术经济文件、资料和图样。

二、项目验收的分类

由于项目的目的、验收人的需要、项目的特点不同，所以验收的类别也不同。

（一）按项目的生命周期分类

1. 合同期验收

它是指项目团队依据项目目标、项目范围、项目融资等编制出项目进度计划、项目质量标准、费用预算等项目目标文件后，项目业主针对目标文件进行论证验收，鉴定具有法律效力的合同，以此作为项目启动的依据和项目完成后进行评价的标准。

2. 中间验收

它是在项目实施过程中，由业主、项目团队、监理部门等根据项目的进度情况对项目进行适时的跟踪检查，以保证能在规定时间内按预算成本达到项目目标。尤其对于实施过程中遇到困难、有较大变动的项目，进行中间验收，可以使各方当事人进一步了解项目情况，以保证项目顺利完成。

对工程建设项目进行中间验收，是工程建设的国际惯例。国际咨询工程师联合会《土木工程施工合同条件合同条款》第37、38条做了较详细的规定。例如，第38条规定：“未经工程师批准，工程的任何部分都不能封盖或掩盖，承包商应保证工程师有充分的机会对即将覆盖的或掩盖起来的任何一部分工程进行检查、检验，以及对任何部分将置于其上的工程基础进行检查。无论何时，当任何部分的工程或基础已经或即将为检验做好准备时，承包商应通知工程师，除非工程师认为检查无必要，并就此通知了承包商，否则工程师应参加对这部分工程的检查和检验，以及对基础的检验，并且不得无故拖延。”国际咨询工程联合会条款的这一规定目的就是促使建设工程正常进行，使工程质量得到切实可靠的保证，承包商必须无条件接受工程师对工程质量的检查。

我国在投资项目建设中，也特别强调中间验收的必要性。随着我国经济与世界经济的融合，项目建设与国际惯例接轨，中间验收更显重要。

3. 竣工验收

它是指项目基本完成，在项目成功正式交付使用前，由项目业主会同项目团队、项目监理等有关方面对项目的工作成果进行审查和接收，是项目质量检查的最后关口，也是对项目的总体验收。

（二）按项目验收的范围分类

1. 部分验收

它是指项目取得阶段性成果后，项目接收方对阶段性成果进行检验，如果成果合格，可提前投入使用，获得一定的效益。对那些明显地分出阶段性成果的项目进行部分验收，可充分有效地利用资源。通过部分验收报告还可为后续的全部验收奠定基础。

对于工程建设项目，部分验收多数为单项工程验收，是指投资项目全部验收前，承包商完成其承建的单项工程施工任务以后向建设单位（或业主）交工，接受建设单位验收的过程。这个过程的程序是，建设项目的某个单项工程已按设计要求完成，能满足生产要求或具备使用条件，这时施工单位就可以向建设单位发出交工通知。在发出通知的同时，施工单位按照国家规定，整理好文件、技术资料，作为验收依据交给建设单位。建设单位接到施工单位交工通知后，在做好验收准备的基础上，组织施工、建设及使用等有关单位共同进行交工验收。验收中，对设备应按试车规程进行单体试车、无负荷联动试车和负荷联动试车。验收合格，建设单位与施工单位应签订《交工验收证书》。

2. 全部验收

它是指项目全部完成后，对取得的成果进行全面、综合的考核，以便为项目的终结做出合理的结论。所有的项目都必须有全部验收的过程。对于大型综合项目，可通过综合各个子项目的部分验收来完成全部验收；对于小型项目，可不必进行部分验收，而仅进行全部验收。

建设项目的全部验收，又称整体工程验收或动用验收，简称竣工验收。它是指建设单位（项目业主）在建设项目按批准的设计文件规定的内容全部建成后，向国家交工、接受验收的过程。它是在第一阶段交工验收的基础上进行的全部建设项目的竣工验收。其验收程序是：整个建设项目（包括新建、扩建、改建的基本建设和技术改造项目）按设计要求全部建成，经过每一阶段的交工验收，符合设计要求，并具备竣工图表、竣工决算、工程结算等必要的文件资料后，由建设项目主管部门或建设单位，向负责验收的单位提出竣工验收申请报告，按现行竣工验收组织规定，接受由业主、银行或其他投资者、主管部门、环保、劳动、统计、消防及其他有关部门组成的验收委员会或验收组验收，办理固定资产移交手续，验收有关单位的工作报告，审阅工程技术档案资料，实地检验建筑工程和设备安装情况，并对工程设计、施工和设备质量等方面做出全面的评价。

（三）按项目的特点分类

（1）投资建设项目验收，主要从工程质量是否达到要求、工程图样和资料是否齐全、工期是否得到保证、成本控制等方面进行验收。

（2）生产性项目验收，主要考核项目交工使用后，生产能力能否达到设计要求、产品质量能否得到保证等。

（3）R&D 项目验收，重点检验项目成果是否达到预期的性能指标，如果项目失败，则应分析失败的原因。由于 R&D 项目本身风险较大，所以相对性能指标而言，项目工期和成本处于验收的次要位置。

（4）系统开发项目验收，主要验收项目运行是否稳定，项目能否达到客户要求的功能，项目说明书是否清楚、全面，等等。

（5）服务性项目验收，由于涉及面比较广，因而主要依项目合同要求进行检查验收。

（四）按项目验收的内容分类

项目验收按项目验收的内容可分为质量验收和文件验收，这是一般项目验收的两大部分，也是比较全面、准确地把握项目验收的基础，本章主要从质量和文件两方面介绍项目验收。

三、项目验收的标准和依据

项目验收的标准是判断项目成果是否达到目标要求的依据，因而应具有科学性和权威性。只有制定科学的标准，才能有效地验收项目结果。一般选用项目合同书、国家标准、行业标准、相关的政策法规、国际惯例等作为项目验收的标准。

项目合同书规定了在项目实施过程中各项工作应遵守的标准、项目要达到的目标、项目成果的形式及对项目成果的要求等，它是项目实施管理、跟踪与控制的首要依据，具有法律效力。因而，在对项目进行验收时，最基本的标准就是项目合同书。

国家标准、行业标准和相关的政策法规是比较科学的、被普遍接受的标准。项目验收时，如无特殊的规定，可参照国家标准、行业标准及相关的政策法规进行验收。国际惯例是针对一些常识性的内容而言的，如无特殊说明，可参照国际惯例进行验收。

进行建设项目竣工验收时，由于建设项目所在行业不同，验收标准也不完全相同，一般情况下只有符合以下要求方可认为符合标准：①生产性项目和辅助性公用设施，已按设计要求完成，能满足生产使用；②主要工艺设备配套设施经联动负荷试车合格，形成生产能力，能够生产出设计文件所规定的产品；③必要的生活设施，已按设计要求及规定的质量标准建成；④生产准备工作能适应投产的需要；⑤环境保护设施、劳动安全卫生设施、消防设施已按设计要求与主体工程同时建成使用。

有的建设项目（工程）基本符合竣工验收标准，只是零星土建工程和少数非主要设备未按设计规定的内容全部建成，但不影响正常生产，亦应办理竣工验收手续。对剩余工程，应按设计留足投资，限期完成。

在对项目进行验收时，主要依据项目的工作成果和成果文档。工作成果是项目实施后的结果，项目结束应当提供出一个令人满意的工作成果。因此，项目验收重点是针对工作成果进行检验和接收。工作成果验收合格，项目实施才可能最终完结。同时在进行项目验收时，项目团队必须向接受方出示说明项目（或项目阶段）成果的文档，如项目计划、技术要求说明书、技术文件、图样等，以供审查。对于不同类型的项目，成果文档包含的文件不同。

四、项目验收的组织与管理

项目验收的组织是指对项目成果进行验收的组成人员及其组织，一般由项目接收方、项目团队和项目监理人员构成。但由于项目的性质不同，项目验收的组织构成差异较大，如对一般小型服务性项目，只由项目接收人员验收即可；甚至对内部项目，仅项目经理就可验收。

竣工验收要根据工程规模大小、复杂程度组成验收委员会或验收组。验收委员会或验收组，应由投资方、银行、环保、劳动、消防及其他有关部门的人员组成。接管单位、施工单位、勘察设计单位应参加验收工作。

验收委员会或验收组的主要职责是：①审查预验收情况报告和移交生产设备情况报告；②审查各种技术资料，如项目可行性研究报告、设计文件、概（预）算、有关项目建设的重要会议记录，以及各种合同、协议、工程技术经济档案等；③对项目主要生产设备和公用设施进行复验和技术鉴定，审查试车规格，检查试车准备工作，监督检查生产系统的全部带负荷运转，评定工程质量；④处理交接验收过程中出现的有关问题；⑤核定移交工程清单，签订交工验收证书；⑥提交竣工验收工作的总结报告和国家验收鉴定书。

项目验收完成后，如果验收的成果符合项目目标规定的标准和相关的合同条款及法律法规，参加验收的项目团队和项目接受方人员应在事先准备好的文件上签字，表示接受方已正式认可，并可验收全部或部分阶段性成果。一般情况下，这种认可和验收可以附有条件，如软件开发项目在移交和验收时，可规定：若在使用中发现软件有问题，软件使用者仍可以要求该软件项目开发人员协助解决。

对于投资建设项目，项目验收合格要签署竣工验收鉴定书。竣工验收鉴定书是表示建设项目已经竣工并交付使用的重要文件，它是全部固定资产交付使用和建设项目正式动用的依据，也是承包商对建设项目解除法律责任的证件。竣工验收鉴定书，一般应包括工程名称、工程地点、验收委员会成员、工程总说明、工程据以修建的设计文件、竣工工程是否与设计相符合、全部工程质量鉴定、总的预算造价和实际造价、结论及验收委员会对工程动用时的意见和要求等主要内容。同时，竣工验收鉴定书应附有下列文件：①验收委员会进行检查性试车的记录；②验收委员会认为可以允许的建筑安装工程和设备偏差一览表；③建筑安装工程质量评定表；④动用的固定资产一览表等。

第二节　项目后评价

一、项目后评价概述

1. 项目后评价的含义

项目后评价是指对已完成项目（或规划）的目的、执行过程、效益、作用和影响所进行的系统的、客观的分析；通过项目活动实践的检查总结，确定项目预期的目标是否达到、项目或规划是否合理有效、项目的主要效益指标是否实现；通过分析评价找出成败的原因，总结经验教训，并通过及时有效的信息反馈，为提高未来新项目的决策水平和管理水平提供基础。同时项目后评价也可为项目实施运营中出现的问题提出改进建议，从而达到提高投资效益的目的。

项目后评价通常在项目竣工以后项目运作阶段或项目结束之前进行。它的内容包括项目竣工验收、项目效益后评价和项目管理后评价。项目效益后评价主要是对于项目前评价而言的，是指项目竣工后对项目投资经济效果的再评价。项目管理后评价是指当项目竣工以后，对前面（特别是实施阶段）的项目管理工作所进行的评价，其目的是通过对项目实施过程的实际情况的分析研究，全面总结项目管理经验，为今后改进项目管理服务。

2. 项目后评价的目的

后评价首先是一个学习过程。后评价是在项目投资完成以后，通过对项目目的、执行过程、效益、作用和影响进行全面系统的分析，总结正反两方面的经验教训，使项目的决策者、管理者和建设者学习到更加科学合理的方法和策略，提高决策、管理和建设水平。其次，后评价又是增强投资活动工作者责任心的重要手段。由于后评价的透明性和公开性特点，通过对投资活动成绩和失误的主客观原因进行分析，可以比较公正客观地确定投资决策者、管理者和建设者工作中实际存在的问题，从而进一步增强他们的责任心和提高他们的工作水平。最后，后评价主要是为投资决策服务的。虽然后评价对完善已建项目、改进在建项目和指导待建项目有重要的意义，但更重要的是为提高投资决策服务。

项目后评价还具有重要的监督功能。如前所述，后评价是一个向实践学习的过程，同时又是一个对投资活动的监督过程。项目后评价的监督功能与项目的前期评估、实施监督结合在一起，构成了对投资活动的系统监督机制。例如，世界银行对投资活动的监督，主要依靠在项目准备阶段的评估（派评估团）、在项目实施过程中的监督检查（派检查团）和在项目完成后的后评价（派评价团）来实现的。

二、项目后评价的内容

基于项目后评价理论的发展，项目后评价应包括项目竣工验收、项目效益后评价和项目管理后评价三方面的内容。

（一）项目竣工验收

按照我国政府有关部门规定，所有完工的基本建设和技术改造项目都必须进行竣工验收。竣工验收是国内投资项目在后评价之前最重要的环节，项目竣工验收的内容、方法和资料是进行项目后评价的重要基础。因此，在我国可以把项目竣工验收视为项目后评价的准备阶段。

项目的竣工验收是投资者由建设转入生产、使用和运营的标志，是全面考核和检查项目实践工作是否符合设计要求和是否达到要求工程质量的环节，是项目业主、合同商向投资者汇报建设成果和交付新增固定资产的过程。在此阶段进行的工作将为以后开展的项目效益后评价和项目管理后评价奠定基础。

（二）项目效益后评价

项目效益后评价是项目后评价的重要组成部分。它以项目投产后实际取得的效益（经济效益、社会效益、环境效益等）及隐含在其中的技术影响为基础，重新测算项目的各项经济数据，得到相关的投资效果指标，然后将它们与项目前期评估时预测的有关经济效果值（如净现值、内部收益率、投资回收期等）、社会环境影响值（如环境质量值等）进行对比，评价和分析其偏差情况及原因，吸取经验教训，从而为提高项目的投资管理水平和投资决策服务。项目效益后评价具体包括以下几方面。

1. 经济效益后评价

项目经济效益后评价主要是指项目的财务评价和经济评价（或称国民经济评价），其主要原理与项目前期评估一样，只是评价的目的和数据取值的时间不同。

2. 环境影响后评价

项目环境影响后评价是指对照项目前期评估时批准的《环境影响评价》，重新审定项目环境影响的实际结果，审核项目环境管理的决议、规定、规范、参数的可靠性和实际效果。环境影响后评价一般包括项目的污染控制、区域的环境质量、自然资源的利用、区域的生态平衡和环境管理能力五部分内容。

3. 社会影响后评价

从社会发展的观点来看，项目的社会影响后评价是分析项目对国家或地方发展目标的贡献和影响，包括项目本身和对周围地区、社会的影响。社会影响后评价一般定义为对项目的经济、社会和环境方面产生的有形和无形的效益及结果所进行的一种分析。

4. 可持续性后评价

项目的可持续性后评价的要点是确立项目目标、产出和投入与相关“持续性因素”之间的真实关系（即因果联系）。

5. 项目综合评价

项目综合评价包括项目的成败分析和项目管理的各个环节的责任分析。综合评价一般采用成功度评价方法，该评价方法是依靠评价专家或专家组的经验，对各项指标的评价结果综合后，对项目的成功程度做出定性的结论，也就是通常所说的打分的方法。成功度评价是以项目目标的实现程度和经济效益的评价结论为基础，以项目的目标和效益为核心所进行的全面系统的评价。

项目评价的成功度可分为五个等级：①完全成功的。项目的各项指标都已全面实现或超过，相对成本而言，项目取得巨大的效益和影响。②成功的（A）。项目的大部分目标已经实现，相对成本而言，项目达到了预期的效益和影响。③部分成功的（B）。项目实现了原定的部分目标，相对成本而言，项目只取得了一定的效益和影响。④不成功的（C）。项目实现的目标非常有限，相对成本而言，项目几乎没有产生什么正效益和影响。⑤失败的（D）。项目目标是不现实的、无法实现的，相对成本而言，项目不得不终止。

（三）项目管理后评价

项目管理后评价是以项目竣工验收和项目效益后评价为基础，结合其他相关资料，对项目整个生命周期中各阶段管理工作进行评价。其目的是通过对项目各阶段管理工作的实际情况进行分析研究，形成项目管理情况的总体概念；通过分析、比较和评价，了解目前项目管理的水平；通过吸取经验和教训，保证更好地完成以后的项目管理工作。项目管理后评价主要包括以下几个方面。

（1）投资者的表现。评价者要从项目立项、准备、评估、决策和监督等方面来评价投资者和投资决策者在项目实施过程中的作用和表现。

（2）借款者的表现。评价者要分析评价借款者的投资环境和条件，包括执行协议能力、资格和资信、机构设置、管理程序和决策质量等。世界银行、亚洲开发银行贷款项目还要分析评价协议承诺兑现情况、政策环境、国内配套资金等。

（3）项目执行机构的表现。评价者要分析评价项目执行机构的管理能力和管理者的水平，包括合同管理、人员管理和培训及与项目受益者的合作等。世界银行、亚洲开发银行贷款项目还要对项目技术支援、咨询专家使用、项目的监测评价系统等进行评价。

（4）外部因素的分析。影响项目成果的还有许多外部的因素，如价格的变化、国际国内市场条件的变化、自然灾害、内部形势不安定等，以及项目其他相关机构的因素，如联合融资者、合同商和供货商等。评价者要对这些因素进行必要的分析评价。

三、项目后评价的组织与管理

项目后评价一般包括以下内容。

1. 后评价项目的选定

选择后评价项目有两条基本原则，即特殊的项目和规划计划总结需要的项目。一般来讲，选定后评价项目有以下几条标准：①项目实施所引起运营中出现重大问题的项目；②一些非常规的项目，如规模过大、建设内容复杂或带有试验性的新技术项目；③发生重大变化的项目，如建设内容、外部条件、场址布局等发生了重大变化的项目；④急切需要了解项目作用和影响的项目；⑤可为即将实施的国家预算、宏观战略和规划原则提供信息的项目；⑥对未来发展方向有代表性的项目；⑦对开展行业部门或地区后评价研究有重要意义的项目。

我国国家重点项目的后评价计划由国家发展和改革委员会编制，以年度计划为主，按行业选择一些有代表性的项目进行后评价。

2. 项目后评价范围的确定

项目后评价的范围很广，一般后评价的任务限定在一定的内容范围内，因此，在评价实施前必须明确评价的范围和深度。评价范围通常在委托合同中确定，委托者要把评价任务的目的、内容、深度、时间和费用等，特别是那些在本次任务中必须完成的特定要求，交代得十分明确、具体。受托者应根据自身的条件来确定是否能按期完成合同。国际上后评价委托合同通常有以下内容：①项目后评价的目的和范围，包括对合同执行者明确的调查范围；②提出评价过程中所采用的方法；③提出所评项目的主要对比指标；④确定完成评价的经费和进度。

3. 项目后评价咨询单位和专家的选择

项目后评价通常分两个阶段实施，即自我评价阶段和独立评价阶段。在项目独立评价阶段，需要委托一个独立的评价咨询机构去实施，或由银行内部相对独立的后评价专门机构实施。一般情况下，这些机构要确定一名项目负责人，该负责人不应是参与过此项目前期评估和项目实施的人。该负责人聘请并组织项目后评价专家组去实施后评价。后评价咨询专家的聘用，要根据所评项目的特点、后评价要求和专家的专业特长及经验来选择。

项目后评价专家组由“内部”和“外部”两部分人组成。所谓“内部”，就是被委托机构内部的专家，由于他们熟悉项目后评价的过程和报告程序，了解后评价的目的和任务，一方面可以顺利实施项目后评价，另一方面费用也比较低。所谓“外部”，就是项目后评价执行机构以外的独立咨询专家。聘请外部专家的优点是，外部专家一般更为客观、公正，因此，应聘请熟悉被评项目专业的真正行家，一方面可以提高评估质量，另一方面还可以弥补执行机构内部的人手不足。

4. 项目后评价的执行

在项目后评价任务委托、专家聘用后，后评价即可开始执行。如前所述，由于后评价的类型很多，所以要求也各不相同，一般包括如下内容。

第一，资料信息的收集。

项目后评价的基本资料应包括项目自身的资料、项目所在地区的资料、评价方法的有关规定和指导原则等。项目自身的资料一般应包括：①项目自我评价报告、项目完工报告、项目竣工验收报告；②项目决算审计报告、项目概算调整报告及其批复文件；③项目开工报告及其批复文件、项目初步设计及其批复文件；④项目评估报告、项目可行性研究报告及其批复文件等。

项目所在地区资料包括国家和地区的统计资料、物价信息等。项目后评价方法规定的资料则应根据委托者的要求进行收集。目前已经颁布项目后评价方法指导原则或手册的国内外主要机构有联合国开发署、世界银行、亚洲开发银行、经济合作与发展组织、英国海外开发署、日本海外协力基金、国家发展和改革委员会、中国国际工程咨询公司、国家开发银行等。

第二，后评价现场调查。

项目后评价现场调查应事先做好充分准备，明确调查任务，制定调查提纲。调查任务一般应回答以下问题：①项目基本情况；②目标实现程度；③作用和影响；④分析和结论。

后评价项目现场调查后，应对资料进行全面认真的分析，回答以下主要问题：①总体结果；②可持续性；③方案比选；④经验教训。

四、项目后评价报告的编写

（一）项目后评价报告的编写要求

后评价报告是反馈经验教训的主要文件形式，必须满足信息反馈的需要，而且后者显得更为重要。因此，后评价报告要有相对固定的内容格式、便于分解、便于计算机输录。对于项目后评价报告编写有以下要求：①报告文字准确清晰，尽可能不用过分专业化的词汇。②报告的发现和结论要与问题和分析相对应，经验教训和建议要把评价的结果与将来规划和政策的制定、修改相联系。

（二）项目后评价报告的内容

一般项目后评价报告的内容包括项目背景、项目实施评价、项目效果评价、结论和经验教训等几个部分，具体如下。

1. 项目背景

项目背景主要应说明以下几点：①项目的目标和目的。简单描述立项时社会发展对本项目的需求情况和立项的必要性，项目的宏观目标，与国家、部门或地方产业政策、布局规划和发展策略的相关性，项目的具体目标和目的，市场前景预测，等等。②项目建设内容。项目可行性研究报告和评估提出主要产品、运营或服务的规模、品种、内容，项目的主要投入和产出，投资总额，效益测算情况，风险分析，等等。③项目工期。其包括项目原计划工期，实际发生的可研批准、开工、完工、投产、竣工验收、达到设计能力及后评价时间。④资金来源与安排。项目批复时所安排的主要资金来源、贷款条件、资本金比例及项目全投资加权综合贷款利率等。⑤项目后评价的任务来源和要求，项目自我评价报告完成时间，后评价时间程序，后评价执行者，后评价的依据、方法和评价时点。

2. 项目实施评价

项目实施评价应简单说明项目实施的基本特点，对照可行性研究和评估找出主要变化，分析变化对项目效益影响的原因，讨论和评价这些因素及其影响。世界银行、亚洲开发银行项目还要就变化所引起的对其主要政策可能产生的影响进行分析。

（1）设计。评价设计的水平、项目选用的技术装备水平，特别是规模的合理性。对照可行性研究和评估，找出并分析项目涉及重大变更的原因及其影响，提出如何在可行性研究阶段预防这些变更的措施。

（2）合同。评价项目的招投标、合同签约、合同执行和合同管理方面的实施情况，包括工程承包商、设备材料供货商、工程咨询专家和监理工程师等。对照合同承诺条款，分析和评价实施中的变化和违约及其对项目的影响。

（3）组织管理。组织管理的评价包括对项目执行机构、借款单位和投资者三方在项目实施过程中的表现和作用的评价。如果项目执行得不好，评价要认真分析相关的组织机构、运作机制、管理信息系统、决策程序、管理人员能力、监督检查机制等因素。

（4）投资和融资。分析项目总投资的变化，找出变化的原因，分清是内部原因还是外部原因，如是汇率变化、通货膨胀等政策性因素，还是项目管理的问题，以及投资变化对项目效益的影响程度。评价要认真分析项目主要资金来源和融资成本的变化，讨论原因及影响，重新测算项目的全投资加权综合利率，作为项目实际财务效益的对比指标。如果政策性因素占主导，应对这些政策的变化提出意见、对策及建议。

（5）项目进度。对比项目计划工期与实际进度的差别，包括项目准备期、施工建设期和投产达产期。分析工程延误的主要原因及其对项目总投资、财务效益、借款偿还和产品市场占有率的影响。同时还要提出今后避免进度延误的措施建议。

（6）其他。其包括：银行资金的到位和使用，世界银行、亚洲开发银行安排的技术援助，贷款协议的承诺和违约，借款人和担保者的资信，等等。

3. 项目效果评价

效果评价应分析项目所达到和实现的实际结果，根据项目运营和未来发展及可能实现的效益、作用和影响，评价项目的成果和作用。

（1）项目运营和管理评价。根据项目评价时的运营情况，预测出未来项目的发展，包括产量、运营量等。对照可研评估的目标，找出差别，分析原因。分析评价项目内部和外部条件的变化及制约条件，如市场变化、体制变化、政策变化、设备设施的维护保养、管理制度、管理者水平、技术人员和熟练工的短缺、原材料供应、产品运输等。

（2）财务状况分析。根据上述项目运营及预测情况，按照财务程序和财务分析标准，分析项目的财务状况。应主要评价项目债务的偿还能力和维持日常运营的财务能力。在可能的情况下，要分析项目的资本构成、债务比例，需要投资者、政府和其他方面提供的政策和资金，如资本重组、税收优惠、增加流动资金等。

（3）财务和经济效益的重新评价。一般的项目在后评价阶段都必须对项目的财务效益和经济效益进行重新测算。要用重新测算得出的数据同项目可行性研究与评估时的指标进行对比分析，找出差别和原因。还要同后评价计算的项目全投资加权综合利率相比，确定其财务清偿能力。同时，根据未来市场、价格等条件，进行风险分析和敏感性分析。

（4）环境和社会效果评价。环境和社会效果评价的一个关键是形成受益者，即项目对受益者产生了什么样的影响。一般应评价项目的社会经济、文化、环境影响和污染防治等，如人均收入、就业机会、移民安置、社区发展、妇女地位、卫生与健康、扶贫作用、自然资源利用、环境质量、生态平衡、污染治理等。

（5）可持续发展状况。项目可持续性主要是指项目固定资产、人力资源和组织机构在外部投入结束之后持续发展的可能性。评价应考虑以下几个方面：技术装备与当地条件的适用性；项目与当地受益者及社会文化环境的一致性；项目组织机构、管理水平、受益者参与的充分性；维持项目的正常运营、资产折旧等方面的资金来源；政府为实现项目目标所承诺提供的政策措施是否得力；防止环境质量下降的管理措施和控制手段的可靠性；对项目外部不利因素防范的对策措施。

4. 结论和经验教训

项目后评价报告的最后一部分内容包括项目的综合评价、结论、经验教训、建议对策等。在项目的综合评价和评价结论部分，综合评价应汇总以上报告内容，以便得出项目实施和成果的定性结论。一般项目独立后评价的定性结论分为成功的、部分成功的和不成功的三个等级。项目后评价报告中的经验教训主要包括：①具有项目本身特点的重要的收获和教训；②可供其他项目借鉴的经验教训，特别是可供项目决策者、投资者、借款者和执行者在项目决策、程序、管理和实施中借鉴的经验教训，目的是为决策和新项目服务；③应根据项目的问题、评价结论和经验教训，提出相对应的建议和措施。

第三节　案例：某污水处理厂日处理100万吨污水（再生）项目后评价

本案例以某污水处理厂日处理100万吨污水（再生）项目为例，重点介绍项目后评价报告的编制内容，包括项目概况、项目的建设与经营情况、主要变化及原因分析、项目实际效果评价、评价结论和主要经验教训、建议。

受某市市政府委托，某公司组织专家于2000年11月对某污水处理厂新建日处理100万吨污水（再生）项目（简称污水再生项目）进行评价。项目后评价的范围包括土木工程，后评价时点的数据以1996年为基准，现将后评价结果报告如下。

一、项目概况

污水再生项目地处污水处理厂东侧地区，项目业主是某市环保局某污水处理厂。20世纪90年代初，市环保局从布局考虑，确定利用某污水处理厂的地理优势和有利条件，新建一座日处理100万吨污水的污水再生站。

污水再生项目设计书批复的主要建设内容为：新建日处理100万吨污水的污水再生处理站1座；新建变电所、空压站等公共设施；新增污水运输管道及其他相关工程，项目建成后的生产能力为日处理100万吨污水。

二、项目的建设与经营情况

1. 项目进度

市政府1990年9月批准该项目建议书，1991年10月批准设计任务书，1991年12月市环保局批准初步设计，1992年6月项目正式开工，1995年3月建成投产，1997年6月通过国家竣工验收。污水再生项目建设工期两年八个月，比计划工期提前四个月左右完工。项目的提前投产为企业抓住市场机遇、提高经营效益创造了良好条件。

2. 项目工程技术和建设

污水再生项目的准备和实施基本按国家规定的程序执行。工程设计符合规范要求，技术合理。设计和施工采用了多项较为先进的技术，其中包括：污水沉淀过程采用当前世界上先进的涓流沉淀技术、水雾净化技术，多点并行施工；处理站采用整体重力式结构，并采用蜂窝型空洞组合等多项合理有效的技术措施。在项目实施过程中，项目业主还狠抓管理，积极推行工程监理制。由于技术方案合理，管理措施得力，不仅缩短了建设时间，还保证了工程质量和工程的顺利实施。污水处理项目工程竣工验收报告的批复认定，污水处理建筑工程、绿化工程、大型非标设备制造安装工程的施工质量被核定为优良，其余工程为合格，总体质量是好的。

项目的工程设计总体上是好的，但在设计管理上也存在一些问题，如投资概算、预算资料不能及时到位。项目完工后竣工图没能系统整理等。

污水再生项目实际工程总投资为 3 635.1 万元，其中含建设期利息 253.3 万元，投资方向调节税 5 万元，新增铺底流动资金 85.9 万元。项目固定资产投资为 3 549.2 万元，其资金来源为：国家经营性基金 1 210 万元，建设银行贷款 1 220 万元，工厂自筹 1 119.2 万元。

3. 项目经营

污水再生项目建成后，污水再生处理情况良好，尤其是该市城市发展迅速，使得工业用水量剧增，污水再生处理市场比可研报告的分析更为广阔。1995 年 4 月污水再生处理站投产后，全年处理污水 15 691 万吨，经济收入为 756 万元。1996 年处理污水 30 465 万吨，经济收入 1 483.8 万元，提前达到预期的生产要求。虽然 1995 年和 1996 年两年污水再生处理费用下滑（比 1994 年下降约 20%），但污水处理站的主要经营指标，即销售收入、利润总额、投资利润率和销售利润率均超过立项时的原定指标，经营状况良好。

三、主要变化及原因分析

从以上污水再生项目执行结果看，项目的实施和经营是比较好的。但是，在项目实施过程中，也发生了一些变化，增加了工程量和投资。主要变化及原因如下。

1. 工程地质勘探问题

污水再生项目工程地质勘探问题主要表现为土质的变化。初设时考虑污水处理站所处地区土质较松，仅需要简单的普通挖掘施工。但由于使用的资料是 20 世纪 70 年代的钻探资料，多年以来土质已经发生了变化，实际开挖中遇到少量花岗岩，需要炸岩、清岩，从而导致工程量大幅度增加，增加投资约 140 万元。工程前期勘察工作不充分是问题产生的主要原因之一。

2. 计算机监控设备配置变化

项目可研报告中配置了必要的计算机监控设备，但在初步设计时，为了将投资规模控制在 2 000 万元以内，人为地砍掉了实际生产中需要的污水指标计算机实时监控、计算机辅助疏导和污水运输管道计算机调控设备等部分污水处理计算机监控设备。一年多的试投产实践证明，尽管污水处理厂已做出最大努力，但设备配套不足，污水处理监控花费时间比较长，直接影响了污水再生处理的周期。1996 年处理污水 30 465 万吨，比设计要求少近 6 000 万吨，影响了该污水处理厂在污水再生处理市场上的竞争力及经济效益的提高。为此，企业在项目建成后不得不提出补足这部分设备的投资要求。按 1991 年不变价测算，设计需增加 2 800 万元投资。因此，用砍掉必要的建设内容的方法来维持一个人为的投资规模的管理办法是不可取的。

3. 投资变化

与1991年批准的项目初设总概算1 983.2万元相比，1997年竣工决算的项目总投资为3 635.1万元，增加了1 651.9万元。扣除投资方向调节税和铺底流动资金，投资增幅为78.7%，主要原因如下：①初步设计的工程概算不准。项目各部分概算计算偏紧，尤其对主要设备的估价，明显低于当时的实际价格。可研评估时项目总投资已突破2 000万元，但到初步设计时概算又降到1 980万元，这显然是不合理的。后评价按不变价测算，初步设计时的工程概算应该达到2 300万元左右，加上人为砍掉的设备和设施，与投资概算相比，项目概算少算了约320万元，占总投资额的19%。②设计变更和工程量变化。由于工程地质勘探不充分、增设计算机监控设备和施工方案的其他变化，增加投资约340万元，约占总增额的21%。③建设期利息增加约110万元，约占总增额的7%。④国家、行业和地方收费定额标准增加约250万元，约占总增额的15%。⑤材料设备物价上涨增加约540万元，约占总增额的33%。根据以上分析，主要由于政策性因素影响的投资增长占60%以上，其他投资增长的原因也是清楚的。

四、项目实际效果评价

1. 项目的财务效益

根据有无对比的原则，污水再生项目是该污水处理厂的一个扩建工程，项目的财务效益要计算其增量部分的效益。为此，后评价对自评材料的数据和资料做了调整。测算结果为，项目全投资（增量）财务内部收益率为8.35%（税后），高于可研评估时的6.34%和当时的行业基准收益率（6%）；项目（增量）财务净现值为7 161万元；投资回收期为8年，贷款偿还期为14年。项目的主要指标均达到或超过了项目可研评估和批复时的指标。项目主要财务效益指标对比如表12.1所示。

表12.1　项目主要财务效益指标对比

指标	单位	可研批复	初设/调概	后评价实际
项目总投资	万元	1839.6	1983.2/3066.1	3635.1
建设工期	月	36	36/36	32
年销售收入	万元	703.5	1 407 /1 407	1 483.8
年利润总额	万元	140.7		
投资利润率	%	8.4		11.95
财务内部收益率	%	6.34		8.35
投资回收期	年	12.2		8.02
借款偿还期	年	13.8		14
年销售利润率	%	14.2		37

敏感性分析表明，在销售收入下降10%的条件下，项目的财务内部收益率仍可维持在7%以上，高于项目投资的加权平均利率3.65%。项目的盈利能力、清偿能力和抗风

险能力是比较强的。

2. 项目对企业效益产生的影响

通过企业有无项目效益对比表（详见表 12.2），确认污水再生项目的建成，该污水处理分站及其整个污水处理厂的盈利水平有了很大提高。1996 年污水处理分站在有项目时的销售收入是无项目时的 2.6 倍；污水再生项目的销售利润率高达 29%，从而带动了污水处理分站和整个企业财务效益指标的上扬。分析认为，由于 1995 年以来污水再生处理费用下滑约 20%，企业销售收入下降，如果该污水处理厂目前仍没有污水再生项目的话，企业就将面临亏损的困境。因此，项目的建成对该污水处理厂的企业效益产生了积极的影响，为企业财务效益做出了重大贡献。

表 12.2 企业有无项目效益对比表

构成	指标	有无对比			前后对比		
		有项目	无项目	有：无	项目后	项目前	后：前
污水处理分站	销售收入/万元	2 404.1	920.3	2.6：1	2 404.1	1 381.2	1.7：1
	销售利润率/%	29	17	1.7：1	29	31	0.9：1
污水处理厂	销售收入/万元	4 671.3	3 187.5	1.5：1	4 671.3	4 717.4	1：1
	销售利润率/%	4	−11	—	4	5	0.8：1

3. 社会效益

污水再生项目建成投产后，填补了我国没有日处理 100 万吨级污水的污水处理站的空白，提高了我国的污水处理能力，每年因节约用水而带来的经济效益约为 1 800 万元。同时，项目布局合理、规模合适，缓解了该地区污水处理能力紧张的状况，在促进环境保护、节约用水、提供就业机会等方面起到了积极的作用。

五、评价结论和主要经验教训

1. 评价结论

某污水处理厂污水再生项目布局、规模合理，是该地区第一个超大型污水处理项目，有较强的市场竞争能力。项目实施顺利，提前完工投产，实现了预期的目标。项目经济效益良好，并带动了原有企业的发展，项目是成功的。

2. 主要经验

某污水处理厂污水再生项目一经批准开工，就采取了一切必要的措施，不失时机地快赶、快上，提前建成投产。项目的按期建成不仅能减少建设期的利息和其他费用，节省投资，而且必然给企业带来更多的机遇。在市场经济条件下，建设速度就是效益。

在污水再生项目实施过程中十分重视技术进步，在设计、制造、施工过程中尽可能采用较为先进、适用的技术方案，势必在工程质量、进度和造价上及后来的生产运营中产生积极的效应。

科学严格的管理是项目成败的关键之一，污水再生项目的机构设置、规章制度、监督机制和有责任心的管理干部，都是项目顺利实施的重要保证。

污水再生项目布局合理，污水处理能力形成规模，使该污水处理厂活力倍增。根据市场条件，依托已有大中型企业进行改扩建，使之达到经济规模，是一条发展生产的正确道路。

3. 几点教训

（1）项目前期的投资估算不能人为地加以“控制”，应该实事求是，否则将在资金筹措、工程进度、生产运行等方面给项目带来一系列困难。这是在项目决策和初步设计中亟待解决的一个重要问题。

（2）工程地质勘探是项目前期工作的一个重要环节，如何加强这方面的工作需要认真研究解决。

（3）设计部门的概预算资料应及时提供，以免影响投资的计划安排；竣工验收时，设计单位应按时提供竣工图，以利于总结经验教训。

六、建议

现有大中型企业坚持技术进步，进行有效的改扩建，实现经济规模，从而具有更强的市场竞争能力，是可行的。建议在投资建设决策中更加重视这类项目的发展。

该污水处理厂提出的填平补齐污水处理项目全程计算机监控检测设备的要求是合理的，宜采取多种方式筹措资金，完善配套，使项目发挥更好的效益。

该市除污水处理厂外，还有不少不同规模的污水处理厂（站）、单位污水处理系统，建议通过跨单位跨部门的联合，形成综合污水处理能力，以便提高社会和经济效益。

复习思考题

参考文献

埃瑟德 W P，埃尔希克 R，伦巴德 P，等. 2015. 项目管理精要. 第 3 版. 焦英博，崔克家译. 北京：中国电力出版社.

安巴里 F T. 2005. 项目管理知识体系指南疑难解答. 第 5 版. 高屹译. 北京：电子工业出版社.

白思俊. 2009. 项目管理案例教程. 北京：机械工业出版社.

白思俊. 2014. 项目管理概论. 北京：中国电力出版社.

宾图 J K. 2015. 项目管理. 第 3 版. 鲁耀斌，赵玲译. 北京：机械工业出版社.

布朗 K B，海尔 N L. 2012. 项目管理：基于团队的方法. 王守清，亓霞译. 北京：机械工业出版社.

成虎，陈群. 2015. 工程项目管理. 北京：中国建筑工业出版社.

冯之楹，何永春，廖仁兴. 2000. 项目采购管理. 北京：清华大学出版社.

甘华鸣. 2003. EMBA/MBA 必修核心课程：项目管理. 北京：中国国际广播出版社.

国家发展改革委，建设部. 2006. 建设项目经济评价方法与参数. 第三版. 北京：中国计划出版社.

纪燕萍，王亚慧，李小鹏. 2002. 项目管理实战手册. 北京：人民邮电出版社.

科兹纳 H. 2014. 项目管理：计划、进度和控制的系统方法. 第 11 版. 杨爱华，王丽珍，洪宇，等译. 北京：电子工业出版社.

梁世连. 2010. 工程项目管理. 第 2 版. 北京：中国建材工业出版社.

刘尔烈，陈勇强. 2004. 工程项目招标投标实务. 北京：人民交通出版社.

刘军，张振轩. 2002. 成功项目管理文案. 北京：中国经济出版社.

刘荔娟. 2007. 现代项目管理. 第 3 版. 上海：上海财经大学出版社.

刘通，梁敏，刘闽，等. 2015. PMP 项目管理方法论与案例模板详解. 哈尔滨：哈尔滨工业大学出版社.

卢有杰. 2014. 现代项目管理学. 北京：首都经济贸易大学出版社.

骆珣，陈翔，刘军丽. 2010. 项目管理教程. 北京：机械工业出版社.

麦加里 R. 2006. 通过 PMP 认证考试：基于 PMBOK2004 的备考指南. 张斌，王晓燕，裴珍珍译. 北京：电子工业出版社.

戚振强. 2015. 工程项目管理. 北京：中国建筑工业出版社.

邱菀华，等. 2013. 现代项目管理学. 第三版. 北京：科学出版社.

全国质量管理和质量保证标准化技术委员会，中国合格评定国家认可委员会，中国认证认可协会. 2009. 2008 版质量管理体系国家标准理解与实施. 北京：中国标准出版社.

全国注册咨询工程师（投资）资格考试参考教材编写委员会. 2011a. 工程项目组织与管理.2012 年版. 北京：中国计划出版社.

全国注册咨询工程师（投资）资格考试参考教材编写委员会. 2011b. 工程咨询概论. 2012 年版. 北京：中国计划出版社.

全国注册咨询工程师（投资）资格考试参考教材编写委员会. 2011c. 项目决策分析与评价. 2012 年版. 北京：中国计划出版社.

史燕平，章昌裕. 2001. 国际融资学教程. 北京：中国对外经济贸易出版社.

孙黎，刘丰元，陈益斌. 2000. 国际项目融资. 北京：北京大学出版社.

特纳 R. 2014. 项目管理手册. 第 5 版. 丁杉译. 北京：中国电力出版社.

投资项目可行性研究指南编写组. 2002. 投资项目可行性研究指南. 北京：中国电力出版社.

乌云娜. 2010. 项目采购与合同管理. 北京：电子工业出版社.

吴守荣. 2009. 项目采购管理. 北京：机械工业出版社.

吴之明，卢有杰. 2000. 项目管理引论. 北京：清华大学出版社.

殷焕武. 2012. 项目管理导论. 第 3 版. 北京：机械工业出版社.

余志峰，胡文发，陈建国. 2000. 项目组织. 北京：清华大学出版社.

张少杰，曲然，田硕. 2011. 项目评估. 北京：高等教育出版社.

中国（双法）项目管理研究委员会. 2008. 中国项目管理知识体系（C-PMBOK2006）. 修订版. 北京：电子工业出版社.

朱宏亮，成虎. 2006. 工程合同管理. 北京：中国建筑工业出版社.

Project Management Institute. 2013. 项目管理知识体系指南（PMBOK®指南）. 第五版. 许江林，等译. 北京：电子工业出版社.